Du kannst mir glauben
mir leid tut, daß Du nicht
unter uns bist. Ich hätte
Dich lieber gesehen als
Helge Klein oder Klaus Her-
mann. Ich werde jetzt Schluß
machen. Ich hoffe, daß die anderen
auch schreiben. Viele Grüße an
Karin.

Es grüßt Dich

Dein Wolfgang

Dieser Brief wurde mir zum Verhängnis.
Daraufhin erfolgte meine Verhaftung durch die Stasi am 6.2.1964.

Karl-Heinz Richter

Anagramm

(Aufgeschriebenes)

Eine wahre Geschichte.

Karl-Heinz Richter

Anagramm (Aufgeschriebenes)

Nicht nur eine Flucht von Ost nach West -
Autobiographisches, Gehörtes und durch Gespräche Aufgegriffenes wird hier niedergeschrieben.
Namen und Orte sind oftmals rein zufällig, um Rechtsstreitigkeiten aus dem Weg zu gehen.

Für inhaltliche Aussagen trägt der Autor die Verantwortung.

Satz und Layout: Jörg Ploch, Berlin
Verlag: Karl-Heinz Richter, Berlin

ISBN 978-3-00-050006-0

Inhaltsverzeichnis

Montagmorgen

Eigentlich schon ein Grund, nicht das Bett zu verlassen.
Das Wochenende war so wunderschön verlaufen, mit Freunden die Zeit verbracht, keinen Grund zum Meckern gehabt…
Doch dieser Montag begann schon anders als die anderen zuvor.
Mir ging der Traum, den ich gehabt hatte, nicht aus dem Kopf. Die meisten Träume hatte ich morgens schon vergessen. Keine Erinnerung. Oder nur ganz verschwommen, sodass ich mich nicht lange damit beschäftigte. Doch dieser Traum verfolgte mich, ließ mich nicht los. Ich hatte an meiner eigenen Beerdigung teilgenommen. Glasklar hatte ich die Bilder im Kopf. Jeden Einzelnen konnte ich aufzählen, der an meinem Sarg stand. Schauderlich.
Dazu kam jetzt eine leichte innere Unruhe, wie ich sie sonst morgens nie spürte. Im Nachhinein denke ich, das hätte mich schon wundern müssen. Hier hätten meine Alarmsignale schrill anschlagen sollen. Doch nichts tat sich. Ich schob alles auf den miesen Traum.
Beim Duschen bekam ich auf einmal sehr starken Schüttelfrost und stellte nur mehr Warmwasser ein. So richtig half dies aber nicht. Nach dem Duschen und Rasieren nebelte ich mich mit allen Duftstoffen, die zur Verfügung standen, ein und zog meine Klamotten an.
Nun setzte ich mich an den Schreibtisch, schmiss meinen PC an. Dabei trank ich wie jeden Morgen mehrere Tassen Kaffe, um wach zu werden. Ich klopfte die Mails ab – nichts Aufregendes dabei, brauchte nicht sofort irgendeine Nachfrage beantworten, schaute meine Termine an und mein Allgemeinzustand wurde etwas besser. Nur die innere Unruhe blieb.
Mehrere Anfragen nach dem dritten Buch habe ich fast täglich in meiner Mailbox. So war es auch heute wieder. Mit großem Interesse las ich diese Post und dachte:
„Irgendwann werde ich wieder mit dem Schreiben beginnen. Irgendwann…“
Mit großem Elan setzte ich mich ins Auto, um einen Termin wahrzunehmen.

Aus dem Autoradio dudelte „You make me crazy“. Volle Lautstärke, ein geiles Lied, auf der Fahrerseite das Fenster runter, den Arm lässig raushängend. Die Sonne strahlte wie nie. Mann, so dachte ich, das Leben kann so schön sein, heute werde ich diesen Tag voll genießen. Vergiss bloß diesen blöden Traum.
Mit großem Bedauern musste ich allerdings zur Kenntnis nehmen, dass die vielen Frauen und Mädchen, die sehr sommerlich leicht bekleidet unterwegs waren, mich gar nicht wahrnahmen.
Naja, aber weshalb sollten sie auch von einem alten Mann, der ich ja nun mal bin, Notiz nehmen?
Hallo Kalle, du hattest deine Zeit, denke ich dann immer. Heute bist du ein Auslaufmodell.
Das zu akzeptieren, ist überhaupt nicht so einfach für einen Typen wie mich.
Wenn andere Leute sagen, ach, das Alter hat so viele schöne Seiten, dann bin ich immer sehr verwundert. Im Alter hat man viele Erfahrungen gesammelt und kann diese an die junge Generation weitergeben. Ich wäre lieber unerfahren, ein bisschen blöd, aber jung. Ich kann dem Altsein nichts abgewinnen. Du befindest dich in der Warteschleife zum Jenseits, hoffend, kein Pflegefall zu werden, niemandem zur Last zu fallen. Hoffentlich ist mein Abgang für mich auch würdevoll...
Solche Gedanken habe ich schon sehr oft im Kopf.
Doch wer stirbt schon gerne?
Von einer Sekunde zur anderen änderte sich alles. Ein stechender Schmerz in der Brust brachte mich in die Realität zurück. Es gelang mir gerade noch mein Auto an den Straßenrand zu fahren, ohne einen Unfall zu bauen.
Solche Schmerzen hatte ich noch nie gespürt. Die Brust, der Rücken und der linke Arm schmerzten erbärmlich. Im Kopf war ich auch nicht so richtig klar, als wenn ich neben mir saß.
Mann, Junge, dachte ich sofort. Du hast einen Herzinfarkt.
Siedendheiß kam mir wieder mein Traum zurück. Ach du Scheiße, jetzt gebe ich hier im Auto den Löffel ab, so meine Gedanken.
Mein Vater war daran gestorben.

Wie ein Zombie, ganz langsam griff ich zum Handy und wollte einen Notarzt anrufen.
In meiner Verwirrtheit fiel mir der Name der Straße, in der ich mich befand, nicht ein. Wie sollte ich erklären, wo ich mich befand, damit man mir helfen konnte? Was sollte ich diesem Typen am anderen Ende der Leitung sagen?
Die finden dich hier nie, dachte ich.
Aus dem Auto auszusteigen traute ich mich nicht. Hatte Angst von dem fließenden Autoverkehr überfahren zu werden. Du musst nach Hause fahren, sagte ich mir, dort bist du in Sicherheit.
In meinem Kopf ging es drunter und drüber. Konnte keinen klaren Gedanken fassen. Aus unerklärlichen Gründen machte ich mich mit meinem PKW auf den Heimweg. Wie ich diese Nummer abgezogen habe, weiß ich bis heute nicht. In meiner Straße angekommen, schloss ich ordnungsgemäß das Auto ab und ging ins Haus. An der Haustür hatte ich tatsächlich die Geistesgegenwart, das Schloss nicht einrasten zu lassen, und schleppte mich die Treppe hoch in meine Wohnung – diese Tür ließ ich gleich ganz offen stehen. Dort angekommen stürmte ich ins Badezimmer, nahm aus dem Apothekerschrank zwei Aspirin-Tabletten, löste diese in meinem Zahnputzbecher auf und ging damit zum Schreibtisch.
Dann griff ich mir das Telefon, um die Rettung anzurufen.
Doch jetzt zögerte ich. Ich überlegte wirklich, ob ich mich nicht einfach auf meine Couch legen und abwarten sollte. Hallo alter Junge, dachte ich, lass es doch einfach laufen und alles ist schnell vorüber...
Ich hatte eine kurze Zeit lang wirklich die Absicht, nicht den Notarzt anzurufen. Mir gingen so viele Gedanken durch den Kopf, aber die Sehnsucht zu leben siegte wohl.
Jetzt erst trank ich die aufgelösten Tabletten, rief an, und endlich meldete sich am anderen Ende der Leitung jemand.
„Schicken Sie mir bitte sofort einen Notarzt, ich habe einen Herzinfarkt", sagte ich zu diesem Mann. Und schnell gab ich noch meine Adresse durch, weil ich Angst hatte, das Bewusstsein zu verlieren.
„Woher wollen Sie denn wissen, dass Sie einen Herzinfarkt haben?", kam seine prompte Antwort. Jetzt reichte es mir.

„Hör zu, Kumpel“, so antwortete ich zurück, „ich weiß das, die Symptome sind eindeutig und ich verliere langsam das Bewusstsein!“ Er begriff einfach nicht den Ernst der Lage. Am Telefon wurde ich nun schon sehr unflätig. Daraufhin sagte er mir, dass dieses Telefonat aufgezeichnet würde.
„Na, Gott sei Dank!“, erwiderte ich und warf in meinem Zorn das Telefon Richtung Wand.
Mir war jetzt wieder alles egal. Ich riss mir die Klamotten vom Leib und wartete eigentlich auf das Ende.
So ist es also, wenn du diese Welt verlässt, so meine Gedanken. Wie meine Beerdigung ablaufen würde, hatte ich ja schon in meinem Traum erfahren...
Ich hatte keine Angstzustände, keine Panik, keine Trauer. Ich nahm es einfach so hin – im Nachhinein macht mir diese Gleichgültigkeit richtig Angst.
Dieser Herzinfarkt war wirklich schon überfällig. Wie ein Idiot hatte ich das Leben voll ausgelebt. Hielt sehr viele Vorträge, reiste um die Welt, rauchte sehr viel und dem Alkohol stand ich auch nicht abgeneigt gegenüber, musste mich um meine alte, kranke Mutter und um meine sehr kranke Frau kümmern...
Wie es in mir aussah, erzählte ich keinem. Es war auch niemand da, mit dem ich darüber hätte reden können. Immer hatte ich das Gefühl – und ich habe es heute noch, dass niemand so etwas hören will. Jeder hat mit sich selbst zu tun und nun komme ich mit meinen Sorgen und Ängsten. Nach kurzer Zeit verblasst einfach das Interesse mir zuzuhören.
Nach außen immer den Starken spielen, keine Schwächen zeigen. Alle dachten immer, der Kalle wird es schon machen. Ich hatte immer für alle ein offenes Ohr. Nur mir hörte keiner zu, und wenn, dann nur sehr oberflächlich, ohne große Anteilnahme.
Volker, einer meiner besten Freunde, sagte immer zu mir:
„Kalle, du bist der Mülleimer der Nation. Jeder kommt mit seinen Problemen zu dir, du bist für alle da, aber wenn es dir mal schlecht geht, wird keiner für dich da sein.“
„Ich“, so sagte Volker zu mir, „werde für dich immer da sein. Du

bist mein einziger Freund und wirst es immer sein."
Tja, aber Volker konnte mir nun nicht mehr helfen. Er starb vor vielen Jahren an Speiseröhrenkrebs. Bis zum Schluss hatte ich meinen Freund begleitet. Ein sehr intensiver Abschied, sehr bleibend.
Nun hatte ich überzogen.
Heute, so dachte ich, ist Zahltag.
Was wird nur aus meinen beiden Katzen? Helmut und Wilma, diese so treuen Tiere, die, wenn ich nach Hause kam, sich immer erst auf den Rücken legten um von mir gekrault zu werden.
Wilma, meine Schlafkumpeline, die jede Nacht mit mir das Kopfkissen teilt und schnurrt wie ein leiser Motor. Die ich laufend von meiner Tastatur wegschieben muss, wenn ich am PC arbeite.
Mein Helmut, der mich immer sehr verliebt anschaut und auf ein Nasenbussi wartet und diesen auch bekommt.
Wie wird ihr weiteres Leben aussehen? Diese so unbändige Liebe meiner Katzen hat mir so viel gegeben und nun lass ich sie im Stich?
Nur wer Katzen liebt, kann diese tiefe Zuneigung zu diesen Tieren verstehen. Katzen lassen sich nicht verbiegen. Sie sind so selbstbewusst, tun nur, was sie wollen. Sie lieben dich oder nicht.
Genau so, wie ich immer gelebt habe.
Menschen, die keine Tiere mögen, sind mir sehr suspekt.
In meinem Umfeld habe ich niemanden, der kein Herz für Tiere hat.
Nun, ich hatte Gründe genug, um für mein Leben zu kämpfen.
Also kämpfte ich.
Gott sei dank, so meine Gedanken, hast du heute morgen noch geduscht und bist sauber. Frische Wäsche angezogen. Dies tat ich ja jeden Tag. Nur heute war es für mich so wichtig. Wirklich unglaublich; ich hatte solche Gedanken!
Auf einmal wurde es dunkel um mich herum.
Irgendwann wurde ich wach geschüttelt – von der Notärztin.
„Hallo, Herr Richter, wir bringen Sie jetzt ins Krankenhaus, Sie haben einen schweren Hinterwandinfarkt. Sind Sie krankenversichert? Wo finden wir Ihre Chipkarte?", war die erste Anrede.
Ich verstand diese Frage nicht – ich kämpfe um mein Leben, und nun so eine (für mich bescheuerte) Frage!

„In meiner großen Ledertasche“, gab ich zur Antwort.
Es wurde gesucht und irgendwann auch gefunden, seitdem ist sie übrigens verschollen, nicht aufzufinden.
„Können Sie mir sagen, wie stark Ihre Schmerzen sind? Herr Richter, auf einer Skala von eins bis zehn, wie hoch empfinden Sie den Schmerz?“
„Zwanzig“, gab ich zur Antwort. Die Ärztin war langsam bedient, aber sie merkte, dass mit mir nicht viel los war. Man transportierte mich in den Notarztwagen und ab ging die Fuhre.
Die Ärztin sagte noch zum Fahrer:
„Gib mal Gas, der hat nicht mehr viel Luft auf seiner Bereifung, ich hab Angst ich verlier ihn in der nächsten Kurve.“
Dies hörte ich. Hallo? Was hatte diese Ärztin gerade gesagt? Doch statt den Ernst der Lage zu erkennen, dachte ich in meiner Benommenheit: Haben die vergessen mich anzuschnallen? Ich dachte echt, in der nächsten Kurve rolle ich mit meiner Trage aus dem fahrenden Krankenwagen. Wie von Sinnen hielt ich mich mit beiden Händen an den Seiten der Trage fest, wie in einem Idiotenfilm.
Irgendjemand versuchte mir einen Port zu legen, doch das ging nicht so einfach. Die Ärztin schrie mich an, dass ich mich gefälligst nicht so anstellen sollte, doch ich hielt mich wie ein Bekloppter an meiner Trage fest. Die Sanitäter und die Ärztin hatten im Rettungswagen alle Hände zu tun, mich zu bändigen.
Irgendwann verlor ich wieder das Bewusstsein.
Im Krankenhaus holten sie mich wieder zurück.
Der behandelnde Arzt hielt mir ein Schriftstück vor die Nase mit der Aufforderung, dies zu unterschreiben, da jetzt ein Herzkatheter gelegt werden müsste und er meine Zustimmung dazu bräuchte. Dies tat ich auch, hatte aber wirklich keine Ahnung, was ich da unterschrieb. Es wurden mir fünf Stents eingesetzt und danach verlegte man mich auf die Intensivstation.
Hier liege ich nun, an sehr viele Geräte angeschlossen, und mir wurde erklärt, dass ich mich auf keinen Fall bewegen darf, da die Gefahr eines weiteren Infarkts sehr groß sei. Über einen Schlagan-

fall bin ich auch noch aufgeklärt worden, doch da hab ich schon nicht mehr hingehört. Mir reicht es jetzt erstmal.
In solch einer Situation erkennt man erst, wie schnell alles vorbei sein kann. Nie hätte ich gedacht, dass mir so etwas passieren könnte.
Glaubte fast unsterblich zu sein, nun dieser Infarkt.
Ich betrachte dies wirklich als persönliche Niederlage.
Hilflos liege ich vollgestopft mit Infusionsschläuchen und darf mich nicht bewegen. In den Infusionen jede Menge wassertreibende Medikamente, sodass ich laufend pinkeln muss. Jedes Mal rufe ich nach der Schwester, die mein edles Teil in die Ente legt, und im Liegen muss ich dann Wasser lassen... Daran muss ich mich erst gewöhnen. Peinlich ist es mir, bis zum letzten Tag.

Rekonvaleszenz (Genesung)

Sehr viele meiner Freunde kommen, um sich zu erkundigen, wie es mir geht. Viele betroffene Gesichter schauen mich an, versuchen mir Trost zu geben. Meine Freunde stehen mit Tränen in den Augen an meinem Bett und versuchen mir Mut zu machen. Zwei meiner Freunde muss ich fast rausschmeißen lassen – wie soll ich wieder auf die Beine kommen, wenn ich meine Besucher auch noch trösten muss?!
Ich bekomme diese Sache nicht aus meinem Kopf. Hast du nicht auf irgendwelche Signale geachtet? Hast du mit deinem Körper Raubbau betrieben? Ja, das hatte ich. Man sagt ja, dass man für alles im Leben bezahlen muss.
Ist das der Preis, den ich jetzt bezahlen soll?
Von meinem Bett aus schaue ich aus dem Fenster. Ein leichter Sommerregen prasselt gegen die Fensterscheiben. Die Fensterscheiben sind voller Regentropfen, ein Bild voll Melancholie. Plötzlich scheint die Sonne wieder und ich sehe einen Regenbogen. Ganz deutlich.
Ist dieser Regenbogen ein Zeichen von oben?
Diese Stimmung ist Gift für meine Genesung, hilft mir gar nicht.
Solche Grübelei möchte ich nicht, doch ich kann nichts dagegen tun.
Zum ersten Mal in meinem Leben denke ich ernsthaft über mein Leben nach. In meiner unbeschreiblichen Arroganz hatte ich dies bisher noch nie getan. Selbstzweifel gab es für mich nicht.
Was bleibt denn von dir, so denke ich jetzt nach, wenn du jetzt und hier stirbst? Ich bin ja immer noch nicht übern Berg.
Hast du irgendwelche Spuren hinterlassen?
Du hast in deinem Leben sehr vielen Menschen an die Wade gepinkelt. Ja, du hast große Vorträge gehalten, bisher zwei Bücher geschrieben, die Interesse fanden. Doch war es das wirklich?
Man sagt ja, dass man unsterblich geworden ist, wenn man Bücher geschrieben hat.
Stimmt das wirklich? Ich weiß es nicht.
Große Gedanken mache ich mir, was aus meiner kranken Frau wird,

wenn ich nicht mehr da bin. Wer wird sich um meine Dagmar kümmern? In ihrer Krankheit hat Dagmar den Ernst meines lebensbedrohlichen Zustandes gar nicht erkannt.
Diese Gedanken gehen mir nun durch den Kopf. Sie reißen mich immer tiefer. Wie kommt man aus solch einem tiefen Loch?
Du musst dich anderweitig beschäftigen. Das ist doch die beste Möglichkeit, dein neues Buch zu schreiben, sage ich zu mir. Falls ich dies hier überlebe, werde ich wieder schreiben.
Jetzt bin ich dabei, meine Erinnerungen niederzuschreiben.
Dies ist meine Therapie.
Nachdem ich nach sieben Tagen die Intensivstation verlassen durfte und man mich auf eine normale Station verlegt hatte, ließ ich mir meinen Laptop bringen. In diesem kleinen Kasten ist alles drin, was ich zum Schreiben brauche. Zaghaft begann ich.

Diegese (weitläufige Erzählung)

Zuerst kamen mir die Gespräche mit meiner Großmutter ins Gedächtnis zurück.
Sie erzählte sehr viel aus der vergangenen Zeit. Ein Zeugnis meiner Familie – stellvertretend für Millionen Menschen der damaligen Zeit, für mich eine Art Familienchronik.
Aus heutiger Sicht wundere ich mich gar nicht, dass mein Lebensweg so ablief.

Mein Opa Otto Schmidt, der Vater meiner Mutter, geb. 16.09.1889 in Berlin, heuerte als junger Mann auf einem Handelsschiff an, um die Welt kennenzulernen. Er war ein Abenteurer.

Kalles Opa

In Südwest-Afrika ließ er sich für einige Zeit nieder und lernte dort die Arroganz der Deutschen den Einheimischen gegenüber kennen und verachten. Er muss trotz alledem in Afrika eine gute Zeit verbracht haben.
Er war jung, sah gut aus und genoss das Leben.
Als 1914 der Erste Weltkrieg ausbrach, musste er nach Deutschland zurückkehren, um für das Vaterland zu kämpfen.
Er hat als Soldat den Krieg von 1914-18 voll durchgezogen und überlebt. In Verdun wurde er schwer verwundet, kam ins Lazarett, wurde wieder aufgepäppelt und wieder ins Feld geschickt. Die Grausamkeiten, die mein Opa erlebt hat, ließen ihn nie wieder los. So etwas darf sich nie wiederholen, dachte er, und dieser Gedanke ließ ihn Kommunist werden. Er trat in die KPD ein.
Seine Eltern, meine Urgroßeltern, hatten in Berlin in der Königs-

straße ein großes Südfrüchtegeschäft. Sie waren Hoflieferant beim Kaiser. Na, immerhin. In den Augen meines Opas aber waren sie damit Kapitalisten und er überwarf sich mit seinem Vater, der ihn daraufhin enterbte.

Meine Oma Paula kam aus Bromberg im ehemaligen Pommern, heute Polen, und lernte in Berlin meinen Opa kennen. Beide waren stramme Kommunisten, in der damaligen Zeit sehr mutig. Sie glaubten damals das Richtige zu tun und riskierten Kopf und Kragen.
1921 kam der erste Sohn, mein Onkel Adolf, zur Welt und 1924 wurde meine Mutter Ilse in Berlin geboren.
Meine Mutter lernte schon sehr früh, dass es gar nicht so einfach ist, wenn die Eltern Kommunisten sind. Als die Nazis immer mehr Oberwasser gewannen und sehr viele Parteiveranstaltungen in großen Sälen in Massenkeilereien endeten, kam mein Opa sehr oft mit Blessuren nach Haus. Die Gefahr, verhaftet zu werden, bestand immer. Einen Teil ihrer Kindheit verbrachte meine Mutter mit ihren Eltern in Berlin-Buch, einem kleinen Vorort von Berlin mit einer sehr großen Krankenhausanlage. Zwischen 1900 und 1920 hatte man hier eine Art Klinikzentrum mit rund fünftausend Betten errichtet. Es war damit die größte Krankenhausstadt Europas. Hier hatten meine Großeltern Kontakt zu Medizinern, die meinen Opa sehr oft medizinisch

Großeltern mit Kalles Mutter 1939

versorgen mussten. Alles sehr still und heimlich, bei Aufdeckung hätte man die Helfer sofort verhaftet. In diese Krankenhausanlage wurden nach der Machtübernahme der Nationalsozialisten sehr viele Gegner des Regimes eingeliefert, verhört, gefoltert und sehr viele sind hier zu Tode gekommen. Einige verloren durch diese Folter ihren Verstand und wurden später umgebracht.
Auch mein Opa stand im Fokus der Nazis.
Im Sommer 1933 nach der „Machtergreifung" holten junge SA-Leute eines Abends meinen Opa aus der Wohnung, stellten ihn auf dem Hof an die Wand und wollten ihn erschießen.
Er kannte einige von diesen Männern – es waren ehemalige Kommunisten, die nach der Machtübernahme die Seiten gewechselt hatten.
Meine Oma schrie wie wahnsinnig um Hilfe. Vor den Augen ihres zwölfjährigen Jungen (ihre Tochter, damals acht Jahre alt, lag zu der Zeit wegen eines Darmverschlusses im Krankenhaus und bekam das alles nicht mit) stellte sie sich schützend vor ihren Mann.
„Wenn ihr Otto erschießen wollt, müsst ihr mich auch erschießen!", rief sie in ihrer Angst den SA-Leuten entgegen.
Auf einer Bahnüberführung hörten Bahnarbeiter die Schreie und riefen von oben den SA-Männern zu, sie sollten mit diesem Unsinn aufhören, sonst würden sie runterkommen.
Nun ließen sie von meinem Opa ab und riefen ihm nur zu:
„Schmidt, wir kommen wieder und dann kommst du nicht mehr so glimpflich davon."
Nun musste er in den Untergrund gehen. Der Dorfpolizist von Buch, ein ehemaliger Deutschnationaler, sagte meinem Opa:
„Geh nach Berlin, da kannst du abtauchen, da kennt dich keiner. Berlin ist so groß, da finden die dich nicht."
Dies tat er auch. In einer Nacht- und Nebelaktion setzte sich mein Opa nach Berlin ab und verhielt sich hier sehr unauffällig. Er konnte sich als Maler mit Schwarzarbeit durchschlagen; die Familie holte er einige Zeit später nach. In Berlin-Moabit fanden sie eine kleine Wohnung.
Meine Oma war regulär gemeldet und arbeitete als Dienstmädchen

bei höhergestellten Familien. Daneben transportierte sie mutig gedruckte Flugblätter, die zum Widerstand gegen die Nazis aufriefen, mit einem Kinderwagen von A nach B.
Darauf stand damals die Todesstrafe. Unglaublich, was diese Frau wagte.

1939

Nun trat das ein, was alle erwartet hatten. Deutschland überfiel Polen.
Der Beginn des zweiten Weltkrieges. Für Gegner des Regimes vorher schon sehr gefährlich, nun ging es ums Überleben. Jede noch so kleine Kritik wurde erbarmungslos verfolgt. Doch mit was für einer Begeisterung gingen die Soldaten in den Krieg. Was wurde dem Führer zugejubelt!
Diese kollektive Massenbegeisterung setzt mich heute noch in Erstaunen. Wie konnten diese anfangs wenigen Nazis das Volk so in die Irre leiten. Man sagt ja immer, dass es keine Kollektivschuld geben darf, doch da bin ich anderer Meinung.
Wer als Volk so schändlich versagt hat, Widerständler denunzierte, hat es verdient am Ende des Krieges so dazustehen, wie Deutschland dastand. Diese Massenfeigheit ist mir heute noch extrem peinlich.
Jeder hat mitbekommen, als man die Juden aus den Wohnungen holte und wegbrachte. Alle schauten zu oder weg. Das Mobiliar der Deportierten in den Tod wurde dankend und mit großer Begeisterung von den Menschen für wenig Geld aufgekauft und man hatte keine Scham dabei.
Ekelhaft. Wie konnte man sich kollektiv nur so verhalten? Nur wenigen war dies peinlich und sie widersprachen. Diese mutigen wurden denunziert und selbst weggebracht, die wenigsten überlebten.
Das Böse kann nur aufblühen, wenn die Anständigen schweigen.
Die Bevölkerung wurde einige Zeit später für dieses Wegschauen hart bestraft.
Die Bombardierung deutscher Städte durch die amerikanischen und englischen Bomber war beispiellos. Gezielt wurden Wohngebiete dem Erdboden plattgemacht. Die Opfer unter der Zivilbevölkerung, ohne Beispiel. Hier verstieß man auch gegen jede Form von Menschlichkeit, das Leiden der Zivilisten kann man kaum beschreiben.
Meine Mutter wurde zweimal in Berlin ausgebombt, immer auf der

Suche, mit meinem kleinen Bruder Schutz zu finden. Diese Mütter von damals sind eigentlich die wahren Helden dieser Zeit. Sehr viele Juden hatten sich in der Stadt versteckt, lebten im Untergrund, waren auf die Barmherzigkeit einiger weniger angewiesen die es wagten, diesen Menschen zu helfen. Diese im Untergrund Lebenden hatten keine Chance, im Luftschutzbunkern Schutz zu suchen, um zu überleben.
Tiere durfte man auch nicht in diese Schutzbunker mitnehmen, für mich als Tierliebhaber ein absoluter Alptraum. Meine Mutter erzählte mir, dass einige aus ihrem Umfeld aus diesem Grund die Schutzräume nicht aufgesucht haben, um ihre geliebten Tiere nicht allein zu lassen. Ihre damalige beste Freundin wollte ihren Hund Bobby nicht zurücklassen und kam mit ihrem Hündchen ums Leben, da das Wohnhaus einen Bombenvolltreffer erhielt.
Es gab wirklich den totalen Krieg, den der damalige Propagandaminister Goebbels ausrief. Auf beiden Seiten. Ohne Erbarmen.

1945 – 1953

Als jedermann erkennen musste, dass dieser elende Krieg verloren war, erkannte dies auch mein Vater. Als Fallschirmjäger zog er, wie so viele damals, mit großer Begeisterung in den Krieg. Viele üble Kriegsschauplätze nutzte er für sich aus, um seine krankhafte Begeisterung für den Nationalsozialismus zu rechtfertigen.

Freiwillige Einsätze hinter der Front z. B. waren sein Betätigungsfeld. Für nichts war er sich zu schade. Verwundet lag er in Halberstadt im Lazarett. Meine Mutter machte sich auf den Weg, um ihn zu besuchen. Mit dabei mein kleiner Bruder, ca. zweieinhalb Jahre alt. Meine Mutter sagte mir später, dass sie unseren Vater noch einmal sehen wollte, da der Zusammenbruch bevorstand und keiner wuss-

1943 meine Eltern

1943 meine Mutter mit meinem Bruder

te, wie es weitergehen sollte. In Halberstadt angekommen, fand sie nach kurzer Zeit auch meinen Vater im Lazarett in der Nähe des Bahnhofs. Sie verabredeten sich für den nächsten Tag und meine Mutter besorgte sich für die Nacht ein Quartier.
In dieser Nacht wurde Halberstadt von den Briten bombardiert, in die Steinzeit zurückversetzt. Unglaublich viele Menschen verloren in dieser Nacht ihr Leben. Meine Mutter überlebte, genau wie mein Vater. Zwei Tage später fanden sie sich wieder, durch Zufall. Nun wollten sie sich natürlich nicht mehr trennen, doch es herrschte Krieg. Da wurde auf Einzelschicksale nun wirklich keine Rücksicht genommen. Mein Vater meldete sich trotz seiner Verwundung freiwillig nach Berlin, Kampf für den Endsieg.
Nur wer sich freiwillig zu den „Wehrwölfen" nach Berlin meldete, konnte nach Berlin reisen. Unter dramatischen Bedingungen machten sie sich auf den Weg dorthin. Hier fand meine Mutter Unterkunft bei ihren Eltern. Mein Vater hatte zu diesem Zeitpunkt natürlich keine große Lust mehr einen Heldentod zu sterben, und versteckte sich im Keller oder auf Dachböden. Sehr gefährlich, da jeder, der entdeckt wurde, sofort aufgehängt wurde.
Nachts ging mein Vater, bestückt mit Waffen und Munitionsgurten, hinaus auf die Straßen, um sich zu orientieren, wo die Russen sind. Für meine Eltern muss dies eine wirklich dramatische Zeit gewesen sein. Sie waren ja noch so jung und meine Mutter musste zu allem Unglück auch noch auf meinen kleinen Bruder aufpassen und für ihn sorgen.
Mein Opa kam bis kurz vor Kriegsende einigermaßen über die Runden. Doch zum Schluss verließ auch ihn sein Glück. Von der Straße weg griffen die Nazis ihn auf und er musste in den Volkssturm. Hier hatte man die letzte Reserve, 14-jährige und sehr alte Männer noch in den Krieg geschickt. Sie sollten Berlin verteidigen und für den Endsieg sterben. Seine Einheit war um das Berliner Schloss eingesetzt. Abgesetzt hatte er sich von dieser kämpfenden Truppe sehr schnell. Die Russen haben meinen Opa auf offener Straße verhaftet und nach Rüdersdorf, kurz vor Berlin, in ein Arbeitslager geschickt.

Er sagte noch zu den Soldaten, ich sei doch Kommunist.
Ja, ja, ihr seid alle Kommunisten, und weg war er.
Meine Oma und meine Mutter wussten nichts vom Verbleib meines Opas. Verzweifelt versuchten sie in Erfahrung zu bringen, was aus meinem Opa geworden ist. Sie hatten keine Information.
Ende des Sommers 1946 stand mein Opa vor der Wohnungstür. Einfach so.
Er erzählte, dass er und sehr viele andere Männer nach Rüdersdorf marschieren mussten. Halbtot kamen sie dort an und mussten im Freien kampieren. Hier traf er einen alten Freund.
Als Frisör musste sein Kumpel den Gefangenen wegen der Läusegefahr eine Glatze schneiden. Er bekam deshalb etwas mehr zu essen als die anderen Gefangenen. Diese Ration teilte er aus alter Kameradschaft mit meinem Opa. Deshalb hat er wohl überlebt. Nach Aussagen meines Opas fielen die Männer vor Entkräftung einfach um und starben.
Als todkranker Mann kam er zurück und starb im Februar 1951. Bis zum Schluss blieb er seiner Gesinnung treu und glaubte an den Kommunismus. Für mich als Enkel nicht nachvollziehbar.
Doch heute glaube ich ihn verstehen zu können. Wenn er jetzt, am Ende seines Lebens, gezweifelt hätte nicht den richtigen Weg gegangen zu sein, hätte dies ihn, so glaube ich, in den Wahnsinn getrieben.
Er, der sein Leben für diese Ideologie eingesetzt hat, von seinen Glaubensbrüdern gequält und in den Tod getrieben wurde, glaubte bis zum letzten Atemzug daran. Was für ein Wahnsinn.
Nach dem Tod meines Opas ging Oma zur SED-Kreisleitung und fragte, ob sie nicht einen Beitrag zur Beerdigung ihres Mannes beisteuern könnten. Dies wurde mit den Worten:
„Wir sind doch kein Sozialclub, Paula, das musst du schon allein in die Reihe bekommen,“ abgespeist. Diese Aussage brachte das Fass zum Überlaufen. Meine Oma rastete total aus und sie hatte noch großes Glück, von ihren Genossen nicht angezeigt zu werden. Jetzt wollte sie die Partei verlassen, doch dies wurde nicht zugelassen. Den monatlichen Parteibeitrag hat sie nie mehr bezahlt, nahm

an keinen Parteiversammlungen teil, pöbelte lautstark rum. Bis zu ihrem Tod 1977 war sie eingetragenes Mitglied, jedoch ohne aktiv zu sein.
Für meine Eltern ging Gott sei Dank alles gut. Der Krieg war aus und sie hatten überlebt. Lange Zeit nach Kriegsende musste meine Mutter meinen Vater noch verstecken, um ihn vor der russischen Kriegsgefangenschaft zu retten - mit Erfolg.

Nach einiger Zeit ist meine Mutter zu ihren Schwiegereltern, meinen Großeltern, nach Schwarzheide geflüchtet. Die Versorgung in Berlin war natürlich katastrophal, Berlin war ein Trümmerfeld. Meine Mutter hatte nach dem Einmarsch der sowjetischen Truppen in Berlin die grauenhaften Massenvergewaltigungen nicht übersehen. Ob sie selbst Opfer war, hat sie nie bestätigt. Meine Oma Paula wurde nach Aussage meiner Mutter von mehreren sowjetischen Soldaten vergewaltigt und hatte damit meine Mutter vor dieser Schande bewahrt. Einzelheiten hat sie mir allerdings nicht mitgeteilt. Gut so für mich. Über 450 000 Soldaten der Roten Armee hatten in Berlin gekämpft, um den Krieg zu beenden. Zu dieser Zeit befanden sich etwa 1,4 Millionen Mädchen und Frauen in Berlin.
Etwa 150 000 wurden von den Soldaten der Roten Armee vergewaltigt. Die Dunkelziffer dürfte weit höher liegen.
Mütter, die sich schützend vor ihre Töchter stellten, wurden erschossen oder selbst vergewaltigt. Die betroffenen Mädchen und Frauen wurden oft schwanger oder bekamen schlimme Krankheiten. Die Selbstmordrate der Betroffenen war sehr hoch.
Diese Verbrechen wurden von der Führung der Roten Armee geduldet. Kopelew, ein angesehener jüdischer Professor, versuchte damals als russischer Offizier diese Ausschreitungen zu verhindern und wurde prompt wegen „Mitleid mit dem Feind“ zu zehn Jahren Lagerhaft verurteilt.
In seinem Buch „Archipel Gulag“ schrieb der weltbekannte russische Schriftsteller Alexander Solschenizyn, dass die Vergewaltigung und anschließende Ermordung deutscher Mädchen fast als kriegerische Tat gegolten habe.

Stalin selbst konnte es verstehen, wenn ein Kämpfer, der durch Blut, Feuer und Tod gegangen war, sich „mit einem Weib vergnügte". Die Bevölkerung war solchen Ausschreitungen total ausgeliefert. Deshalb verließ meine Mutter Berlin.
Im Juli 1946 kam ich in Schwarzheide zur Welt. Meine Großeltern hatten einen großen Anteil daran, dass ich diese schlimme Nachkriegszeit überlebte.

Mein Opa Otto Richter, Vater meines Vaters, war Kommunist und hatte aktiv gegen das Naziregime Widerstand geleistet. Ein aufrechter und mutiger Mann. Oma Minna hielt sich dagegen etwas zurück.
1957 bekam mein Opa in Schwarzheide ein Staatsbegräbnis (siehe Bilder). Meine Mutter zog mit mir bald wieder nach Berlin, nach dem die Ehe mit meinem Vater in die Brüche gegangen war.
Die Jahre als Soldat hatten selbstverständlich auch bei meinem Vater tiefe seelische Spuren hinterlassen. Für ein Familienleben war er

1957 die Beisetzung meines Opas

nicht mehr geeignet, hatte sich zum Ziel gesetzt, sich intensiv um die vielen Witwen und alleinstehenden Frauen kümmern zu müssen. Ein Helfersyndrom, stark ausgeprägt. Er sah gut aus, konnte auswählen. Dies missfiel natürlich meiner Mutter sehr und sie handelte konsequent.

Sie packte ihre Sachen und zog nach Berlin.

Die sowjetischen Besatzungstruppen reorganisierten 1945 die Berliner Polizei zunächst für ganz Berlin.

Die in Jalta und Potsdam beschlossene Aufteilung der Stadt in vier Sektoren wurde erst mit dem Eintreffen der westlichen Alliierten umgesetzt.

Die Polizisten erkannte man an ihren Holzknüppeln. Uniformen gab es erst viel später.

Der erste von den Sowjets eingesetzte Polizeipräsident war der ehemalige Wehrmachtsoffizier Paul Markgraf, Mitglied der KPD.

Der Berliner Magistrat suspendierte 1948 Markgraf wegen willkürlicher Handlungen bei der Strafverfolgung. Nachfolger wurde Dr. Johannes Stumm, der den Hauptsitz der Behörde in die Friesenstraße, ehemals Westberlin, verlegte.

Die Sowjets bestanden auf Markgraf in ihrem Sektor und somit war die Teilung der Stadt Berlin vollzogen.

1957 Blumen und Gebinde bei der Beerdigung meines Opas

Im Februar 1950 wurde das Ministerium für Staatssicherheit gegründet. Erster Minister wurde Wilhelm Zaisser. Ein sehr gebildeter Mann, der viel um die Welt gereist war, mehrere Sprachen sprach. Er, der 1947 aus dem sowjetischen Exil nach Deutschland zurückkehrte, ist verantwortlich für viele Gräueltaten. Doch er fiel 1953 sehr schnell in Ungnade.
Walter Ulbricht warf ihm vor, den Aufstand am 17. Juni 1953 nicht verhindert zu haben. Man warf ihn auch aus der Partei.
1958 starb er als gebrochener Mann.
Sein Nachfolger Ernst Wollweber blieb bis 1957 Minister und Erich Mielke übernahm dann diesen Posten.
Erich Mielke, geboren 1907 in Berlin-Wedding, trat 1925 in die kommunistische Partei Deutschlands ein. Er wurde Mitglied des „Parteiselbstschutzes“, einer wilden Truppe, die mit Schlagstöcken und Fäusten politische Versammlungen der KPD schützte.
Am 9. August 1931 erschoss er bei einer Demonstration der Kommunisten auf dem Berliner Bülowplatz die Polizisten Lenk und Anlauf hinterrücks. Er wurde als Bereitschaftsführer des Parteiselbstschutzes angeklagt, floh jedoch in die Sowjetunion. Dort wurde er militärpolitischer Berater in Moskau. 1934 wurde Mielke in Berlin in Abwesenheit zum Tode verurteilt. Er kämpfte als Mitglied der Internationalen Brigaden im spanischen Bürgerkrieg.
Nach Kriegsende kehrte er 1945 nach Berlin zurück. Nach der Zwangsvereinigung der SPD und der KPD zur SED wurde er 1946 Leiter der Polizeiinspektion Berlin-Lichtenberg. Am 7. Februar 1947 erließ das Amtsgericht Berlin-Mitte einen Haftbefehl wegen Doppelmordes an den Polizisten Anlauf und Lenk im Jahre 1931. Dieser Haftbefehl wurde auf Betreiben der SED (Sozialistische Einheitspartei Deutschlands) außer Vollzug gesetzt. Im August 1947 übernahm er schon die politische Verantwortung für die Entnazifizierung in der sowjetischen Besatzungszone (SBZ). Er, der an seinen Händen Blut kleben hatte, wurde für diesen so sensiblen Bereich eingesetzt.
Hier ist schon zu erkennen, wie skrupellos man den Neuanfang in Deutschland begann und ernst nahm.
Es ist nicht zu glauben... Jeder, der eine führende Position inne

hatte, kannte die Vergangenheit von Erich Mielke und unternahm nichts, aus Feigheit oder aus mir nicht zu erklärenden Gründen. Im Westen wurde meines Wissens auch nichts unternommen, diese Morde sühnen zu lassen. Weshalb nicht? Sehr viele hatten wohl ihre eigene Leiche im Keller und kein Interesse an ehrlicher Aufarbeitung.
1950 wurde Mielke Mitglied des ZK der SED (Zentralkomitee der Sozialistischen Einheitspartei Deutschlands).
Er war von Anfang an dabei, als der Staatsicherheitsdienst gegründet und systematisch ausgebaut wurde. Von 1957 bis 1989 war er Minister für Staatsicherheit. Er war verantwortlich für Verfolgung, Folter und Mord bis zum letzten Tag der „DDR".
Dieser Mörder Mielke war ein kommunistischer Parteisoldat, der der Machterhaltung alles unterordnete. Die Würde des Einzelnen und Menschenleben hatten für ihn keine Priorität. So beschwerte er sich noch im April 1989 nach einer geglückten Flucht von Ost- nach Westberlin:
„Wenn man schon schießt, dann muss man es eben so machen, dass nicht noch der Betroffene wegkommt, sondern dann muss er dableiben bei uns. Was ist das denn für eine Sache, was ist denn das, 70 Schuss loszuballern, und der rennt nach drüben."
Von wegen, es gab keinen Schießbefehl! Am 7. November 1989 trat Mielke als Minister für Staatssicherheit zurück. Am 17. November 1989 wurde sein Abgeordnetenmandat durch die Volkskammer aufgehoben. Er trat mit den Worten: „Ich liebe euch doch alle" unter dem Gelächter aller Anwesenden von der politischen Bühne ab. Eine erbärmliche Figur hatte ihre Macht verloren. Es folgten einige Haftbefehle und Verurteilungen, die meinem Befinden nach nur halbherzig erfolgten.
1998 sind alle Verfahren gegen Mielke aus gesundheitlichen Gründen eingestellt worden.
Am 21. Mai 2000, im Alter von 92 Jahren, verstarb er in einem Altenpflegeheim in Berlin.
Markus Wolf, für Insider Mischa Wolf, Ex-DDR-Spionagechef, antwortete nach dem Ende der „DDR" in einer Fernsehsendung auf die

Frage, weshalb dieses System sich so lange halten konnte: „Weil es in diesem Teil Deutschlands zu wenig Zivilcourage gab.“ Er, der für Verfolgung, Beschattung von Dissidenten, Unterdrückung, mit großer Wahrscheinlichkeit auch für unzählige Tötungsdelikte verantwortlich war, wagte das zu sagen. Zynismus pur. Aber zumindest sagte er in diesem Fall die Wahrheit. In ihm fand keine Wandlung vom Saulus zum Paulus statt, nein, er verhöhnte meiner Meinung nach nicht nur die Opfer dieser Diktatur, er rechnete auch mit seinen damaligen Mitstreitern ab.

Als ich etwa zwei Jahre alt war, zogen wir in die Mulackstraße 12 in Berlin-Mitte, Nähe Alexanderplatz. Jede Stadt auf dieser Welt hat gewisse Stadtviertel, die man besser meiden sollte, die man nicht kennen muss. Alfred Döblin hat in seinem Buch „Berlin-Alexanderplatz“ das Milieu genau beschrieben. Hier wuchs ich auf.
1862 wurde diese Straße gegründet. Benannt nach einem Maurermeister Jakob Mulack, dem ersten Besitzer des Eckhauses zur Alten Schönhauser.
Die Mulackstraße war eine der schlimmsten Straßen in Berlin. Einen tieferen sozialen Absturz gab es nicht. Wer hier leben musste, hatte nichts mehr zu verlieren. Der Abschaum der unteren Schicht lebte hier. Prostitution, Kriminalität, Gewalt und Brutalität waren in ihr zu Haus.
Toiletten auf dem Hof, Waschbecken auf dem Flur, Ratten und Ungeziefer und sämtliche Krankheiten dieser Welt ebenso. Der tägliche Gang zur Toilette auf dem Hof bedeutete, sich den Weg von diesen riesigen Ratten freizukämpfen. Nur mit einem Knüppel bewaffnet, wagte man sich auf den Hof. Sehr viele Kinder wurden bei diesem Gang von den Ratten angegriffen und gebissen, bekamen durch diese Bisswunden schlimme Krankheiten.
Selbstverständlich gab es schon zu dieser Zeit eine medizinische Grundversorgung, nur so kurz nach dem Krieg waren die Möglichkeiten sehr begrenzt. Es herrschte Ärztemangel, Medizin gab es nur in bescheidenem Maße, Krankenhäuser lagen in Schutt und Asche. Damalige Mediziner kann man aus heutiger Sicht als Helden be-

zeichnen. Sie versuchten wirklich den Menschen, besonders den Kindern zu helfen, oftmals vergebens. Es starben so unendlich viele unschuldige Kinder aus meinem Umfeld. Wer sich hier nicht behaupten konnte, hatte keine Chancen. Hier lernte ich, wie man über die Runden kam. Sehr früh schon musste ich um die wenigen Lebensmittel kämpfen, um satt zu werden. Hunger hatte ich immer, also: ein täglicher Überlebenskampf.

Meine Pfiffigkeit kannte keine Grenzen. In unserem Haus, auf unserer Etage, wohnte und arbeitete eine Prostituierte. Zu dieser Zeit kannte ich den Begriff Bruttosozialprodukt noch nicht, aber was eine Prostituierte war und wie man zu Geld kommen kann, wusste ich. Also, ich massierte dieser Dame immer die Füße und bekam dafür ein Honorar. Oft klopfte es an der Tür, während ich meiner Arbeit nachging, und ich musste dann das Zimmer verlassen. Von den Freiern gab es manchmal auch ein kleines Handgeld. Damit konnte ich meine kleine Freundin Eva, die zwei Häuser weiter mit

1950 Kalle mit Freundin Eva in der Mulackstraße

ihrer Mutter lebte, zur Eisdiele einladen. Zu dieser Zeit Luxus pur. Meine kleine Eva himmelte mich an, ich war ihr großer Held. Meine erste große Liebe.

Sehr oft fuhren durch unsere Straßen Lastkraftwagen der Roten Armee und warfen von der Ladefläche russische Brote. Die waren sehr begehrt. Ich besorgte davon immer mehrere, die ich mit Eva teilte. Eine größere Liebe kann man sich nicht vorstellen. Falls größere Jungs mir etwas stehlen wollten, konnte ich als Dreikäsehoch dies nicht verhindern, doch hatte ich auch dafür eine Lösung gefunden. Durch meinen kleinen Nebenverdienst als Masseur bestach ich größere Jungs, die mich beschützten. Einfach genial. Ich glaube heute sagen zu können, dass ich glücklich war. Doch mein Glück war nicht von Dauer.

Eva und ich waren jeden Tag zusammen. Wir gingen auf Nahrungssuche, bettelten um Lebensmittel und teilten alles gerecht. Unsere Mütter waren berufstätig, denn nur wer arbeitete, bekam Lebensmittelkarten und damit die Möglichkeit, Nahrungsmittel zu erhalten. Im Winter, bei bitterer Kälte, Kohlen zum Heizen gab es kaum, krochen Eva und ich gemeinsam unter unsere Bettdecke und wärmten uns dadurch gegenseitig. Eine unschuldige kindliche Zuneigung, die uns gut tat.

Eva hatte immer sehr große Angst, die Toiletten auf dem Hof zu besuchen, wegen der Ratten. Also musste ich sie immer dorthin begleiten. Tapfer, mit einem Knüppel bewaffnet, stand ich vor der Tür und wartete, bis Eva ihr „Geschäft“ erledigt hatte. Aus Angst vor diesen Ratten ließ Eva immer die Tür offen, in diesen Toilettenzellen gab es kein Licht. Eines Tages rannte Eva schreiend aus diesem Klo, an ihrem Oberschenkel hatte sich eine Ratte festgebissen. In Panik rannte sie quer über den Hof, ich hinterher, versuchte die Ratte von ihr abzuschlagen, was mir irgendwann auch gelang. Meine Eva hatte große Schmerzen und weinte nur. Hand in Hand gingen wir zu einem Krankenhaus in unserer Nähe. Meine kleine Freundin wurde dort kurz versorgt und man schickte uns wieder nach Hause. Es dauerte nicht allzu lange und meine kleine Eva wurde krank.

Hohes Fieber, sie wollte nichts mehr essen. Für Eva ging ich betteln, Obst und Gemüse versuchte ich aufzutreiben, was mir auch gelang. Doch Eva lehnte jedes Essen ab.

Eines Tages lief ich in meiner Verzweiflung zur Eisdiele und kaufte eine Eistüte, ging freudig zu ihr. Ganz vorsichtig ging ich zu ihrem Bett, um ihr die Leckerei zu geben.

„Schau mal, Eva, was ich dir gebracht habe“, sagte ich leise. Doch Eva lag da und schaute zur Decke und war ganz still.

Meine kleine Freundin war tot. Ich begriff gar nichts. Lange stand ich am Bett und versuchte mir ihr zu reden, doch es kam keine Antwort. Bis zu diesem Zeitpunkt hatte ich keine Ahnung, was der Tod für eine Bedeutung hat. Diese Endgültigkeit, unwiderrufbar, begann ich hier in diesem Augenblick wohl zu begreifen. In meiner Naivität legte ich die Eistüte in ihre Hände und rannte auf die Straße. Dort rief ich laut: „Meine Eva ist tot, meine Eva ist tot.“

Nach einiger Zeit kamen die Polizei und ein Arzt. Der Arzt meinte, dass Eva wohl eine ansteckende Krankheit hätte. Sie wurde nackt auf dem Hof auf einen Leiterwagen gelegt. Dort lag sie mehrere Stunden, bis man sie abholte. Die ganze Zeit stand ich an diesem Wagen und schaute sie nur an. Mein kleines vierjähriges Herz war gebrochen. Kurz danach wurde ich sehr krank. Ich kam ins Krankenhaus. In dieser Zeit wurde Eva beerdigt, die ganze Mulackstraße war anwesend, nur ich nicht. Nach meiner Entlassung aus dem Krankenhaus besuchte ich lange Zeit täglich das Grab meiner kleinen Freundin. Blumen, die ich irgendwo pflückte, legte ich auf ihr Grab. Manchmal auch eine kleine Eistüte.

Ich konnte mir in meiner Trauer eine Welt ohne Eva gar nicht vorstellen, was hatten wir zusammen erlebt, was hatten wir in unserer kindlichen Naivität für Pläne geschmiedet... Das Leben ging selbstverständlich weiter, doch Eva blieb in meinem Herzen.

In dieser Zeit starben sehr viele Kinder an Unterernährung oder anderen Krankheiten. Keine dieser Tragödien traf mich so sehr wie die meiner kleinen Freundin.

1953

In diesem Jahr wurde ich eingeschult. Wir wohnten jetzt schon in einer „besseren“ Gegend: Luisenstraße 66, am Robert-Koch-Platz, nahe der Charité, einem großen Krankenhaus. Ich bin als „Schlüsselkind“ aufgewachsen - das heißt, um meinen Hals hatte ich eine Schnur, an der der Wohnungsschlüssel hing.
Meine Eltern (inzwischen hatte ich einen neuen Vater, einen Jugendfreund meiner Mutter) gingen beide arbeiten. Von morgens bis abends verbrachte ich meine Freizeit mit meinen Kumpels auf der Straße, wir spielten in den Trümmerruinen. Ein sehr gefährlicher „Kinderspielplatz“. Einige meiner Spielkameraden kamen bei dieser Freizeitbeschäftigung durch einstürzende Häuserwände ums Leben. Unsere Eltern lebten in ständiger Sorge um uns.

Die Sorge meiner Mutter um mich blieb mir nicht verborgen. Somit versuchte ich ständig ihre Aufmerksamkeit auf mich zu lenken. Oftmals sah ich meine Mutter weinen. Häufig bekamen aus dem Umfeld meiner Eltern Familien Nachrichten von Vermissten Soldaten, die für tot erklärt wurden oder in sowjetischer Gefangenschaft verstorben sind. Ständig gab es Hiobsbotschaften.
Ich habe heute noch unzählige Ereignisse im Kopf von diesen kleinen Tragödien.

1953 meine Einschulung

Wenn meine Mutter weinte, suchte ich immer ihre Nähe, wollte ihr helfen, weinte mit. Glücklich war ich, wenn sie strahlte und lachte. Diese Gelegenheiten gab es oft.
Jeder Geburtstag von Verwandten oder Freunden wurde ausgiebig gefeiert. Sie hatten den Krieg überlebt und genossen das Leben. Sie tranken dabei sehr viel Alkohol, es ging sehr turbulent zu. Meine Mutter trank keinen Alkohol. Der wurde oft selbst angesetzt. Ein Teufelszeug.
Ich hatte wirklich das große Glück, in einem sehr behüteten Elternhaus aufzuwachsen. Mein neuer Vater Otto liebte mich sehr und ich ihn auch. Ich hätte keinen besseren Vater haben können.

In der Schule gab es Schulessen: täglich ein Glas Milch und eine warme Mahlzeit. Jeder von uns verdrückte dieses Essen, ohne zu maulen. Wir waren einfach nur froh etwas zu bekommen.
In den großen Schulferien, im Sommer, durften mein Bruder und ich zu den Großeltern nach Schwarzheide, einen Ort im Landkreis Oberspreewald-Lausitz. Früher hieß dieser Ort Zschornegosda. Wegen der Braunkohlevorkommen in dieser Region hatten die Nationalsozialisten ein riesiges Werk gebaut, um aus Braunkohle Benzin herzustellen. In Siedlungshäusern mit Ackerbau und Viehzucht wohnten meine Großeltern.
Vom Juli 1944 bis April 1945 befand sich im Nordosten der Stadt das KZ-Zwangsarbeitslager Schwarzheide, ein Außenlager des Konzentrationslagers Sachsenhausen, dessen etwa 1000 überwiegend tschechische Juden hauptsächlich Arbeiten zur Aufrechterhaltung der Produktion der örtlichen BRABAG-Werke verrichten mussten. Diese lebensgefährlichen Arbeiten überlebten nur etwa 600 Häftlinge, von denen im Mai 1945 wiederum nur etwa 200 den Todesmarsch zum KZ Theresienstadt überstanden. Im Krieg half mein Großvater einigen dieser Häftlinge. Er besorgte bei Bedarf Lebensmittel oder Medikamente und versteckte, als dieses Lager aufgelöst wurde, einige Häftlinge, die somit überlebten. Mein Opa war Kommunist, aber auch Humanist. Ein Widerspruch, an dem er bis zu seinem Tod festhielt. Nach dem

Krieg wurde mein Opa Chef vom Werkschutz des Synthesewerkes Schwarzheide.
Hier lebten mein Bruder und ich für wenige Wochen in totaler Unbeschwertheit. Es gab durch eigene Hausschlachtung genug zu essen – ein Kinderparadies.
Großeltern hatten Hühner, Enten, Gänse, Karnickel und Gemüse ohne Ende. Wir lebten dort wie im Paradies. Oma Minna umsorgte uns liebevoll, aber sehr streng. Widerspruch wurde nicht geduldet. In Berlin konnten wir machen, was wir wollten, das war hier anders. Wenn Oma zum Essen rief, mussten wir sofort erscheinen. Abends vor dem Schlafengehen wurden wir in der Waschküche mit kaltem Wasser „saubergespült", ohne Erbarmen.
Heute glaube ich, sie hat es getan, um uns zu erkennen. Sie hatte wohl keine, Lust noch fremde Kinder durchzufüttern und nur durch diese Reinigung konnte sie ihre Enkel identifizieren.
Im Wohnzimmer stand auf einer Kommode ein Bild von ihrem Sohn in Wehrmachtsuniform mit einem schwarzen Trauerband. Mein Onkel ist kurz vor Moskau, in diesem elenden Zweiten Weltkrieg, gefallen. Darüber kam sie nie hinweg. Ihre Trauer begleitete sie bis zu ihrem Tod. Onkel Walter war wohl ihre große Liebe. Meinen Vater hatte sie nicht so sehr ins Herz geschlossen. Mir kommt immer ihre Erzählung in den Sinn:
Im Krieg begegnen sich die beiden Brüder in Uniform in der Rosenstraße. Es ist abends, die Straßenbeleuchtung spärlich. Mein Vater kam von der Front und hatte einige Tage Urlaub. Onkel Walter hatte Urlaub und musste wieder zu Front. Sie hatten sich davor wegen einer Kleinigkeit zerstritten, sprachen nicht miteinander. Unter einer beleuchteten Straßenlaterne begegneten sie sich, blieben kurz stehen, sahen sich an, sprachen aber kein Wort und gingen weiter. Sie hatten die Gelegenheit verpasst, ins Reine zu kommen. Sie sahen sich nie wieder. Mein Vater sprach darüber nie. Meine Oma, die auf der Straße stand und dies beobachtete, ständig. Ich glaube heute zu wissen, dass sie mir den miesen Charakter meines Vaters mitteilen wollte.
Wegen der Tätigkeit als Bergmann war mein Opa auch in einem

Bergmannorchester. Er spielte eine Bergmanns-Schalmei, ein Blechblasinstrument mit sehr großer Phonstärke.
Nach dem Tod meines Großvaters fanden mein Bruder und ich dieses Instrument auf dem Dachboden. Leider lag dort auch noch eine Geige. Unsere musikalische Begabung hielt sich in Grenzen, doch hier packte uns unser Ehrgeiz. Mein Bruder blies in diese Schalmei und ich fiedelte auf dieser saumäßig gestimmten Geige. Zu allem Unglück liefen wir dabei die Rosenstraße auf und ab. Ich kann mich noch genau daran erinnern, als Kind nie wieder so verprügelt worden zu sein. Nicht von unserer Oma, nein, die Dorfjungen hatten uns Berliner Rotzjungen so zugerichtet. Nach diesem Zwischenfall hatten wir keine Lust mehr,unsere Oma zu besuchen.
Heute noch denke ich mit Wehmut an diese schöne Zeit zurück.
Ich empfinde heute noch große Scham, wenn ich daran denke, Oma nie wieder besucht zu haben. Selbst zu ihrer Beerdigung bin ich nicht dagewesen. Es gibt Dinge im Leben, die man nicht entschuldigen kann, für immer mit sich rumschleppt, dies verzeihe ich mir nie.
Zurück in Berlin fühlten wir uns einfach sicherer. Hier verbrachte ich meine Kindheit und Jugend, ganz in der Nähe der damaligen Demarkationslinie zu Westberlin.
Fast täglich überschritt ich diese Linie und verbrachte sehr viel Zeit in diesem Teil Berlins.
Aus nächster Nähe erlebte ich diese zwei Welten.
Unterschiedlicher kann man sich diese Lebensformen nicht vorstellen. Im Osten wurde alles gelenkt. Politische Alternativen zu dieser Staatsreligion gab es nicht. Früh schon habe ich erfahren, dass es sehr gefährlich war, sich gegen diese Politik aufzulehnen. In unserer Familie gab es einen Onkel Paul, der einfach so verschwand und erst nach vielen Jahren Haft im Konzentrationslager Sachsenhausen zur Familie zurückkehrte. Onkel Paul wurde auch einfach willkürlich auf offener Straße verhaftet. Das KZ - Sachsenhausen hatten die Nationalsozialisten bis Ende des Krieges betrieben und die Russen hatten es nach der Befreiung weitergeführt. Heinrich George, ein damals sehr beliebter Schauspieler, hatte man hier

auch festgehalten. Nach sechs Monaten starb George wegen mangelhaft durchgeführter medizinischer Versorgung.
Nun, mein Onkel überlebte zwar, aber war blind. Seine Sehkraft verlor er wegen der grausamen Bedingungen.
Gesprochen wurde aus Angst, ebenfalls verhaftet zu werden, nur im engsten Kreis. Wenn ich dazu kam, schwiegen alle. Als Kind bekommt man solche Bedrücktheit mit und stellt sich darauf ein. Nur nichts Verdächtiges nach außen tragen.
Am 17. Juni 1953 veränderte sich die Situation total. Heute wird dieser Tag als Volksaufstand beschrieben, der er so nicht war.
Dieser Aufstand begann nach einem Streikaufruf vom Vortag, dem sich in Berlin Zehntausende anschlossen. Sie besetzten die Innenstadt und legten z. B. im Haus der Ministerien und der Volkspolizeiwache im Columbiahaus Brände. Einige Parteibüros hatte man gestürmt, Funktionäre verprügelt, Propagandaplakate zerstört. Im Gegensatz zu einem Putschversuch wurde dieser Volksaufstand nicht zentral gelenkt, es war eine spontane Auflehnung. In der gesamten DDR soll es ca. 370 Orte gegeben haben, an denen solche Aktionen stattgefunden haben.
Mit großer Brutalität schlugen die Staatsmacht und die zu Hilfe kommende Roten Armee zu. Mindestens 125 Menschen wurden getötet, davon 48 standrechtlich erschossen.
In einem vom Generalstaatsanwalt der DDR vorgelegten Bericht an die Ministerin für Justiz hieß es, dass Urteile über insgesamt 1526 Angeklagte wie folgt ausgesprochen wurden: Todesurteile, Lebenslang und 10–15 Jahre Haft.
Aus heutiger Sicht kann man diesen Tag nicht genug würdigen. Mit Wut und Verzweiflung hatten sich Tausende Menschen gegen Diktatur und Unterdrückung aufgelehnt, doch vergebens. Nur etwa 6% der damals arbeitenden Bevölkerung beteiligten sich an diesem „Aufstand“. Erbärmlich wenig. Aus meiner heutigen Sicht wurde hier eine große Chance vertan, die Diktatur zu beseitigen. Die Bevölkerung spielte einfach nicht mit.
Weil es keine Organisation gegeben hat, diesen Aufstand einheitlich zu steuern, musste dieser Aufstand scheitern.

Die DDR-Regierung flüchtete sich nach Berlin-Karlshorst und stellte sich unter den Schutz der sowjetischen Behörden.
Die sowjetische Besatzungsmacht reagierte und schlug mit ihrem Militär den Aufstand nieder.
Die Amerikaner hatten laut geltender Verträge kein Recht, in den sowjetischen Sektor Berlins einzudringen.
Sie waren auch gar nicht interessiert sich einzumischen. Sie waren zu keiner Änderung des damaligen Status Quo in Europa bereit. Dies lag wohl auch daran, dass es zu dieser Zeit einen McCarthyismus in den USA gab. Ein republikanischer Senator Joseph McCarthy entfachte durch seine antikommunistischen Kampangnen eine Paranoia.
Am 19.Juni 1953 wurden die unter Spionageverdacht verurteilten Ethel und Julius Rosenberg in den USA hingerichtet. Ein bis heute sehr umstrittenes Urteil.

Ich bekam als Siebenjähriger von diesen Unruhen sehr viel bewusst mit. Dort, wo wir wohnten, befand sich ein großes Sammellager der Roten Armee. Zu Kindern waren sie sehr nett und deshalb verbrachte ich zum großen Ärger meines neuen Vaters sehr viel Zeit auf diesem Gelände und schlug mir den Bauch mit Essen voll. Als Kind hat man da wohl weniger Berührungsängste.
Die Reaktionen von außen waren sehr bedeckt. Die damalige Bonner Regierung hatte kaum etwas unternommen, um sich mit den Streikenden zu solidarisieren. Am 19. Juni 1953 sagte der RIAS-Redakteur Hanns-Peter Herz anlässlich der in Westberlin stattfindenden Trauerfeier: „Bonn hat sich wenig gesamtdeutsch verhalten in dieser Frage, die preußischen Kartoffeläcker waren halt nicht so interessant wie die Reben am Rhein."
Franz Josef Strauß schrieb in seinen Erinnerungen:
„In Bonn gab es keine Möglichkeit zu ernsthaftem Handeln. Es gab Erklärungen, Sympathiekundgebungen, Appelle an die Siegermächte – was sollte die Bundesregierung anderes tun? Damals ist einem die ganze deutsche Ohnmacht wieder bewusst geworden."
Irgendwann trat wieder Ruhe ein. Jeder passte sich an. In dieser

Zeit wuchs ich auf. Meine Oma Paula war mir eine große Hilfe. Sie versuchte mich aufzuklären.
„Das, was die hier machen, hat nichts mit Sozialismus zu tun", sagte sie immer zu mir.
„Dafür haben wir zur Nazizeit nicht unser Leben riskiert." Wie recht sie hatte. Dieser Frau habe ich es zu verdanken, nicht wie die Masse einem Verbrecherstaat gedient zu haben.

Berlin 1960

Eine zwar geteilte, aber noch offene Stadt.

Berlin war zu dieser Zeit aufgeteilt in vier Sektoren, die von den sogenannten Siegermächten des Zweiten Weltkrieges kontrolliert wurden. Den amerikanischen, den englischen und den französischen Sektor fasste man schlicht und einfach mit der Bezeichnung „Westberlin" zusammen.

Ein Mensch konnte in dieser Zeit einfach so verschwinden, ohne dass es auffiel. Den Nachbarn, dem gesamten Umfeld wurde auf Nachfragen erklärt: „Na, der wird bestimmt in den Westen abgehauen sein." Die Menschen nahmen diese Erklärung hin und fragten nicht weiter nach.

Dieser Staat hatte die totale Kontrolle über seine Bewohner. Kuschen und Schweigen lautete die Devise. Doch viele, insbesondere junge Menschen, lehnten sich dagegen auf. Der russische Sektor hieß „Ostberlin". Die von den Alliierten festgelegten Demarkationslinien zwischen Ost und West waren auf den Straßen mit weißen Trennstrichen sichtbar gemacht. Auf jeder Seite standen Hinweisschilder. Im Westen zum Beispiel:

„Achtung, Sie verlassen jetzt den amerikanischen Sektor von Berlin."

Beim Übergang von Ost- nach Westberlin las man

1960 Kalle an der Ostsee

dagegen, dass an der Trennlinie der „demokratische Sektor“ von Berlin endete: Zynismus pur!
In der Zeit bis zum Mauerbau konnte jeder die „Grenze“ innerhalb der Stadt passieren. Nur hin und wieder wurde man auf Ostberliner Seite nach seinem Ausweis gefragt. Dort standen die Vopos (sogenannte Volkspolizisten) und kontrollierten die Passanten – oder auch nicht. Wer mit größeren Taschen oder Koffern beladen die Sektorengrenze von Ost nach West überquerte, riskierte allerdings, entweder zurückgeschickt oder verhaftet zu werden.
Ende der fünfziger, Anfang der sechziger Jahre des 20. Jahrhunderts gab es eine neue Blütezeit des „Kalten Krieges“ um Berlin. Agenten aus aller Herren Länder tummelten sich in der Stadt. Sie war ein Eldorado für Spione und für solche, die sich dafür hielten.
Ostberlin war für die Menschen, die nach der Teilung Deutschlands zwangsweise im kommunistischen Staatssystem der DDR leben mussten, die allerletzte Möglichkeit, über die damals noch offenen Sektorengrenzen nach Westberlin zu gelangen. Hunderte Bewohner der DDR strömten täglich nach Ostberlin, um mit dem Übertritt nach Westberlin das kommunistische Regime hinter sich zu lassen. Es fand ein reger „Grenzverkehr“ statt.
Berlin war damals eine Stadt mit zwei Währungen: der „Westmark“ in Westberlin und der „Ostmark“ in Ostberlin. Die unterschiedlichen Währungen standen auch für unterschiedliche Lebensverhältnisse. Während die Westberliner mit ihrer harten D-Mark am westdeutschen Wirtschaftswunder teilhaben konnten, waren die Ostberliner mit ihrer nicht frei konvertierbaren Ostmark - einem dadurch im Westen wertlosen Geld - davon ausgeschlossen.
Um in Westberlin die im Osten entweder nicht vorhandenen oder überteuerten Waren (zum Beispiel Kaffee, Schokolade, Südfrüchte, aber auch modische Kleidung und technische Geräte) kaufen zu können, mussten die Leute aus dem Osten für eine D-Mark fünf Ostmark auf den Tresen der Wechselstuben in Westberlin legen.
Für die Westberliner ergab sich hingegen aus dem Währungsgefälle ein besonderer Vorteil. Wenn z. B. eine Hausfrau aus Westberlin eine D-Mark gegen fünf Ostmark getauscht hatte und mit dem

Ostgeld in Ostberlin ein Brot zum Preis von damals ca. einer Mark kaufte, kostete es sie tatsächlich nur zwanzig Pfennige (West). So war es nicht verwunderlich, dass viele Westberliner ihre Grundnahrungsmittel wie Fleisch, Butter, Brot usw. aus ihrer Sicht spottbillig im Ostsektor einkauften. Dies wiederum ärgerte die Ostberliner, weil sich dadurch die ohnehin bestehenden Versorgungsengpässe noch weiter verschärften. Denn den Zonenmachthabern gelang es nur so gerade, ausreichend Lebensmittel heranzuschaffen. Hungern brauchte zwar keiner im Ostteil, nur gab es nicht immer das, worauf man Appetit hatte. Es wurde gekauft, was es gerade gab; man arrangierte sich.

Viele im Ostsektor lebenden Berliner gingen damals im Westteil arbeiten und wurden in D-Mark bezahlt. Der Wechselkurs von 1:5 ermöglichte ihnen einen weitaus besseren Lebensstandard, als ihn ihre Nachbarn sich leisten konnten, die für Ostmark arbeiten gingen. Auch einige meiner Kameraden und ich nutzten die besonderen Verhältnisse in der geteilten Stadt.

Jeden Tag fuhren wir mit dem Fahrrad über die Sektorengrenze und besserten unser mageres Taschengeld auf, indem wir diverse Grundnahrungsmittel nach Westberlin brachten und dort an uns bekannte ältere Damen oder Ehepaare verkauften. Dies brachte uns das ersehnte Westgeld. Auch schleppten wir Kohlen vom Keller in die Wohnungen oder machten uns auf andere Weise nützlich. Mit dem Westgeld standen uns sämtliche Möglichkeiten offen, unsere kleinen Konsumwünsche zu erfüllen. Angefangen bei Kaugummi über Comic-Hefte bis hin zu Kinobesuchen.

Vor allem die damaligen „Grenzkinos“ waren ein von uns heiß begehrter Zielpunkt. Hier brauchte man nur eine „Ostidentifikation“ vorzuzeigen (dafür genügte neben dem Personalausweis auch einfach der Abschnitt einer Lebensmittelkarte oder der Pionierausweis), und schon gab es eine Kinokarte für 25 Pfennige Ost. Von unserem Westgeld kauften wir uns dazu noch ein Eis am Stiel und ein Erfrischungsgetränk - was für ein Luxus!

In die Ostberliner Kinos zog es uns hingegen nicht; dort wurden nur kommunistische Erziehungsfilme gezeigt. So manches Mal musste

ich mit der gesamten Klasse in solch eine Veranstaltung pilgern. Diese erzwungenen Kinobesuche empfand ich damals fast als Nötigung und Freiheitsberaubung. Aber es war ratsam, sich die Filme genau anzusehen, weil wir später in der Schule über die „Sozialistischen (Film-)Helden“ Aufsätze schreiben mussten. Ich verstand in den Filmvorführungen immer nur „Bahnhof“. Einen solchen Unsinn konnte keiner verstehen. Mein Verstand weigerte sich damals schon, diese Gehirnwäsche zu akzeptieren.
Zum Glück hatte ich andere Vorstellungen vom Leben als die, die in den Filmen propagiert wurden, konnte vergleichen. Die Menschen im Westteil lebten total anders als die im Ostteil. Sie setzten sich auch andere Ziele. Frei von Partei- und Staatszwängen gingen sie arbeiten, um sich ihre Träume zu erfüllen, den Aufbau eines bescheidenen Wohlstandes. Die Jugend wuchs ohne den Zwang auf, Andersdenkende als Klassenfeinde zu sehen. Heute noch beneide ich die jungen Menschen von damals, die im Westteil groß geworden sind.
Auch viele meiner Freunde lebten im Westen, die mich ohne Unterschied als einen von ihnen ansahen. Oft fragten sie mich, weshalb meine Eltern nicht einfach „rübergingen“. Darauf hatte ich keine Antwort parat. Ich wusste es nicht. Ehrlich gesagt machte ich mir darüber auch nicht allzu viele Gedanken. Mir ging es ja eigentlich blendend. Durch meine Tauschaktionen konnte ich mir meine kleinen Wünsche erfüllen. Was wollte ich mehr?
So wie mir ging es vielen Menschen in Ostberlin. Sie bewegten sich zwischen zwei Gesellschaftsordnungen hin und her, und es ging ihnen gut dabei. Dies brachte ihnen aber auch Neid und Hass bei den Ostberlinern ein, die kein Westgeld verdienen konnten oder wollten. Die sogenannten Grenzgänger wurden von den Machthabern als „Schmarotzer der sozialistischen Gesellschaft“ betitelt. Ständig wurden sie verfolgt und überwacht, als asoziale Elemente beschimpft. Gesellschaftlich stellte man sie an den „Pranger“. Dabei dichteten die Kommunisten einer Person oftmals so lange Legenden an, bis sie selbst an ihre Geschichten glaubten und dann zugriffen.

Einige ließen sich von den Machthabern nicht alles gefallen. Wurde der Druck zu groß, flüchteten sie nach Westberlin.
Die politische Staatsdoktrin verlangte von jedem Bürger Linientreue, den absoluten Glauben an ihren Staat. Die Propaganda machte die Massen zu einem Werkzeug der Partei. Hunderttausende nahmen an Aufmärschen teil, grölten die vorgegebenen Parolen und hetzten gegen den Westen, der als Feind betrachtet wurde.
Von den Kindergärten bis hin zur Schule schwor man die Kinder und Jugendlichen auf dieses Feindbild ein. Jeder Andersdenkende galt als Staatsfeind, der bestraft oder vernichtet werden musste. Tausende wurden inhaftiert und verschwanden einfach von der Bildfläche. Zu befürchten hatten nur die nichts, die das alles duldeten oder sich aus Mangel an Zivilcourage ruhig verhielten. Hunderttausende hatten von dem menschenverachtenden Politikterror „die Schnauze voll", packten ihre Koffer und kehrten diesem Teil Deutschlands den Rücken, um im Westen ein neues Leben zu beginnen.
Wer also frei von Polizeiwillkür, Terror und Angst vor Inhaftierung leben wollte, verließ oft nur mit dem, was er auf dem Körper trug, den „Arbeiter- und Bauernstaat". Vor dem Mauerbau war das sehr einfach und relativ ungefährlich. Man ging praktisch von einer Straßenseite auf die andere und befand sich in einer anderen Welt. Einfach so – unglaublich! Das kann nur verstehen, wer diese Zeit miterlebt hat.

Abschied vom Bruder
September 1960

1960 war ich 14 Jahre alt und besuchte die achte Klasse. Jeden Schultag wartete ich mit meinen Schulkameraden gespannt auf das erlösende Klingelzeichen, das den Unterricht beenden sollte. Nachdem es endlich ertönt war, rannten wir auf den Schulhof zu unseren Fahrrädern. Nur schnell nach Hause und die Schulmappen ablegen. Und dann ab nach Westberlin. Dort wollten wir wie jeden Tag unsere Freizeit verbringen. Doch an einem Tag war es anders.
Mein Bruder Hans-Jürgen (Hansi), vier Jahre älter als ich, stand vor der Schule und wartete schon auf mich.
Hansi war so ein typischer „Grenzgänger“, der im Osten wohnte und im Westen arbeitete. Mit seinen achtzehn Jahren wirkte er wesentlich älter und reifer. Seine schwarzen Haare – nach hinten auf „Ente“ gekämmt, vorne eine „Elvis-Tolle“ – glänzten von Pomade. Jeanshose, spitze Schuhe, Blouson mit aufgestelltem Kragen – ja, diese Mode nach westlichem Muster war schon toll. Nur, wie sollte man sie bezahlen? Also ging mein Bruder in Westberlin arbeiten. Dadurch hatte auch ich das große Glück, immer die neuesten Klamotten zu bekommen. Ich brauchte mich nicht wie die anderen mit der sozialistischen Einheitsmode zufriedenzugeben. Was die Mädels wohlwollend zur Kenntnis nahmen und meine Chancen bei ihnen steigen ließ.
Damals dudelten die Radiosender „Rock 'n' Roll“ rauf und runter. Sehr zum Leidwesen der älteren Generation. Und für die kommunistischen Machthaber war diese Musik mehr als nur ein Dorn im Auge.
In den sechziger Jahren muss man sich folgendes vorstellen.
In den Köpfen unserer Väter herrschte immer noch die Zeit des Nationalsozialismus vor. Natürlich waren sie zufrieden den Krieg überlebt zu haben, doch Selbstzweifel, etwas falsch gemacht zu haben gab es kaum. Das sie die Welt in Schutt und Asche gelegt hatten, verantwortlich waren für den Tod von Millionen Menschen darüber

dachte kaum jemand aus dieser Generation nach. Der Hitler war dafür verantwortlich, hörte ich immer nur. Wir haben als Soldaten nur unsere Pflicht getan und einen Eid abgelegt. Soldaten, die desertierten, sahen ehemalige Wehrmachtsangehörige als Verräter an, die ihre Kameraden verraten und deshalb auch den Tod verdient hatten. Soweit mir bekannt ist, wurden diese Deserteure bis heute nicht rehabilitiert. Das überhaupt über die Vertreibung und Ermordung der Juden so ein Aufsehen gemacht wurde, verstanden viele nicht und empfanden dies sogar als ungerecht und übertrieben. Als Deutsche hatten sie schließlich auch sehr viel Elend erfahren müssen und eine Bevorzugung dieser Menschen wurde als übertrieben angesehen. Schließlich gab es zu Adolfs Zeiten auch Zucht und Ordnung. Diese moralische Verwahrlosung der heutigen Jugend, so die allgemeine Meinung, hätte es damals nicht gegeben. Diese Kriegsgeneration konnte den Freiheitsdrang der damaligen Jugend nicht verstehen. Der Polizeiapparat damals bestand zum großen Teil aus Polizisten aus der Nazizeit, da duldete man keinen Widerspruch. Das Gesagte eines Polizisten war Gesetz und musste ohne Wenn und Aber befolgt werden. Diese Negermusik aus Amerika, die nach Europa überschwappte, wurde von dieser alten Generation abgelehnt. Die Jugend feierte mit dieser Musik und genoss das Leben.
Schon in den fünfziger Jahren kam diese abartige Musikbewegung nach Europa.
Bill Haley & His Comets brachten mit dem Hit „Rock around the clock“ die Jugendlichen außer Rand und Band. In Berlin wurde bei einem Konzert die Deutschlandhalle zerlegt.
Elvis Presley legte mit dem Song „Jailhous Rock“ einen Meilenstein für diese Musik. Ich glaube, kein anderer Sänger wurde von der damaligen Jugend so geliebt wie er. Als er im Oktober 1958 in Bremerhaven als GI zum ersten Mal deutschen Boden betrat, drehten die jugendlichen Fans durch.
Auch mein Vater mochte diese Musik nicht.
Die Jugendlichen widersetzten sich immer mehr diesen idiotischen Vorgaben der Eltern.
In der Exekutive, überall gab es dieses alte Denken. Deshalb gab es

Ende der Sechziger in Westberlin und in der Bundesrepublik diese Studentenrevolten. Die heute als 68 genannte Bewegung hatte damals ihre Berechtigung und wurde von uns im Osten bewundert. Wir hatten diese Art der Auflehnung als sehr mutig angesehen, konnten hier im Osten so etwas jedoch nicht tun.
Schade, wegen der großen Gewalttätigkeiten auf beiden Seiten verlor diese Bewegung ihre Linie und es entstand durch Radikale die RAF, die später eine blutige Spur in Deutschland hinterließ. Hier wurde eine große Chance vertan.
Die Nachkriegsgeneration ließ sich nicht mehr so schnell verführen, jedenfalls im Westen nicht.
Im Osten nichts Neues. Hier ließen sich die Massen wegen der bestehenden Ideologie wie zu Zeiten des Nationalsozialismus verblenden und in die Irre leiten. Man baute Feindbilder auf und versuchte immer und immer wieder, diese Feindbilder speziell der Jugend einzuimpfen.
Es gab zu dieser Zeit wirklich Jugendliche, die an die These glaubten, die Westmusik trage zersetzende Inhalte und werde nur mit dem Ziel gespielt, die sozialistischen Erfolge zu diffamieren. Ich jedenfalls konnte mit solchen Typen nichts anfangen und lehnte den Kontakt zu ihnen ab. Mein Bruder dachte genauso. Wir genossen das Leben in vollen Zügen. Obwohl erst 14 Jahre alt, sah ich aus wie 17, kam überall mit meinem Bruder zusammen rein, und wir ließen die Puppen tanzen.
Doch zurück zu diesem denkwürdigen Schultagsende. Als ich meinen Bruder sah, spürte ich sofort eine Unruhe in mir, denn er sah anders aus als sonst: ernster, trauriger. Er legte seine Hand auf meine Schulter, sah mich an und sagte: „So Kalle, heute brauche ich deine Hilfe." Erst jetzt bemerkte ich die kleine Aktentasche, die er mit sich trug. Ich hatte meinen Bruder noch nie mit solch einer Tasche gesehen.
Mit der Unbekümmertheit eines 14-Jährigen sagte ich spontan jede Hilfe zu.
Auf dem Weg zur Wohnung erklärte mein Bruder mir, dass er noch am selben Tag um 15 Uhr vom Flughafen Tempelhof/Westberlin

nach Frankfurt am Main fliegen werde. Er wollte uns so einfach verlassen und aus unserem Lebenskreis verschwinden. Ich konnte es nicht glauben.
In meinem unmittelbaren Umfeld hatte ich es schon sehr oft erlebt, dass ältere Brüder meiner Kameraden in den Westen geflohen waren. Ich nahm das zwar zur Kenntnis, doch ohne Emotionen, denn es betraf mich ja nicht. Diesmal traf es mich, und wie. In mir brach eine Welt zusammen. Naiv fragte ich:
„Was sagen denn Mutti und Papa dazu?“
„Die wissen von nichts, das musst du ihnen heute Abend erklären.“
„Na prima“, dachte ich noch so bei mir, „das wird ein gelungener Abend.“
Wie benebelt begleitete ich meinen Bruder zum Flughafen. Mit der U-Bahn fuhren wir zwar im gleichen Abteil, doch getrennt. Ich hatte seinen Flugschein, er seine kleine Tasche. Die Möglichkeit einer Kontrolle bestand ja immer. Am Flughafen angekommen setzten wir uns und warteten auf den Aufruf. Die Unterhaltung zwischen uns beiden lief sehr schleppend.
„Weshalb gehst du nur weg?“, fragte ich in meiner Traurigkeit.
„Helga ist letzte Woche mit ihren Eltern geflüchtet“, meinte er. Helga war seine Freundin. „Jetzt gehe ich ihr nach. Nur dort kann ich mit ihr eine gemeinsame Zukunft aufbauen. Hier sehe ich keine Perspektive. Irgendwann wirst du das verstehen, glaub es mir.“
Im Moment verstand ich gar nichts. In die Augen konnten wir uns einfach nicht sehen. Jeder hatte Angst, sonst die Kontrolle zu verlieren.
Als der Aufruf kam, zur Maschine zu gehen, blieben wir erst einmal sitzen. Erst nach dem zweiten Aufruf reagierten wir. Es war nur eine kurze Umarmung, ein flüchtiger Kuss, dann drehte mein Bruder sich um und ging.
„Hansi, ich wünsche dir viel Glück“, rief ich ihm noch zu, „und vergiss nicht deinen kleinen Bruder hier.“
In der Halle schaute er nicht einmal zurück, kein Winken, nichts. Durch eine große Panoramascheibe konnte ich auf das Rollfeld sehen, wo die Maschinen zum Abflug bereitstanden.

Dort sah ich meinen Bruder das letzte Mal, an der Gangway stehend, mir zuwinkend. Ich weinte hemmungslos und fühlte mich sehr einsam. Der Gedanke, meinen Bruder nicht mehr zu sehen, nicht mit ihm sprechen zu können, war unfassbar für mich.
An diesem Tag verlor ich einen Teil meiner unbeschwerten Jugend. Auf einmal wurde mir klar, was es heißt, einen geliebten Menschen zu verlieren; Trennungsschmerz zu erfahren, verursacht durch diese damalige Politik. Ich spürte das zum ersten Mal.
Traurig fuhr ich in unsere Wohnung und teilte meinen Eltern mit, wie dieser Tag für mich verlaufen war. Fassungslosigkeit und Angst, durch die Flucht meines Bruders Repressalien ausgesetzt zu werden, überschatteten unsere häusliche Idylle.
Zum ersten Mal führte ich mit meinen Eltern politische Gespräche. Immer und immer wieder drängte ich darauf, dasselbe wie mein Bruder zu tun. Auf meine Fragen, weshalb wir in diesem System weiterlebten, bekam ich keine Antworten. Bei meinen Eltern überwog wohl die Angst vor einem Neubeginn. Zweimal war meine Mutter während des Krieges ausgebombt worden, beide Male zusammen mit meinem Bruder. Sie verlor innerhalb kurzer Zeit zweimal alle ihre Habe und das Dach über dem Kopf. Sie musste jedes Mal neu beginnen. Das hat sie geprägt, doch damals verstand ich es nicht. Sie zogen es einfach vor, wie Millionen andere auch, sich ihrem Schicksal zu fügen. Nur nicht auffallen, das ist die erste Bürgerpflicht. Ich wollte und konnte es nicht glauben.
Die Monate zogen ins Land und meine Aufsässigkeit wurde immer größer. Der Verlust meines Bruders machte mir doch sehr zu schaffen. Meine schulischen Leistungen ließen mehr als zu wünschen übrig. Am liebsten wäre ich meinem Bruder hinterher gegangen. Doch das ging nicht. Mit meinen vierzehn Jahren hätten sie mich wieder zurückgeschickt. Mir blieb wirklich nichts anderes übrig, als immer den Gedanken im Kopf zu tragen, wenn du achtzehn bist, haust du ab. Da kann kommen, was will.

September 1960

Der amerikanische Evangelist Billy Graham, ein glühender Antikommunist, hielt vor dem Reichstagsgebäude im Westteil Berlins einen Gottesdienst ab. Über 20 000 Besucher nahmen an diesem Spektakel teil.
Trotz dieser Behinderungen an den Sektorengrenzen gelangten viele Ostberliner auf Schleichwegen zu dieser Veranstaltung. Tausende von Ostberlinern, die dort hinwollten, wurden von der „Volkspolizei“ an den Grenzübergängen zurückgeschickt. Zwischen dem Potsdamer Platz und dem Brandenburger Tor riegelten hunderte schwer bewaffnete „Volkspolizisten“ die Sektorengrenzen ab. An den anderen Kontrollstellen wurde das Verlassen des Ostsektors erschwert.
Am Brandenburger Tor hat man nach Augenzeugenberichten eine große Anzahl von jugendlichen Ostberlinern auf bereitstehende Lastkraftwagen geladen und mit unbekanntem Ziel abtransportiert.
An diesem Tag versuchten Karlchen, ein Freund, und ich über die Sandkrugbrücke an der Invalidenstraße von Ost- nach Westberlin zu kommen. Karlchen, damals wohnhaft im wunderschönen Ostseebad Ahlbeck auf der Insel Usedom, verdiente seinen Lebensunterhalt im Stahlwerk Hennigsdorf, vor den Toren Berlins. Einen Großteil meiner Kinder- und Jugendjahre verbrachte ich in Ahlbeck.
Ein ehemaliger Kriegskamerad und Freund meines Vaters lebte dort als Fischer. Er besaß ein kleines Fischerboot, mit dem er die Ostsee unsicher machte.
Hanne Müller entsprach genau dem Typ Seemann, den man sich so vorstellt. Stahlblaue Augen, groß gewachsen, ein zäher Hund.
Mein Vater und Hanne verstanden sich ohne viele Worte. Oft durfte ich zum Fischen mit auf die Ostsee - ein knochenharter Job. Nach jedem erfolgreichen Fang wurde dies ausgiebig gefeiert.
Mit großen Augen bewunderte ich diese beiden. Die konnten saufen wie Piraten auf Feindfahrt. Für mich gab es Limonade. Eine wirklich glückliche Zeit damals für mich. Nur die wenigsten Jungs

in meinem Alter hatten solche Möglichkeiten, zwischen Berlin und Ahlbeck zu pendeln. Sehr viele kannten die Ostsee nur vom Namen her. Die Jugendlichen von der Insel Usedom hatten kaum Gelegenheit, auf dieser Insel Geld zu verdienen. Sie gingen auf Montage, unter schlimmen Bedingungen. Die meisten gingen als Anstreicher arbeiten. Es wurden Stahlträger, die im Stahlwerk Hennigsdorf hergestellt wurden, mit bleihaltiger Farbe behandelt. Gesundheitliche Bedenken wurden von den Verantwortlichen ignoriert, Folgeschäden billigend in Kauf genommen. Von den vielen „Inselbewohnern", die als junge Männer zu dieser Zeit in diesem Stahlwerk malochten, leben heute nicht mehr sehr viele. Der Krebs hat sie dahingerafft. Dies nur so nebenbei.

Karlchen, vier Jahre älter als ich, hatte in seiner Jackentasche einen Brief meiner Mutter an meinen Bruder dabei, der sich einige Wochen vorher in die Bundesrepublik abgesetzt hatte. Dieser Brief sollte in Westberlin in den Briefkasten gesteckt werden.

Solch ein Unternehmen barg immer gewisse Risiken. Wenn die Exekutive solche Schriftstücke fand, gab es großen Ärger. Mit klopfendem Herzen näherten wir uns dem Grenzübergang. Großes Polizeiaufgebot. Jeder wurde kontrolliert. Wir natürlich auch.

„Ausweise!", wurden wir barsch angemacht. Ich zeigte meinen und fragte frech, was dieser „Rummel" hier so sollte. Ein Schlag vor die Brust war die Antwort.

Karlchen nahm man gleich seinen Ausweis ab und schlug ihm mit der Faust ins Gesicht, so dass er stürzte. Zwei „Volkspolizisten" griffen ihn und schmissen den armen Kerl im hohen Bogen auf die Ladefläche eines Lastkraftwagens, der rein zufällig dort stand. Laut protestierend versuchte ich meinem Kumpel zu helfen. Im hohen Bogen flog ich hinterher.

Auf dem Bauch kriechend versuchte ich zu Karlchen zu gelangen, wurde aber an einem Bein von hinten festgehalten und kam keinen Zentimeter weiter. Ich kam mir vor wie ein Idiot. Ich hatte keine Möglichkeit, zu ihm zu kommen.

In kurzen Abständen kamen „Neuzugänge" geflogen. Es ging zu wie auf einem Viehtransporter. Langsam wurde es auf diesem

LKW schon eng. Kurz bevor der Transporter sich in Bewegung setzte, rief einer dieser Uniformierten:
„Den Richter wieder runter holen!“ Meinem Ausweis konnten sie entnehmen, dass ich erst vierzehn Jahre alt war. Sicher, ich sah wie siebzehn aus, nur vorher konnten sie es nicht wissen. Einer in Uniform rief mir zu:
„Runter, du Penner!“.
„Ich gehe nicht ohne meinen Kumpel“, rief ich rotzfrech. Da zog er so heftig an meinen Beinen, bis ich bäuchlings auf der Straße lag. Die Ladeklappe vom Lastkraftwagen schloss sich und er fuhr los.
„Ab in die Keibelstraße mit diesem Pack“, hörte ich noch. Mir gaben sie meinen Personalausweis mit dem netten Hinweis zurück, dass mein Vater mir ein paar Maulschellen geben sollte.
„Ich werde es meinem Vater ausrichten. Wenn er das hört, wird er vorbeikommen und euch aufs Maul hauen.“ Dann nahm ich die Beine in die Hand und rannte, so schnell ich konnte, nach Hause.
Außer Atem kam ich dort an. Wir wohnten in der Philippstraße am Robert-Koch-Platz, dicht an der Grenze.
„Papa, sie haben Karlchen verhaftet!“, rief ich. „Er hat doch den Brief an Hansi dabei.“
Meine Mutter wurde kreidebleich. Sie arbeitete im Regierungskrankenhaus in der Scharnhorststraße als Servierkraft. Wer dort arbeitete, durfte keinen Westkontakt haben. Sie würde bei Bekanntgabe, dass ihr Sohn in den Westen geflüchtet war, sofort ihre Arbeit verlieren. Mit großen Augen sah sie meinen Vater an.
„Otto, was sollen wir jetzt machen? Den Brief werden die bestimmt finden, und dann sind die hier.“
Meine Mutter hatte Panik.
„Du nimmst dir den Jungen und gehst zu deiner Freundin Anni und wartest, bis ich wieder zurück bin“, sagte mein Vater.
„Otto, was hast du denn vor?“, fragte meine Mutter aufgeregt. Mein Vater antwortete:
„Ich hole den Jungen da raus.“
Und jetzt geschah ein Husarenstück, eine Meisterleistung, die nachweislich so stattgefunden hat.

„Um Gottes Willen, mach dich nicht unglücklich, das schaffst du nie“, rief meine Mutter in ihrer Panik.
„Tu, was ich dir sage, und warte ab.“ Mein Vater machte sich „reisefertig“.
Er hatte eine Körpergröße von stattlichen 186 cm - ehemaliger Boxer – und ein sicheres Auftreten, kräftige Stimme. Er war Motorradfan und besaß eine 500 ccm BSA, eine englische Maschine, die nur er mit dem Kickstarter antreten konnte. Ich schaffte das nie. Seine Kleidung bestand aus einer Hose, die wie eine Reithose ab den Knien ausgestellt war, und passenden Stiefeln dazu. So etwas trug man damals. Dazu einen langen Ledermantel mit zwei Gürtelschnallen vorn. Solche Mäntel hatte zur Nazizeit die Gestapo (geheime Staatspolizei) getragen; die Männer vom Staatssicherheitsdienst (Stasi) trugen zu dieser Zeit auch solche Klamotten. Mein Vater hatte eine Vorliebe für so etwas.
Ich liebte meinen Vater wirklich sehr, in diesen Klamotten allerdings nicht. Diese Art sich zu kleiden war mir nur peinlich. Hier, für sein Vorhaben, schien seine Kostümierung genau das Richtige zu sein.
Er setzte sich in unseren PKW, einen DKW F 7, Holzkarosse mit Faltdach, und fuhr zur Keibelstraße, wo sich das damalige Polizeipräsidium von Ostberlin am Alexanderplatz mit einer sehr groß angelegten Untersuchungshaftanstalt befand.
Dieses Gebäude wurde 1930/31 errichtet. Architekt war ein Philipp Schaefer. Das Gebäude wurde als Lager- bzw. Verwaltungsgebäude der Firma Karstadt benutzt. Nach der kompletten Zerstörung des alten Polizeipräsidiums durch den Bombenterror der Alliierten im Zweiten Weltkrieg, nur wenige Meter weiter, wurde das erhaltene Karstadtgebäude als Polizeihauptquartier umgebaut.
Die Leitung der Polizei war seit Mai 1945 zwar unter Kontrolle der alliierten Besatzungsmächte, wurde nach einem politischen Streit über Person und Handlungsweise des damaligen Polizeipräsidenten Paul Markgraf aber aufgelöst. Es kam zur Teilung der Berliner Polizei. Neuer Polizeipräsident wurde Johannes Stumm, dessen Sitz sich in der Friesenstraße im amerikanischen Sektor befand. Auf Befehl des sowjetischen Stadtkommandanten blieb Markgraf

Die BSA 500 ccm meines Vaters

Der PKW DKW F7 mit Holzkarosse und Faltdach

im sowjetischen Sektor jedoch als Polizeipräsident im Amt. Es gab ab jetzt zwei zuständige Polizeiapparate, die wirklich nicht mehr zusammengearbeitet haben. Die Keibelstraße wurde von der ostdeutschen Polizei als perfekte Verhör- und Untersuchungshaftanstalt ausgebaut.
Mutter ging mit mir zu ihrer Freundin gerade über die Straße, um in deren Wohnung auf die Rückkehr meines Vaters zu warten. Die Freundin meiner Mutter war ein „Paradiesvogel". Sie sah gut aus und hatte viel Langeweile. Ihr Mann, der selten zuhause war, war ein hohes Tier bei der Berliner Feuerwehr. Sie versuchte bumsfidel, durch wechselnde Männerbekanntschaften die Freizeit zu überbrücken. Er soff wie ein russischer Kosak. Ich mochte beide sehr, sie aber mehr.
Durch seine Tätigkeit war er selbstverständlich Mitglied der SED. Der Einzige, den ich kannte, der in Ordnung war. Kein „Anscheißer".
Hier warteten wir voller Angst und Sorge auf die Rückkehr meines Vaters. Otto fuhr zur Keibelstraße, parkte genau im Parkverbot am Haupteingang. Ein Wachposten am Eingangsbereich bekam sofort einen Anschiss von meinem Vater, als er ihn darauf aufmerksam machte, dass hier Parkverbot sei. Am Empfangsbereich, wo normalerweise die Personalien überprüft und Passierscheine ausgestellt wurden, fragte mein Vater in barschem Ton:
„Wo sind die Jungs, die an der Sandkrugbrücke aufgegriffen wurden?"
Total verdutzt gab dieser Wachmann zur Antwort:
„Im ersten Stock, Zimmer soundso." Ohne sich auszuweisen, marschierte mein Vater dorthin. Ohne anzuklopfen, öffnete er die Tür. Karlchen saß am Schreibtisch und wurde gerade verhört. Sehr erstaunt schaute der Vernehmer zur Tür und verstand die Welt nicht mehr. Ohne viel Federlesens ging mein Vater zum Schreibtisch, blaffte den Typen an:
„Diesen Burschen nehme ich mit", griff über den Schreibtisch und nahm sich den dort liegenden Personalausweis und sagte zu Karlchen: „Und du kommst mit mir mit." Karlchen stand auf und folgte meinem Vater. An der Tür drehte sich mein Vater noch einmal um und sagte zum Vernehmer:

„Darüber reden wir noch.“ Unbehelligt verließen sie das Polizeipräsidium und fuhren los.
Zu Hause angekommen, konnten wir dieses Husarenstück gar nicht glauben. Doch diese Aktion ist verbürgt. Von Karlchen habe ich eine eidesstattliche Versicherung bekommen, dass es sich genau so zugetragen hat.
Den Brief an meinen Bruder hatte mein Kumpel noch in der Tasche, da er zu diesem Zeitpunkt noch nicht untersucht worden war. Für meine Mutter eine große Erleichterung, sie brauchte keine Angst mehr zu haben, ihren Arbeitplatz zu verlieren.
Heute, beim Schreiben dieser unglaublichen Geschichte, begreife ich erst, was für ein Teufelskerl mein Vater war. Zivilcourage zu zeigen muss ich wohl von ihm mitbekommen haben. Papa, tausend Dank dafür!

Mit meinen vielen Fragen muss ich meinen Eltern wohl mächtig auf den Keks gegangen sein. Ständig fragte ich zuhause nach, weshalb wir nicht auch, wie Millionen Menschen es taten, in den Westen fliehen würden. „Was hält uns denn hier?“, nervte ich am Abendbrottisch.
Ich glaube heute zu wissen, dass meine Mutter die treibende Kraft war, nicht zu gehen. Im Krieg wurde meine Mutter zweimal durch den ständigen Bombenterror ausgebombt. Zweimal stand sie buchstäblich mit nichts auf der Straße, hatte kein Zuhause mehr. Mit großer Mühe gelang es ihr, sich mit meinem kleinen Bruder durchzuschlagen. Jetzt hatte sie eine Wohnung, ein Dach über dem Kopf und Arbeit. Für sie ein Glücksumstand ohnegleichen. Das einfach aufzugeben kam ihr nicht in den Sinn. Natürlich sah sie diesen politischen Irrsinn, doch hatte sie sich, genau wie in der Nazizeit, angepasst. Nur nicht auffallen und dann wird dir nichts geschehen. Genau so lief das damals ab. Ich konnte nerven ohne Ende, nichts half.
Mein Vater erkannte schon meinen unbändigen Freiheitsdrang und versuchte durch sehr viele Freizeitaktivitäten mich zu bändigen, ohne Erfolg.
Mit großer Verbitterung nahm ich zur Kenntnis, dass sich sehr viele

den neuen Umständen anpassten. Nach dem Motto: „Das Leben muss ja irgendwie weitergehen."

Das Ende des Schuljahres kam nun so, wie von mir befürchtet. In Russisch stand ich auf glatt Fünf. Die Schule gab mir die Möglichkeit, in den Ferien „zu büffeln", um zum Anfang des neuen Schuljahres eine Nachprüfung abzulegen. Mit sehr vielen Unterlagen entließen sie mich in die Ferien. Meine Eltern fuhren mit mir zur Ostsee. Wo auch sonst hin? Auf einem Zeltplatz lernten wir eine Gruppe Mädels einer 11. Klasse aus Dresden kennen, die mir mit wachsender Begeisterung bei meinen Lernversuchen halfen. Doch wie sollte ein junger Kerl da konzentriert russische Vokabeln lernen? Meine Interessen lagen ganz woanders, nur nicht beim Erlernen der russischen Sprache. Das, was ich dabei wirklich lernte und bis heute nicht vergessen habe, ist: Versuche niemals, dir aus einer achtköpfigen Mädchengruppe eine rauszupicken. Es funktioniert nicht. Du machst dich nur zum Deppen.
Diese wunderschöne Zeit ging leider viel zu schnell vorüber. Die reale Welt holte mich wieder zurück. Anfang August 1961 kamen wir wieder in Berlin an. Von meinem Bruder lag Post da, die ich mir sofort griff. Es war nicht die erste Post von ihm, nur diesmal stand für mich eine wichtige Information drin. Eine Telefonnummer aus Ingolstadt. Überglücklich rief ich aus Westberlin die von Hansi genannte Nummer an. Wir verabredeten, dass er mich im September, also ein Jahr nach seiner eigenen Flucht, nach Ingolstadt kommen lassen würde. Überglücklich fuhr ich nach Hause und schwieg. Das konnte ich meinen Eltern nicht sagen, nein, sie hätten mich angebunden.
Da mein Bruder nun schon 19 Jahre alt war, bestand die Möglichkeit, dass ich bei ihm hätte leben können, ohne dass mich eine Jugendbehörde zurückgeschickt hätte. Damals war ich auf meine Eltern so sauer, weil sie nicht rübergingen, dass mir alles egal war. Meine Vorfreude war riesengroß, ich zählte jeden Tag. Endlich, so meine Gedanken, kannst du aus dieser Enge ausbrechen.

13. August 1961
Eingesperrt im Osten

Im August 1961 flüchteten täglich bis zu 4.000 Menschen aus dem Ostteil Deutschlands nach Westberlin. Der Strom riss nicht ab, einer Völkerwanderung ähnlich. Auf den Bahnhöfen in Ostberlin sah man zu dieser Zeit nur Flüchtlinge mit Koffern, Taschen, Kinderwagen usw. Sie fuhren nach Westberlin und meldeten sich im Flüchtlingslager Marienfelde an. Dieses Lager war, wie sich jeder vorstellen kann, total überfüllt. Die Westberliner Behörden wussten nicht, wohin mit diesen Menschenmassen. Also wurde jeden Tag ein Großteil der Flüchtlinge mit Flugzeugen in die Bundesländer geflogen. Das war die einzige Möglichkeit, dem kommunistischen Machtbereich zu entkommen. Auf dem Landweg ging es nicht, denn der wurde ja von den Zonenmachthabern kontrolliert. Es galt die Devise: Raus aus Berlin.
Die Bevölkerung in den Bundesländern sah diesem Flüchtlingsstrom mit großer Besorgnis entgegen. So lehnten z. B. die Behörden in Bonn, Bielefeld und Minden die Aufnahme dieser armen Menschen mit der Begründung ab, durch ihre Unterbringung in Jugendherbergen würden den Jugendlichen Erholungsmöglichkeiten genommen. Die Solidarität derjenigen, denen es einfach nur besser ging, wurde auf eine harte Probe gestellt.
Die Ostzone blutete aus. Handwerker, Ärzte, Ingenieure..., ja aus allen Lebensbereichen wollten die Menschen nur eines: Raus aus diesem Polizeistaat. Ein Zustand, der beiden Seiten nicht gefiel. Es musste gehandelt werden.
Und ab ein Uhr nachts am 13. August 1961 handelten die Machthaber der Ostzone. Alle Linien der U- und S-Bahn nach Westberlin wurden unterbrochen. Es herrschte Chaos pur.
Ostberlin unterbrach die Telefon- und Fernschreibverbindungen zum Westteil Berlins. An den Straßenübergängen von Ost- nach Westberlin postierten sich Einheiten der Betriebskampfgruppen

und des Militärs. Die Kampfgruppen waren ein zusammengewürfelter Haufen von Arbeitern und Angestellten aus den sogenannten volkseigenen Betrieben, die für die Aufrechterhaltung der sozialistischen Ordnung alles, aber auch alles getan hätten. Ohne Skrupel hätten sie auf ihre eigenen Landsleute geschossen und jeden Befehl befolgt, in der Überzeugung, dass ihre Sache die richtige wäre. Stramme Parteigenossen führten diese Truppe, die zu allem bereit war. Pioniere der Armee stellten spanische Reiter auf, außerdem wurden Straßen gesperrt.

Die Westberliner Polizei und die Westalliierten schauten diesem Treiben zu, ohne den Sinn dieser Aktionen zu begreifen. Erst um 2.30 Uhr setzte der Westberliner Senat die Polizei in Alarmbereitschaft. Erst jetzt wurde man aufmerksam. Doch was sich da genau abspielte, davon hatten die Verantwortlichen in Westberlin immer noch keine Ahnung.

Gegen 3.30 Uhr rollten durch Ostberlin die ersten Panzer in Richtung der Demarkationslinien zu Westberlin. Um 4 Uhr kam die erste Meldung durch den Radiosender RIAS Berlin (Rundfunk im amerikanischen Sektor). Zu dieser Zeit schlief Berlin. Kaum ein Mensch nahm von dieser Information Notiz, wie denn auch?

Erst am Morgen strömten die Ostberliner auf die Straßen, um sich das, was sie im Morgenradio gehört hatten, mit eigenen Augen anzusehen.

An der Ackerstraße und der Bernauer Straße standen sich in kürzester Zeit Tausende gegenüber. Winkend, weinend, fassungslos. Die dort eingesetzten Wächter verhielten sich zu diesem Zeitpunkt noch sehr ruhig. Natürlich trieben sie die Menschen von ihren Grenzpunkten weg, doch lief dies verhältnismäßig ruhig und ohne Brutalität ab. Die dort eingesetzten Truppen waren selbst zum Teil sehr verunsichert, ließen es anfangs noch zu, dass sich Freunde oder Verwandte über den gezogenen Stacheldraht hinweg die Hände reichten. Taschentücher wurden zum Winken oder zum Trocknen der vielen Tränen zu Tausenden benutzt. Jeder spürte die Tragik dieses Augenblickes, nur fassen konnte es keiner richtig.

Dass hier und jetzt das Unfassbare geschieht, sah jeder, nur glauben wollte oder konnte es niemand. Die Jugendlichen in beiden Teilen Berlins erfassten wohl als Erste die Situation. Sehr viele hatten ihre Freundinnen, Verlobten im anderen Teil Berlins, akzeptierten diese von den Kommunisten herbeigeführte Trennung nicht und reagierten.

Vor dem Brandenburger Tor versammelten sich ca. 5.000 Westberliner und brüllten ihren Zorn und ihre Wut heraus. Nur mit Mühe konnte die Westberliner Polizei verhindern, dass hier die Sache eskalierte. Unter den Linden in Ostberlin versammelten sich genauso viele, meist Jugendliche. Langsam bewegte sich diese Menschenmenge Richtung Brandenburger Tor. Es kam zu ersten Schlägereien und zu ersten Festnahmen.

Gegen 9 Uhr früh kam meine Mutter in mein Zimmer, weckte mich. Es war Sonntag, da schläft jeder schon gerne etwas länger.

„Kalle, mein Junge, wach auf, die Grenzen werden dicht gemacht."

Benommen schaute ich sie an und sagte: „Quatsch Mutti, du spinnst doch."

„Komm, steh auf und hör dir die Nachrichten an."

Ich stürzte aus meinem Bett, ran ans Radio und tatsächlich, pausenlos übertrugen sie die neusten Situationsberichte. Nach einer kurzen Katzenwäsche rein in die Klamotten, rauf aufs Fahrrad, den Zurufen meiner Eltern keinerlei Beachtung schenkend, ab zur Grenze. Tatsächlich, überall aufgeregte Menschen, Kampfgruppen, Polizei und Armee.

Am Bahnhof Friedrichstraße spielten sich dramatische Szenen ab. Tausende befanden sich mit Gepäck, Kinderwagen und vielen Kleinkindern in der Nähe des Bahnhofes und wurden vertrieben. Die entsetzten Gesichter derjenigen, die irgendwo ihre Existenz, ihr Heim aufgegeben hatten, um in den Westen zu flüchten, werde ich nie vergessen.

Mir war sofort klar, dass meine Pläne auch zerstört worden waren. Dieses Gefühl, nun auf ewige Zeit der Willkür dieser kommunistischen Barbaren ausgesetzt zu sein, machte mich rasend. Mein Zorn war grenzenlos. Den ganzen Tag lang war ich unterwegs, spürte überall die große Enttäuschung.

Jetzt wagten hauptsächlich Jugendliche die Flucht. Schon riskant, doch noch nicht unter Lebensgefahr. Dass die Zonenwächter schießen würden, daran glaubte keiner so recht. Mitten in Berlin? Als die Grenzen Tage später immer dichter wurden, durfte niemand mehr in ihre Nähe.

Als der Bundestagspräsident Gerstenmaier mit dem damaligen Regierenden Bürgermeister Willy Brandt das Brandenburger Tor besichtigte, lief ein junger Mann im Zickzack rüber nach Westberlin. Vor aller Augen. Eine Provokation, wie sie nicht größer hätte sein können, so die Machthaber aus dem Osten. Kein Schuss fiel. „Na also, geht doch", sagten sich viele Jugendliche, „das kann ich auch".

Bis zum Freitag, dem 18. August 1961, registrierten die Westberliner Behörden 600 Flüchtlinge, unter ihnen neun Volkspolizisten und ein Mitglied der Kampfgruppen. Dies gefiel den Zonenmachthabern ganz und gar nicht. Es musste gehandelt, also härter durchgegriffen werden.

Zum ersten Mal wurde von der Schusswaffe Gebrauch gemacht, als ein PKW Wartburg mit vier Insassen am provisorisch errichteten Grenzkontrollpunkt nach Berlin-Neukölln die „Grenzsicherung" durchbrach. Zum Glück wurde hierbei niemand verletzt.

Das änderte sich ganz schnell. Am 25. August 1961 erschossen Trapos (Transportpolizei) den ersten Flüchtling, der versuchte, den Humboldthafen zu durchschwimmen. Den zweiten erschoss man am 29. August 1961 im Teltowkanal. Jetzt zeigten die Unterdrücker ihr wahres Gesicht. Mit allen Mitteln sollte versucht werden, Grenzdurchbrüche zu verhindern. Eine Warnung an alle. Als wenn sie sagen wollten: „Schaut her, ein Menschenleben zählt für uns nichts."

Zu Hause fanden endlose Gespräche mit meinen Eltern über die nicht genutzten Chancen statt. Ihre Argumente konnte ich einfach nicht akzeptieren. Diese Versuche, mir ihr Bleiben zu erklären, hingen mir zum Halse raus; ich verstand sie nicht mehr.

Immer mehr zog ich mich zurück. Halt fand ich jetzt in meinem Freundeskreis bei meinen Kumpels. Sie dachten und fühlten wie ich. Täglich verfolgten wir das Geschehen im Westen. Westradio und -fernsehen konnten die Machthaber zum Glück nicht unterbin-

den, sehr zu ihrem Ärger. Doch was wurde getan? Brandt schrieb an Kennedy: Berlin erwartet mehr als Worte. Berlin erwartet politische Aktionen. Der Westen soll seine Stärke zeigen. Wir vertrauten sehr auf die Westalliierten. Wir dachten, mit ihren Panzern würden sie die Grenzhindernisse einfach überrollen. Nichts geschah.
Einen Weltkrieg wollte keiner provozieren, was aus heutiger Sicht vernünftig war. Doch damals fühlten wir uns sehr allein gelassen. Der damalige amerikanische Präsident Kennedy war für uns ein Symbol der Freiheit und der Unabhängigkeit. Wenn überhaupt jemand helfen konnte, dann er. Wir vertrauten sehr auf seine Politik. Ja, wie heißt es so schön: Die Hoffnung stirbt zuletzt.
Die Zonenjustiz lief auf Hochtouren. Die damalige Justizministerin Benjamin hatte keine Gnade gegenüber „Agenten" des Kalten Krieges und Fluchthelfern. Die ganze Härte des Gesetzes sollten diese „Verbrecher" zu spüren bekommen.
Der Sowjetzonen-Ministerrat wies die örtlichen Organe der Zone an, Schwerpunktbetrieben aus Reserven neue Arbeitskräfte zur Verfügung zu stellen. Das hieß, die Grenzgänger, die nun nicht mehr nach Westberlin zur Arbeit gehen konnten, sollten unabhängig von ihren Qualifikationen überall eingesetzt werden, ob sie wollten oder nicht. Wer sich weigerte, kam in den Knast.
Es wurden Menschen zu Gefängnisstrafen verurteilt, die sich nur mit ihren Nachbarn, die keinen Fernseher hatten (und davon gab es sehr viele), das Westprogramm anschauten. Es hieß, man hätte kollektives Fernsehgucken westlicher Hetzsendungen organisiert. Die Einschüchterungen nahmen kein Ende. Blanker Terror wurde ausgeübt.
Der Westberliner Senat warnte die „Machthaber in Pankow", so der damalige Sprachgebrauch, wegen der ständigen Übergriffe. Gemeint war die Regierung der DDR. Die Zonenvopos verfolgten ohne Rücksicht die Flüchtlinge bis auf Westberliner Gebiet. Brutal schossen sie jedem hinterher, egal ob Unbeteiligte getroffen wurden oder nicht. Sie holten Verletzte, die sich schon etwa 70 bis 80 Meter tief auf Westberliner Boden befanden, einfach wieder zurück. Der Zorn der Westberliner wuchs von Tag zu Tag. Die S-Bahn wurde boy-

kottiert. Denn die stand unter Aufsicht der östlichen Seite. Die in Westberlin verbreitete Zeitung „Die Wahrheit“ musste ihr Erscheinen einstellen, da im Bezirk Wedding die Mitarbeiter ihrer Druckerei streikten. Dieses Schmierenblatt war das Sprachrohr der Zonenpartei SED in Westberlin. Diese Verbrecherorganisation nannte sich dort später SEW (Sozialistische Einheitspartei Westberlin).
In Ostberlin gab es täglich so viele Verhaftungen, dass die Auflehnung derjenigen, die gegen dieses Regime waren, sich allmählich legte. Die Angst war einfach zu groß.
Die Kommunisten fuhren mit ihren Lautsprecherwagen zur Grenze und grölten übelste Hetzparolen gegen den Westberliner Senat, gegen die Westberliner Bevölkerung und gegen die „Bonner Ultras“, womit sie die Politiker der Bundesrepublik Deutschland meinten. Jeder war ein Feind.
Sehr medienträchtig fand der Marsch der US-Truppen über den Transitweg nach Westberlin statt. Die Briten und Franzosen verstärkten ebenfalls ihr Militär. Alle spielten mit den Muskeln; sehr viel Show war dabei. Die Einzigen, die sich überhaupt nicht um dieses Militärgehabe kümmerten, waren diese verdammten Kommunisten. Kritik an ihrem Vorgehen verstanden diese Leute nicht und nahmen sie nicht zur Kenntnis. Es konnte einfach nicht sein, dass sie im Unrecht waren. So ihre Maxime. Rotzfrech wurden die Menschenrechte missachtet. Protestschreiben benutzten sie als Toilettenpapier.
Anfang September 1961 begann wieder die Schulzeit. Zum Beginn der neunten Klasse waren einige meiner besten Freunde zur Max-Planck-Oberschule gewechselt, um dort ihr Abitur zur machen. Zum Glück blieb ein großer Teil meiner Schulkameraden an meiner Schule, an der wir die mittlere Reife erwerben konnten. Jetzt, da die Grenzen dicht waren und praktisch keine Möglichkeit mehr zur Flucht bestand, wehte an der Schule ein ganz anderer Wind. Die Lehrerschaft hatte zum Teil gewechselt und es gab stramme Parteigenossen, die uns das Leben schwer machen wollten.
Einige Lehrer hatten im August 1961 noch die Möglichkeit genutzt, in den Westen zu flüchten. Darüber freuten wir uns am meisten.
Der erste Schultag begann mit einem Fahnenappell auf dem Schul-

hof. Unser Schuldirektor, ein strammer Parteigenosse, konnte sein Glück über die Errichtung des „antifaschistischen Schutzwalls“, gemeint war die Mauer, nicht genug zum Ausdruck bringen. Voller Stolz und mit Tränen in den Augen schilderte er den in seinen Augen heldenhaften Einsatz der Genossen an der Nahtstelle zwischen Ost und West. Er meinte, dass jetzt die Zeit gekommen sei, uns junge Menschen auf die richtige ideologische Bahn zu bringen. Jetzt, da Einflussnahme von außen nicht mehr möglich sei, werde es mit großer Sicherheit gelingen, aus uns richtige Menschen zu machen. Da hatte er sich aber gewaltig geirrt. Mit unserem Zorn und Trotz hatte er nicht gerechnet. Ich leistete gleich den ersten Beitrag zum „Menschwerden“, in dem ich in meiner alten Klasse blieb, obwohl meine Versetzung wegen der Fünf in Russisch noch nicht geregelt war. Versetzen wollten sie mich erst nach der abgelegten Prüfung. Ich setzte mich also mit meinen alten Schulkameraden ins neue Klassenzimmer und wartete auf den neuen Klassenlehrer. Der kam, stellte sich vor und rief jeden auf, der im Klassenbuch stand. Als er damit fertig war, fragte er in die Runde, ob jemand nicht aufgerufen wurde und ich meldete mich. „Ihr Name?“ Den nannte ich. Er trug mich als letzten ins Klassenbuch ein, und schon war der Fall erledigt.
Infolge des großen Lehreraustausches fiel meine Nichtversetzung gar nicht auf. Mir sollte das nur recht sein.
Meinen Beitrag zur Erfüllung der Versetzungsquote hatte ich auf diese Weise geleistet. Was wollte ich mehr? Erst nach einem Vierteljahr stolperten sie darüber. Um ihr Gesicht nicht zu verlieren, wurde ich nachgeprüft, und die Sache wurde abgehakt.
Gleich in der ersten Woche bat ich um einen freien Schultag. In unserer Familie war eine Tante verstorben, und meine Eltern wollten mit mir zur Beerdigung ins Berliner Umland fahren. Ich ging also zu unserem Direktor und bat ihn um einen freien Tag.
„Ja, wo müsst ihr denn da hinfahren?“, fragte der Direktor mich noch sehr freundlich.
„Ach, irgendwo in die Zone“, antwortete ich ebenso freundlich.
Das Wort Zone war für einen strammen Kommunisten das schlimmste Schimpfwort überhaupt. Jeder echte Genosse verspürte bei die-

sem Vokabular körperliche Schmerzen und war zutiefst gekränkt. Dies traf auch hier zu. Seine geliebte DDR als Zone zu bezeichnen, nein, das war der Sprachgebrauch des Feindes. Ein Schüler in seiner Schule mit solch einer Einstellung, das durfte nicht sein. Während er versuchte, mich zu belehren, machte ich mir ernsthaft Sorgen um seinen Gesundheitszustand. Niemals zuvor sah ich einen Mann mit solch rotem Kopf und hervorquellenden Augen. Engagiert war er, dass musste man dem Mann lassen. Von diesem Tag an hatte ich die große „Arschkarte" gezogen. Was immer ich auch tat, nichts ging mehr so richtig gut. Wie ich die zwei Jahre bis zum Abschluss hier durchhalten sollte, wusste ich nicht.

Von den Kameraden, die zur Max-Planck-Oberschule gingen, flogen einige nach kurzer Zeit wieder von der Schule, da sie sich diesem politischen Schwachsinn nicht unterwerfen wollten.

Sie lehnten sich genauso auf wie wir. Jemand, der in einer Demokratie groß geworden ist, kann sich nicht vorstellen, welchen Mut es erfordert, Widerstand zu leisten, obwohl du weißt, dass es dafür die härtesten Bestrafungen gibt. Es trotzdem zu wagen, nennt man Zivilcourage. Dieses Wort war kein Bestandteil der deutschen Sprache in der kommunistischen Diktatur. Wenige, viel zu wenige, wagten, sich gegen diese Diktatur aufzulehnen.

Meine Kameraden und ich lehnten es rigoros ab, irgendeiner Organisation beizutreten. Unsere Klasse bestand aus 26 Schülern, davon waren sechs Mitglieder der Jugendorganisation FDJ (Freie Deutsche Jugend). Der Name allein war schon ein Hohn für jeden, der demokratisch dachte.

Aus reinem Trotz gingen wir in die Junge Gemeinde der evangelischen Kirche, die in meinem Wohnhaus eine kleine Kapelle hatte und in deren Räumen auch kirchliche Veranstaltungen stattfanden. Der Pfarrer war über diesen neuen Zugang nicht so richtig erfreut, da er unsere Beweggründe ahnte und an unserer Bibelfestigkeit so seine Zweifel hatte. Tatsächlich konnte ich noch nicht einmal einen Taufschein vorzeigen. Meine Eltern hatten wohl vergessen, mich taufen zu lassen.

Damit unsere Mitgliedschaft auch glaubhaft erschien, nahmen wir

regelmäßig an den wöchentlichen Gemeindeabenden teil. Diese entwickelten sich immer mehr zu einer Art „konspirativer Treffen“. Ich setzte allem noch die Krone auf und trat dem Posaunenchor bei. Hier durfte ich Trompete spielen. Da ich keine Noten lesen konnte und auch keine Lust hatte, es zu lernen, hatten sie mit mir wirklich ihre liebe Not. Über den Noten wurde mit Bleistift eingetragen, wie diese an den Ventilen der Trompete zu drücken seien. Für jeden Musiker ein Alptraum, für mich aber auch.
Zu allem Überfluss hatten wir in der Kirche einen blinden Organisten, der die Fähigkeit besaß, von ca. 20 Bläsern den herauszufinden, der einen falschen Ton blies. Bei allem Mitgefühl, das ich diesem Mann gegenüber hatte, wirkliche Freunde sind wir nicht geworden. Immer und immer wieder durfte ich Soloeinlagen abgeben, sehr zum Unmut meiner Bläserkameraden. Meine Lippen nahmen auch schon die Form eines Saugers an. Das Interesse erlosch irgendwann, und es war wohl keiner so richtig traurig, als ich meine Musikerkarriere beendete.
Wie schon erwähnt, gab es immer noch diese Gemeindeabende einmal in der Woche. Unser Pfarrer befand sich wahrhaftig in einer Zwickmühle. Freie Diskussionen ja, nur, wie weit traute er sich, sich aus dem Fenster zu lehnen?
Wir testeten ihn gnadenlos. Er verstand es hervorragend, unsere emotionsgeladenen Diskussionen in vernünftige Bahnen zu lenken. Wir befanden uns praktisch in einem Niemandsland. Gottesfürchtig war keiner von uns so richtig. Doch bei der Jungen Gemeinde sein zu dürfen, war für uns die einzige Alternative, dem Druck der sozialistischen Jugendorganisationen standzuhalten.
Als Mitglied der Jungen Gemeinde wurde man von den ständigen Anwerbungsversuchen des kommunistischen Jugendverbandes verschont. Wir wurden auch von allen außerschulischen Veranstaltungen und Exkursionen ferngehalten. Nur FDJ-Mitglieder durften teilnehmen. Dies konnte uns nur recht sein. Egal, wir hatten unser eigenes „Vergnügungszentrum“, unsere Gemeinde.
Die evangelische Kirche hatte rund um Berlin einige „Güter“, die für Wochenendfahrten genutzt wurden. Die machten wirklich Spaß,

dort ging es zwanglos zu. Es fanden Bibelstunden, Gottesdienste und dergleichen statt, doch dazwischen hatten wir sehr viel Freizeit. Bei einer dieser Fahrten kam ich zum ersten Mal in den Genuss von Spargel. Spargel satt, ob als Suppe oder als Beilage, in einer Menge - für mich nicht vorstellbar. Ein himmlisches Vergnügen. Dafür habt heute noch Dank.
Eines Abends entdeckte einer unserer Kameraden den Weinkeller des dort ansässigen Pfarrers. Neugierig nahmen wir diesen in Augenschein und fanden es ganz toll, wie dieser Wein sortiert gelagert wurde. Keiner hatte Ahnung von Weinsorten oder Erfahrung mit der Wirkung übermäßigen Weingenusses. Hier bestand nun tatsächlich die Möglichkeit, die Wirkung zu testen. Diese Bildungslücke mussten wir schließen. Alles wäre gut gegangen, wenn wir nur nicht noch das Bedürfnis gehabt hätten, unsere Mädels, die im selben Haus nur eine Etage höher als wir schliefen, zu wecken, um mit ihnen zu tanzen. Besser gesagt, wir wollten tanzen, nicht sie.
Um eine Lebenserfahrung reicher fuhren wir am nächsten Tag wieder nach Hause, aber auch mit der Gewissheit, dass die Zeit schöner Wochenendausflüge für uns vorbei war. Unser Pfarrer nahm uns nicht mehr mit. Einfach so. Unser Verhältnis war seit diesem Vorfall ein wenig getrübt. An den wöchentlichen Gemeindeabenden durften wir jedoch weiter teilnehmen, was wir auch taten.

1962/1963

Flucht in den Westen – aber wie?

Trotz aller Heiterkeit und Freude, die wir miteinander erlebten und auslebten – wir waren halt jung –, quälten wir uns durch den Alltag in der „sozialistischen Gesellschaft“. Hierzu gehörten zum Beispiel die verordneten Demonstrationen. Wenn wir schon daran teilnehmen mussten, versuchten wir Schüler der oberen Klassen, keine Fahnen oder Transparente zu tragen. Wurden wir von den Lehrern dazu aufgefordert, entgegneten wir ihnen, dass wir keine FDJ-ler seien und es uns nicht zustehe, diese Symbole der Macht zu tragen. Die Lehrer kochten, doch was sollten sie tun?
Besonders schwer für uns war das Bewusstsein der Ausweglosigkeit der gesamten Situation, die Notwendigkeit des Doppellebens in persönlicher Wahrheit und offizieller Lüge. Natürlich mussten auch wir unseren Lehrern nach dem Mund reden, insbesondere im Staatsbürgerkundeunterricht. Man erzählte, was sie hören wollten, damit die Zensuren stimmten.
Ich frage mich heute noch, wie diese Lehrer mit der Gewissheit, angelogen zu werden, leben konnten. Dieses Denken in zwei Bahnen, der vorgeschriebenen und der eigenen, machte mir wirklich zu schaffen. Der konkrete Wunsch nach einem Fluchtplan reifte immer mehr. Nun wollten wir nicht einfach über die Mauer springen, das schien uns zu gefährlich und abenteuerlich zu sein. Schließlich hatten wir nicht die Absicht, uns abschießen zu lassen. Leben wollten wir schon, nur anders.
Mit einigen Schulkameraden trafen wir uns fast täglich nach Schulschluss. Die Zeit verbrachten wir so wie alle in diesem Alter, nur mit dem Unterschied, dass außerdem Fluchtpläne geschmiedet wurden. Da uns aber keiner geeignet schien, verwarfen wir alle, die uns bisher in den Sinn gekommen waren. Wir hatten ja Zeit und grenzenloses Vertrauen zueinander. Irgendwann würden wir es schaffen.
Zu Beginn der 10. Klasse kamen von der GST (Gesellschaft für

Sport und Technik) einige Leute in unsere Schule und fragten, ob nicht jemand Interesse am Segelfliegen hätte. Na, und ob. Frank und ich meldeten uns sofort, das interessierte uns sogar sehr. Wir wurden mit offenen Armen aufgenommen, d.h. sie legten uns Aufnahmeanträge für diese GST hin mit der Bemerkung:
„Die müsst ihr unterschreiben“. Diese Formulare steckten wir ein, und damit hatte es sich. Es fragte keiner mehr danach. So richtig durchorganisiert waren die doch nicht. Es klafften erhebliche Lücken in ihrem System.
Am darauffolgenden Wochenende begann schon unsere Grundausbildung. Zuerst absolvierten wir den Trockenkurs im Fallschirmspringen. Unglaublich, die dachten, uns durch diese vormilitärische Ausbildung endlich besser in den Griff zu bekommen. Aber wir sahen uns unserem Ziel abzuhauen immer näher. Nach einer wochenlangen theoretischen Schulung ging es mehrmals zur praktischen Ausbildung nach Kreuzbruch, einem Segelflugplatz vor den Toren Berlins. Hier bildeten sie uns zu Segelfliegern aus.
Frank und ich konnten es gar nicht so richtig glauben. Es bestand tatsächlich die Möglichkeit, von hier wegzukommen. Was malten wir uns nicht alles schon aus. So fleißig wie dort war ich noch niemals in meinem Leben gewesen. Und eifrig gegenüber den Ausbildern: Manch ein Flugschüler verlor während der Übung oben in der Luft sein Frühstück in der Kanzel. Dem Ausbilder gefiel das nun überhaupt nicht. Jetzt traten Frank und ich in Aktion. Wir meldeten uns freiwillig zum Säubern der Kanzeln. Heute noch, beim Niederschreiben dieser Geschichte, schüttelt es mich vor Ekel. Doch dafür gab es immer ein besonderes Bonbon: Extraflugstunden.
Mit jedem Flug gewannen wir mehr Sicherheit. In unserer grenzenlosen Naivität sahen wir uns unserem Ziel immer näher. Von den tatsächlichen Schwierigkeiten einer Flucht mit einem Segelflugzeug hatten wir zu diesem Zeitpunkt keine Ahnung.
Irgendwann merkten die Verantwortlichen, dass in den Fliegerbüchern die ärztlichen Tauglichkeitsuntersuchungen fehlten. Reine Formsache, natürlich. Nur nicht für mich. Eine Augenkrankheit auf dem rechten Auge vermasselte mir die Weiterführung dieser Sport-

art. Ab sofort bestand Flugverbot für mich. Meine Träume platzten wie Seifenblasen. Frank bestand die Untersuchung, doch allein wollte auch er nicht weitermachen. Diese Sache war für uns also gelaufen.

Mit der Zeit verstand ich mich mit meinen Eltern wieder besser. Große Diskussionen gab es zu Hause nicht mehr, zumal es keine Notwendigkeit gab, sie zu beunruhigen. Inzwischen glaubten meine Eltern, dass mein Drang zu flüchten wohl vorbei sei.

Die freundschaftlichen Gefühle zwischen Frank und mir wurden immer stärker. Es gab fast nichts, was wir nicht gemeinsam unternahmen. Täglich von früh bis zum Abend verbrachten wir unsere Freizeit zusammen. Nichts gab es, was uns hätte trennen können, so glaubten wir. Unser Zusammengehörigkeitsgefühl war so ausgeprägt, dass einige in unserem Umfeld schon dachten, wir seien falsch gepolt. Mädels, die wir kennenlernten, durften wir mit zu mir nach Hause nehmen. In der Hoffnung, wir würden uns wie normale Jugendliche entwickeln, ließen meine Eltern mir wirklich sehr viel Freiraum.

Meine Entwicklung verlief auch normal, nur konnte ich mich nicht damit abfinden, ständig von den staatlichen Organen bevormundet zu werden. Dieses Gefühl, nicht selbst über meinen Lebensrhythmus entscheiden zu dürfen, machte mich regelrecht krank. Mit sogenannten Autoritäten hatte ich schon immer meine Probleme. Hier in diesem Land schien jeder, der eine Uniform trug (und davon gab es sehr viele), eine Autorität zu sein. Demzufolge hatte ich sehr viele Probleme.

Zum Ende des zehnten Schuljahres, kurz vor den Prüfungen, absolvierten wir alle ein vierzehntätiges Praktikum auf dem Flughafen Schönefeld. In Gruppen eingeteilt bekam jeder Aufgaben, die er unter Aufsicht des dortigen Personals ausführen musste. Frank und ich erhielten die ehrenvolle Aufgabe, die Gepäckstücke der Passagiere vom Rollband auf die bereitstehenden Gepäckwagen zu legen, mit dem Elektrokarren zum Flugzeug zu fahren und die Koffer im Laderaum zu verstauen. Dadurch kamen wir auch in Kontakt mit den Passagieren. Wir trugen zu dieser Zeit nur Jeans, Hosen vom

Klassenfeind, nicht duldbar für Funktionäre und Handlanger. Ein Jugendlicher hatte gefälligst die sozialistische Einheitsmode, die für meinem Geschmack den Charme eines russischen Seesackes hatte, zu tragen. Das lehnten wir kategorisch ab. Jeden Morgen pöbelten uns die Verantwortlichen an und drängten auf „anständige Kleidung".

Wenn ich mich recht erinnere, flog einmal in der Woche eine Maschine nach Wien. Dieses Flugzeug wurde auf einem Rollfeld von einem Zöllner und einem Grenzsoldaten bewacht. Nicht übermäßig scharf, eher lasch. Zu dieser Zeit hatte ich einen Kumpel aus Westberlin, der mit einem westdeutschen Pass täglich nach Ostberlin einreisen konnte. Er wollte seine Freundin, die in Ostberlin lebte, unbedingt ausschleusen. Sie studierte an der Berliner Artistenschule in der Linienstraße. Da das Mädchen sehr klein und zierlich war, hätte sie in einem etwas größeren Koffer Platz gefunden. Ich brauchte dann nur diesen Koffer zu nehmen und in den Frachtraum zu stellen, hätte mich dann selbst versteckt und ab wäre die Post gegangen. So war der Plan. Unsere Naivität kannte keine Grenzen, unsere Dummheit auch nicht.

Zum Glück schlug dieses Unternehmen fehl, da mir zwei Tage vor dem geplanten Termin der Aktion ein anderer Arbeitsplatz zugewiesen wurde. Die für uns auf dem Flughafen Verantwortlichen hatten die ständigen Ermahnungen wegen unseres dekadenten Erscheinungsbildes satt. Sie „delegierten" uns zu einer delikaten Abteilung. Wir durften „Kotztüten" zusammenfalten. Bald hätte ich diese auch gebraucht. Mann, war mein Zorn groß!

Auf das Ende dieser traumhaften Beschäftigung folgte die große Prüfung zur mittleren Reife, die aus meiner Klasse alle mit Bravour bestanden. Jetzt hatten wir ungefähr acht Wochen Ferien, die ich mit Freunden hauptsächlich auf der Insel im Liepnitzsee in der Nähe von Berlin verbrachte. Diese Insel verließen wir nur, um uns mit Proviant zu versorgen oder an den Wochenenden in Wandlitz tanzen zu gehen.

Da das Geld sehr knapp war, amüsierten wir uns wie „Bolle" auch ohne Alkohol, sehr zum Ärger des Bedienungspersonals. Außerdem machten wir es uns zur Aufgabe, den Soldaten, die in der Nähe ihre Kasernen hatten, die Mädels auszuspannen. Die armen Jungs machten sich große Hoffnungen, mit den Mädels noch nett den Abend zu verbringen, kauften Getränke, hofften auf eine Verabredung für den nächsten Ausgang. Irgendwann war Zapfenstreich, ab in die Kaserne.

Karl-Heinz Richter (sitzend) mit seinem Freund Frank im Herbst 1963 bei einem Ausflug

Jetzt schlug unsere Stunde. Wir hatten meistens leichtes Spiel, sehr zum Unmut der Jungs in Uniform. So manche Rauferei beendete die schönen Abende. Dies hielt uns jedoch nicht davon ab, am nächsten Wochenende wieder unser Glück zu versuchen. Wir betrachteten dies schon richtig als Sport. Mit den Uniformierten hatte keiner von uns Mitleid, denn das waren die Jungs, die uns daran hinderten, aus diesem eingezäunten und eingemauerten Gebiet zu flüchten. Diese Jungs ließen sich von diesem Staat missbrauchen, ohne nach dem Sinn zu fragen. Wie Marionetten ließen sie alles mit sich geschehen. Dieses „Ehrenkleid der Nationalen Volksarmee“

hätte keiner von uns getragen. Wir wären lieber ins Gefängnis gegangen, als vor den Kommunisten zu „dienern".

Am Wochenende kamen meine Eltern mit Proviant zur Insel. Den teilte ich selbstverständlich mit meinen Kameraden. Danach gab es die ganze Woche Margarinestullen mit Leberwurst. Wir hatten wirklich nicht das Gefühl, dass es uns an irgendetwas fehlte. Die letzten freien Tage vor unserem Einstieg ins Berufsleben genossen wir sehr.

Doch die Realität holt dich immer wieder zurück. Mit meinen engsten Freunden Frank, Günter, Peter und Wolfgang grübelte ich über neue Fluchtmöglichkeiten nach. Uns allen war die Gefährlichkeit eines solchen Unternehmens bewusst, zu viele hatten diesen Schritt schon mit dem Leben bezahlen müssen. An der Grenze gab es kein Pardon; sie schossen auf alles, was sich im Grenzbereich bewegte. Jeder Grenzdurchbruch ist mit allen Mitteln zu verhindern, so die tägliche Vergatterung der Grenzer. Deshalb mochten wir diese Uniformierten nicht.
In Gaststätten, auf der Straße oder im privaten Umfeld hatten sie alle ein eigenes Gesicht. Man konnte mit ihnen sprechen, sie fühlen. Auf ihrem Posten an der Grenze fehlten ihre Gesichter. Willenlos erfüllten sie jeden Befehl, töteten, egal, ob Jung oder Alt, Mann oder Frau.
Die Bilder von dem Fluchtdrama des 18-jährigen Peter Fechter waren uns noch genau im Gedächtnis. Vor aller Welt ließen diese Mörder den Jungen verbluten. Alle schauten zu, keiner half, ein traumatisches Erlebnis auch für mich. So wollten wir nicht enden, das war uns schon klar. Nur, welcher Fluchtplan war sicher? Ein Risiko blieb immer, den Gedanken an ein Misslingen verdrängten wir.

Dezember 1963

Ein unverhofftes Angebot

Kurz vor Weihnachten 1963 fragte mich mein Freund Wolfgang, ob ich mit ihm sofort nach Westberlin flüchten wolle. Dies hielt ich für einen Witz, zumal er mir keine konkrete Information gab. Auf blauen Dunst schien mir diese Sache zu vage. Ich lehnte ab, und er verabschiedete sich mit den Worten:
„Du bekommst Nachricht von mir." Mitte Januar 1964 bekam ich von Wolfgang tatsächlich eine Postkarte mit Westberliner Absender. Er schrieb mir:

Hallo Kalle,
wie Du aus dieser Karte entnehmen kannst, weile ich nicht mehr unter Euren Reihen. Kannst Du mir die Adresse von Goofy geben, ich möchte ihn einmal besuchen.
Schöne Grüße an Frank, Peter usw.

Viele Grüße sendet Dir Dein Freund Wolfgang.

Diese Karte schlug ein wie eine Bombe. Groß war die Freude über die gelungene Flucht meines Freundes. Wut und Zorn kamen dagegen auf über die eigene ausgelassene Möglichkeit, die ich wegen meines mangelnden Vertrauens verpasst hatte.
Sofort schrieb ich an Wolfgang einen Brief, in dem ich ihm die Anschrift von Goofy mitteilte. Das war ein alter Schulfreund, der sich, als die Mauer gebaut wurde, gerade mit seinen Eltern in Westberlin aufhielt und natürlich gleich drüben geblieben war. Ich bat auch um Informationen über den Fluchtweg. Aus heutiger Sicht ein nicht zu überbietender Leichtsinn.
Da meine Mutter Wolfgangs Karte als Erste in die Hände bekam, fragte sie, wer denn dieser Freund sei.
„Ach, ein alter Kumpel aus früherer Zeit", gab ich zur Antwort.

Meine Mutter wurde jedoch sofort misstrauisch, so dass ich ihren Fragen ausweichen musste. Jetzt begann wieder das alte Spiel. Zu Hause musste ich lieb und nett sein, im Kopf hatte ich aber nur Gedanken an die große Flucht. Um meine Mutter nicht noch mehr zu beunruhigen – wahrscheinlich hätte sie mir von Wolfgang keine Post mehr ausgehändigt – bat ich Wolfgang, er möge seine Antwort an meinem Freund Günter senden, der sie mir mit Sicherheit ungeöffnet aushändigen würde.
So geschah es auch. Günter gab mir nach wenigen Tagen den von mir schon ersehnten Umschlag, völlig ahnungslos von dessen brisantem Inhalt. Tatsächlich, in diesem Brief war der komplette Fluchtplan mit Skizze und Hinweisen und Ratschlägen. Alles sehr ausführlich und in den Einzelheiten beschrieben: Wie man auf das Bahngelände gelangen konnte, ohne gesehen zu werden. Wie man auf den nach Westberlin fahrenden Zug aufspringen musste. Wie man sich nach dem Aufspringen auf den D-Zug verhalten musste.
So schrieb Wolfgang:
„Kalle, Du musst nach dem Aufspringen zwischen zwei Wagen auf den Puffern bis zum Lehrter Bahnhof stehen und erst danach ins

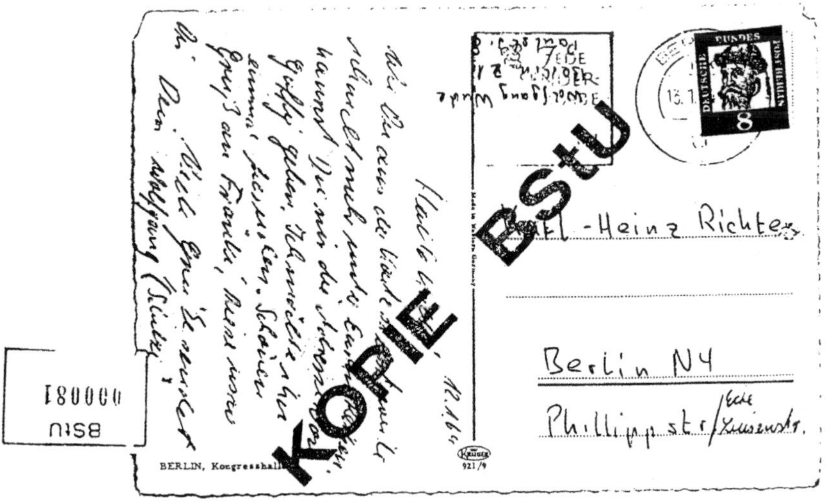

Die Postkarte von meinem Freund Wolfgang.

Wageninnere gehen. Das ist sehr wichtig, halte Dich bitte daran."
Den Grund hierfür schrieb er nicht. Ich konnte ihn mir aber denken: Wenn man nach dem Aufspringen auf einen D-Zug die Tür öffnete, hätte man durch den Lichtschein gesehen werden können.
„Los, Kalle, und nun beweg deinen Arsch und komm mir nach, damit ich hier wieder einen guten Kumpel habe. Erzähl wirklich nur guten alten Kameraden von dieser Möglichkeit und komm mir nach. Stehe von jetzt an jeden Abend auf dem Bahnhof Zoo und warte auf Dich. Bis bald, Dein Wolfgang", schloss er aufmunternd.

Erst jetzt weihte ich meine Freunde Frank und Günter in den Inhalt des Briefes ein. Ungläubig hörten sie mir zu und waren sprachlos. Stundenlang studierten wir den Text, immer und immer wieder schauten wir auf die Skizze und diskutierten den Plan. Noch am selben Abend gingen wir zu der beschriebenen Stelle und stellten fest: „Nee, das ist zu einfach. Unmöglich, das kann nicht funktionieren." Da versuchten wir nun seit Jahren abzuhauen, dachten uns die waghalsigsten Möglichkeiten aus und nun so etwas. In unserer Aufregung konnten wir die von Wolfgang angegebenen Punkte auch gar nicht erkennen, eben wegen ihrer Einfachheit. Wieder in Günters Wohnung angekommen, meinte ich noch:
„Wir überschlafen die Sache erst einmal und treffen uns morgen wieder hier".
Frank und ich verabschiedeten uns von Günter, um nach Hause zu gehen. Doch nachdem ich mich von Frank vor seiner Haustür getrennt hatte, ging ich noch einmal allein zu der Fluchtstelle und studierte wieder Wolfgangs Beschreibung des Fluchtwegs.
Jetzt, wo niemand dazwischen redete, erkannte ich die Möglichkeit klar und deutlich. Mein Puls raste vor Aufregung. Erst jetzt wurde mir die Tragweite dieser Aktion bewusst. Auf einmal erkannte ich, es wird ernst. Immer darauf bedacht, von keinem Hausbewohner gesehen zu werden, begab ich mich vorsichtig in ein am Stadtbahnviadukt gelegenes Wohnhaus, um vom oberen Treppenhausfenster auf die Fluchtstelle zu schauen. Hier hatte ich eine sehr gute

Aussicht, konnte jedoch nicht das gesamte Schienennetz einsehen. Ich beschloss, es am nächsten Abend zusammen mit Frank noch einmal zu probieren.
Auf dem Nachhauseweg wurde ich sehr nachdenklich. Die Trennung von meinen Eltern stand nun unmittelbar bevor. Würden sie durch mein Verhalten etwas mitbekommen? Mütter spüren doch sofort, dass ihr Kind sich anders gibt, sich anders verhält. An diesem Abend hatte ich noch Glück, meine Eltern lagen schon im Bett, und ich brauchte mich nicht zu verstellen. Erschöpft legte ich mich schlafen, doch die Unruhe weckte mich fast stündlich.
Morgens, als ich aufstehen musste, waren die Eltern schon aus dem Haus. Das kam mir sehr gelegen, so brauchte ich auch jetzt noch keine Fragen zu beantworten. Aber abends wurde bei uns immer gegen 17 Uhr gegessen. Die übliche Gelegenheit, sich ungezwungen über den Tag auszutauschen. Diese Zusammenkünfte wurden für mich immer mehr zum Alptraum. Mein Vater schmiedete schon für den Sommer Pläne, mich einbezogen, bei der nächsten Wochenendfahrt sollte ich sie auch begleiten. Und was sie alles sonst noch mit mir gemeinsam vorhatten.
Solche Gespräche führen zu müssen mit der Gewissheit, dass man in kürzester Zeit nicht mehr in dem vertrauten Familienkreis beisammen sein wird, geht an die Substanz. Andererseits genoss ich jeden Augenblick des Zusammenseins. Ich glaube heute, noch nie so intensiv ihre Nähe erlebt zu haben.
Die Liebe meiner Eltern, besonders die meines Vaters, diese, ja man muss schon sagen kameradschaftliche Verbundenheit zwischen uns, ist sehr schwer in Worten zu fassen. Daher nur so viel zu meinem Vater: Er war ein gestandener Mann, ein ehemaliger Boxer von 1,85 Meter. Mit seinen 45 Jahren war er ein immer noch sehr sportlicher Typ, den eigentlich nichts umhauen konnte. Wie ein Fels in der Brandung stand er schützend vor seiner Familie, und mir konnte er keinen Wunsch abschlagen. Nach den damaligen bescheidenen Möglichkeiten wurde ich verwöhnt, beschenkt, umsorgt.

Mit unserem Auto, einem DKW F7 Cabrio, postgelb lackiert, unternahmen wir wundervolle Ausflüge. Langweilig wurden diese Touren nie, da kaum eine Reise ohne Autopanne ablief. An dem Fahrzeug musste ständig gebastelt werden.
Bei Regen war es angebracht, die entsprechende Kleidung auch im Auto zu tragen. Der Zahn der Zeit hatte an unserem faltbaren Autodach schon ordentlich genagt, und es konnte seine „Inkontinenz“ nicht verbergen. Viel Gepäck hatten wir nie dabei, weil der winzige Kofferraum ja bereits mit Ersatzteilen und Esskonserven vollgestopft war. Doch das tat unserer Reisewut keinen Abbruch. Im Gegenteil, der Optimismus, den mein Vater verbreitete, machte jede Fahrt zu einem unvergesslichen Erlebnis.
Die zusammengefalteten Zelte befestigten wir vorne zwischen Kotflügel und Motorhaube, denn innen war kein Platz. Unser Erscheinungsbild, eine Herausforderung für jeden Verkehrspolizisten! An unser Ziel gelangten wir immer, meistens zwar verspätet, aber wir waren da. Die freundliche und positive Ausstrahlung, die von meinem Vater ausging, bescherte uns einen enorm großen Bekanntenkreis. Gefeiert wurde beim Zelten, oder wo auch immer, ohne Ende.
Meine Mutter machte all diese Exkursionen mit Freude mit. Das wenige Geld, das zur Verfügung stand, teilte sie so ein, dass immer noch ein wenig für solche Unternehmungen übrig blieb. Es war für meine Mutter nicht einfach, zumal ich ihr als „Groschengrab“ ständig auf der Tasche lag. Für mich als jüngstes und einziges zu Hause übrig gebliebenes Kind gab es Verwöhnung pur. Das genoss ich sehr und nutzte es auch schamlos aus. Meine Kumpels und engsten Freunde beneideten mich wegen dieser wirklich harmonischen Beziehung zu meinen Eltern. „Haus der offenen Tür“ wurde unsere Wohnung genannt, da jeder kommen konnte. Davon wurde auch reichlich Gebrauch gemacht.
Meine Eltern mochten mein Umfeld und umgekehrt. Nur jetzt in dieser Situation trauten meine Kumpels sich nicht mehr zu uns nach Hause. Sie hatten wohl Angst, sich im Gespräch zu verraten. Meinen Eltern blieb natürlich nicht verborgen, dass meine Freunde

wegblieben. „Weshalb kommt denn dieser oder jener nicht mehr?“, erkundigten sie sich.
Das Katz -und Mausspiel hatte nun richtig begonnen.

Januar 1964
Der Flucht-Countdown läuft

Frank und ich fingen an, die Örtlichkeiten der Fluchtstelle genau zu observieren. Der Expresszug Moskau-Berlin-Paris hielt täglich ab ca. 20.35 Uhr auf dem Fernbahnsteig 1 im Bahnhof Friedrichstraße. Gegen 20.57 Uhr fuhr er dann in Richtung Bahnhof Zoo (Westberlin) aus dem Bahnhof heraus. Gleich hinter der Station überquerte er auf einer Brücke die Spree und den Schiffbauer Damm und fuhr dann zwischen den rechts und links stehenden Häusern auf dem Stadtbahnviadukt weiter. Bis zur Sektorengrenze am Humboldthafen war es dann nur noch etwas mehr als ein Kilometer.
Wir stiegen auf das Dach des Hauses am Schiffbauerdamm, von dem aus wir das Bahngelände einsehen konnten. Wir genossen wie von einem Logenplatz die Aussicht auf den Bahnhof, die Gleise und den herausfahrenden Zug. Unser Hauptinteresse galt der Position der Grenzsoldaten. Die Grenzer befanden sich an der Stirnseite des Bahnhofes hinter großen undurchsichtigen Glasfenstern und schauten dem abfahrenden Zug durch kleine Sichtluken nach. Auf der rechten Seite der Gleise sahen wir zwei Grenzer, die neben dem fahrenden Zug die Gleise abliefen. Der Zug nahm ihnen die Sicht zu unserer Fluchtstelle, es war wunderbar. Etwa 100 Meter hinter dem Bahnhof, Richtung Westberlin, stand eine Signalbrücke über den Gleisen, auf der sich eine Holzhütte als Schutz für die Grenzer befand, und in der sich zwei Grenzer aufhielten, um die Ausfahrt des Zuges zu beobachten. Kurz nachdem der Zug den Bahnhof zu verlassen begann, kamen vom Bahnhof zwei weitere Grenzer und liefen nun auf der linken Seite der Gleise Richtung Westen die Strecke ab. Das gefiel mir überhaupt nicht. Hier war unsere Stelle, um auf die Gleise zu kommen. Peinlich genau notierte ich mir die Zeiten der Grenzpatrouillen. Um ca. 23 Uhr fuhr noch einmal ein Zug mit demselben Ziel aus dem Bahnhof. Aus Sicherheitsgründen verfolgten wir auch diesen Vorgang, der auf die gleiche Weise ablief.
Wir befanden uns jetzt schon zweieinhalb Stunden auf dem Dach.

Die richtige Winterkleidung hatten wir nicht an, und der Winter im Januar 1964 zeigte sich von der besten Seite. Meine Finger waren so klamm, dass ich keine Notizen mehr machen konnte, die Knie waren vom Hinhocken und der Kälte fast unbeweglich. Verfroren und steif schlichen wir vom Dach, darauf bedacht, nicht von einem Hausbewohner entdeckt zu werden. Ohne viele Worte verabschiedeten Frank und ich uns voneinander, am nächsten Tag wollten wir unsere Beobachtungen auswerten.
Zu Hause schlief schon alles. Hungrig aß ich die von meiner Mutter zubereiteten zwei Stullen, die wie immer auf meinem Nachttisch mit einem Teller abgedeckt bereitstanden.

Das Bahngelände an der Westseite des Bahnhofs Berlin-Friedrichstraße.

Am nächsten Tag ging ich zu meiner Lehrstelle und tat ganz normal. Auch zu Hause bei unserem Abendessen gegen 17 Uhr, bei dem wir uns über den Tag austauschten, versuchte ich, so wie immer zu sein. „Du kommst jetzt aber immer ziemlich spät ins Bett, mein Junge", sagte meine Mutter, sie war besorgt, dass ich nicht genug Schlaf bekäme.

„Du siehst auch sehr müde aus, leg dich doch erst einmal eine Stunde ins Bett und ruh dich ein wenig aus."
Hätte ich gerne getan, nur wartete Frank auf mich. Nach dem Essen verließ ich die Wohnung unter dem Vorwand, eine Verabredung mit meiner Freundin Karin zu haben. Karin war meinen Eltern sehr vertraut, sie ging bei uns ein und aus, somit war meine Erklärung für meine Eltern auch sehr glaubhaft.

Zu dieser Zeit hatte ich als Einziger von meinen Kameraden eine Freundin, dieser musste ich nun auch noch etwas vorspielen. Wichtig war, dass sie nicht überraschend bei uns zu Hause erschien und mein Alibi aufflog. Ich hatte wirklich meinen Kopf voll. Überall nur lügen, sich verstellen, das war gar nicht so einfach. Meiner Freundin durfte ich von meinen Fluchtplänen nun wirklich nichts verraten. Ich hatte keine Ahnung, wie sie reagiert hätte.
Frank und ich trafen uns in Günters Wohnung. Dort werteten wir den letzten Abend aus. Unsere Beobachtungen reichten mir nicht aus, ich wollte auf Nummer sicher gehen. Ich hatte die Befürchtung, dass die Zeiten der Kontrollgänge sich ändern würden. Außerdem ging mir ständig der Gedanke durch den Kopf, dies könnte eine Falle sein. Was wäre, wenn die Stasi den Brief von Wolfgang abgefangen hätte und nun auf die Nächsten, also auf uns, warten würde? Schließlich hing mein Leben und das meiner Kameraden von diesen Beobachtungen ab.
Meine Kameraden machten sich darüber offensichtlich darüber keine Sorgen. Sie vertrauten mir. Hätte ich mein O.K. gegeben, sie wären mir sofort gefolgt.
Die Jungs hatten keine Lust, bei diesem Wetter die Gegebenheiten weiter auszukundschaften. Frank hatte vom letzten Abend noch so die Schnauze voll, dass ich allein zu unserer Beobachtungsstelle kletterte. Die gleiche Prozedur in dieser eisigen Kälte wie tags zuvor, nur hatte ich diesmal bessere Kleidung an. Diese Aktion wiederholte ich sechsmal. Endlich war ich mir sicher. Frank, Günter und ich fuhren zum Ostbahnhof, wo der Zug vor seiner Weiterfahrt Richtung Westen ebenfalls Station machte. Dort konnte man den

bewachten Zug aus der Nähe betrachten. Denn es war ganz wichtig zu wissen, wo und wie man sich zwischen den Waggons festhalten konnte. Auf den Puffern stehend, sich etwa 10 Minuten krampfhaft festhaltend, erschien mir zu gefährlich. Dies teilte ich den beiden auch mit und meinte:
„Wir steigen sofort ein und warten nicht, wie Wolfgang geschrieben hat, bis zum nächsten Bahnhof." Anschließend trafen wir uns wieder bei unserem Freund Günter und sprachen über die konkreten Fluchttermine.
Ich überlegte angestrengt, wem man noch zur Flucht verhelfen sollte. Eine Zeitungsannonce konnte ich leider nicht aufgeben. Zwei gute Kameraden sprach ich an und fragte, ob sie Interesse hätten. Beide verneinten. Sie lebten mit ihren Müttern zusammen und hatten Sorge, diese allein zurückzulassen. Das war sehr ehrenhaft. Beide wären sehr gerne mit mir gegangen. Sie wünschten mir alles Glück dieser Welt und versprachen auch, den Kontakt zu meinen Eltern nach meiner Flucht aufrechtzuerhalten. Niedergeschlagen verabschiedeten wir uns mit der Gewissheit, dass ein Wiedersehen wohl erst nach Jahren möglich sein werde.
Mein Freund Peter M. wollte mich gar nicht gehen lassen, so traurig stand er vor mir. Er versuchte, mich von meinem Vorhaben abzubringen. Wir kannten uns schon aus dem Buddelkasten und mochten uns sehr. Nun dieser Abschied. Peter war so ein stiller, introvertierter, ehrlicher Junge, der jetzt sehr litt.

26. Januar 1964

„Morgen ist auch noch ein Tag“

Am 26. Januar fingen wir unseren Freund Peter R. ab, der in meiner Straße wohnte, und fragten ohne weitere Einleitung:
„Willst du heute noch nach Westberlin?“
Er sagte spontan: „Selbstverständlich.“ Peter hatte in Westberlin eine Schwester. Sein Bruder lebte in Westdeutschland.
„In Ordnung, dann lassen wir dich nicht mehr nach Hause. Du gehst heute mit Günter rüber, während Frank und ich absichern.“
Peter konnte das überhaupt nicht fassen. Aus Angst, dass unsere Aktion durch ein unbedachtes Wort verraten werden könnte, ließen wir Peter nicht mehr nach Hause gehen und verbrachten den verbleibenden Nachmittag mit ihm zusammen.
Von 18-20 Uhr musste Peter doch noch in die Wohnung der Eltern zurück, da sein kleinerer Bruder Hans an diesem Tag Geburtstag hatte und ein komplettes Fernbleiben Aufsehen erregt hätte. Irgendwann schlich er sich aus der Wohnung.
Im Zimmer von Günter schlugen wir die Stunden tot und gingen noch einmal die Einzelheiten durch. Dabei sagte ich meinen Kameraden noch einmal, dass, falls einer es nicht schaffen sollte, auf den Zug aufzuspringen, der andere nicht den Helden spielen und aus Kameradschaft ebenfalls zurückbleiben sollte.
Sobald sich beide auf den Gleisen befanden, sei jeder für sich allein verantwortlich. Diese von mir herausgegebene Maxime sollte sich als eine Ironie des Schicksals erweisen.
Wir verabredeten noch, dass die am Bahnhof Zoo Angekommenen der Westberliner Polizei den Fluchtpunkt nicht preisgeben würden und dass am nächsten Tag in den 08.30 Uhr-Nachrichten auf RIAS 2 folgender Satz gesprochen werden sollte:
„Heute Nacht gelang zwei Jugendlichen aus Ostberlin die Flucht nach Westberlin.“ Dadurch sollten Frank und ich die Gewissheit über den Erfolg von Peters und Günters Flucht bekommen.
Zu viert verließen wir dann die Wohnung von Günter und gingen zur

Fluchtstelle. Erst vor Ort erfuhr Peter die Einzelheiten. Er kam aus dem Staunen nicht heraus. Um 20.40 Uhr kletterten Günter und Peter auf eine Hofmauer zum Nachbargrundstück, hangelten sich unter der Brücke bis zu einer Nische unterhalb der Bahngleise durch und warteten auf den aus dem Bahnhof herausfahrenden Zug. Ich sicherte unten auf der Straße ab. Frank rannte, als der Zug den Bahnhof verließ, Richtung Graefe-Denkmal an der Charité. Von da aus konnte man zwei Brücken, über die der Zug fuhr, beobachten und feststellen, ob der Zug angehalten worden war oder nicht.
Ich blieb an der Fluchtstelle, um eine mögliche Reaktion der Grenzer mitzubekommen. Dabei bemerkte ich einen mir unbekannten jungen Mann. Er beobachtete mich sehr genau, schritt jedoch nicht ein und kam auch nicht auf mich zu. Plötzlich war er weg, wie er gekommen war. Nun bekam ich die große „Flatter": „Mein Gott, sind wir aufgeflogen?" In meiner Aufregung wusste ich nicht mehr, nach welcher Richtung ich überhaupt noch absichern sollte, mein Kopf ging wie eine Rundumleuchte. Dieser Mann beunruhigte mich natürlich sehr. Da der Zug jetzt aus dem Bahnhof fuhr, die Aktion in vollem Gange war, Günter und Peter jetzt das taten, was abgesprochen war, blieb nicht viel Zeit zum Überlegen. Zum Abbrechen des Fluchtunternehmens hatte ich keine Möglichkeit. Die Situation entspannte sich jedoch von allein.
Günter und Peter hatten es nicht zum richtigen Zeitpunkt geschafften, auf die Gleise zu kommen. Wir hatten zu lange für die Erklärungen gebraucht. Als sie oben ankamen, war der Zug schon an ihnen vorbeigefahren. Nun standen sie plötzlich wieder unten auf der Straße und sprachen mich an. Ich verstand gar nichts mehr. Also, Aktion abblasen, morgen ist auch noch ein Tag.
An unserer Fluchtstelle war alles ruhig. Wir machten uns auf den Weg, um Frank aufzusammeln. Der kam uns in der Reinhardtstraße ziemlich außer Atem entgegen und wollte mir mitteilen, es habe geklappt. Jetzt erst bemerkte er Günter und Peter. Noch ziemlich durcheinander erklärte ich ihm die Situation und berichtete von meiner Beobachtung. Diese Sache konnten wir nicht einordnen. Äußerst beunruhigt wegen des unbekannten jungen Mannes verab-

schiedeten wir uns und gingen jeder für sich in die elterliche Wohnung. Dieses Erlebnis mussten wir erst einmal sacken lassen.
Stumm verbrachte ich den Abend mit meinen Eltern und begab mich auch sehr bald ins Bett, wobei an Schlafen nicht so recht zu denken war. Meine Gedanken kamen einfach nicht zur Ruhe. Zu diesem Zeitpunkt wusste ich noch nicht, dass vor unserem ersten Fluchtversuch schon acht anderen Kameraden die Flucht an der gleichen Stelle gelungen war. Vorbereitet bzw. gemeinsam geplant mit meinem Freund Wolfgang. Es waren Schulfreunde, zu denen ich nicht so intensiven Kontakt gehabt hatte und die von Wolfgang, wie auch immer, Einzelheiten über die Fluchtstelle in Erfahrung gebracht hatten und diese Möglichkeit sofort ausnutzten. Eine für uns nicht ungefährliche Situation, zumal die schon in Westberlin angekommenen Kameraden von der Staatssicherheit vor Ort beobachtet wurden. Die Sicherheitskräfte in Ostberlin empfanden die gelungene Flucht meiner ehemaligen Schulkameraden als Niederlage bei ihrem Auftrag, die Grenze zu schützen. Mit allen Mitteln versuchten sie, das Schlupfloch ausfindig zu machen. Im guten Glauben, nur ich wüsste von dieser Stelle, hatte ich so intensiv wie möglich diese Vorbereitungen und Entbehrungen auf mich genommen. An solch eine Situation hatte ich nie gedacht.
Wolfgang hatte in Westberlin auch Kontakt zu der Arbeitsgemeinschaft 13. August aufgenommen, in der Annahme, hier als jugendlicher Flüchtling Beistand und Fürsorge zu erhalten. Nur, dass diese Organisation den östlichen Sicherheitsdiensten ein Dorn im Auge war und, so nehme ich heute an, von Stasispitzeln unterwandert war, das hatte Wolfgang nicht einkalkuliert. Egal, ich befand mich in einer mehr als gefährlichen Situation. Nur wusste ich zu diesem Zeitpunkt nichts davon. Über die Gefährlichkeit meines Fluchtversuchs war ich mir total im Klaren, aber dass es so brisant war, wusste ich nicht.

Am 28. Januar glückte nun endlich die Flucht von Günter und Peter. Die 08.30 Uhr-Nachrichten des Rias-Berlin brachten wie vereinbart die Information, zwei Jugendlichen wäre die Flucht nach Westberlin gelungen.

Am Arbeitsplatz konnte ich meine Aufregung kaum verbergen. Für mich stand fest, am Donnerstag, den 30. Januar, habe ich ein Rendezvous mit meinem Freund Wolfgang auf dem Bahnsteig drei im Bahnhof Zoo. Es gab keinen anderen Gedanken mehr für mich. Die Sehnsucht nach Freiheit und der Drang, der ständigen Bevormundung im Osten zu entkommen, wuchsen stündlich mehr. Nur noch dieses Ziel vor Augen, erlebte ich die letzten Stunden wie in einem Rauschzustand. Opiate hätten mich nicht mehr beflügeln können. Mit der Gewissheit, ab morgen haben deine Bemühungen endlich den Erfolg, auf den du so lange hingearbeitet hast, lässt es sich wunderbar leben. An das, was du hinter dir lässt, verschwendest du fast keinen Gedanken mehr. Stolz und Trotz stehen im Vordergrund. Solch eine Leistung zu vollbringen macht einfach nur stolz, fast überheblich. Trotz entsteht, um die Trennungsangst zu verdrängen.
Mein Lehrmeister wunderte sich sehr über meinen Sauberkeitsdrang an meinem Arbeitsplatz. Blitzblank ließ ich zum Feierabend meine Werkbank zurück, so wie noch nie. Einen guten Eindruck wollte ich schon hinterlassen, ich wollte mir nichts nachsagen lassen. Herzlich, mit einem langen Händedruck, verabschiedete ich mich von meinem Meister. Verwundert schaute er mich an und fragte:
„Nanu, heute so feierlich?"
„Ach, nur so", lautete meine Antwort. Leider konnte und durfte ich ihm die Wahrheit nicht sagen. Anschließend ging ich nach Hause.
Peter und Günter hatten an diesem Tag an ihre Eltern ein Telegramm geschickt, mit dem Inhalt, dass sie sich in Westberlin befänden. Mit dieser Nachricht gingen die Eltern zur Polizei und teilten den Behörden mit: „Unser Sohn ist republikflüchtig", so der offizielle Sprachgebrauch. Das musste so ablaufen, damit man den Verwandten keine Mithilfe oder Beteiligung anhängen konnte.
Peters Vater kam zu uns in die Wohnung – Peter und ich wohnten beide in der Philippstraße – und informierte meine Eltern. In unserer Straße wohnte auch der „ABV", der Abschnittsbevollmächtigte der „Deutschen Volkspolizei", ein gewisser Herr Thiedemann. Solange ich zurückdenken kann, hatte er diesen Posten inne. Ein sehr ruhiger und nicht unangenehmer Mensch. Nun bekam er von seiner

Dienststelle den Auftrag, sich mit mir über Peters Verbleib zu unterhalten. Eine reine Routinesache für ihn, nicht aber für mich. Meine Aufregung kann sich jeder vorstellen. Als ich nichtsahnend nach der Arbeit unsere Wohnung betrat, wurde ich gleich mit Fragen überhäuft. Das Misstrauen mir gegenüber war grenzenlos. Peters Vater saß weinend im Wohnzimmer und meinte, ich müsste doch von der Flucht seines Sohnes etwas wissen. Immer und immer wieder beteuerte ich, von diesem Vorhaben keine Kenntnisse zu haben. Meine Eltern und Peters Vater schenkten mir keinen Glauben. Vehement verneinte ich eine Beteiligung. Im Gegenteil, ich zeigte meine tiefe Bestürzung und wies darauf hin, dass die Freundschaft zwischen Peter und mir nicht so groß gewesen sein konnte, da er mir sonst den Fluchtplan ja auch mitgeteilt hätte. Aber, was ich auch sagte, man glaubte mir nicht.
Nachdem Peters Vater endlich unsere Wohnung verlassen hatte, nahmen meine Eltern mich in die Mangel.
„Hast du denn überhaupt eine Ahnung, worauf du dich da eingelassen hast?“, fragte mich mein Vater ständig.
„Du hast doch keine Vorstellung davon, mit welchen Mitteln die Polizei und die Stasi versuchen, die Wahrheit herauszubekommen. Sie werden keine Ruhe geben. Junge, lass die Finger davon, du stürzt uns ins Unglück.“
Pausenlos sprachen beide auf mich ein. Der Polizist saß nur da und beobachtete mich ohne Unterlass. Aus seiner Miene konnte ich nicht herauslesen, ob er mir glaubte oder nicht. Eine sehr unangenehme Situation für mich. Die Spannung konnte man fühlen. Jetzt nur nicht die Nerven verlieren, so meine Gedanken. Nur ein falsches Wort oder eine dumme Geste, und es war alles umsonst.
„Hör zu“, sagte Herr Thiedemann, „du bist bisher noch nicht aufgefallen, außerdem kenne ich dich schon sehr lange. Wenn du dich jetzt offenbarst, wirst du nicht bestraft, dass garantiere ich dir. Aber falls du mich jetzt anlügst und später herauskommt, dass du mit dieser Sache doch irgendetwas zu tun hast, wirst du sehr hart bestraft.“
Das war mir schon klar, nur konnte und wollte ich mich ihm nicht offenbaren. Die Zeit verging, so dachte ich, überhaupt nicht.

Als mir die ganze Situation zu bunt wurde, verließ ich die Wohnung wieder mit der Ausrede, mich mit Karin zu treffen. Es geschah unter großem Protest, denn meine Mutter wollte mich nicht aus der Wohnung gehen lassen, und mein Vater schaute mich nur unentwegt mit traurigen Augen an. Ich zog die Tür hinter mir zu und ging zu Frank. Hier spielten sich fast die gleichen Szenen ab. Seine Eltern hatten schon von Günters Mutter erfahren, dass Günter nicht mehr da sei. Entsetzen auch hier und die üblichen Fragen besorgter Eltern. Genervt gingen wir aus dem Haus, um, wie wir sagten, frische Luft zu schnappen. Draußen angekommen, mussten wir nun über das weitere Vorgehen beraten.

Die Lage spitzte sich für uns nun dramatisch zu. Unsere Sorge war nicht unbegründet. Polizei und Stasi wussten von den Fluchten unserer Kameraden. Für sie ein Leichtes herauszubekommen, in welcher Verbindung wir zu den Jungs standen. Wir liefen einfach die Straßen lang und setzten uns in Kneipen, um herauszufinden, ob wir beschattet wurden. Wir fingen bereits an, Gespenster zu sehen. In jeder Person mit Ledermantel und Hut erblickten wir einen Verfolger. Doch es gab keinen Schatten, der uns folgte. Wir bemerkten nichts Auffälliges. Unsere Nerven waren schon etwas angespannt, so dass unser Entschluss bestärkt wurde, morgen passiert es. Treffpunkt acht Uhr früh bei mir in der Wohnung.
Nachdem ich mich von Frank verabschiedet hatte, ging ich noch zu meiner Freundin Karin und lud sie zu einem Spaziergang ein. Erst nach langem Hin und Her willigte sie ein. Dass ich Karin brauchte, um unauffällig unsere Fluchtstelle beobachten zu können, konnte ich ihr natürlich nicht sagen. Als junges Pärchen gingen wir Arm in Arm an der Spree den Schiffbauerdamm entlang. Dabei erzählte ich ihr von der Flucht unserer Freunde, um ihre Reaktion zu erfahren, ohne dabei den Bahnhof und die Fluchtstelle aus den Augen zu lassen.
„Hast du etwas damit zu tun?“, fragte sie misstrauisch.
„Quatsch“, entgegnete ich, „denkst du, dann wäre ich noch hier?“
„Würdest du denn so etwas auch machen?“

„Warum nicht?“, gab ich zur Antwort. Daraufhin eine ziemlich lange Pause.
„Und wenn dir dabei etwas passiert? Sie könnten auf dich schießen.“
„Auf Peter und Günter haben sie doch auch nicht geschossen“, meinte ich zur Beruhigung, „ihnen geht es gut.“
„Du hast doch damit zu tun“, meinte Karin aus vollster Überzeugung.
„Was soll dieser Spaziergang bei dem miesen Wetter überhaupt? Ist dies ein Abschied und du wagst nicht, es mir direkt zu sagen? Hast du Angst, ich würde dich verraten?“
„Nein, Karin“, wagte ich zaghaft einzuwenden und nahm sie in meine Arme, um sie zu beruhigen, doch sie entzog sich meiner Umklammerung. Sie lief einige Schritte von mir fort und blieb dann stehen. Wir befanden uns unmittelbar an der Fluchtstelle auf dem Gehweg.
In diesem Augenblick kam uns der unbekannte Mann, den ich schon mehrmals hier beobachtet hatte, entgegen. Schnell ging ich zu Karin, sie stand mit dem Rücken zu mir, drehte sie um und hielt sie jetzt ganz fest, damit sie sich nicht noch einmal losreißen konnte. Während ich ihr irgendetwas sagte, beobachtete ich den Mann sehr genau. Für mich konnte die Tarnung nicht perfekter sein. Für ein junges Pärchen, das Zärtlichkeiten austauscht, gibt es kein mieses Wetter. Das sieht man überall auf dieser Welt, weshalb nicht auch hier? Der Fremde lief sehr dicht an uns vorbei, blieb kurz stehen, schaute sich nach allen Seiten um und verschwand in „unserer“ Tordurchfahrt, die zu der Fluchtstelle führte. Nach ein, zwei Minuten kam er wieder zum Vorschein und verschwand dann aus meinem Blickfeld. Vor Aufregung fing ich an zu zittern. Karin meinte, dass es wohl besser wäre, jetzt nach Hause zu gehen, da man sich hier schließlich den Tod holen könne. Wie recht sie hatte. Vor ihrer Haustür versuchte ich sie noch zu beruhigen und versprach, am nächsten Tag wieder zu ihr zu kommen.
„Ja, ja, bis morgen“, meinte sie nur und verschwand im Haus. Diese Verabredung war sehr wichtig für unser Unternehmen, nur konnte

ich Karin davon nichts sagen. Fast schäme ich mich heute noch, ihr Vertrauen so missbraucht zu haben. Als ich zu Hause ankam, warteten meine Eltern im Wohnzimmer auf mich.
„Auch das noch“, dachte ich. Wieder ging die Fragerei los, wieder log ich, dass sich die Balken bogen. Was sollte ich auch tun? Schon um diesen Zustand zu beenden, musste es morgen gelingen, durfte die Flucht um keinen Tag mehr verschoben werden.

30. Januar 1964

Zwei Sprünge mit Folgen

Frank kam pünktlich um acht Uhr zu mir. Nach einem gemeinsamen Frühstück schrieb jeder einen Brief an seine Eltern mit der Bitte um Verständnis für diese jetzt entstehende Situation, mit einer kurzen Erklärung für unser Handeln. Doch was schreibt man in solch einem Abschiedsbrief? Sie sollten sich keine Sorgen machen? Lächerlich, egal, was man schreibt, die richtigen Worte findest du nicht. Verstehen würden sie diese Zeilen so oder so nicht. So schrieb ich:

Meine lieben Eltern,
wenn ihr diesen Brief lesen werdet, bin ich schon in Westberlin. Macht euch bitte keine Sorgen, denn die Stelle, an der ich rübergehe, ist ziemlich sicher. Ihr dürft nicht denken, dass ich vor euch weglaufe. Frank und ich sind in eine Sache reingeschlittert, aus der es keinen anderen Ausweg gibt, als zu flüchten. Habt keine Angst, dass ich unter die Räder komme, denn Frank und ich halten zusammen. In Westberlin werde ich bestimmt meine Lehre beenden. Wenn ihr diesen Brief gelesen habt, verbrennt ihn bitte. Ich schicke heute Abend noch ein Telegramm ab.
Seid umarmt und geküsst,
euer Sohn Kalle.

Was Frank schrieb, weiß ich nicht, wir sprachen nicht darüber. Anschließend gingen wir zur Post. Ich rief meinen Chef an und bat um einen Tag Urlaub, den er mir auch gab. Wir trödelten den Tag nur so herum, gingen ins Kino und versuchten, uns abzulenken. Gegen 16 Uhr trennten wir uns in der Absicht, uns um 19 Uhr wieder zu treffen. Jeder sollte jetzt zu Hause seinen stillen Abschied nehmen, ohne dass es auffiel.

Als ich in unsere Wohnung kam, war meine Mutter schon da. Zum Glück war sie in der Küche mit der Vorbereitung des Abendessens

beschäftigt, so dass ich kurzfristig meine Ruhe hatte. Auf meine Versuche, sie mit Scherzen und allerlei lustigen Dingen abzulenken, ging sie überhaupt nicht ein. Immer wieder sah ich Tränen in ihren Augen. Da begriff ich so allmählich, sie ahnte es, sie spürte es sehr intensiv, dass der Abschied nahte. Um sich unter Kontrolle zu behalten, nahm sie heimlich ihre Herzmedikamente.
Ich bekam es zwar mit, reagierte jedoch nicht. Was sollte ich auch tun? Hoffentlich kommt Vater bald von der Arbeit nach Hause, damit dieser für mich unerträgliche Zustand bald beendet wird, dachte ich. Wir deckten den Abendbrottisch, doch wer nicht kam, war mein Vater. Es war nun schon 18.30 Uhr. In einer halben Stunde hatten wir unseren Termin, meine Unruhe wurde immer größer. Verabschieden wollte ich mich schon gern von meinem Vater, zwar still und heimlich, aber immerhin. Ständig lief ich zum Fenster und hielt nach ihm Ausschau. Dabei nahm ich mit großer Sorge einen Wetterumschwung wahr. Es stürmte. Regen und Schnee kamen vom Himmel herunter, sodass ich große Bedenken wegen unseres Vorhabens bekam. Endlich kam mein Vater, und wir konnten noch einmal zusammensitzen und reden. Dann ging ich in mein Zimmer, zog mir meine besten Jeans, meine Wildlederjacke und meine Toreroschuhe mit hohen Absätzen und vorn ganz spitz an. Nicht die beste Kleidung für dieses Vorhaben. Doch in Gedanken war ich schon in Westberlin und wollte mich dort nicht in Gammelklamotten präsentieren. Meine Eltern waren verwundert über diesen Aufzug. Ich erklärte ihnen, noch mit meiner Freundin tanzen gehen zu wollen. Dies wurde akzeptiert, und sie wünschten uns viel Spaß. So ging ich mit der traurigen Gewissheit aus dem Haus, dass es bis zum nächsten Wiedersehen wohl sehr lange dauern würde.
Am Treffpunkt angekommen, pfiff Frank mich erst einmal wegen meiner Verspätung an. Von dort begaben wir uns zu meiner Freundin Karin. Allein ging ich zu ihrer Wohnung in den zweiten Stock hoch, klingelte und bat sie, doch einmal herunterzukommen.
„Willst du nicht erstmal reinkommen?“, fragte sie erstaunt. Ich ging in die Wohnung, begrüßte ihre Eltern und bat sie noch einmal mit herunterzukommen, da ich wenig Zeit hätte. Mit großen Augen sah

sie mich an und verstand dann wohl sofort, dass ich heute meine Flucht starten wollte. Karin hatte Besuch von Sylvia, einer ehemaligen Klassenkameradin, die gleich mitkam.

Unten im Hausflur eröffneten Frank und ich den Mädels nun unser Vorhaben. Wir übergaben Karin unsere Briefe und die Wohnungsschlüssel mit der Bitte, diese bei unseren Eltern abzugeben, falls wir nicht um 20.30 Uhr am vereinbarten Treffpunkt seien. Obwohl Karin innerlich schon darauf gefasst war, konnte sie es nicht glauben. Von einer Minute zur anderen veränderte sich ihr Leben. Sie waren auf einmal Bestandteil eines Fluchtvorhabens, erfuhren davon aber erst jetzt in diesem Augenblick etwas.

Die Tragweite unseres Unternehmens und die Gefahr, in die wir die Mädels durch unser Verhalten brachten, war uns in diesem Augenblick überhaupt nicht bewusst. So langsam schaukelte sich unser Adrenalinspiegel so hoch, dass wir nur noch an uns dachten. Auf die bohrenden Fragen, wie, wo und warum wir das täten, erhielten sie keine Antworten von uns. Karin maulte doch sehr mit mir rum und fühlte sich in der Rolle der zurückgelassenen Freundin nicht so richtig wohl. Frank amüsierte sich darüber und meinte, dass er froh sei, nicht solche Probleme „an der Backe“ zu haben.

Gemeinsam begaben wir uns zum Bahnhof Friedrichstraße. Auf dem Weg dorthin trafen wir auf Holger und Klaus, die wir über unser Fluchtvorhaben informiert hatten. Die Fluchtstelle war ihnen aber nicht bekannt. Holger und Klaus vertrauten einfach auf uns, da sie ja wussten, dass es schon einige von uns geschafft hatten. Ihnen war auch bekannt, dass nur Frank und ich diese Fluchtstelle kannten, sie also keine andere Möglichkeit hatten, sie zu orten, als mit uns mitzumachen.

Mir fiel ein Stein vom Herzen, diese Verantwortung nun loszuwerden. Frank ging mit den Mädels voraus. Holger, Klaus und ich bogen in einen Hauseingang ein. Auf dem Hof kletterten wir über eine kleine Begrenzungsmauer zur Fluchtstelle. Dort, vor Ort, erklärte ich den beiden den Fluchtplan mit dem Hinweis, heute gegen 23 Uhr würde der nächste Zug fahren. Ich war mir sicher, dass wir uns am gleichen Abend am Bahnhof Zoo wiedersehen würden.

Zufrieden, den Fluchtplan zu kennen, gingen Holger und Klaus zu den Mädels und Frank. Ich blieb noch einen Moment allein, um die Stelle zu beobachten. Die Mädels waren stink sauer auf mich und reagierten sehr trotzig. Ihre Sorge um uns war schon recht groß, das zeigten sie sehr deutlich. Aber die Art und Weise, einfach zu flüchten, sie vor vollendete Tatsachen zu stellen, missfiel ihnen sehr. Langsam wurde es Zeit aufzubrechen, unser Zug würde nicht auf uns warten. Mit einer Finte lösten Frank und ich uns von unseren Freunden, um zur Tat zu schreiten. Daran, dass etwas dazwischenkommen könnte, glaubte niemand. Unser Zug fuhr um 20.57 Uhr. Holger und Klaus nahmen die Mädels, die nun vergeblich nach Frank und mir Ausschau hielten, einfach mit. Sie gingen gemeinsam ins Café „Piccolo", um etwas zu trinken und sich auch abzulenken. Nun wollten die Mädels Genaues wissen. Zum Glück gingen die Jungs nicht auf ihre Fragereien ein.
Frank und ich begaben uns nun in Position. Neben dem Bahnviadukt befand sich eine Einfahrt, hier mussten wir rein, an der Begrenzungsmauer zum Nachbargrundstück, etwa zwei Meter hoch, zogen wir uns hinauf, liefen etwa fünf Meter auf dieser zum Unterteil der Brücke, die aus einer alten Stahlkonstruktion bestand. In vier Metern Höhe hangelten wir uns freischwebend unter der Brücke, über der Toreinfahrt, etwa zehn Meter, jetzt für jedermann sichtbar, zu einer Nische unterhalb der Bahngleise. Eine sehr enge Nische, die gerade Platz für zwei Mann hatte. Etwas außer Atem verschnauften wir und warteten auf den Zug, der jeden Augenblick aus dem Bahnhof fahren musste. Sehen konnten wir nichts, so verließen wir uns nur auf unser Gehör. Wir warteten angespannt auf die Lautsprecherdurchsage vom Bahnsteig. Nachdem einige Minuten verstrichen waren, glaubte ich einen Sehfehler zu haben. Genau unter uns stand der uns unbekannte junge Mann, den ich vorher schon beobachtet hatte, und sprach uns doch tatsächlich an.
„Hallo, ich habe euch beobachtet und möchte mitkommen."
Mein Puls schlug bis zum Hals. Nachdem unser erster Schreck verflogen war, trat ich aus unserer Nische und erklärte dem Unbekann-

ten, dass hier nur Platz für zwei sei und er nicht mitkommen könne. „Wie seid ihr denn da raufgekommen?“, wollte er wissen. Unglaublich, er hatte diese Fluchtstelle, unabhängig von uns, ebenfalls erkundet, wusste aber nicht, wie er bis zu dieser Stelle, an der wir uns befanden, gelangen könnte. Von unserer Nische aus erklärte ich ihm in kurzen Sätzen den Weg mit dem Hinweis, dass er es gegen 23 Uhr oder am nächsten Tag noch einmal versuchen solle. Hier musste ich all meine Überredungskünste aufbieten, denn er wollte unbedingt mit uns mitkommen.

Plötzlich sagte er:

„Es kommt jemand, viel Glück“, und verschwand.

Frank und ich wollten das eben Geschehene gar nicht glauben. Jetzt erst konnten wir diesen Mann einordnen. Er, der mir so viel Kopfzerbrechen bereitet hatte, war einer von uns, nur kannten wir ihn nicht. Der Adrenalinstoß, der in unsere Körper schoss, war nicht mehr zu überbieten. Das dachten wir, doch es kam noch schlimmer. Kaum hatten wir uns von unserem Schock erholt, kam der nächste Adrenalinstoß. Den Lautsprecher aus dem Bahnhof hörten wir in dem Augenblick, als sich genau unter unserem Versteck zwei Grenzsoldaten mit ihrem Hund platzierten. Mit großer Mühe versuchten sie, sich bei diesem Sauwetter ihre Zigaretten anzuzünden. Das Wetter spielte an diesem Abend so verrückt, dass man keinen Hund vor die Tür gejagt hätte. Sie hatten ihren jedoch dabei. Ausgerechnet hier und heute spielte sich das Leben ab. Es schien wie verhext. Also, die beiden standen genau unter uns und wir wagten kaum zu atmen, denn jede Bewegung hätte uns verraten können. Ein kurzer Blick der Grenzer nach oben und aus wäre der Traum gewesen. Über uns schnaufte die Lokomotive ihre Dampfwolken heraus, die Waggons fuhren vorbei.

Zum Glück konnte der Hund nicht unsere Witterung aufnehmen. Der Wind pfiff uns um die Ohren, der Regen peitschte in unsere Gesichter, die Zeit blieb stehen. Unendlich lange schien uns das zu dauern. Das Getöse der über uns vorbeifahrenden Waggons schien so laut zu sein, dass die Ohren schmerzten. Den Pulsschlag hörst du in den Ohren wie Trommelwirbel, jedenfalls kam es mir so vor.

Frank und ich schauten uns fast ständig in die Augen, als ob jeder dem anderen Mut machen wollte. Doch wir blieben stehen.
Jetzt wäre eigentlich der Moment gewesen, unser Fluchtvorhaben abzubrechen, doch wir taten es nicht. Sämtliche Raucher dieser Welt verfluchte ich in diesem Augenblick und schwor mir, diesem Laster nie zu unterliegen. Nach endlos langen Momenten hatten die Grenzer endlich ihre Zigaretten angezündet und verschwanden aus unserer Ecke. Jetzt erst konnten wir uns bewegen. Wie weit der Zug schon an uns vorbeigefahren war, wussten wir nicht, da er von unserer Position aus nicht sichtbar war. An einem Starkstromkabel zogen wir uns, Frank zuerst, hoch, kletterten über ein Begrenzungsgitter und standen auf den Bahngleisen. Der Zug fuhr nun schon mit erheblicher Geschwindigkeit an uns vorbei, wir rannten auf dem Schotter nebenher. Durch die Verzögerung blieb uns nur noch der letzte Wagen zum Aufspringen übrig. Wir hatten aber ausgemacht, dass jeder auf einen Waggon springen soll, damit wir uns nicht gegenseitig behindern. Das ging nun nicht mehr. An einen Abbruch der Aktion dachte in dieser Situation keiner von uns, zu sehr befanden wir uns in dem Mechanismus der Flucht. Alle unsere Sinne waren auf diese Sache programmiert. Ein Zurück wäre undenkbar gewesen.
Wir liefen, was wir konnten, um wenigstens den letzten Waggon zu erreichen. Frank, einiges größer als ich, sprang auf das letzte Trittbrett, drehte sich um, reichte mir die rechte Hand, mit der linken hielt er sich am Haltegriff fest. Ich griff mit der Linken seine Hand und versuchte nun in vollem Lauf mit meiner rechten Hand den Haltegriff zu erreichen. Dies gelang mir auch. Jetzt zog ich mich aufs Trittbrett. Mit meinem rechten Knie hatte ich schon fast einen sicheren Halt gefunden, da rutschte ich auch schon wieder ab. Verzweifelt versuchte Frank mich festzuhalten. Wegen der hohen Geschwindigkeit des Zuges gelang es mir nicht, mit den Füßen noch einmal Tritt zu fassen. Jetzt wurde ich mitgeschleift, nur gehalten von Frank. Der Zug fuhr nun schon mit einer Geschwindigkeit von etwa 40 km/h. Vergeblich versuchte ich, mit meiner rechten Hand an den Haltegriff zu kommen. Es gelang mir nicht. Ich wurde hin und her geschleudert, bekam meine Beine nicht unter Kontrolle.

„Franky, lass los, ich schaffe es nicht“, rief ich meinem Freund zu. „Nein“, rief er, „streng dich an, komm, mach schon, bitte!“ Trotzdem löste ich meinen Griff, weil ich die Ausweglosigkeit erkannte. Er konnte es nicht glauben, mich zurücklassen zu müssen. In solch einer Situation wächst jeder über sich hinaus, entwickelt ungeahnte Kräfte, doch hier reichte es einfach nicht. Er zögerte wirklich lange, dann löste sich auch sein Griff. Nun überschlug ich mich einige Male und blieb auf dem Schotter neben den Gleisen liegen. Ich lag auf dem Bauch und schaute zu meinem Freund, der sich mit der linken Hand festhielt und mir mit der rechten noch einmal zuwinkte. Dieses Bild – die roten Lichter des letzten Waggons, auf dem Trittbrett mein Freund, der fassungslos zu mir schaute – werde ich niemals vergessen. Dieser Moment – du siehst deinen besten Freund wegfahren, und du hängst im Mist, du weißt nicht, wie es weitergeht – hat mein ganzes weiteres Leben geprägt. Nur wer die Gnade einer echten Freundschaft in seinem Leben erfahren durfte, kann diesen Moment verstehen. Abschied nehmen hat immer etwas mit Wehmut zu tun. Doch diese abrupte Trennung, von uns beiden nicht gewollt, noch dazu so dramatisch, war wie ein Sterben.

Die roten Schlusslichter des Zuges wurden immer kleiner, bis sie ganz verschwunden waren. Lange schaute ich hinterher, unfähig, mich zu bewegen. Emotional gesehen war das für mich der dramatischste Moment während der ganzen Flucht. Dieses Winken hat sich so in meinem Gedächtnis verfestigt, dass ich heute noch Gänsehaut bekomme, wenn sich auf Bahnhöfen Menschen winkend verabschieden. Selbst nach so vielen Jahren können Frank und ich nicht über diesen Abend reden. Zu tief hat sich dieses Ereignis in unseren Köpfen und Herzen eingeprägt.

Nachdem der Zug aus meinem Blickfeld verschwunden war, musste ich mich erst einmal orientieren. Mein Blick galt den Grenzsoldaten. Zwei Soldaten auf der anderen Seite der Gleise gingen hintereinander Richtung Westen. Die beiden anderen Soldaten in einem Stellwerkhäuschen schauten dem Zug hinterher. Die Soldaten, die vom Bahnhof die Gleisanlagen durch kleine geöffnete Sichtfenster beobachteten, hatten diese längst wegen des scharfen Windes und

Die Fluchtstelle: Hier sprang Karl-Heinz Richter auf der Flucht vor den Grenzposten sieben Meter in die Tiefe und verletzte sich schwer.

der eisigen Temperaturen wieder geschlossen.
Sollte ich liegen bleiben, bis der nächste Zug kam? Das ging eigentlich nicht, da ich beobachtet hatte, dass auf meiner Seite bald eine Grenzpatrouille vorbeikommen würde, die mich bestimmt gesehen hätte. Außerdem lag ich wie auf einem Präsentierteller, von allen Seiten sichtbar. Zuerst versuchte ich, auf dem Bauch liegend zurückzurobben. Doch meine Bewegungen auf den Schottersteinen machten einen Höllenlärm, so schien es mir. Daher überlegte ich nun:
„Du rennst einfach wieder zurück und wartest auf den nächsten Zug." Ich nahm all meinen Mut zusammen, sprang auf und lief die etwa 100 Meter auf dem Schotter zurück, eine ordentliche Strecke im freien Schussfeld. Bei jedem Schritt lauschte ich auf jedes Geräusch.
„Sehen die dich? Schießen die dich ab?" 100 Meter können verdammt lang sein. Erst beim Rennen stellte ich fest, dass ich keine Schuhe mehr anhatte. Die hatte ich, ohne es bemerkt zu haben, bei der Schleifaktion verloren.

„Verdammter Mist", dachte ich noch, „deine besten Schuhe sind im Eimer."

Dass mich keiner sah, grenzte an ein Wunder. Endlich kam ich an meinem Zielpunkt an. Im vollen Lauf sprang ich über das Absperrgeländer, um schnell von den Gleisen zu kommen. Ich tat dies so, als wäre es ein Gitter an einer Straßenkreuzung: mit einer Hand abstützen und rüberhüpfen. Bis zu diesem Moment hatte ich trotz allen Missgeschicks noch verdammtes Glück. Nun aber nicht mehr. Noch als ich sprang, fiel mir ein:
„Mein Gott, hier ist es ja tief, du Idiot." Das war`s dann auch. Im freien Fall schoss ich ca. sieben Meter runter auf die Pflastersteine. Den Aufprall bekam ich noch voll mit. Wie eine Katze kam ich unten auf allen Vieren an. Der Aufprall war sehr hart. Ich verlor kurzfristig die Besinnung. Nachdem ich aus meiner kurzen Ohnmacht wieder zu mir gekommen war, hatte ich keine Ahnung, was ich überhaupt an diesem Ort hier trieb. Benommen lag ich da und konnte mich wirklich an nichts erinnern. Plötzlich kniete jemand neben mir und fragte, was ich hier machen würde. Es war der unbekannte junge Mann, dem ich vor wenigen Augenblicken noch erklärt hatte, wie er dorthin gelangt, wo ich gerade herkam.
Da ich in diesem Moment nicht den richtigen Überblick hatte, wusste ich beim besten Willen nicht mehr, was ich sagen sollte. Auch er erfasste die Situation nicht richtig, nahm meine Verletzungen gar nicht wahr.
„Du musst unbedingt von hier weg", meinte er nur. „Jeden Augenblick können die Grenzer wiederkommen und dann ist alles vorbei. Los, steh auf", rief er mir zu, wobei er schon gehen wollte. Das versuchte ich ja auch, nur ging es nicht.
„Du musst mir helfen, ich schaffe es nicht allein", rief ich ihm leise zu. Er half mir auf die Beine und schleppte mich in das Nebenhaus in den Hausflur. Dort stellte er mich gegen die Wand und fragte:
„Bist du in Ordnung?"
„Klar, alles bestens", gab ich zur Antwort. Dann sagte ich ihm, dass ich wohl irgendwie Pech gehabt hätte, aber es auf jeden Fall an

diesem Tag noch einmal versuchen würde. Auf meine Verletzungen sind wir gar nicht eingegangen. Ich befand mich in einem Schockzustand fernab jeglicher Realität. Wir verabredeten uns für 22.30 Uhr, um die Sache zu vollenden. Dann ging er und ließ mich allein.
„Nichts wie weg hier", das war mein einziger Gedanke. Erst bei dem Versuch, aus dem Hausflur zu gehen, merkte ich plötzlich, dass irgendetwas mit meinen Beinen nicht stimmte. Das Laufen fiel mir verdammt schwer, und auch wegen der Gleichgewichtsstörungen konnte ich mich kaum aufrecht halten. Mit der rechten Hand wollte ich die Haustür öffnen, doch es ging nicht. Die Hand schmerzte zu sehr, und ich hatte keine Kraft, die Klinke herunterzudrücken. Blut lief mir von der Stirn ins Auge, und ich sah alles sehr verschwommen. Indem ich mich an den Häuserwänden festhielt, schleppte ich mich vom Schiffbauerdamm kommend die Albrechtstraße entlang. In Richtung unseres, für den Fall des Misslingens der Flucht verabredeten Treffpunkts, Luisenstraße Ecke Reinhardtstraße. Im Kopf nur den Gedanken, die Mädels zu erreichen, bevor sie meine Eltern informierten.
An einem Hotel standen einige Menschen, die gerade diskutierten, in welche Kneipe sie nun gehen wollten. An ihnen musste ich vorbei, nur wie? Das klappte nur, indem ich auf den Fahrdamm ging und ganz vorsichtig versuchte, an ihnen vorbeizugehen. Eine Frau sah das und sprach mich direkt an.
„Geht es Ihnen nicht gut? Können wir helfen?"
„Vielen Dank", gab ich zur Antwort. „Es geht schon. Ich wohne gleich hier in der Nähe."
„Das kommt überhaupt nicht in Frage, wir begleiten Sie, allein schaffen Sie das nie", meinte sie und rief einen Mann aus dieser Gruppe herbei.
„Sie bleiben jetzt hier, und wir rufen einen Krankenwagen. Sie sehen ja schlimm aus. Was ist Ihnen denn passiert?"
„Man hat mich zusammengeschlagen", gab ich zur Antwort. „Bitte lassen Sie mich weitergehen. Falls die Polizei kommt, bekommen Sie nur unnötigen Ärger."
Nun muss ich dazu sagen, dass das eine Gruppe aus dem Bundes-

gebiet war, die mit der östlichen Polizei keinen Disput haben wollte. Nach für mich endlos langen Augenblicken ließen sie von mir ab, und ich ging zielstrebig zum Treffpunkt weiter.
Nachdem ich links in die Reinhardtstraße eingebogen war, gab es nichts mehr zum Festhalten. Es fehlten die Häuser zum Abstützen. Auf der anderen Straßenseite stand ein Polizist, der die dortige jugoslawische Gesandtschaft zu bewachen hatte. Der schaute ständig zu mir rüber. „Jetzt bloß nicht auffallen", dachte ich in meiner Angst. Zu meinem Glück drehte er sich um und ging in sein Häuschen. Mit jedem Schritt bemerkte ich, dass die Schmerzen zunahmen. Je größer die Schmerzen wurden, desto klarer wurde ich im Kopf. Endlich kam ich an unserem Treffpunkt an. An einem Straßenschild hing ein Papierkorb, an dem ich mich krampfhaft festhielt. Meine Beine sackten immer wieder ein, mir war speiübel, ich musste mich übergeben.
Von weitem sah ich die Mädels, die erst auf die andere Straßenseite wechseln wollten, in der Annahme, dort stünde ein Betrunkener. Dann erkannten sie mich. Sie kamen aus der Marienstraße. Dort hatten sie schon den Brief von Frank in den Briefkasten seiner Eltern gesteckt. Dabei waren sie jedoch von diesen überrascht und zur Rede gestellt worden. In dem Glauben, wir hätten es beide geschafft, wollten sie nun zur Wohnung meiner Eltern.
Sylvia und Karin befanden sich in der Ausbildung zur Krankenschwester. Jetzt, bei dieser Gelegenheit, hätten sie ihr dabei erworbenes Wissen in der Praxis anwenden können. Doch der Schreck über mein Erscheinungsbild muss sehr groß gewesen sein. Karin versuchte meine Blutung am Kopf mit einem Taschentuch zum Stillstand zu bringen, was ihr nicht gelang. Sylvia hielt mich fest, damit ich stehen konnte. Kurz erzählte ich von meinem Missgeschick und bestand darauf, zu Franks Eltern zu gehen. Ich hatte meine Arme über die Schultern der Mädels gelegt, und so gingen wir in die Marienstraße. Als wir ihr Haus betreten wollten, öffnete sich die Haustür und Franks Eltern kamen heraus. Sie wollten mit Franks Brief zu meinen Eltern. Jetzt, da sie mich so angeschlagen sahen, nahmen sie davon Abstand.

„Was macht ihr bloß für einen Blödsinn“, sagte Franks Vater immer wieder.
„Mach jetzt schnell, dass du nach Hause kommst, du brauchst unbedingt einen Arzt.“
Also stützte ich mich wieder bei den Mädels auf, und wir liefen, so gut es ging, die nicht enden wollende Luisenstraße entlang. Vorbei an der Charité, deren Hilfe ich im Moment gern in Anspruch genommen hätte, bis zur Ecke Philippstraße, meinem Wohnhaus.
Sylvia, durch die Ereignisse doch ziemlich mitgenommen, verabschiedete sich vor der Haustür mit den Worten:
„Das kläre selbst mit deinen Eltern“, und dann ging sie.
Karin half mir in die Wohnung bis zur Küche. Von hier rief ich meinen Eltern, die im Wohnzimmer saßen, nur zu:
„Ich habe Karin mitgebracht“. Mehr sagte ich nicht. Ich hielt mich an der Spüle fest, meine Kräfte ließen nun merklich nach. Jetzt, am Ziel, spürte ich jeden Knochen im Leib, die Schmerzen waren wirklich unerträglich. Meine Mutter kam in die Küche und sah mich als Häuflein Elend dastehen, oder besser gesagt, wanken. Karin versuchte immer noch verzweifelt, die Blutung an meiner Stirn zum Stillstand zu bringen. Die Küchenspüle, der Fußboden, meine Klamotten, alles voller Blut. Ein Anblick, der meiner Mutter in die Glieder fuhr.
„Otto, komm schnell“, rief sie ins Wohnzimmer, „der Junge ist schwer verletzt.“
Wie von der Tarantel gestochen stürzte mein Vater in die Küche und blieb entsetzt stehen. Als ich meinen Vater sah, verließen mich meine Kräfte völlig, und ich stürzte einfach lang hin. Wie ein angeschossenes Wild zu seinem Bau flüchtet, um dort einfach zu verenden, so hatte ich es bis in die Wohnung geschafft. Endlich in Sicherheit. Jetzt konnte ich nicht mehr.
Mein Vater nahm mich wie ein Baby auf seine Arme, trug mich in mein Zimmer und legte mich aufs Bett. Verzweifelt zogen sie mir die Kleider vom Leib, denn sie dachten im ersten Schock, dass ich eventuell auch Schussverletzungen haben könnte. Diese hatte ich, Gott sei Dank, nicht. Als sie mir die Hose und die Strümpfe auszo-

gen, wurden die geschwollenen Beine und Füße sichtbar, die mich bei jeder Berührung aufbäumen ließen. Meine Eltern und Karin taten alles, um es mir so angenehm wie möglich zu machen. Die Füße wurden mit kalten Wickeln behandelt, mein rechter Arm verbunden, die Platzwunde am Kopf verpflastert. Es ging zu wie in einem Lazarett. Als die Erstversorgung beendet war und etwas Ruhe eintrat, setzten sie sich an meinem Bett und schwiegen nur. Was hätten wir jetzt auch sagen können? Nein, es wurden keine Vorwürfe gemacht. Nur einmal fragte mein Vater:
„Was ist mit Frank?"
„Er hat es geschafft, er ist gesund", gab ich zur Antwort. Mehr wurde nicht gesprochen.
Da ich nun wirklich verdammte Schmerzen hatte, dies aber nicht zeigen wollte, war mein Verlangen, allein zu sein, groß. Diesen Gefallen tat mir mein Vater nicht, er saß an meinem Bett und kühlte unentwegt meine Füße und mein Gesicht. Er brauchte wohl die Nähe zu mir, um über diesen Schock hinwegzukommen. Seelisch spürte er wohl die gleichen Schmerzen, er litt sehr. Bei meiner Mutter überwog wohl mehr ein anderes Gefühl:
„Hauptsache, er ist wieder da, egal wie. Nur, dass er da ist. Alles andere werden wir gemeinsam in den Griff bekommen."
Karin hatte sich irgendwann verabschiedet, sehr betroffen und sehr traurig, mit dem Wissen, dass die ganze Sache nicht an die Öffentlichkeit kommen durfte.
Als ich im Bett lag, spulte sich der Abend immer und immer wieder in meinen Gedanken ab. Was war schief gelaufen? Wie konnte das geschehen? Ärger über meine Ungeschicktheit überkam mich. Wieso war ich der dumme August? Alles war so perfekt geplant, so genial eingefädelt worden, und nun so etwas. Die Freude, dass Frank es geschafft hatte, brachte mich ein wenig von diesen Gedanken weg. Doch wie ging es jetzt weiter? Mein Freund hatte von meinem Sturz nichts mitbekommen, er würde gegen 23 Uhr bestimmt am Bahnhof Zoo stehen, um mich abzuholen. Wie kann ich ihn informieren? Fragen über Fragen gingen mir durch den Kopf, an meine Situation dachte ich zunächst gar nicht.

Am gleichen Abend ging der Unbekannte, wie verabredet, zum Fluchtpunkt, wartete kurz auf mich und flüchtete dann allein. Am Bahnhof Zoo angekommen, stieg er aus und ging an meinen auf mich wartenden Freunden vorbei und meldete sich im Auffanglager Marienfelde. Tragisch war, sie erkannten sich nicht. Wir hatten uns ja immer nur im Zwielicht gesehen, nie richtig. Er hätte meinen Kameraden alles erzählen können und damit sehr viel Unheil verhindert. Das Schicksal wollte es anders.
Mir wurde nur sehr bald klar, dass die Trennung von meinem Freund wohl sehr lange andauern würde. Auf mein Drängen hin legte sich irgendwann in der Nacht auch mein Vater ins Bett, kam jedoch jede Stunde, um meine Füße zu kühlen oder einfach nur, um zu fragen, wie es mir ginge.

31. Januar 1964

Besuch im Polizeikrankenhaus

Es wurde nun auch Zeit, sich abzusprechen, wie es weitergehen sollte. Mit meinen Verletzungen musste ich ins Krankenhaus. Nur, was sollten wir den Ärzten erzählen? Damit alles weiter wie gewohnt ablief, ging mein Vater am nächsten Tag zur Arbeit, meine Mutter nahm sich frei. Sie arbeitete damals als Serviererin im Regierungskrankenhaus. Dadurch war auch ich als ihr Sohn bis zum meinem 16. Lebensjahr dort behandlungsberechtigt, jetzt mit 17 Jahren aber nicht mehr. Vertrauensvoll rief sie in ihrem Krankenhaus an und erkundigte sich, wie man mich am besten versorgen könne, da, so ihre Angaben, ich mir bei einem Sturz von der Bodentreppe Verletzungen zugezogen hätte. Die meinten es gut, schickten einen Krankenwagen, und ab ging die Post.

Im Krankenwagen begleitete mich meine Mutter. Zu unserem Erschrecken fuhr dieser Wagen mit uns ins Polizeikrankenhaus Scharnhorststraße. Vor Schreck bekam ich einen trockenen Mund, und mein Puls raste. Bei meiner Mutter sah ich kurzzeitig nur noch das Weiße in ihren Augen, sie stand unmittelbar vor einer Ohnmacht. Als die Krankenwagentür geöffnet wurde, schauten wir uns nur fragend an. Was war hier schiefgelaufen? „Hier kommst du nicht mehr raus", so meine Gedanken. Ab ins Gefängnis. Jetzt ist die Sache zu Ende.

Es folgte die Krankenhausaufnahme mit dem üblichen Papierkram und der Frage:

„Wie ist denn das passiert?" Wir erklärten unsere Geschichte, worauf der Arzt, ein Polizeiangehöriger, gleich meinte, dass dies der Wohnungsgesellschaft mitgeteilt werden müsste, da wohl diese Bodentreppe nicht mehr verkehrssicher sei und deshalb gesperrt werden müsste.

„Ich leite dies weiter, und die schauen sich den Unfallort an. So, jetzt zu ihnen." Damit meinte er mich.

Die Untersuchungen und die Behandlung verliefen sehr korrekt. Es stellte sich heraus, dass ich mir beide Mittelfüße und das rechte Handgelenk gebrochen hatte. Sie verpassten mir Gipsverbände an den Füßen und an der rechten Hand, verbanden den Kopf. Das war`s. Anschließend sollte ich wegen der Schwere meiner Verletzungen im Krankenhaus bleiben. Dies lehnte meine Mutter mit aller Entschiedenheit ab, mit der Begründung, sie könne mich zu Hause bestens betreuen. Also, ab in den Krankenwagen und wieder nach Hause. Unser Glück konnten wir gar nicht fassen. Jetzt glaubten wir, mit der Lüge, ich sei die Bodentreppe heruntergefallen, kämen wir durch. Nun kann uns, oder besser gesagt mir, nichts mehr passieren. Ein wunderschönes Gefühl. Es hätte nicht besser laufen können. Überglücklich teilten wir abends meinem Vater mit, wie die Sache abgelaufen war. Zum ersten Mal seit langer Zeit sah ich ihn wieder lächeln.
Spätabends begab er sich noch zum Boden und präparierte die Bodentreppe so, dass bei einer Besichtigung mein Unfall auch glaubhaft erschien.

In der Zwischenzeit flüchteten meine Freunde Holger und Klaus jeweils einzeln. Jeden Abend gab es großes Hallo am Bahnhof Zoo. Sie wurden dort vom Empfangskomitee freudig begrüßt.
„Was ist mit Kalle?“, wurde jedes Mal gefragt. Erstaunt antworteten die Jungs:
„Was, er ist nicht hier?“
„Hoffentlich hat er nicht den falschen Zug genommen und ist nach Moskau gefahren“, wurde noch rumgealbert.
Von meinem Missgeschick hatten sie immer noch keine Ahnung, konnten sich mein Fernbleiben nicht erklären. Von meinem Freund Wolfgang erhielt ich ein Telegramm mit folgendem Inhalt:
„Onkel Friedrich erkrankt, kann nicht kommen.“ Unabhängig davon schrieb ich Wolfgang an die mir bekannte Adresse einen Brief, in dem ich ihm mein Unglück mitteilte. Ich wusste keine andere Lösung, doch es schien mir wichtig zu erklären, dass die Stelle noch sauber wäre. Diese Postsendungen überschnitten sich. Wolfgang

hatte in Erfahrung gebracht, dass der Bahnhof Friedrichstraße verstärkt überwacht wurde, und er nahm an, dass es für mich jetzt zu gefährlich sei zu flüchten. Er hoffte aber immer noch auf mein Kommen. Nur, weshalb ich nicht erschien, war ihm schleierhaft.
Abend für Abend standen Frank, Wolfgang und die anderen auf dem Bahnhof und warteten auf mich. Doch wer nicht kam, war ich. Ihre Gefühle schwankten zwischen Hoffen, Angst und Zorn. Was ist nur mit Kalle los?
Die östlichen Organe hatten zu diesem Zeitpunkt noch keine Ahnung vom genauen Fluchtpunkt, was er nicht wusste.
Seine Befürchtungen waren dennoch nicht unbegründet. In einem Schreiben der Volkspolizei-Inspektion Mitte konnte ich Jahre später Folgendes lesen:

Betr.: Mitteilung des VPR 1 (Platzrunde)

Vom VP-Revier 1 wurde am 3.2.64 telefonisch mitgeteilt, dass durch die Streife der Platzrunde in der Nacht vom 31.1.64 zum 1.2.64 gegen 00.30 Uhr am Schiffbauer Damm/ Albrechtstr. das amerikanische Militärfahrzeug BC 52 beobachtet worden ist. In diesem befanden sich 3 uniformierte amerikanische Armeeangehörige. Dieses Militärfahrzeug wurde von 4 jugendlichen männlichen Personen umringt, welche sich mit den Besatzungssoldaten unterhielten. Diese 4 Personen seien ganz leicht bekleidet gewesen, also ohne Mäntel usw.
Es wurde die Vermutung ausgesprochen, dass hier evtl. eine Verbindung zum illegalen Verlassen der DDR durch die Jugendlichen ... und ... besteht.

Namentlich nannten sie Frank und Günter mit ihren Familiennamen. Doch wer waren diese anderen vier Personen? Von unserer Truppe konnte es keiner sein, oder doch? Die Amerikaner hatten durch die Aussagen der Jungs im Auffanglager Marienfelde die genaue Fluchtstelle erfahren. Jetzt versuchten sie einfach mal, sich die Stelle genauer anzusehen.

5. Februar 1964

Ein verhängnisvoller Brief

Mein Fernbleiben war allen ein Rätsel. Wie kann es sein, dass immer noch Jungs es schaffen zu flüchten und ich nicht dabei bin? Die Vermutung, dass ich verhaftet worden war und die Stelle noch nicht verraten hatte, lag nahe, doch schien sie irgendwie nicht wahrscheinlich. Zumal die Amerikaner keine baulichen Veränderungen rund um den Bahnhof feststellen konnten.

Nun schickten die Jungs eine junge französische Studentin als Kurier zu uns nach Hause. Diese klingelte am 5. Februar 1964 abends bei uns und fragte, als meine Mutter die Tür geöffnet hatte, sehr zaghaft und ängstlich:

„Was ist mit Kalle los?“, und fügte hinzu: „Ich komme von Wolfgang.“

„Kalle hat sich die Beine gebrochen und liegt im Bett“, antwortete meine Mutter nur sehr kurz und schloss die Tür.

Die Angst war auf beiden Seiten. Jetzt nur nichts verkehrt machen, die Sache verschlimmern. Nachdem meine Mutter mir von der jungen Frau erzählt hatte, forderte ich sie auf, die Studentin zu suchen, damit ich ihr noch wichtige Informationen geben könnte. Gleich rannte meine Mutter auf die Straße, um sie zu suchen. Doch sie war wie vom Erdboden verschwunden. Schade, dadurch nahm die Verkettung unglücklicher Umstände ihren Lauf.

Nachdem Wolfgang meinen Brief am 5. Februar 1964 um 12 Uhr in Westberlin erhalten hatte und er nun Bescheid wusste, schrieb er um 12.45 Uhr gleich zurück und schickte seine Antwort sofort ab. In diesem Brief bedauerte er sehr, dass ich es nicht geschafft hatte und so weiter. Dieser Brief wurde vom Staatssicherheitsdienst abgefangen. Das war der Anfang vom Ende. Da die Leute von der Stasi eins und eins zusammenzählen konnten, ging dann alles sehr schnell.

An diesem 5. Februar 1964 klingelte auch mein alter Schulfreund Alfred so gegen 20 Uhr bei uns. Meine Mutter ließ ihn in mein Zimmer. Durch Günters Mutter hatte er erfahren, dass ein großer Teil unserer alten Clique abgehauen war, nur ich wohl mit Verletzungen zu Hause läge. Kurz gesagt, er erhoffte sich von mir Informationen über die Fluchtstelle. Zuerst war ich sehr skeptisch, wollte nicht so recht mit der Wahrheit raus. Nach langem Hin und Her erklärte ich ihm den Fluchtweg in allen Einzelheiten, mit dem Ratschlag, sehr vorsichtig zu sein, da die Möglichkeit bestünde, dass diese Stelle nicht mehr sauber sei.
„Kalle, das vergesse ich dir nie, ich werde alles tun, damit du nach deiner Genesung rüberkommst. Dich lasse ich nicht im Stich."
Tatsache ist, Alfred ist der Einzige, mit dem ich heute noch intensiv freundschaftlich verbunden bin. Nach all den vielen Jahren hat er es nicht vergessen, wer ihm die Möglichkeit zur Flucht offenbarte. Noch am selben Abend gingen Alfred und Hans unseren gefahrvollen Weg in die Freiheit. Nur ich bekam, wie immer, nichts vom Gelingen dieser Flucht mit.

6. Februar 1964

Die Stasi schlägt zu

Karin besuchte mich am Vormittag, und wir frühstückten zusammen. Ich genoss jede Abwechslung, denn die Tage allein in meinem Zimmer verliefen doch sehr eintönig. Etwa zwanzig Minuten nachdem sie meine Wohnung verlassen hatte, klingelte es stürmisch an der Wohnungstür. In dem Glauben, dies könne nur Karin sein – wahrscheinlich hatte sie etwas vergessen – schlich ich so gut es ging zur Tür und öffnete diese ahnungslos. Im Treppenhaus sah ich etwa sechs Männer in dunklen Ledermänteln und mit Hüten auf den Köpfen. Das war die typische Verkleidung der Stasi, dieser kommunistischen Gestapo.
„Sind Sie Herr Richter?“, wurde nur kurz gefragt.
„Na klar“, gab ich zur Antwort.
Was sich ab jetzt abspielte, kann ich nur als Terror bezeichnen. Zwei Männer sprangen gegen die geöffnete Wohnungstür, stießen mich zur Seite, so dass ich gegen die Wand unserer kleinen Diele gedrückt wurde, die anderen folgten ihren Genossen und schon wurde die Wohnungstür wieder geschlossen.
Nach dieser stürmischen Begrüßung lag ich auf dem Boden, und einer stolperte noch über meine Gipsbeine und fiel gegen die Wohnzimmertür. In aller Eile inspizierten sie die Wohnung, packten mich und schleiften mich in mein Zimmer, warfen mich regelrecht auf das Bett.
„Wo sind Ihre Eltern?“, wurde ich schroff angebrüllt.
„Die sind arbeiten“, gab ich zur Antwort.
„Meine Mutter kommt gegen 16 Uhr, mein Vater eine Stunde später.“
„Weshalb wir hier sind, können Sie sich ja denken“, sagte einer zu mir.
„Keine Ahnung“, gab ich zur Antwort. In meinem Kopf drehte sich alles. Wie kann es sein, dass die nach einer Woche auf mich gekommen sind?, dachte ich nur.
„Woher haben Sie Ihre Verletzungen?“
„Bin die Bodentreppe runtergefallen“, gab ich trotzig zur Antwort.

„Ach, die berühmte Bodentreppe“, wurde mir erwidert, „na, die Geschichte kennen wir schon. Nun müssen Sie sich schon etwas anderes einfallen lassen. Übrigens, schöne Grüße von Ihrem Freund Wolfgang, der lässt im „Eden“ schön die Puppen tanzen. Wie heißt es so schön, den Letzten beißen die Hunde. Sie haben verloren, Richter, akzeptieren Sie dies endlich und kooperieren Sie mit uns.“
„Ich verstehe gar nichts“, gab ich zur Antwort und sagte erst mal nichts mehr. Mit diesem „Überfall“ hatte ich nun überhaupt nicht gerechnet, konnte damit auch gar nicht umgehen. In meiner Unbedarftheit hatte ich mir keine Strategie für eine solche Situation überlegt und wurde völlig überrascht.
Gegen 16 Uhr kam meine Mutter von ihrer Arbeit, schloss die Tür auf und wurde gleich in Empfang genommen. Im Wohnzimmer musste sie sich hinsetzen und durfte mit mir kein Wort reden. Kurze Zeit später kam mein Vater. Ich hörte, wie er mit dem Auto auf unseren Hof in die Garage fuhr. Dort begrüßten gleich vier Mann meinen Vater und brachten ihn in die Wohnung. Doch er ließ sich von denen nicht zurückhalten und stürmte in mein Zimmer, die vier hinterher. Nun wurde es verdammt eng in meinem Zimmer. Insgesamt waren es sieben Leute, ich lag im Bett, die anderen traten sich auf die Füße. Mit Gewalt versuchten sie, meinen Vater aus dem Zimmer zu drängen, der brüllte immer nur:
„Lassen Sie meinen Jungen in Ruhe, sehen Sie denn nicht, wie schwer verletzt er ist?“
Das kümmerte von diesen Knechten niemanden. Irgendwann drängten sie meinen Vater in die Küche, vier Mann bei ihm, zwei in meinem Zimmer, zwei bei meiner Mutter im Wohnzimmer. So viele Leute hatten wir schon lange nicht mehr zu Besuch. Meine Mutter rief nur immer:
„Otto, beruhige dich, denk an den Jungen.“ Die Sache fing an zu eskalieren. Ständig klingelte es an der Wohnungstür, immer mehr Stasi-Leute kamen. Mühsam stieg ich aus meinem Bett und ging in die Küche. Beruhigend sprach ich auf meinen Vater ein und hatte Angst, dass er die Beherrschung verlieren und sie ihn ebenfalls verhaften würden. Das hätte meine Mutter nicht überlebt.

„Papa“, sagte ich zu ihm, „denk an Mutti, ich gehe jetzt mit und komme auch bald wieder, dies ist doch nur ein Missverständnis.“
„Mein Sohn verlässt die Wohnung nur in einem Krankenwagen, sonst bleibt er hier, haben Sie denn keine Augen im Kopf?“ Er rief dies immer wieder verzweifelt. „Was seid ihr denn für Menschen?“, schrie er in seiner Verzweiflung. Er kämpfte wie ein Löwe um sein Junges, doch sie kannten kein Erbarmen. Mit den Krücken stellte ich mich vor ihn, ruhig sagte ich zu ihm:
„Papa, ich gehe jetzt, pass mir schön auf Mutti auf.“
Sehr lange schauten wir uns in die Augen und sprachen nichts mehr, dann küsste ich ihn zum Abschied und ging, so gut es mit gebrochenen Beinen möglich war, aus der Wohnung. Um mich hatte ich in diesem Augenblick überhaupt keine Angst.
Mein Vater sprach über diesen Vorfall mir seinen Kumpels. Er konnte nicht fassen, dass sich sein kleiner Sohn so mutig vor ihn stellte, um ihn zu beschützen.
Große Sorgen machte ich mir nur um meine Eltern. Unten auf der Straße stand eine schwarze Limousine, in der ich hinten Platz nahm. In dem Augenblick, als der Wagen sich in Bewegung setzte, stürzte meine Mutter aus dem Hausflur. In der großen Aufregung hatte ich keine Gelegenheit gehabt, mich von ihr zu verabschieden. Sie rannte dem Wagen hinterher. Hinter ihr zwei sehr aufgeregte Stasi-Männer.
„Was macht Ihr mit meinem Jungen“, rief sie immer und immer wieder. Durch die Heckscheibe sah ich sie rennen, bis die zwei sie einholten und zurückzerrten. Endlich bog der Wagen in die Hannoversche Straße ein, der Alptraum nahm ein Ende. Diese Bilder sind unvergesslich.
Im Wagen wurde kein Wort gesprochen. Jeder war wohl froh, diese Situation hinter sich gebracht zu haben. Zu meinem Erstaunen vergoss ich dabei keine einzige Träne. Aufgewühlt war ich schon, nur hatte ich mich im Griff.
Die Fahrt ging zur Keibelstraße, zum Polizeipräsidium am Alexanderplatz. Dort angekommen, durfte ich, da angeblich kein Fahrstuhl in Betrieb war, zwei oder drei Treppen hochlaufen. Eine Tortur für

mich. Niemand reichte mir die Hand oder sprach mit mir. Wenn ich zum Verschnaufen stehen blieb, stupste der Begleiter mich in die Seite und zeigte mit der Hand nur nach vorn, ohne ein Wort zu sagen. Als ich außer Puste angekommen war, brachten sie mich in ein Vernehmungszimmer. Hier durfte ich mich auf einen Stuhl setzen. Inzwischen war es schon 19 Uhr.
Jetzt auf einmal fielen mir Alfred und Hans ein. Hatten sie es gestern noch geschafft, oder würden sie es heute noch versuchen? Oder wurden sie bei dem Versuch geschnappt und deshalb meine Verhaftung? Diese Ungewissheit zermürbte mich regelrecht.
Zeitgleich mit meiner Einlieferung wurden Karin und Sylvia aus ihren Wohnungen geholt und verhaftet. Meine Kumpels, die wegen ihrer Mütter die Flucht nicht gewagt hatten und mich an diesem Abend besuchen wollten, nahmen sie auch gleich mit. Es war eine Kettenreaktion ohne Ende. Doch von alledem hatte ich keine Ahnung.
Das Vernehmerzimmer war sehr spartanisch eingerichtet: ein Tisch, zwei Stühle, ein Aktenschrank, sonst nichts. Vor dem Tisch hatte ich Platz genommen, dahinter saß der Vernehmer, im Türbereich befanden sich noch zwei Männer, die sich zunächst ruhig verhielten.
„So, Richter, jetzt erkläre uns einmal genau die Grenzdurchbruchstelle. Wir wissen eigentlich schon alles, nur wollen wir es von dir hören. Du brauchst uns keine Märchen zu erzählen, wir sind nicht zum Spaßen aufgelegt."
Das brauchte dieser Typ mir nicht zu erklären, das glaubte ich ihm aufs Wort. Seine Miene sah nicht sehr freundlich aus.
„Ich habe wirklich keine Ahnung, was Sie von mir wollen. Weshalb ich hier bin, weiß ich auch nicht. Ich habe keinen blassen Schimmer."
Immer wieder plapperte ich diesen Satz und spielte den Unschuldigen. Ich fühlte mich sehr schlau. Von hinten schaltete sich einer dieser Herren ein:
„Falls du glaubst, hier im Kindergarten zu sein, können wir dir gleich beibringen, wo du dich befindest."
Davon war ich hundertprozentig überzeugt, zumal ich feststellte, dass sie unter enormem Zeitdruck standen.
Es kamen in kurzen Abständen immer wieder neue Männer ins

Zimmer, die mit meinem Vernehmer tuschelten, rausgingen, wiederkamen und mit neuen Fragen ihr Spiel weitertrieben. Langsam bekam ich mit, dass sie keine Ahnung von der genauen Fluchtstelle hatten. Sie tappten völlig im Dunkeln. Dass sich alles in der Nähe vom Bahnhof Friedrichstraße zugetragen hatte, das wussten sie, nur konkret hatten sie keine Ahnung. Da sie mir bei meiner Festnahme die Armbanduhr nicht abgenommen hatten, wusste ich die genaue Uhrzeit. So gegen 19.30 Uhr begann für mich der Zeitpunkt, mit ihnen Katz und Maus zu spielen.

Für einen 17-jährigen Jungen, der noch niemals mit diesem brutalen Polizeiapparat zu tun hatte, war es ein Spiel, das er nicht gewinnen konnte. Die Herren vom Staatssicherheitsdienst ließen auch nicht mit sich spielen. Das wusste ich bloß noch nicht. In meiner jugendlichen Unbekümmertheit dachte ich, die können mir gar nichts.

Mit Drohungen versuchten sie, mich weich zu kochen.

„Für jeden Grenzdurchbruch, der am heutigen Abend stattfindet, machen wir dich persönlich verantwortlich.“ Von hinten brüllte mich immer wieder einer an und meinte:

„Falls heute Abend einer unserer Genossen (er meinte die Grenzwächter) durch solche Verbrecher, wie du es bist, Schaden nimmt, kommst du nie wieder hier raus, das kannst du mir glauben. Darauf hast du mein Wort. Deine Kugel befindet sich schon im Lauf. Was bist du nur für ein Schwein, dass du nicht an deine Mutter denkst, die so schwer krank ist.“ Sie zogen wirklich sämtliche Register.

Zu viert bearbeiteten sie mich. Ununterbrochen sprachen sie auf mich ein. Ehe ich auf eine Frage antworten konnte, stellten sie schon die nächste.

„Du lügst“, schrie einer mich ständig an, „eben hast du uns was anderes erzählt.“ Pausenlos ging diese Befragung weiter, stundenlang. Selbst wenn ich mich angestrengt hätte, wäre normales Denken nicht möglich gewesen. Der Kopf ging zum Einen, der mich anbrüllte, und zum Nächsten, der das Gleiche tat. Die Tür ging auf, zwei oder drei Männer schauten in den Raum. Ich hörte, wie sie sagten:

„Das ist das Schwein“, darauf kurzes Gelächter.

„Na, prima“, sagte ein anderer, „den kochen wir jetzt auf Sparflamme weich.“
Diese und ähnliche Sprüche hörte ich ständig. Sie trafen mich wie Peitschenhiebe. In Kinofilmen hatte ich solche oder ähnliche Szenen schon gesehen, und sie immer als übertrieben empfunden. Diese Dinge hatte sich ein Dramaturg ausgedacht, fern jeder Realität. Das Leben sähe ganz anders aus, dachte ich in meiner jugendlichen Naivität. Nun erfuhr ich am eigenen Leib, dass es viel grausamer war. So etwas kann man sich gar nicht ausdenken. Ein normal empfindender Mensch würde nicht auf die Idee kommen, sich so zu verhalten; ein Humanist schon gar nicht.
Aus den Nebenräumen hörte ich ständiges Gebrülle und ängstliches Gewimmer einer Frauenstimme. Diese Geräusche hörten sich an, als wenn eine Frau geschlagen würde. Aufmerksam verfolgte ich dieses Treiben und meine Anspannung wuchs. Mein Gott, dachte ich, wo bist du hier bloß gelandet? Dies kann nur ein böser Traum sein, aus dem du gleich aufwachen wirst. Doch es war kein Traum. Plötzlich war ein markerschütternder Schrei dieser Frau zu hören, dann herrschte wieder Ruhe. In meinem Kopf drehte sich alles. Fassungslos schaute ich den Vernehmer an und schwieg.
„Übrigens“, sagte er, „deine kleinen Schlampen“, er meinte Sylvia und Karin, „haben wir auch schon hier, die singen wie die Vögel. Aber das hast du ja schon gehört. Die hauen dich ja schön in die Pfanne.“
„Das können sie gar nicht“, dachte ich, „die Stelle wissen beide nicht.“
„Deine Kumpels Peter und Domme sind im Nebenraum. So richtig gut sind beide nicht auf dich zu sprechen. Na, ihre Flucht haben wir vereiteln können, dank deiner Mithilfe.“
„Was ist los?“ fragte ich den Vernehmer. „Die würden doch nie abhauen.“
„Die erzählen ganz etwas anderes“, behauptete er. „Also, in deiner Haut möchte ich nun wirklich nicht stecken“, machte er jetzt kurzzeitig auf nett. „Du kannst deinen Kopf nur aus der Schlinge ziehen, indem du auspackst. Los, Richter, zeichne die Fluchtstelle auf, zeig

mir, dass du kein Idiot bist.“ Die Gedanken wirbelten nur so durch meinen Kopf.
„Könnte ich mal was zu trinken bekommen?“, fragte ich, da mich nach dem stundenlangen Verhör furchtbarer Durst quälte.
„Zu trinken bekommst du erst, wenn du uns alles erzählt hast, vorher nicht, hast du verstanden?“ Na klar verstand ich ihn, nur wurden mein Zorn und meine Sturheit immer größer. Das leidvolle Geschrei dieser Frau ging mir nicht aus dem Kopf. Ab und zu hörte ich immer noch Gewimmer und Schluchzen, das mir durch die Glieder fuhr. Sie werden doch nicht etwa Karin, um irgendeine Aussage von ihr zu bekommen, quälen? Dieser Gedanke machte mich fast verrückt. Oder tun sie Sylvia etwas an? Was genauso schlimm und verwerflich gewesen wäre. Ich konnte meine Gedanken im Kopf einfach nicht ordnen und wusste nicht, was ich tun sollte.
„Ich sage nur etwas, wenn ich sofort meine Freundin sehen kann. Ich will mit eigenen Augen sehen, wie es ihr geht.“
„In deiner Situation hast du keine Forderungen zu stellen, dass müsstest du doch wissen.“
Natürlich war mir meine Situation klar, nur wollten die Unmenschen etwas von mir: nämlich die undichte Stelle – und dies sehr schnell. Daran war mir nun gar nicht gelegen, denn ich wollte, dass wenigstens Alfred und Hans erfolgreich fliehen konnten. Vor allem auch deshalb war ich bisher so stur geblieben. Ich hatte Angst, dass meine Kameraden verhaftet oder sogar erschossen werden. Die Grenzsoldaten schossen auf alles, was sich im Grenzbereich bewegte. Ohne Skrupel. Man muss sich nur einmal die lange Liste der Erschossenen anschauen. Kinder, selbst schwangere Frauen verloren ihr Leben.
Heimlich schielte ich auf meine Uhr und stellte fest, dass es bereits nach 23 Uhr war. Wenn Alfred und Hans es heute noch nicht geschafft haben sollten rüberzukommen, dann würden sie es nie schaffen. Aufgrund der Aussagen der Mädels kannte die Stasi ja immerhin schon so ungefähr die Fluchtstelle. Polizei, Grenzer und Staatssicherheit suchten mit Sicherheit die gesamte Umgebung des Bahnhofes ab.
„In Ordnung“, sagte mein Gegenspieler, „du kannst deine kleine

Freundin sehen, aber nur sehen, nicht sprechen. Kein Wort, hast du verstanden?"

„Abgemacht", gab ich zur Antwort, „ich sage kein Wort." Mir war es so unendlich wichtig, sie zu sehen. Der Gedanke, dass sie hier körperliche Züchtigungen erleiden müsste, war mir unerträglich. Das hätte ich nicht verkraften können. Alles, aber auch alles, hätte ich gebeichtet, um dies zu verhindern.

Plötzlich verließen alle den Raum. Nach einer für mich sehr langen Zeit öffnete sich die Tür.

„So, Richter, hier siehst du deine Freundin", sagte mein Gesprächspartner zu mir.

Da ich mit dem Rücken zur Tür saß, musste ich mich umdrehen. Total eingeschüchtert stand Karin im Türrahmen. Ihre Augen waren groß aufgerissen und blickten verängstigt. Ich betrachtete sie aufmerksam von oben bis unten, um irgendwelche Spuren von Gewalt an ihr festzustellen. Doch ich konnte nichts erkennen. Lange schauten wir uns in die Augen, wobei sie immer wieder ihre Augen schloss und ihren Tränen freien Lauf ließ. Sie wollte bestimmt nicht weinen, nur erkannte sie meine Situation und das machte sie einfach nur traurig. Obwohl wir nicht sprechen durften, sagte ich doch zu ihr:

„Karin, hab keine Angst, ich mache alles wieder gut".

Irgendetwas musste ich zu ihr sagen. Ich konnte nicht anders. Sofort wurde die Tür geschlossen. „Endlich allein", so dachte ich und wollte mir die Brauseflasche, die auf der anderen Tischseite stand, greifen, denn mein Durst war unendlich groß. Zu meinem Bedauern musste ich aber feststellen, dass hinter mir im Dunkeln doch noch einer saß. Ich beugte mich gerade zur Flasche hin, da brüllte er schon los:

„Wirst du Schwein mal sitzen bleiben; Bewegung gibt es, wenn wir es sagen."

Erschrocken setzte ich mich zurück. Da stand er schon an meiner Seite.

„Was hast du da nur für eine Brille auf deiner Nase?" Ich muss dazu sagen, dass die Gläser getönt waren. Er dachte, ich trüge sie nur als Schauobjekt.

„Setz jetzt mal die Brille ab und hör mit deiner Schauspielerei auf", brüllte er mich an.
Ich tat wie geheißen. Im selben Augenblick, kaum dass ich die Brille abgenommen hatte, bekam ich einen Faustschlag ins Gesicht, so dass ich mit meinem Stuhl umfiel. Mit dem Schlag hatte ich überhaupt nicht gerechnet. Total überrascht lag ich auf dem Boden. Der körperliche Schmerz war gar nicht so schlimm, Wut und Zorn über diese Demütigung empfand ich als größeren Schmerz. Jetzt geht es also los, dachte ich. Nun lassen sie die Katze aus dem Sack, es werden andere Seiten aufgezogen.
Da öffnete sich die Tür, und mein Vernehmer kam herein. Er tat ganz erstaunt.
„Meine Güte, Genosse ..., was ist hier los? Er beugte sich zu mir herunter, hob mich auf und setzte mich wieder auf den Stuhl. Den Typen machte er kurz zur Sau und schickte ihn aus dem Zimmer.
Dieses abgekartete Spiel durchschaute ich sofort. Er wollte jetzt den netten Onkel spielen.
„Mensch, Kalle", auf einmal nannte er mich beim Vornamen, „das tut mir leid, dem Genossen sind die Pferde durchgegangen. So etwas darf wirklich nicht passieren. Das hat für den Genossen Konsequenzen, komm, hier hast du etwas zu trinken. Möchtest du eine Zigarette?", fragte er, zündete eine Zigarette an und reichte sie über den Tisch. Da ich zu dieser Zeit noch nicht rauchte, lehnte ich dankend ab. Zu trinken nahm ich auch nichts.
„Nun sei doch nicht so stur, du musst doch etwas trinken, Kalle, nun sei nicht eingeschnappt. Der Vorfall tut mir wirklich leid, kommt nicht noch einmal vor." Nicht ums Verrecken hätte ich ihm etwas abgenommen. Ich fühlte mich in meiner Ehre und in meinem Stolz so verletzt, dass ich zum ersten Mal in meinem Leben Hass empfand. Angst hatte ich wirklich nicht. Eine gewisse Unruhe verspürte ich schon, aber Angst, nein.
Mir kamen Gespräche mit meiner Großmutter Paula in den Sinn. Sie hatte als aktive Kommunistin gegen die Nazis gekämpft, Flugblätter verteilt und vieles mehr, ständig mit ihrem Leben gespielt, Verhaftung und Folter im Gestapokeller erlebt und überlebt.

„Junge, wenn du erst weißt, wozu Menschen alles fähig sind unter dem Deckmantel einer Religion oder Ideologie, siehst du die Welt mit anderen Augen. Das Motto lautet: ‚Und willst du nicht mein Bruder sein, so schlag ich dir den Schädel ein.' Ihre Mittel sind immer die gleichen." Meine Großmutter hatte recht. Jetzt wusste ich, weshalb sie sich von ihrer Ideologie abgewendet hatte. Dies alles

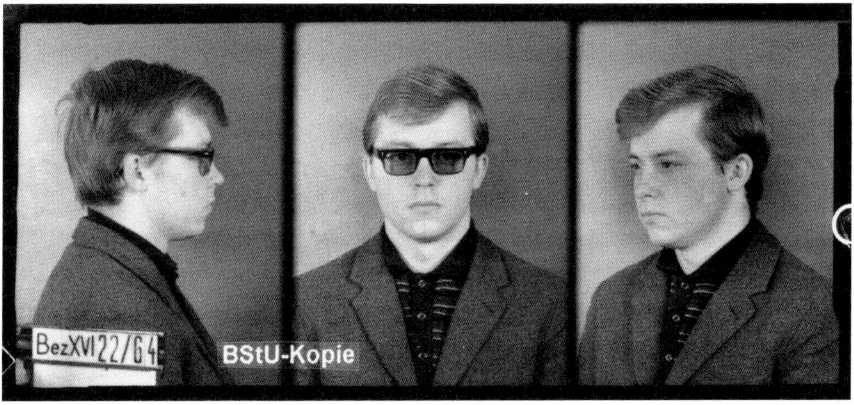

Karl-Heinz Richter: erkennungsdienstliche Fotos der Stasi

ging mir durch den Kopf, um aus der Realität zu fliehen. In welcher Lage ich mich befand, war mir klar. Die Gefährlichkeit war mir auch bewusst, damit ebenso meine Hilflosigkeit. Als ich das erkannte, brach ich innerlich zusammen. Diese Leute entscheiden über mich, ohne dass ich irgendeinen Einfluss darauf hatte. Ich war Freiwild für sie.

Das Verhör schleppte sich so dahin. Locker ließ der nette Onkel aber nicht:

„Hör zu, Kalle, wir haben unser Versprechen eingehalten, nun bist du dran." Mittlerweile war es schon ein Uhr morgens. Meine Kräfte und auch die Konzentration ließen merklich nach.

„Kalle, falls du weiterhin auf stur schaltest, wir erfahren früher oder später alles. Ich verspreche dir, dass wir deine Karin, Sylvia und deine beiden Kumpels auch anklagen. Ich bin überzeugt", so sagte er, „dass die Vier nur durch dich in diese Situation geraten sind. Willst du ihnen die Zukunft versauen? Jetzt sei doch einmal ein

Mann; unter uns im Vertrauen, du bist doch kein Feigling, das hast du mit deiner Tat bewiesen. Nun sagst du mir die Stelle, und ich verspreche dir, dass die Mädels, deine Kumpels und deine Eltern von uns nichts zu befürchten haben."

Konnte man diesem Menschen trauen? Hielt er seine Zusagen ein? So lange ich auch grübelte, ich konnte es nicht wissen. Morgens gegen zwei Uhr malte ich ihm schließlich die Skizze mit der Fluchtstelle auf. Gut fühlte ich mich dabei nicht.

Nur, wer es bis jetzt nicht geschafft hatte, an dieser Stelle rüberzukommen, der würde es dort kaum mehr schaffen. Zu viel war seit meinem Fluchtversuch geschehen, „sauber" konnte die Fluchtstelle nicht mehr sein. Auch ohne meine Aussage.

Wie ein Blitz rannte der Vernehmer raus und übergab irgendjemandem den Zettel, und die machten sich sofort auf den Weg. Nach einiger Zeit kamen sie wieder zurück, aber die Stelle hatten sie nicht gefunden. Noch einmal wurden Erklärungen und Beschreibungen verlangt. Den Fragen konnte ich nicht mehr folgen. Durch das stundenlange Sitzen staute sich das Blut in meinen Beinen, die durch den Gips sehr eingeengt waren. Die Schmerzen waren kaum zu ertragen. Kurzzeitig hatte ich das Gefühl, ohnmächtig zu werden. Mein Kopf brummte wegen der Verletzung und der Züchtigung durch den „Genossen, der die Beherrschung verloren hatte".

Ich will hier nun wirklich nicht den Eindruck erwecken, die Situation zu dramatisieren, doch jeder, der solche oder ähnliche Verletzungen erfahren hat, wird mich verstehen. Der Flüssigkeitsverlust, keine Nahrung, kaum Bewegung und der ständige Schmerz trugen dazu bei, dass es mit meinem Wohlbefinden nicht zum Besten stand.

7. Februar 1964

Mit gebrochenen Knochen in den Stasi-Knast

Morgens um fünf Uhr hörten die Fragen endlich auf. Zur gleichen Zeit entließen sie Karin, die sich sofort auf den Weg zu mir nach Hause machte, um meinen Eltern von unserer Begegnung zu berichten. Gegen sechs Uhr morgens klingelte sie meine Eltern aus den Betten. Lange saßen sie zusammen und diskutierten. Betrübt ging Karin nach Hause, voller Angst vor der Zukunft. Sylvia und meine Kumpels wurden nach ihren Verhören glücklicherweise auch am selben Tag entlassen.

„So, mein Freund", sagte der „nette Onkel" zu mir, „jetzt fahren wir ein Stück mit dem Auto."

Die Treppen musste ich selbstverständlich wieder runtersteigen, da der Lift angeblich immer noch defekt war. Hilfestellung gab es nicht. Sie standen um mich herum, fassten aber nicht zu, als hätte ich eine ansteckende Krankheit. Unten auf dem Hof des Polizeipräsidiums stieg ich wieder in diese dunkle Limousine, und ab ging die Fahrt. Ich hatte keine Ahnung, was sie mit mir vorhatten. Fragen wäre zwecklos gewesen, da keiner mit mir sprach. In den Augen meiner Begleiter muss ich schon ein übles Subjekt gewesen sein.

Nach etwa zwanzig Minuten hielt der Wagen vor einem großen Stahltor. Das öffnete sich und wir fuhren auf den Hof. Beim Aussteigen nahm ich von Scheinwerfern angestrahlte Fenster wahr. Sie hatten aber keine Gitter, sie waren von außen mit Sichtblenden versehen, so dass man die Fenster nur erahnen konnte. Mein Gott, dachte ich, wo bist du hier gelandet? Eine gespenstische Ruhe war auf diesem Innenhof. Nichts, aber auch gar nichts war zu hören. Zuerst glaubte ich schon an einen Hörfehler meinerseits, bis mich einer in Uniform ansprach:

„Die Treppe darauf, los, vorwärts. Wir sind hier nicht im Seniorenheim. Geht es nicht ein wenig schneller?“, maulte er mich an.
Mühsam, wirklich mühsam, schleppte ich mich diese Treppe mit fünf oder sechs Stufen hinauf. Jetzt ging mir die Puste aus. Oben angekommen ließen die Kräfte nach, mir wurde schwindelig, ich hatte schließlich noch eine Gehirnerschütterung von meinem Sturz, und ich stürzte nach vorn. Ich fiel einfach hin, weil es nicht mehr ging.
„Na, was soll das denn hier, der große Held fällt einfach um? Aufstehen, los, ein wenig Tempo!“ Langsam richtete ich mich wieder auf. Keiner gab mir die Hand oder reichte mir die Krücken, die auf dem Boden lagen. Teilnahmslos starrten sie mich nur an. Dies machte mir langsam doch Angst. Mich an der Wand abstützend, denn meine Krücken blieben auf dem Boden liegen, gelangte ich in die Kalfaktorzelle. Hier musste ich mich nackt ausziehen, um die Anstaltskleidung zu empfangen. Dies klappte nicht, ich bekam keine Hose über meine Gipsbeine. Die Uniformjacke ging nicht über meinen Gipsarm, nur das Hemd passte. Es herrschte allgemeine Verunsicherung.
„Wir können ja zu mir nach Hause fahren und da Klamotten holen, die mir passen“, gab ich rotzfrech von mir.
Das hätte ich nicht sagen sollen. Ein etwa zwei Meter großer Mann stellte sich vor mich hin und machte mich derart „zur Sau“, dass ich zum ersten Mal mein loses Mundwerk verfluchte.
Ich bekam meine Sachen wieder zurück, nackt wollten sie mich nicht in die Zelle sperren.
Meine Uhr wurde mir nun auch abgenommen. Ein letzter Blick darauf: 6 Uhr 30 Minuten. Am Tag meiner Festnahme hatte ich so gegen 10 Uhr morgens gefrühstückt, seitdem nichts mehr zu mir genommen, weder gegessen noch getrunken. Mein Gehirn arbeitete schon nicht mehr richtig. Mein Körper befand sich unter solcher Spannung, als ob ich unter Strom stehen würde. Die geschwollenen Beine drückten mit aller Kraft gegen die Gipsverbände. Jeden Pulsschlag spürte ich als Schmerz.
Nachdem der Kleiderwechsel beendet war, verfrachteten sie mich in die Zelle Nr.5. Zwei Holzpritschen, zwei Hocker, ein kleines offe-

nes Holzregal und ein Toilettenbecken waren darin, sonst nichts. Kein Handwaschbecken, das bemerkte ich sofort. Zu gern hätte ich jetzt Wasser getrunken, denn mein Körper war völlig ausgetrocknet. Einer von den Schließern legte auf die linke Holzpritsche eine Matratze und zwei Decken.

„Könnte ich bitte etwas zu trinken bekommen?“, fragte ich ganz zaghaft.

Der Wärter zeigte auf das Toilettenbecken und sagte:

„Daraus kannst du trinken.“

Ungläubig schaute ich auf das Becken.

„Wie, daraus?“

„Das machen alle hier“, war seine Antwort. Er ging hinaus und verschloss die Tür. Das Verschließen der Tür, das Klacken der Verriegelung klingt mir heute noch in den Ohren.

Ich starrte auf das Toilettenbecken und überlegte, wie das gehen könnte. Wie kann man daraus trinken? Jetzt sah ich, dass aus der Wand hinter dem Klo ein Rohr bis zur Hälfte über dem Klo rausragte. Vorsichtig drückte ich auf die Spülung, doch aus dem Rohr kam kein Wasser. Die Toilettenspülung funktionierte; aber wie war an dieses Wasser heranzukommen? Die Sache überforderte mich. Nicht mehr fähig, einen klaren Gedanken zu fassen, legte ich mich auf die Pritsche und fiel in einen komaähnlichen Schlaf.

Keine Ahnung, wie lange ich da so gelegen hatte, als mit lautem Getöse die Zellentür geöffnet wurde.

„Raustreten, Frühstück abholen.“

Ich verstand kein Wort. Wer schrie denn hier nur so? Mitten aus dem Tiefschlaf geweckt fehlte mir jede Orientierung. Wo ich mich befand, wusste ich auch nicht. Es dauerte einige Augenblicke, ehe die Umgebung für mich erkennbar wurde. Benommen setzte ich mich auf und ließ meine Beine langsam von der Pritsche runter. Da erklärte mir ein Schließer in einer Lautstärke, die kaum zu überbieten war, dass auf dem Zimmer nicht serviert würde, das Essen müsste sich jeder schon allein abholen. Mit zwei Krücken ging das aber nicht. Einer der Schließer hatte ein Einsehen und stellte einen Blechnapf und einen Becher mit einer dunklen Flüssigkeit auf den kleinen Hocker. Gierig griff ich zum Becher und trank das Zeug darin in einem Zug aus. Ich wusste nicht, was es war. So etwas hatte ich bisher noch nicht getrunken. Vom Geschmack her war es nicht zu identifizieren. Nach dieser ewig langen Durststrecke kam es mir so vor, als gäbe es auf der ganzen Welt nichts, was besser schmecken könnte.

Das, was sie Frühstück nannten, bestand aus vier trockenen Scheiben Schwarzbrot und einem Klecks Marmelade.

„Och nee“, dachte ich, „jetzt übertreiben sie wirklich“. Der Hunger trieb dieses Zeug rein, ohne ein Sättigungsgefühl zu hinterlassen. Gleich nach diesem zauberhaften Mahl plätscherte aus diesem kleinen Rohr über dem WC Wasser. Jetzt erkannte ich den Sinn dieser „klug durchdachten“ Konstruktion. Das fließende Wasser aus dem Rohr ersetzte das fehlende Handwaschbecken. Nun verstand ich auch die barsche Erklärung des Schließers von heute Morgen. Wenn das Wasser von außen angestellt wurde, hattest du die Möglichkeit zu trinken. Wie praktisch. Dies tat ich sofort. In großen Mengen trank ich von diesem sehr kalten Wasser, bis ich Kopfschmerzen bekam. Die große Wassermenge überforderte meinen Magen, es kam alles wieder raus. Mein schönes Frühstück war futsch.

Gerade als ich mein Gesicht etwas abwaschen wollte, öffnete sich die Tür wieder:

„Raustreten, mitkommen!“

Sie führten mich in einen Raum, in dem schon ein Haftrichter auf mich wartete. Etwas entfernt von ihm saß eine Frau, die alles notierte.

Herr Richter,

Sie werden beschuldigt, es am 30.01.64 unternommen zu haben, die DDR in Gemeinschaft mit anderen Personen illegal zu verlassen, um Wohnsitz in Westberlin bzw. Westdeutschland zu nehmen. Der Beschuldigte stand dabei in Verbindung mit weiteren jugendlichen Personen, darunter auch solchen, die nach den bisherigen Feststellungen Verbindung zu verbrecherischen Dienststellen unterhalten.

Es besteht nunmehr der dringende Verdacht, dass er und andere von einer bisher noch unbekannten Schleusergruppe abgeworben werden sollten. Da diesbezüglich noch eingehende Ermittlungen erforderlich und Mittäter gegeben sind, besteht Verdunkelungsgefahr.

Das verstand ich nun überhaupt nicht. Was meinte der denn mit Organisation?
„Das kann nur ein Irrtum sein", wagte ich einzuwenden.
„Dass ich flüchten wollte, habe ich doch zugegeben. Mit einer Fluchthilfeorganisation hat dies wirklich nichts zu tun. Davon weiß ich wirklich nichts." Das stimmte auch. Ich hatte mir den Arsch aufgerissen, um einigen meiner Kumpels zur Flucht zu verhelfen. Zugegeben hatte ich nur, an der Flucht von Frank, Holger und Klaus beteiligt zu sein, aber nur, weil sie mir das nachweisen konnten. Alles andere fand ich wirklich überzogen.
„Wir finden die Wahrheit schon heraus, glauben Sie es mir", wurde mir gesagt, und ich durfte gehen. Die Formulierung des Haftbefehls ging mir nicht aus dem Kopf. Spinnen die jetzt?
Dann brachten sie mich in die Zelle Nr. 80. Es war eine Zweimannzelle, in der sich schon ein Mithäftling befand. Der kümmerte sich gleich sehr rührend um mich. Endlich erfuhr ich auch, wo ich mich befand.
„Was, du kennst diesen Stasiknast Kissingenstraße nicht?"
„Nee, nie gehört."
„Mein Freund", sagte er, „alle, die hier landen, haben einen sehr langen Weg vor sich."
„Wie lange bist du denn schon hier?" fragte ich naiv.
„Sechs Monate, und ein Ende ist noch nicht abzusehen."
„Ach, Quatsch", meinte ich voller Zuversicht, „mich werden die nicht so lange hierlassen. Weshalb auch?"
Gleich am ersten Tag brachte er mir die wichtigsten Überlebensweisheiten bei. Morgens und abends wurde von den Schließern vom Flur aus das Wasser angedreht. Für etwa zwanzig Minuten. Jetzt konnte man sich mit dem Wasser, das aus dem kleinen Rohr

BStU
000010

Das ~~Kreisgericht~~
Stadtbezirksgericht Mitte

Berlin, den 7.2.1964
Fernruf:

Aktenzeichen: Hs.B. 26/64
(Bei Eingaben stets anführen)

Haftbefehl

Der Lehrling
Richter, Karl-Heinz, geb. am 31. 7. 1946 in Schwarzheide
whft.: Berlin N 4, Philippstr. 24

ist in Untersuchungshaft zu nehmen

Er wird beschuldigt es am 30. Januar 1964 unternommen zu haben, die Deutsche Demokratische Republik in Gemeinschaft mit anderen Personen illegal zu verlassen, um Wohnsitz in Westberlin bzw. Westdeutschland zu nehmen.
Der Beschuldigte stand dabei in Verbindung mit weiteren jugendlichen Personen, darunter auch solchen, die nach den bisherigen Feststellungen Verbindung zu verbrecherischen Dienststellen unterhalten.
Es besteht nunmehr der dringende Verdacht, daß er und andere von einer bisher noch unbekannten Schleusergruppe abgeworben werden sollten.
Da diesbezüglich noch eingehende Ermittlungen erforderlich, und Mittäter gegeben sind, besteht Verdunkelungsgefahr.

KOPIE BStU

Strafbar nach Paßgesetz i.d.F. vom 11.12.1957
in Verb. m. § 4 Jugendgerichtsgesetz

Gegen diesen Haftbefehl ist binnen einer Woche das Rechtsmittel der Beschwerde zulässig

Ausgefertigt:
Berlin den 19 64

Stadtbezirksgericht Mitte

K. Krautter
K. Krautter
Richter

best.-Nr. 220 16 Haftbefehl – Kreisgericht – (§§ 14 I ff. StPO) Versuchs-Lehrverlag Spremberg

Kopie BStU
AR 8

Ag 310/63/DDR/1444 I-3-20 1311

Der von der Stasi beantragte Haftbefehl für Karl-Heinz Richter.

ins Toilettenbecken lief, waschen. Jedem waren ein großes, eckiges Stück Kernseife, ein kleines Handtuch, durch Flickstellen knochenhart und daher nicht saugfähig, und ein Zahnstein mit Zahnbürste zugeteilt.

Ein Zahnstein ist ein viereckiger Stein, der mit der nassen Zahnbürste angerieben wird. Dadurch wird die Oberfläche leicht aufgeweicht und hinterlässt auf den Borsten der Zahnbürste etwas von der Substanz des Steins. Damit konnte man sich die Zähne putzen. Die Substanz hatte sogar einen Hauch von Geschmack.

Gleich bei meinem ersten Waschversuch glitt mir das große Stück Seife aus den Händen und fiel ins Klobecken, in den Traps. Hilflos schaute ich meinem Seifenstück hinterher.

„Na los, hol es raus."

„Was soll ich machen? Da werde ich mit Sicherheit nicht reingreifen. Niemals." Nach kurzer Zeit griff ich in den Traps, um mir meine Seife zu angeln. Vor Ekel bekam ich „Gänsehaut".

Der Höhepunkt der Einweisung war, als er mir zeigte, wie der Durst gestillt wurde. Man nahm den Becher und betätigte die WC-Spülung. Nun hielt man seinen Becher an, oder besser gesagt, in das WC-Becken und füllte ihn in den Wasserverwirbelungen. Er machte es mir vor und trank. Das setzte allem die Krone auf. Mein Leben hatte sich in wenigen Stunden total verändert. Plötzlich erfuhr ich, wie man aus einer Kloschüssel trinken konnte. Was konnte ich morgen lernen? Meine Kumpels in Westberlin ließen gerade die Sau raus, tranken auf ihre Freiheit, und ich bekam eine höchst private Unterweisung im Fäkaliensaufen. Was wollte man vom Leben noch mehr? Von dieser Vorführung war ich so entsetzt, dass ich mit meinem Zellenkumpel kein Wort mehr wechseln wollte. Bei meinem Glück, dachte ich, haben sie dir die größte Drecksau von Berlin in die Zelle geschickt. Dabei meinte er es wirklich nur gut mit mir. Am ersten Tag sah ich das noch nicht so, später aber schon.

Wegen meiner Verletzungen hatte ich Liegeerlaubnis. Ich durfte den ganzen Tag über auf der Pritsche liegen und musste mich nur hinsetzen, wenn die Zellentür geöffnet wurde. Mein Kamerad musste sich dann mit dem Gesicht zur Fensterwand hinstellen, die

Hände auf dem Rücken, damit die Schließer diese auch sahen. Erst nach Aufforderung durfte er sich umdrehen und die Hände seitlich hängen lassen.
„Mittagessen, los, kommen Sie." Mein Zellenkumpel ging zum Flur, bekam zwei Schüsseln, musste rückwärts in die Zelle und die Tür ging zu. Er gab mir eine der Schüsseln mit der Bemerkung:
„Guten Appetit, lass es dir schmecken."
In meiner Schüssel befand sich etwas, was ich niemals zuvor gesehen hatte, eine ekelige dicke graue Pampe. Mein Löffel hatte keine Chance umzufallen, nachdem ich ihn in dieses undefinierbare Etwas gesteckt hatte. Der Geruch erinnerte mich an meinen Bruder. Der hatte als Kind erbärmliche Käsefüße, so dass unser gemeinsames Zimmer danach stank. Das, was sich in dieser Schüssel befand, roch nicht anders.
„Hau rein, Kalle, heute sind sogar kleine Fleischstücke drin."
„Watt is`n det?", fragte ich kläglich.
„Das sind Graupen mit Nudeln, lecker", gab er mir zur Antwort.
„Und was gibt es hier sonst noch so?"
„Na, morgen gibt es Nudeln mit Graupen und dann gibt es wieder Graupen mit Nudeln. Abwechslung muss schon sein, sonst isst man sich das Zeug nämlich über, verstehst du?"
Na klar, wieso sollte ich dies nicht verstehen? Ist doch wirklich einfach für jedermann. Nur, ich war nicht jedermann. Ich war der kleine Kalle, der zu Hause geliebt und verwöhnt wurde.
Langsam, sehr langsam, erkannte ich diese neue Realität. Mein Verstand weigerte sich aber sie zu akzeptieren. Dass dies kein böser Traum war, wusste ich, aber dass mein Lebensrhythmus sich so brutal, innerhalb von Stunden ändern würde, hätte ich nie für möglich gehalten. Mein erstes Mittagessen ließ ich aus. Es ekelte mich richtig an, meinem Zellengenossen beim Essen zuzusehen.
„So wie der wirst du nicht", nahm ich mir vor. „Solch einen Hunger kann man gar nicht haben, nee, nie." Mein Kumpel hatte diesen Hunger, er aß auch meinen Schüsselinhalt auf. Nachdem die Schüsseln wieder aus der Zelle herausgegeben worden waren, gab es für

die Raucher Feuer. In der Zelle gab es zwar Zigaretten, jedoch kein Feuer. Das bekam man vom Schließer. Es war ein hervorragendes Druckmittel der Wachhabenden. Sie gaben dir Feuer, oder sie gaben es dir nicht. Für Raucher, wie für meinen Kameraden, war das eine fatale Situation. Doch das bekam ich alles erst später mit.
Um die Zeit totzuschlagen, erzählte jeder seine Geschichte.
Man wollte sich kennenlernen. Plötzlich ging die Tür auf.
„Rechts“, gemeint war ich, „raus zum Vernehmer.“ Es war kurz vor dem Abendbrot. Da ich mein Mittagessen nicht zu mir genommen hatte, spürte ich schon ein erhebliches Hungergefühl. Auf dem Gang hörte ich bereits die Essenskolonne.
Von den anderen Mithäftlingen war man total isoliert. Nie sah ich während meiner Gefangenschaft, von meinen Zellenkameraden abgesehen, andere Häftlinge. Also, raus aus der Zelle, links den Gang runter, eine für mich sehr steile Wendeltreppe rauf, Richtung Vernehmerzimmer.
Das Erklimmen der steilen Treppe gestaltete sich für mich äußerst schwierig, denn mit zwei Krücken ging es nicht. Das Treppengeländer war rechts, aber mein rechter Arm steckte in einer Gipsmanschette, so dass ich dieses Geländer nicht umfassen konnte. Nun bat ich meinen Begleiter, ob er freundlicherweise eine von meinen Krücken halten könne, damit ich irgendwie diese Stufen hochkam. Freundlich, aber bestimmt, verneinte er.
„Ich bin nicht Ihre Krankenschwester“. Womit er zweifellos recht hatte, nur half mir das nicht weiter. Mir blieb nichts anderes übrig, als mich auf die Stufen zu setzen und die Treppe rückwärts Stufe für Stufe im Sitzen zu erklimmen. Das dauerte seine Zeit, die der Wächter wohl nicht hatte. Sein Gesicht wurde immer finsterer, ebenso wie seine Laune. Oben angekommen, meinte er zu mir Nase an Nase:
„Über diese Nummer unterhalten wir uns noch, versprochen.“ Na, hoffentlich ist der nicht nachtragend, ging es mir durch den Kopf.
Endlich angekommen. Ein mir bis dahin unbekannter Mann saß am Tisch und wartete auf mich.
„Wieso hat denn die Vorführung so lange gedauert?“, pfiff er meinen Begleiter an.

„Er wollte die Treppen nicht rauf, hat eine dolle Nummer abgezogen“, antwortete der Wächter. Der unbekannte Mann sah mich an und entließ meinem Begleiter mit den Worten:
„In Ordnung, darüber reden wir noch.“
Mein Begleiter verließ den Raum und schloss die Tür.
„Na, Richter, schon eingewöhnt?“
„Noch nicht richtig“, antwortete ich, „an dieses fette Essen muss ich mich erst gewöhnen.“
„Ach, hast du irgendwelche Wünsche? Nur raus damit. Ich werde versuchen, dass ich was drehen kann. Möchtest du etwas? Komm, sag mir, was dir hier nicht gefällt.“
So und ähnlich verlief dieses erste Gespräch. Er wollte mich nur verarschen und testen, ob ich litt, was für ein Typ ich war. Natürlich litt ich, aber nicht wie ein demutsvoller Hund. Zeigen wollte ich ihm nun ganz bestimmt nicht, wie es in mir aussah. Nein, den Gefallen tat ich diesem Herrn nicht. Ruhig hielt ich seinem Blickkontakt stand, ohne zu provozieren. Er schaute mich an, und ich schaute zurück. Meine Neugierde, wie es nun weitergehen würde, verdrängte die Angst.
„Hast du zu deiner Aussage von gestern noch etwas hinzuzufügen?“
Das hätte ich schon, nur wollte ich nicht.
„Mir ist nichts mehr eingefallen. Ich habe keine Ahnung, was sie noch von mir wissen wollen“, gab ich zur Antwort.
„Na, dann schauen wir mal.“ In aller Ruhe las er sich das Protokoll der vergangenen Nacht durch und blickte mich an. Er zog an seiner Zigarette, inhalierte tief, und las weiter. So ging es endlos lange. Ab und zu ging er aus dem Raum, wobei sich sofort ein anderer zu mir gesellte. Dieser Abend wollte einfach nicht vergehen. Ohne mit mir zu sprechen, saß er da, las und beachtete mich bald gar nicht mehr. Er wollte mich testen und weich kochen.
Da ich keine Uhr trug, wusste ich nicht, wann ich wieder zurück in die Zelle durfte. Auf der Wendeltreppe die gleiche Tortur wie auf dem Hinweg, nur diesmal andersrum. Es begleitete mich ein anderer Wächter. Der wiederum amüsierte sich über meine Treppenlauftechnik.

„Mensch“, sagte er, „mit dieser Nummer kannst du ja im Zirkus auftreten.“
„Was heißt kann“, sagte ich zu ihm, „tu ich doch gerade.“ Diese Äußerung fand nicht seinen Beifall. Ein Tritt von hinten beförderte mich die letzten Stufen hinunter.
„Also, an deiner Landung musst du noch etwas arbeiten, das bekommen wir hier schon hin, verlass dich drauf.“ Ich glaubte ihm aufs Wort. Die letzten Meter von der Treppe bis zu meiner Zelle blieb ich ganz brav.
Nach diesem Sturz von der Treppe schmerzte meine linke Schulter enorm. Jahre später wurde ein Sehnenanriss festgestellt, der nicht mehr reparabel war. Bis heute leide ich darunter.

Mein Zellenkamerad hatte mir das Abendbrot aufgehoben. In der Schüssel lagen vier Scheiben Brot mit einer hauchdünnen Schicht Margarine überzogen. Durch das stundenlange Liegen in der Schüssel war das Brot hart und verbogen. Mein Interesse galt nur dem Becher mit kaltem Tee. In einem Zug leerte ich ihn und legte mich sofort auf die Pritsche, um zu schlafen. Seit dem Tag meiner Verhaftung hatte ich so gut wie gar nicht mehr geschlafen. Irgendetwas wollte mein Nachbar mir noch mitteilen, doch ich nahm nichts mehr auf, weil ich schon in Tiefschlaf gefallen war.
Morgens wurde ich von meinem Kameraden sehr unsanft geweckt. „Entschuldige bitte, doch du wolltest einfach nicht wach werden“, meinte er. Zu tief hatte ich geschlafen. Ich hatte alles andere um mich herum nicht mehr wahrgenommen. Die Erschöpfung war zu groß. Ich brauchte morgens immer noch ein wenig Zeit, um zu erkennen, wo ich war. Wer war der fremde Mann in meinem Zimmer? Es dauerte einige Tage, bis ich mich an die neue Umgebung gewöhnt hatte.
Überhaupt nicht gewöhnen konnte ich mich an diese spezielle Art sich zu waschen. Wie schon erwähnt, wurde aus einem kleinen Rohr, das über dem WC-Becken aus der Wand kam, Wasser gelassen. Im Februar 1964 schlug der Winter erbarmungslos zu. Das Wasser war so kalt, dass man weiße Fingerkuppen bekam. Die

Kernseife schmierte nur so rum, wenn man sich im Intimbereich mit dieser Seife wusch, konnte man sie gar nicht abwaschen, weil es ekelhaft klebte. Oftmals wurde, noch während man sich wusch, einfach das Wasser von draußen abgestellt. Die Seife war am ganzen Körper, Wasser zum Abwaschen gab es nicht. Da nutzte kein Klopfen gegen die Tür, sie stellten es nicht wieder an. Solche und ähnliche Spielchen trieben sie täglich mit einem. Nicht selten wurde auch einfach vergessen, das Licht anzumachen. In unserer Zelle war es so dunkel, dass man nicht mal lesen konnte.
Meine Eltern durften im Monat 40 Mark der DDR für den persönlichen Bedarf einzahlen. Dies taten sie auch gleich nach meiner Verhaftung.
Die „Berliner Zeitung" konnte ich abonnieren. Es war eine linientreue Zeitung, in der keine andere Meinung abgedruckt wurde als die des Staates. In der Freiheit hatte ich dieses Blatt nie gelesen, hier schon.

Februar – Juli 1964

Qualen und Verzweiflung in der U-Haft

Zelle 80 war ein alter Kaiserbau, dunkel, muffig und nicht besonders warm. Durch das Fenster konnte man nichts sehen, da von außen Glasbausteine angebracht waren. Die Sicht war also gleich null. Hell und dunkel konnte ich schon unterscheiden, doch das war es dann auch. Jetzt hatte ich eine Zeitung zum Lesen, doch es ging nicht. An manchen Tagen hatte ich Licht, oh wie schön. Die Zeitung enthielt ein kleines Kreuzworträtsel. Woher aber einen Bleistift dafür nehmen? An unserem Knasthemd befanden sich kleine Knöpfe aus Alu, die mit Stoff überzogen waren. Einen Knopf drehte man ab, entfernte den Stoff, überzog sein Kreuzworträtsel mit dem nassen Zahnstein, ließ es trocknen, und schon konnte man mit seinem Aluknopf in das Kreuzworträtsel hineinschreiben. Der nasse Zahnstein hinterließ auf dem Zeitungspapier einen schmierigen Film, der, nachdem das Papier wieder trocken war, beschreibbar war. Ein kleiner Zeitvertreib, der sehr wichtig für uns war, doch das Missfallen der Wächter erregte. Wurde es entdeckt – beim Zeitungsempfang wurde die alte Zeitung wieder herausgegeben –, bekam man keine Zeitung mehr.
Ab und zu hörte man, wie ein Kamerad aus dem Fenster seinem Freund oder Kumpel etwas zurief. Das hatte das Wachpersonal nun gar nicht gern. Darauf reagierten sie sehr sensibel. Wurde man dabei erwischt, entzogen sie einem beim ersten Mal für drei Tage die Matratze. Beim zweiten Mal wurde härter durchgegriffen. Ab in den Keller: Dunkelarrest. Doch davon später. Wenn man keine Vernehmung hatte, verlief der Tagesablauf sehr eintönig. Die einzige Abwechslung waren die drei Mahlzeiten, die man bekam. Da wurde die Tür geöffnet. Sonst absolute Ruhe und Langeweile pur.
Am Anfang traf dies für mich nicht zu. Täglich wurde ich zur Vernehmung aus der Zelle geholt. Immer wieder die gleiche Prozedur:

Auf meinen Pobacken rutschte ich die Treppe rauf, nach der Vernehmung ging es genauso wieder runter. Diese Zeit ließ ich mir einfach nicht nehmen. Da das Wachpersonal mich nicht besonders mochte, denn Mitleid oder Rücksichtnahme waren diesen Typen unbekannt, die einzige Möglichkeit für mich, sie zu ärgern.
Mein neuer Vernehmer war ein ruhiger Typ und Kettenraucher. Nie zuvor hatte ich einen Menschen gesehen, der so oft und intensiv seine Zigaretten inhalierte. Die Marke hieß Karo und war das letzte Kraut.
„Wenn du rauchen möchtest, bitte bediene dich." Immer wieder bot er mir dieses Zeug an.
„Nein, danke. Ich rauche nicht. Das müssten Sie doch schon mitbekommen haben", wiederholte ich regelmäßig. Er versuchte es immer wieder. Der Anfang einer neuen Vernehmung verlief immer gleich. Frage:
„Schildern Sie nochmals ihre Vorbereitungen zu dem Versuch, illegal die Deutsche Demokratische Republik zu verlassen."
Antwort:
„In der bisherigen Untersuchung habe ich nicht die volle Wahrheit über meine getroffenen Vorbereitungen zum illegalen Verlassen der Deutschen Demokratischen Republik ausgesagt. Ich bin heute bereit, wahrheitsgemäß zu schildern, wie es zu meinem Entschluss, illegal nach Westberlin zu gehen, kam und welche Vorbereitungen ich zu diesem Schritt getroffen habe. Aus Angst, mich selbst zu belasten, habe ich zuvor falsche Angaben gemacht."
Die Nachfragerei nervte ihn ziemlich. Er drängte jedoch nie, bedrohte mich auch nicht. Aus dem wurde ich einfach nicht schlau.
Die Vernehmung begann oft gegen 8 Uhr und dauerte bis 13 Uhr. Dann ging es zurück in die Zelle, in der ich, zwar mit Widerwillen, doch mit wachsendem Gleichmut das Mittagessen einnahm. Anschließend ging es wieder zur Vernehmung, die bis etwa 18 Uhr dauerte. Zurück in der Zelle nahm ich mein Abendbrot zu mir. Dieses bestand aus Folgendem: Fünf Tage lang gab es vier Schwarzbrotscheiben mit einer hauchdünnen Margarineschicht, sonst nichts. Mittwoch gab es zusätzlich ein Stück Harzerkäse, der nur mit Mühe

in der Schüssel zu halten war, da er voller Maden war. Er bewegte sich von allein. Teilweise gab es als Leckerbissen einen Brathering ohne Tunke, der noch gebogener war als die Schüssel. Samstag oder Sonntag, so genau weiß ich das nicht mehr, gab es ein Stück Wurst, so dünn und trocken, dass einem das „Herz“ aufging.Über soviel Zuwendung war ich immer wieder aufs Neue gerührt.
Mit seinem Zellenkameraden spricht man über den nicht enden wollenden Tag. Über unsere Vernehmungen sprachen wir nicht, da unsere Zellen abgehört wurden. Dies bekam ich nach verhältnismäßig kurzer Zeit mit. Jedes Wort von uns wurde mitgehört.
Ich äußerte einmal nur meine Verwunderung darüber, dass meine Aussagen spätestens nach drei Tagen von meinem Vernehmer widerlegt wurden, und ich ihm immer wieder was anderes sagen musste. Das machte mich schon sehr stutzig, denn ich hatte ja mit niemanden über Einzelheiten meiner Vernehmung gesprochen. Eine Erklärung hatte ich nicht dafür. Was ich nicht wusste, war Folgendes: Wir hatten eine „Laus im Pelz“, und zwar einen Schüler aus der Max-Planck-Oberschule, der einen österreichischen Pass hatte: Gerd Menner, geb. am 25.3.1944 in Wernigerode. Dieser Menner, ein Kumpel von meinem Freund Wolfgang, lieferte mich ans Messer.

Wolfgang hatte in Ostberlin eine Freundin, die ihm nach seiner Flucht Briefe schrieb. Diese Briefe übergab sie diesem Menner mit der Bitte, sie Wolfgang zu überbringen. Als Österreicher konnte er ständig zwischen Ost- und Westberlin hin- und herreisen. Am 21. Februar 1964 meldete er sich am Bahnhof Friedrichstraße, übergab den Brief für Wolfgang an die Ostbehörden und verpflichtete sich, als „IM“ für den Staatssicherheitsdienst zu arbeiten. So der Originaltext seiner Verpflichtungserklärung:

Berlin, am 21.2.1964

Ich möchte hiermit kundtun, daß ich die in meiner Arbeit für den MfS erfahrenen Fakten keinerlei anderen Personen oder nächsten Angehörigen mitteile.

Ich verpflichte mich weiterhin meine Arbeit so durchzuführen, daß ich sie niemanden preisgebe und sie verraten oder anderseits anbringen werde. Alle Hinweise, die ich von feindlicher Seite erhalten habe, Ihnen Wahrheitsgemäß mitteilen werde und das ich meine Arbeit ehrlich und dauerhaft gestalten werde. Dieses von mir verfasste Schriftstück habe ich ohne Zwang und Aufforderung geschrieben.

Unterschrift: Gerd Menner

Diese feige Kreatur ritt sehr viele Menschen ins Verderben. Nur mit Abscheu und Ekel kann ich über diese Person schreiben.
Mir fällt es sehr schwer, objektiv zu bleiben. Sehr viele Menschen sind durch unglückliche Umstände in die Fänge der Stasi geraten. Sie konnten sich oftmals durch Stärke und Willen aus dieser Umklammerung irgendwann lösen, hatten in vielen Fällen niemandem geschadet. Doch wer freiwillig und ohne Druck solch eine Verpflichtung unterschrieb, dabei Existenzen zerstörte, nur aus Spaß ein Mitglied dieses Überwachungs- und Bespitzelungssystems zu sein, darf nach meiner Meinung kein integriertes Mitglied unserer Gesellschaft sein. Ihm sollte niemals verziehen werden. Für sein Handeln gibt es keine Entschuldigung. Der Staatssicherheitsdienst war glücklich, aus dem Bekanntenkreis der Oberschüler, die nach Westberlin geflüchtet waren, einen gefunden zu haben, der Kontakt zu ihnen in Westberlin aufnehmen konnte.
Diese „Laus“ schickten sie sofort zu Wolfgang, mit dem Auftrag, alle Informationen hinsichtlich unserer Flucht zu sammeln. Mit großer Begeisterung machte er sich ans Werk. Bei seinen Besuchen in Westberlin erschlich er sich das Vertrauen von Wolfgang und anderen Kameraden. Jede Einzelheit, die er mitbekam, verriet er der Stasi. Deshalb konnten sie mir bei meinen Vernehmungen alles nach etwa zwei, drei Tagen widerlegen. Es war eine für mich sehr unglückliche Situation. Da versuchte man auf anständige Weise seinen Arsch zu retten, und dann kam so etwas.

Meine Behandlung durch das Wachpersonal wurde immer mieser. Jeden zweiten Tag gab es Rundgang auf dem Hof. Da es sehr kalt war, durfte ich mit meinen Gipsbeinen daran nicht teilnehmen, angeblich wegen Verletzungsgefahr. Sie hatten wohl Angst, ich könnte ausrutschen. Mein Kamerad regte sich darüber sehr auf und monierte dies bei jeder Gelegenheit. Irgendwann hatten sie ein Einsehen, und ich durfte mit runter auf den Hof. Mit dem Lastenfahrstuhl wurde ich runter gefahren. Jetzt sah ich zum ersten Mal die Hofzellen, die sogenannten Tigerkäfige. Der Rundgang fand in drei Meter hoch ummauerten Gevierten im Ausmaß von etwa 3,5 Metern Länge und 2,5 Metern Breite statt.
Es gab fünf davon. Einer dieser Knechte lief ständig herum, um die Gefangenen von oben zu beobachten. Stehen bleiben durfte keiner, der Gefangene musste immer im Kreis gehen. Das konnte ich nicht. Also lehnte ich mich an eine Wand und schaute zum Himmel. Nach langer Zeit einmal den Himmel zu sehen, rief ein unglaubliches Glücksgefühl hervor. Frische Luft einatmen zu können war ein großer Luxus.
Da es an diesem Tag schneite, genoss ich die Schneeflocken, die auf mein Gesicht fielen. Die Kälte spürte ich gar nicht. Die Tränen, die ich vergoss, spürte ich auch nicht. Nach langer Zeit ein Tag, der mich einfach nur glücklich machte. Solch ein Gefühl vergisst man nie. Es war schön, für wenige Augenblicke die Zeit zu vergessen, in den Himmel zu schauen und zu träumen. Ich fühlte mich richtig gut. Wer niemals seiner Freiheit beraubt wurde, und nicht auf die elementarsten Bedürfnisse verzichten musste, ist nicht in der Lage, dieses Gefühl nachzuempfinden. Der Geist ist frei, die Gedanken entfliehen aus der tristen Gegenwart in die Vergangenheit. Was die Zukunft bringt, weißt man nicht. Aber Erinnerungen können sie einem nicht nehmen. Ich glaubte, den Geruch der Haare meiner Freundin vom letzten Abend zu wittern, den Duft ihres Parfüms. Meine Gefühle fuhren Achterbahn.
Zu schnell holte mich die Realität wieder ein. Mühsam war der Weg zurück in die Zelle. Jetzt erst nahm ich den widerwärtigen Gestank unserer Zelle bewusst wahr. Ein Pumakäfig konnte nicht schlechter

riechen. Da wir wegen des miesen Essens, von Montag bis Samstag gab es nur Graupen mit Nudeln, eine ausgesprochene gute Verdauung hatten, kann man sich die Luft gut vorstellen. Heute noch habe ich diesen Geruch in der Nase. Jetzt erst verstand ich, weshalb die Schließer immer brav an der Zellentür stehen blieben und nach Möglichkeit unsere Zelle nicht betraten.
Sonntags gab es Pellkartoffeln, etwa sechs bis sieben Stück. Davon konnte man die Hälfte schon nicht essen. Sie waren faul und matschig, einfach furchtbar. Als „Wiedergutmachung" gab es die Wurstscheibe zum Abendbrot. Sie war so dünn, dass man durch sie durchsehen konnte, aber sie roch immerhin nach Wurst. Diesen „Leckerbissen" behielt ich immer bis zum Schluss, um ihn auf die letzte Brotscheibe zu legen. Jedes Mal beim Abbeißen schob ich mit der Oberlippe die Wurst nach hinten, um den Duft möglichst lange genießen zu können. Der letzte Happen war ein Genuss.
Mein Zellenkamerad amüsierte sich jedes Mal darüber, und über meine für den Knast unüblichen Tischsitten. Über den Holzhocker legte ich immer mein Handtuch als Tischtuch. Auf der Pritsche sitzend zelebrierte ich mir diesen Fraß, als ob er vom Allerfeinsten wäre. Das half mir, denn nur so konnte ich dieses Elend verdrängen. Meine Würde konnten sie mir nicht nehmen. Das ließ ich nicht zu. Sie war das Einzige, was ich in dieser entsetzlichen Umgebung noch hatte.
Wenn ich so an meinem „gedeckten Tisch" saß, musste ich immer an zu Hause denken, an unsere abendlichen gemeinsamen Essen. Mein Vater bestrich die Brotscheiben mit Butter und legte ordentlich Wurst drauf. Nahm dann die Stullen und biss herzhaft hinein. Das tat ich nie. Ich aß immer mit Besteck und genoss jeden Happen, den ich mit der Gabel zum Mund führte. Er verstand die Welt nicht mehr.
„Kannst du nicht wie jeder normale Mensch von deiner Stulle abbeißen? Wir sind hier nicht im Hotel oder in einer Gaststätte." Natürlich hätte ich gekonnt, nur wollte ich nicht. Es gab Zeiten, da dachte er wohl, ich hätte eine andere Feldpostnummer bzw. wäre vom anderen Ufer. Es gab aber einen einfachen Grund für mein

Verhalten. Als Kind hatte ich immer große Angst, mit meinen Eltern in einer Gaststätte essen zu gehen. Denn mit Messer und Gabel zu essen, bereitete mir damals sehr viel Mühe. Irgendwann konnte ich es, und dann machte es mir sehr viel Freude. Diese Marotte habe ich bis heute nicht abgelegt. Wie mein Vater wunderte sich auch mein Kamerad über meine Essgewohnheiten. Darüber sah ich jedoch großzügig hinweg.

Mittwochs ging es zum Duschen und Rasieren, dabei wurden auch die Unterwäsche, das Oberhemd und die Socken gewechselt. Zunächst konnte ich aber wegen meiner Gipsbeine nicht duschen. Das hatte zur Folge, dass ich auch keine neue Wäsche bekam. Wochenlang konnte ich mich so nicht gründlich säubern und hatte keine frische Wäsche. Für einen Menschen wie mich, der sich sonst täglich duschte, eine grauenhafte Folter. Die Innenseiten meiner Oberschenkel waren total wund und schmerzhaft sehr. Vom Körpergeruch möchte ich gar nicht sprechen. Aus meinen Gipsbeinen stank es wie verfault. Es juckte erbärmlich. Um den Juckreiz einzudämmen, schlug ich mit dem einen Gipsbein auf das andere. Der Gips zerbröselte so allmählich und entzündete meine wunde Haut immer mehr.

Diesen Kreislauf konnte ich nicht stoppen. Auf mein Bitten und Flehen, mir doch irgendetwas zur Linderung zu geben, erfolgte keine Reaktion. Nur ein Sanitäter gab mir den kümmerlichen Rat:

„Pinkel doch in deine Gipsbeine. Das ist ein altes Landserrezept."

Dies tat ich auch in meiner Verzweiflung. Es verhalf mir zu einer kurzfristigen Linderung.

Mein Zellenkamerad litt unter meiner Duftnote sehr, beklagte sich aber nie. Zum Rasieren wurde ich zugelassen. Genau im Eckzimmer auf dem Flur war der „Frisiersalon". Mit einer elektrischen Haarschneidemaschine wurde die Rasur durchgeführt. Alle Gefangenen kamen an einem Tag dran. Natürlich wurde nur diese eine Maschine benutzt. Mein Zellenkamerad lehnte an irgendeinem Mittwoch die Prozedur ab, ich im Schlepptau gleich mit. Wir wollten uns beim Anstaltsleiter beschweren, da die Art und Weise der Rasur aus hygienischen Gründen abzulehnen sei. Unter den Schließern war die

Aufregung groß. So etwas hatten sie noch nicht erlebt. Schleunigst wurden wir wieder eingeschlossen.
„Das hat noch ein Nachspiel, das werdet ihr bereuen", so die Schließer. Vor dem Mittagessen musste ich zu meinem Vernehmer.
„Mensch, Richter, was fällt dir denn da ein? Du rebellierst gegen die Anstaltsordnung? Bist du lebensmüde? In deiner Situation würde ich mich ganz ruhig verhalten!" Zum ersten Mal sah ich diesen Mann sehr erregt. Dass der brüllen konnte, hatte ich mir gar nicht vorstellen können. Jedenfalls machte er mich zur Sau:
„Das ist bestimmt nicht auf deinem Mist gewachsen, das kommt von deinem Kumpel, und dafür wird er zur Rechenschaft gezogen."
„Nein, das stimmt nicht", erwiderte ich. „Schauen Sie sich doch einmal meinen Hals an, alles voller dicker Pickel. Hier schauen Sie." Tatsächlich schaute er sich meinen Hals an und stellte fest: Pickel. Und was für welche. Groß wie ein Geldstück.
„Wieso meldest du dich nicht beim Sanitäter?" pfiff er mich an.
„Das hab ich schon seit langem versucht, doch ich werde nicht zu ihm gelassen. Meinem Kameraden geht es nicht viel besser", sagte ich noch.
„In Ordnung, ich werde mich darum kümmern", meinte er und ließ mich wieder zurück in die Zelle bringen. An der Tür drehte ich mich noch einmal um und fragte, ob ich nicht ständig am Hofgang teilnehmen könne. Seit dem einen Mal war ich nicht wieder an die frische Luft gelassen worden.
„Was ist los, du hast keinen Rundgang?" stellte er erstaunt fest.
„Nein, bisher nur einmal."
„Darum kümmere ich mich auch, nun aber raus."
Als ich zurück in unsere Zelle kam, lief mein Kamerad aufgeregt hin und her.
„Mensch, beruhige dich doch, die werden uns nichts tun."
„Diese Schweine haben mir heute noch kein Feuer für meine Zigaretten gegeben."
„Ach du meine Güte", dachte ich, „jetzt dreht er durch." Weil wir so einen Rummel gemacht hatten, ließen diese Knechte jetzt ihre Wut an meinem Kameraden aus, der ein starker Raucher war. Er klopfte

verzweifelt gegen die Zellentür, rief: „Feuer bitte“, doch keiner kam. Meine Versuche, ihn zu beruhigen, schlugen fehl. Ich hatte keine Chance an ihn heranzukommen.
Zum Abendbrot wurde wie immer die Zellentür geöffnet. Mein Kamerad ging zum „Essenfassen“, hatte die zwei Becher lauwarmen Tee in der einen Hand, in der anderen die zwei Schüsseln. Da fragte der Schließer:
„Möchten Sie jetzt Feuer?“
Da war die Sache schon passiert. Meinen Kameraden hörte ich nur schreien: „Sie Schwein“, und schon ergoss sich der Tee über die Uniform und das Gesicht des Wärters. Sofort wurde die Tür mit lautem Getöse geschlossen. Wir schauten uns nur an. Sagen konnte keiner von uns etwas. Jetzt hatte ich nur den einen Wunsch: woanders zu sein. Der Knast kotzte mich sowieso mächtig an, in diesem Augenblick ganz besonders.
„Ich glaube, jetzt werden sie mich gleich holen“, sagte mein Kumpel zu mir. Diese dunkle Ahnung hatte ich auch.
„Wo wirst du jetzt hinkommen?“, fragte ich mit leiser Stimme.
„Wegen dieses Dings komme ich für 21 Tage in den Bau, in den Keller“, war seine Antwort.
Und so war es auch. Plötzlich wurde die Zellentür aufgerissen, Schließer stürmten rein und holten meinen Kameraden ziemlich brutal raus. Dabei stießen sie mich an die Wand, so dass ich stürzte. Offensichtlich nutzten sie die Situation, um mir auch gleich eins mitzugeben. Wegen dieser überfallartigen Aktion konnten wir uns nicht voneinander verabschieden, es ging zu schnell. Niemals wieder hörte ich von ihm irgendetwas, als ob er gar nicht mehr existierte. Vergessen habe ich diesen so hilfsbereiten Kameraden bis heute nicht.
Nun saß ich ziemlich bedeppert allein in meiner Zelle. Zu essen gab es nichts. Egal, Hunger hatte ich nach diesem Auftritt sowieso nicht. Aufmerksam lauschte ich in Richtung Fenster und Gang, ob ich irgendetwas mitbekommen könnte, was da ablief. Nichts war zu hören, es herrschte absolute Stille. Die Kameraden ringsherum hatten diese Aktion auch mitbekommen.

Kein Mucks war zu hören. Alle verhielten sich still, genau wie ich. Diese absolute Stille beunruhigte mich sehr. Nun ging ich zur Zellentür, um vielleicht doch etwas mitzubekommen. Ruck zuck wurde die Tür geöffnet, zwei Schließer stürmten rein, um die Sachen meines Kameraden zu holen, wobei sie nicht versäumten, mir wieder eine mitzugeben. Alles geschah innerhalb von Sekunden. Als die Zellentür geschlossen wurde, saß ich wie nach der ersten Aktion auf dem Fußboden und musste meine Gipsbeine sortieren. So langsam wurde ich stinksauer. Irgendwie hatte ich das Gefühl, dass sie mich nicht mochten. Da ich an diesem Abend nichts Besseres vorhatte, setzte ich mich auf meine Pritsche und wartete auf das Zeichen zur Nachtruhe.

Als das Licht ausgemacht wurde, bekam ich von der Nebenzelle Nr. 81 Klopfzeichen. Das Knastmorsen ist sehr einfach. Für den Buchstaben A einmal klopfen. Für den Buchstaben B zweimal klopfen, usw. In der Nachbarzelle saßen zwei Frauen, die ganz genau wissen wollten, was sich bei uns abgespielt hatte. Ab jetzt hatte ich kaum noch Ruhe. Nächtelang wurde gemorst, obwohl es streng verboten war. Wurde einer erwischt, bestraften sie den Zellengefährten gleich mit. Wegen meiner Einzelhaft brauchte ich aber auf niemanden Rücksicht zu nehmen.

Die Frauen in der Nachbarzelle waren auch wegen versuchter Flucht eingesperrt, waren also direkte Leidensgenossinnen. Mit meinen 17 Jahren war ich wohl zu dieser Zeit der jüngste Häftling in der Kissingenstraße. Meine schweren Verletzungen waren vielen auch bekannt, eben durch das Morsen. Die Klopfzeichen konnten im Umkreis alle mithören. Nicht nur die Kameraden, nein, die Schließer hingen mit einem Ohr ebenfalls an den Wänden und versuchten die „Klopfer" zu lokalisieren. Es war eine spannende Sache für alle Beteiligten.

Die Stasijungs waren auch sehr kreativ. Da ich bei meinen Vernehmungen nur das zugab was man mir auch beweisen konnte, versuchten sie mit allen Mitteln noch weitere Informationen zu bekommen. Eine Monika von Nebenan ging auch auf meine Flucht ein und wollte davon etwas wissen. Natürlich wollte ich auch wissen wie sie aussieht. Was ich herausbekam entsprach genau meinem Geschmack. Die Schweinereien die ich mit ihr austauschte,hat man zum Glück nicht akribisch aufgeschrieben. Dies wäre mir heute wohl noch sehr peinlich. Später konnte ich in meinen Akten lesen, Moni war eine Stasifrau.

Bei den Frauen musste sich wohl so eine Art Mutterinstinkt entwickelt haben. Mehrmals am Tag nahmen sie Kontakt zu mir auf und erkundigten sich nach meinem Befinden. Sie hatten wohl Angst, dass die Einzelhaft mir schlecht bekommen würde und versuchten so mich aufzuheitern.

Am Tag war immer eine Reinigungskolonne auf den Fluren unterwegs. Diese bestand aus politisch verurteilten Frauen, die sehr lange Haftstrafen abzusitzen hatten. Diese Frauen wussten von meiner Situation und sprachen mir Mut zu. Beim Reinigen des Flures klopften sie an meine Tür und schoben mir kleine Kassiber (kleine Papiertüten) mit Salz durch die Türritze. Sie munterten mich mit tröstenden Worten auf. Sonntags schoben sie mir in meiner Schüssel mit den fauligen Pellkartoffeln ein wenig Butter zu. Salz in der Zelle zu haben, um seine durch den monatlichen Einkauf erworbene Schmalzration schmackhafter machen zu können, war ein Glück ohnegleichen. Zumal dieses Schmalz im herkömmlichen Sinne nicht als Schmalz zu bezeichnen war. Es war eine weiße, harte Masse, völlig geschmacksneutral. Draußen wäre sie nur zum Einfetten irgendwelcher Gegenstände zu gebrauchen gewesen, hier wurde sie als Nahrungsmittel eingesetzt.

Welche Freude es hervorrief, solch eine Zuwendung in dieser so gespenstischen Welt zu erfahren, ist nicht zu beschreiben. Diese Frauen hatten mit den größten Repressalien zu rechnen, falls es entdeckt worden wäre. Ich hatte überhaupt den Eindruck, dass die Frauen sich gegen die Schikanen mehr auflehnten und sich weniger gefallen ließen als die Männer. Nun war ich bestimmt kein Hasenfuß, der sich alles bieten ließ, doch langsam lernte ich meine Grenzen kennen.

Ein Gutes hatte die Auflehnung meines armen Zellenkameraden zum Schluss doch noch. Ab der nächsten Rasur wurde nass rasiert.

In dem „Frisiersalon“ lagen Rasierseife, Pinsel und ein Rasierer, der von unten verschraubt war, damit keiner die Rasierklinge entfernen konnte. Es war ein großer Sieg und ein unbeschreibliches Gefühl, sein Gesicht sauber und glatt fühlen zu können.
Die Schließer vergaßen diese kleine Rebellion nicht. Irgendwie waren sie nachtragend. Eines Morgens wurde ich wieder zum Rundgang abgeholt. Mit dem Lastenfahrstuhl ging es runter zum Hof.
Die Beförderung mit dem Fahrstuhl geschah nicht aus Rücksicht auf meinen Gesundheitszustand, nein, sie wollten Zeit sparen. Meine Fortbewegung auf den Treppen dauerte ihnen zu lange. Die Stufen, die zum Hof führten, waren spiegelglatt. Ganz vorsichtig, mit einer Hand hielt ich mich am Geländer fest, mit der anderen stützte ich mich auf meine Krücke, ging ich die Stufen runter. Ich rutschte aus, verlor das Gleichgewicht und schoss lang hin. Mit dem Gesicht lag ich im Schnee, meine Nase fing sofort an zu bluten. Blut im Schnee sieht immer sehr dramatisch aus, doch meine Nase tat mir richtig weh. Mit der gesunden linken Hand stützte ich mich auf, um irgendwie aufzustehen.
Da stand wie eine Furie eine Schließerin schon da und schrie mich an:
„Das haben Sie mit Absicht getan, Sie Unruhestifter! Stehen Sie sofort auf!“, schrie sie immer wieder und trat mir mit ihrem Fuß immer wieder in die Seite.
Ich versuchte ja aufzustehen, doch durch ihre Tritte verlor ich immer wieder das Gleichgewicht und fiel zurück in den Schnee. Die Tritte taten nicht weh, nur die Erniedrigung schmerzte. Endlich bekam ich meine Krücke zu packen, rollte mich auf den Rücken und schrie sie an: „Wenn du mich noch einmal mit den Füßen trittst, schlage ich mit meiner Krücke zurück.“
Damit hatten sie erreicht, was sie wollten. Zwei Schließer packten mich unter den Oberarmen und schleiften mich die Stufen hoch, zurück in den Flur. Zur gleichen Zeit mussten in diesen Rundgangkäfigen auch einige Frauen gewesen sein, die auf einmal laut brüllten: „Ihr miesen Schweine, lasst doch den armen Jungen in Ruhe! Kalle, Kalle, wir halten zu dir! Lass dich nicht unterkriegen!“

Es war unglaublich, was sich da abspielte. Mich schleiften sie Richtung Fahrstuhl, stellten mich an die Wand neben der Fahrstuhltür und hielten mich zu zweit fest. Das Blut tropfte weiterhin aus meiner Nase auf den Fußboden. Mein Hemd, die Hose und meine Gipsbeine waren total mit Blut vollgesaut.
Die Schließer hatten sich bei ihrem übereifrigen Transport ebenfalls ihre Uniformen versaut. „Nun", dachte ich, „jetzt drehen sie durch". Zum Glück kam der Offizier vom Dienst, der Schlimmeres verhinderte.
„Bringen Sie den Mann sofort zum Sanitäter", sagte er zu meinen Bewachern, was sie auch prompt taten. Der verpasste mir zwei kleine tamponähnliche Mullstücke für die Nasenlöcher. Danach ging es ab in die Zelle. Jetzt hatte ich zum ersten Mal wirkliche Angst. Obwohl ich für diese Situation keinen Anlass gegeben hatte, außer dass ich gestürzt war, fühlte ich mich dafür verantwortlich. Beim Einschluss der Frauen hörte ich, und dies war wirklich absolut verboten, wie sie immer wieder meinen Namen riefen. Auf dem Zellenflur rief eine Frau ihrem „Begleiter" zu:
„Wage es gar nicht, mich anzufassen, du Knecht."
Die Stimmung war hochexplosiv. Hier flossen mir zum ersten Mal Tränen der Wut und Scham. Meine Sorge galt den Frauen. Nur weil sie mir moralischen Beistand leisten wollten, gingen sie das Risiko ein, hart bestraft zu werden. Heute noch habe ich allergrößten Respekt vor dieser beispielhaften Aktion meiner Mitinsassinnen.
Die Reaktion ließ nicht lange auf sich warten. Gerade als ich versuchte, mir mit dem Wasser aus der Toilettenspülung das blutverschmierte Gesicht zu reinigen, ging die Zellentür auf:
„Raustreten!" Was blieb mir anderes übrig, ich ging mit. Diesmal ging es in den Keller. In diesem Keller befanden sich mehrere Zellen ohne Fenster und mit jeweils nur einer Holzpritsche ohne Matratze und ohne Bettzeug. Statt einer Toilette stand ein Kübel mit Deckel in der Ecke. Das elektrische Licht war Tag und Nacht an. Zu essen gab es nur trocken Brot und Marmelade. Irgendwann zog ich mir die „Stöpsel" aus meiner Nase, in der Hoffnung, dass die Blutungen vorbei seien. Diese Hoffnung erfüllte sich nicht.

Meine Nase blutete ständig weiter. Toilettenpapier schob ich mir immer wieder in meine Nasenlöcher, in der Hoffnung, damit mein Problem zu lösen. Irgendwann gelang es mir auch. Nur die Kopfschmerzen empfand ich als sehr unangenehm, ein Zustand wie in der Hölle.
Nach dem dritten Tag gab es endlich auch Mittagessen, zwar kalt, oder besser gesagt lauwarm, aber immerhin. Hier war man total isoliert. Kein Geräusch war zu hören, nur absolute Stille. Diese Stille schmerzt geradezu in den Ohren, du glaubst verrückt zu werden. Dagegen führte ich Selbstgespräche. Am vierten Tag öffnete sich die Tür:
„Mitkommen!“ Bei meinem Vernehmer schlug mir die Stunde der Wahrheit. Mir fällt heute gar nicht mehr ein, mit was für Ausdrücken ich alles beschimpft wurde. Mit den schlimmsten Konsequenzen hätte ich als Aufrührer zu rechnen, usw. Da platzte mir zum ersten Mal der Kragen. Total von der Rolle, frei von Ängsten und mit ungeheurer Wut im Bauch schilderte ich ihm den Vorfall, den man ihm mit Sicherheit anders dargestellt hatte. Was sie jetzt mit mir auch angestellt hätten, es war mir egal, ändern konnte ich es sowieso nicht, aber genau so hatte sich alles zugetragen, so und nicht anders.
Mit großen Augen, denn diesen Ausbruch hatte er nicht vermutet, sah der Vernehmer mich an und schüttelte nur den Kopf. Nach einer Weile sagte er:
„Du kommst jetzt wieder in deine alte Zelle zurück. Wenn du noch einmal Mist baust, kann ich dir wirklich nicht mehr helfen. Du scheinst immer noch nicht zu wissen, in welcher Situation du dich befindest, denk mal darüber nach.“
Das tat ich ständig. Seine Worte empfand ich als Hohn. Er und mich beschützen? Wie mochte es den anderen Kameraden ergehen, die nicht „beschützt“ wurden?
„Woher wissen die überhaupt deinen Namen?“, fragte er mich.
„Nur durch deinen ‚Buschfunk‘ bist du doch so bekannt. So unschuldig, wie du dich hier bei mir gibst, bist du doch nicht. Mir erzählst du ständig Lügen. Erst wenn ich dir deine Falschaussagen

widerlegen kann, gibst du klein bei. Sagst mir, es tut dir leid. Im gleichen Protokoll lügst du weiter, bis ich auch diese Lüge entlarve. Wie lange soll dieses Theater eigentlich noch weitergehen? Meine und unsere Geduld ist bald erschöpft. Ab jetzt erwarte ich von dir, dass du wirklich kooperierst."

Das hatte ich nicht vor. Er hatte mit seinen Aussagen ja recht, aber deshalb fühlte ich mich nicht verpflichtet, mit ihm zusammenzuarbeiten.

Zurück in meiner Zelle fühlte ich mich wie in einem Hotelzimmer und im Vergleich zum Keller richtig gut.

„Hier lässt es sich aushalten", dachte ich. Die Ansprüche, die man an sich stellt, können ja so klein sein. Was war wohl aus den Mädels aus der Nachbarzelle geworden? Mein Informationstand war gleich null. Zaghaft versuchte ich, mit der Nachbarzelle in Kontakt zu treten. Wunderbar, von dort wurde mir sofort geantwortet. Es meldete sich Monika, mit der ich vorher noch nicht gemorst hatte. Wie lange ich mit ihr Verbindung hatte, weiß ich nicht mehr. Auf einmal wurde die Tür aufgerissen, und zwei Schließer standen grinsend in meiner Zelle. Monika war eine Wärterin. Sie hatten mir eine Falle gestellt. In solch einer Situation war es am besten, gar nichts zu sagen. Also, wieder ab in den Keller. Den kannte ich ja schon, er gefiel mir aber deswegen nicht besser. Nein, ich mochte diese Räumlichkeiten wirklich nicht.

Wegen meiner Dämlichkeit hätte ich mich ohrfeigen können. Ich hatte vor Augen, wie das Wachpersonal sich über mich lustig machte. Auf mich selbst war ich so sauer, dass ich es ablehnte, mit mir Selbstgespräche zu führen.

Diesmal spielten die Wächter mit dem Licht. Licht aus bedeutete totale Dunkelheit und absolute Ruhe. Es war ein Horror. Gespannt wartete ich auf die nächste Reaktion. Plötzlich kam wieder Licht, aber wie lange, dass wusste man nicht. Dann ging das Licht wieder aus. Durch diese Spielchen der Wächter verlor man völlig das Zeitgefühl. Der Schlafrhythmus geriet durcheinander. Ich war überzeugt, mein Mittagessen irgendwann nachts bekommen zu haben. Nach langer Dunkelheit und plötzlichem Lichteinfall schmerzten die

Augen, es war einfach brutal. In totaler Dunkelheit ohne auch nur einen noch so kleinen Lichtschimmer fühlte man sich lebendig begraben. Diese absolute Geräuschlosigkeit, die noch dazukam, trieb das Ganze auf die Spitze. In solchen Augenblicken dachte ich intensiv an meine Lieben zu Hause, kramte aus meinen Erinnerungen die schönsten Zeiten hervor.
Irgendwann bekam man panische Angst, dass die Schließer einen hier vergessen würden. Es war völlig idiotisch, doch diesen Gedanken hatte ich ständig im Kopf. Vor Angst raste mein Herz wie nach einem Langlauf. Mein Atem ging schnell, schweißgebadet saß ich da und wartete auf eine Reaktion von draußen. Die kam aber nicht. Dieses Warten war unglaublich zermürbend. Die Panikattacken waren das Schlimmste.
„Zum Glück", versuchte ich mich zu trösten, „wissen meine Eltern nichts von alledem hier". Sie wären daran zerbrochen.
Auch wenn ich nach so langer Zeit die Ereignisse mit einem gewissen Sarkasmus und Galgenhumor beschrieben habe, soll das nicht über die furchtbaren Zustände in diesem Gefängnis hinwegtäuschen. Es war sehr hart für mich, für so manchen Mitgefangenen zu hart. Sehr oft hörte man nachts das Geschreie und Gewimmer von Kameraden, die „nur" durchdrehten. Einige schrien auch ihre Ängste heraus und fühlten sich danach etwas besser. Doch die meisten blieben stumm, so wie ich. Selbst nach dem verschärften Arrest im Keller drehte ich nicht durch. Das ließen mein Stolz und mein Selbsterhaltungstrieb nicht zu.
Nach sieben Tagen kam ich wieder in meine alte Zelle zurück.
Da ich durch diese Spezialbehandlung etwas geschwächt war, mich kaum fortbewegen konnte, zeigten sie ein Herz und transportierten mich wieder mit diesem Lastenfahrstuhl. Das hätten sie nicht tun sollen. Dieser sehr alte Fahrstuhl brauchte ewig. Die Wärter und ich waren darin gefangen. Hier kam ich auf die glorreiche Idee einen Furz zu lassen. Dies tat ich auch. Wegen des miesen Essens hatte man eine super Verdauung. So ein Furz stank widerlich. Die zwei Wachmänner standen dies sehr tapfer durch. Nicht ein Wort sprachen sie mit mir. An ihren Wangenknochen konnte ich nur se-

hen, dass sie doch etwas aufgeregt waren. Auf der Etage endlich angekommen, stürmten sie durch die geöffnete Tür auf den Flur und holten tief Luft, mehrmals. Der Sauerstoffgehalt in diesem Bereich war, glaub ich, gleich null danach. Dies wurde mir nun sehr übel genommen. Für mich gab es Lebenslang Fahrstuhlverbot.
Diesen Luxus hat man mir nicht gegönnt.
Hier hatte es sich ein neuer Bewohner „bequem" gemacht. Er hieß auch Kalle, kam aus Westberlin und erwies sich als echter Kumpel. Seine Verlobte und sein Sohn wohnten in Ostberlin. Sie offiziell besuchen konnte er nicht, weil damals die östlichen Machthaber Westberliner Bürgern die Einreise nach Ostberlin nicht gestatteten. Also dachte er sich etwas aus. Am Grenzübergangsbahnhof Friedrichstraße in Ostberlin hielten hinter den Absperrungen auch die S- und U-Bahnen von und nach Westberlin. Reisende aus dem Westen konnten dort aus- und umsteigen, ohne kontrolliert zu werden. Kalle aus Westberlin war dorthin gefahren, hatte sich irgendwie über die unterirdischen Bahngleise zu einem Lüftungsschacht geschlichen und war dann auf die Straße geklettert. So hatte er seiner Familie öfter Besuche in Ostberlin abgestattet, ohne in die Kontrolle der Grenzwächter zu geraten. Wie er kam, ging er auch wieder zurück, was eine tolle Sache war. Bei einer dieser Unternehmungen verlor er beim Ausstieg aus dem Lüftungsschacht ein paar Apfelsinen. Diese fanden die Grenzer bei einem Kontrollgang, und sie legten sich auf die Lauer, bis er kam. Das war`s. Nun wohnten wir zusammen.
Als er meine Verletzungen sah, fragte er sofort:
„Bist du der Zugspringer?"
Argwöhnisch fragte ich zurück.
„Woher weißt du von dieser Geschichte?"
„Na, deine Kumpels sind doch im Fernsehen aufgetreten, und die Zeitungen waren voll von dieser Flucht."
Jetzt verstand ich die Reaktion dieser Knechte hier. Sie waren einfach nur sauer auf mich und wollten mich kaputt machen. Das Schlusswort der Jungs im Fernsehen:
„Auf Wiedersehen, Kameraden, in einem vereinten Vaterland", hat-

te ihre Kommunistenseele zum Kochen gebracht. Damit hatten die Jungs ziemlichen Flurschaden angerichtet und ich musste darunter leiden. Den Letzten beißen die Hunde. Für mich galt das im wahrsten Sinne des Wortes. Sich dieser schmerzlichen Wahrheit bewusst zu werden war wie ein Schlag in den Magen und mein Gemütszustand war auf dem Tiefpunkt.

Die Fernsehsendung bestärkte die Stasi in ihrer Auffassung, dass unsere Flucht nicht von uns allein, sondern von einer Fluchthilfeorganisation gelenkt worden sei. Die Vernehmungen begannen von vorn ohne Rücksicht auf meinen Gesundheitszustand, und zwar Tag und Nacht. Der Ton während der Vernehmungen wurde immer schärfer.

Ihre unbändige Wut auf mich zeigten sie bei der ersten Besuchsgenehmigung für meine Eltern. Plötzlich wurde ich aus meiner Zelle geholt und in den „Frisiersalon“ gebracht zum Rasieren und Waschen.

„Nanu, heute ist doch gar nicht Mittwoch“, dachte ich. Ein sauberes Hemd bekam ich auch noch. Der Gipfel war, als sie meine Gipsbeine mit sauberen Mullbinden umwickelten, um die Blutflecken zu verdecken. Die rechte Gipshand wurde ebenfalls „schön“ gemacht. „Meine Güte“, dachte ich, „was haben die nur mit mir vor?“ Solange ich auch überlegte, ich konnte mir keinen Reim darauf machen.

Nach nur wenigen Minuten erhielt ich die Antwort auf meine Fragen. Meine Eltern warteten schon im Besucherzimmer auf mich, mir aber hatte man nichts davon gesagt. Meine Mutter durfte im Sprechzimmer auf einem Tisch mitgebrachtes Essen ausbreiten. Gebratene Hähnchenkeulen, Wurst, Käse, Obst usw. Als ich den Raum betrat, sah ich zuerst diesen gedeckten Tisch. Da verstand ich gar nichts mehr. Meinen Vernehmer sah ich grinsend hinter dem Tisch sitzen. Jetzt klingelten bei mir sämtliche Alarmglocken. Erst als ich mich umdrehte, sah ich meine Eltern. Meine Mutter weinte unentwegt, mein Vater kämpfte mit den Tränen, und ich stand wie versteinert da.

Nach den Umarmungen, die nicht aufhören wollten, kamen die üblichen Fragen besorgter Eltern:

„Wie geht es dir? Du bist ja so blass", und dabei streichelte meine Mutter immer wieder mein Gesicht und meine Hände.
„Was machen deine Verletzungen?" Fragen über Fragen. Der Vernehmer ließ sämtliche Fragen durchgehen, schritt nicht einmal ein und untersagte nichts.
„Wirst du auch ausreichend medizinisch betreut?" Dies fragte mein Vater sehr eindringlich. Was sollte ich darauf antworten? Sollte ich ihnen mitteilen, dass so gut wie keine ärztlichen Untersuchungen an mir vorgenommen wurden?
„Natürlich" sagte ich, „man kümmert sich sehr intensiv um mich", und das stimmte nun wirklich, nur nicht so, wie mein Vater es gemeint hatte. Es fehlt mir an nichts."
Meine Absicht war nur, meine Eltern zu beruhigen und ihnen die Angst zu nehmen, sie gingen mit mir nicht korrekt um. Heute noch, nach so vielen Jahren, läuft es mir kalt den Rücken runter, wenn ich an diese Situation zurückdenke.
„Schau, mein Junge, was ich dir mitgebracht habe. Der Staatsanwalt hat es freundlicherweise gestattet. Frisch gebratene Bouletten, die du doch so gerne isst, noch warm, bitte greif zu."
Keinen Bissen bekam ich runter. Mein Hals war wie zugeschnürt. Mir lief noch nicht einmal das Wasser im Mund zusammen. Zu schnell hatte ich vergessen, dass es auch anderes Essen gab als diesen Fraß hier.
„Macht nichts, mein Junge. Wenn du jetzt nicht essen kannst, dann isst du eben später. Du darfst alles mit auf deine Zelle nehmen."
Mein Blick ging zum Vernehmer, und da begriff ich dessen perfide Absicht. Quälen wollten sie meine Eltern und mich. In ihrer Hilflosigkeit und ihrer Wut, mich nicht kleinzukriegen, wie sie es gerne gehabt hätten, zogen sie sämtliche Register, um mich zu demütigen.
Nach einer halben Stunde meinte der Aufpasser, dass es nun Zeit sei, sich zu verabschieden. Tatsächlich kam nun das, was ich geahnt hatte. Meine Mutter packte die Leckereien schnell ein in dem Glauben, ich dürfte diese mitnehmen. Ihr Gesichtsausdruck war sehr glücklich, und ihre Augen strahlten nur so. „Iss nicht alles auf

einmal auf, sonst bekommst du noch Magenbeschwerden. Teile es dir schön ein."

Mein Gott, was freute sie sich, mir wenigstens dieses Wenige mitgeben zu können. Mit welch einer Liebe und Hingabe musste sie diese Leckereien in ihrer Küche zubereitet haben glücklich, mir eine Freude bereiten zu können. Und nun kam diese schreckliche Wahrheit. Wie versteinert stand ich vor ihr und schaute sie nur an. Sprechen konnte ich nicht. Hätte ich jetzt auch nur versucht etwas zu sagen, ich hätte laut losgeweint. Doch diesen Triumph gönnte ich meinen Vernehmer nicht.

„Was ist los, Junge, freust du dich nicht?" Was sollte ich ihr sagen? Was jetzt kam, wusste ich.

„Es tut mir sehr leid", sagte der Vernehmer, „doch auf die Zelle darf Ihr Sohn nichts mitnehmen. Laut Anstaltsordnung ist das nicht gestattet."

Vorher hatten sie meinen Eltern die Zusage gegeben, jetzt wurde sie einfach so zurückgezogen. Meine Mutter brach richtig zusammen. Es tat mir im Herzen weh, meine Mutter so sehen zu müssen. Weinend versuchte sie diesen Unmenschen umzustimmen. Nichts ging, Erbarmen gab es nicht. Mein Vater verstand die Situation und sagte kein Wort. Jetzt wusste er, dass meine Aussagen über diese korrekte Behandlung hier nicht stimmten. Schnell verabschiedete ich mich, wobei meine Mutter es gar nicht mitbekam, dass ich aus dem Besucherzimmer ging. Zu sehr war sie damit beschäftigt, diese Unmenschen umzustimmen.

Wie ein begossener Pudel schlich ich zurück in meine Zelle. Dort angekommen, setzte ich mich auf meine Pritsche. Ich musste das eben Erlebte erst einmal verarbeiten. All das, was ich als 17-jähriger Junge bisher hier erlebt hatte, ging schon an die Substanz. Dieser Terror und diese Demütigungen konnten mich nicht zerbrechen, im Gegenteil, sie machten mich stark. Nie hatte mich einer weinen sehen. Tränen verlor ich allein nachts im Bett, wenn Einsamkeit und Hilflosigkeit mich packten. Die Tränen meiner Mutter und ihren vergeblichen Kampf darum miterleben zu müssen, mir zumindest dieses Wenige mitgeben zu dürfen, dieses Flehen und Betteln hau-

te mich um. Mein Stimmungsbarometer stand auf null. Damit hatten sie erreicht, was sie erreichen wollten. Anders hatten sie keine Chance. Welch ein Triumph, so dachten sie, endlich ist er „weich".
Mein Kumpel Kalle brauchte Tage, um mich wieder aufzurichten.
Trotzig lehnte ich von nun an ab, am Hofgang teilzunehmen. Auf Fragen der Schließer gab ich keine Antwort, sondern verweigerte mich total. Nur mit meinem Kameraden Kalle unterhielt ich mich noch. Ansonsten zog ich mich innerlich zurück. Die Sorge um den Gesundheitszustand meiner Mutter machte mir sehr zu schaffen.
Am 18. März wurden mir die Gipsmanschetten von den Beinen und vom rechten Arm abgenommen, was eine Erlösung war. Zimperlich gingen sie dabei nicht mit mir um. Mit der Schere schnitten sie mir dabei beide Knöchel auf. Das Blut stillten sie mit einer Tinktur, die mir die Tränen in die Augen trieb. Jeweils eine kleine Binde wurde um die Wunden gewickelt, und die Unterschenkel wurden mit Salbe eingerieben. Das war`s. Jeden Pulsschlag spürte ich an meinen Knöcheln. Mein Kumpel Kalle starrte mich mit weit aufgerissenen Augen an und brachte kein Wort heraus.
„Kalle, wie kann ich dir nur helfen?", fragte er nach einiger Zeit immer wieder.
„Du hilfst mir doch schon. Deine Anwesenheit hilft mir ungemein. Ich bin so glücklich, nicht allein zu sein", sagte ich zu meinem Haftkameraden. Wir waren beide den Tränen nahe, doch keiner konnte weinen.
Die Wunden an meinen Knöcheln entzündeten sich, schmerzten und es trat ständig Eiter heraus. Mit meinem Urin schmierte ich die offenen Stellen mehrmals am Tag ein. Es half wirklich, doch der Gestank war fast unerträglich.
Kurz danach war Duschtag. Für mich zum ersten Mal nach sechs Wochen. Dieses Gefühl, unter dem Wasser zu stehen, war einfach traumhaft. Ich genoss es sehr. Obwohl das Wasser eiskalt war, endlich konnte ich meinen Körper säubern. Mein Kamerad drängte:
„Kalle, beeil dich, die drehen das Wasser ganz schnell ohne Ankündigung ab."
Von Kopf bis Fuß eingeseift wollte ich mich nun abbrausen, doch

plötzlich stellten die tatsächlich das Wasser ab. Die Tür ging auf: „Anziehen und raustreten, aber dalli!“
Nee, da spielte ich nicht mit. Nackend voller Seife blieb ich stur stehen.
„Rauskommen“, riefen sie sehr barsch.
„Los, Kalle“, sagte mein Kamerad voller Sorge zu mir, „die verstehen keinen Spaß, deine Schonzeit ist vorbei.“
Keinen Zentimeter bewegte ich mich.
„Ihr müsst mich schon holen“, rief ich zur Tür. „Bevor ich kein Wasser zum Abwaschen bekomme, bleibe ich hier drin.“
Meinen Kameraden, der sich vorn an der Tür anzog, griffen sie sich ziemlich schnell und brachten ihn weg.
„Kalle, mach keinen Scheiß“, rief er mir noch zu und schon war die Tür wieder zu.
Nun stelle sich jeder folgende Situation vor: Ich, nackend, total eingeseift, die Knechte standen an der wieder geöffneten Tür und begriffen, den konnte keiner anfassen bzw. festhalten. So ließen sie mich einfach in der Dusche stehen, ohne etwas zu tun, also eine wirklich blöde Art und Weise, mich zu ärgern.
Langsam ärgerte ich mich wirklich. Diese schmierige Seife trocknete auf meiner Haut ein und verursachte Juckreiz. Jetzt stand ich wirklich ziemlich dumm da und wartete auf die weiteren Reaktionen. Es geschah nichts.
„Die werden dich doch nicht einfach hier stehen lassen?“, überlegte ich voller Spannung.
In der Zwischenzeit wurde das Mittagessen ausgeteilt. Nur ich bekam nichts. Vorn an der Tür lagen am Duschtag immer auf einem Hocker frische Unterwäsche, ein frisches Hemd und ein neues Handtuch. Jetzt lag dort nichts. Die Wärter hatten alles weggenommen. In meinem Ärger schlug ich gegen die Tür und machte so auf mich aufmerksam. Keine Reaktion von der anderen Seite.
Das Abendbrot wurde gebracht. Ich hörte die Essenskolonne auf dem Flur, aber keiner kümmerte sich um mich. In der Duschzelle wurde es immer kälter. Sie hatten vermutlich von außen die Heizung abgestellt. Das Licht brannte sowieso nicht mehr. Auf dem Flur wur-

de es immer ruhiger. Irgendwann hörte ich den Schließer auf dem Gang, der rief:
„Schlafen gehen, alles schlafen gehen." Zehn Minuten später wurde in den Zellen das Licht gelöscht.
Dass sie mich nicht vergessen hatten, war mir klar. Sie trieben wieder einmal ihre Spielchen mit mir. Irgendwann in der Nacht ging das Licht an, und es sprudelte Wasser aus dem Duschkopf. Sofort stand ich unter dem Wasserstrahl. Das Wasser war eiskalt. Meine Brustwarzen standen einige Zentimeter von meiner Brust ab. Da hätte ich locker einen Ledermantel ranhängen können. Verzweifelt wollte ich diese klebrige Seife von meinem Körper schrubben, aber es gelang mir nicht. Wie eine zweite Haut klebte sie fest. Ich konnte machen, was ich wollte; diese Schmiere ging nicht ab. Nachdem das Wasser wieder abgestellt worden war, öffnete sich die Tür, und meine Sachen flogen in hohem Bogen in die Dusche, direkt in das Wasser auf den Boden. Unterwäsche, Hemd, Hose und Handtuch waren sofort völlig durchtränkt. Drei Schließer standen an der Tür und schauten mir zu. Hätte ich jetzt etwas verkehrt gemacht, hätten sie sich an mir ausgetobt.
Brav zog ich die nassen Klamotten an und ging ebenso brav in meine Zelle. Hier begrüßte mich mein Kamerad überglücklich. Die ganze Nacht über versuchte er, mir mit dem nassen Handtuch den Schmierfilm vom Körper abzureiben. Nackend hockte ich auf dem Toilettenbecken, während er rubbelte. Er tauchte das Handtuch ins WC-Becken, betätigte die Spülung, wrang das Handtuch aus und rubbelte weiter. Irgendwann ging auch das nicht mehr, da von außen die Spülung abgedreht wurde. Wir legten uns auf die Pritschen, um zumindest ein wenig zu schlafen.
Am nächsten Morgen erwachte ich fast als Mumie. Das Laken klebte ekelhaft an meinem Körper fest. Das Wachpersonal wollte mir wahrscheinlich nur einen Gefallen tun und mir das Festkleben am Laken ersparen. Denn für drei Tage nahmen sie mir das gesamte Bettzeug inklusive der Matratze weg, weil ich mich den Anweisungen des Personals widersetzt hatte. Es machte mir schon nichts mehr aus.

Post von meinen Eltern bekam ich auch nicht mehr, konnte diese allerdings beim Studieren meiner Stasiakten 36 Jahre später nachlesen. Die Post war gesammelt und schön eingeordnet worden. Meine Briefe hielten sie auch zurück, mit folgender Begründung: „Es wird gebeten, den Brief des U-Häftlings Richter wegen seines provokatorischen Inhalts nicht an seine Eltern weiterzuleiten."
Einer dieser Briefe enthält u. a. folgende Formulierung:
„Aber das interessiert diese Leute ja nicht, ob ich als Wrack oder sonst etwas herauskomme. Die Hauptsache ist, dass ich meine Strafe absitzen muss. Draußen spuckt man große Töne, wie gut es die Jugendlichen in der DDR haben. Hier drinnen schmachtet aber so ein kleiner Jugendlicher aus der DDR ..."
Was müssen diese Leute für eine Angst vor der Wahrheit gehabt haben.
Meine grundsätzlich negative Einstellung diesem Staat DDR gegenüber hatte sich durch meine Erfahrungen im Gefängnis nur noch verfestigt. Mit aller Deutlichkeit sagte mein Vernehmer irgendwann zu mir:
„Richter, unsere Ermittlungen in deinem Fall sind abgeschlossen. Möchtest du von mir hören, was dich erwartet?"
Natürlich wollte ich das.
„Nach meinen Erfahrungen, und ich bin schon ziemlich lange bei diesem Verein, bekommst du zwischen sechs und acht Jahren. Zuerst dachten wir wirklich, diese Aktion sei ein dummer Jugendstreich. Du hast dich einer Straftat schuldig gemacht, die heute keineswegs als außergewöhnlich zu bezeichnen ist. Gemeinsam mit Gleichaltrigen hast du Vorbereitungen getroffen, ohne dich hierbei von den anderen auffällig abzuheben. So dachten wir anfangs. So dachte ich auch", fügte er hinzu. „Doch jetzt sind wir zu der Meinung gekommen, dass du und einige deiner Freunde, so unsere bisherigen Feststellungen, in Verbindung zu verbrecherischen Dienststellen gestanden habt. Es besteht nunmehr der dringende Verdacht, dass du mit einer uns noch unbekannten Schleusergruppe zusammengearbeitet hast."
Ich wusste beim besten Willen nicht, was der von mir wollte.

„Nur wenn du dich jetzt offenbarst, kann ich noch eine gute Beurteilung abgeben. Mensch, begreife doch endlich. Deine Lügen sind doch alle sämtlich aufgeflogen. Öffne dein Herz und dein Gewissen. Das wird sich positiv auf dein Strafmaß auswirken. Falls du weiterhin so stur bleibst, schließe ich die Akten und übergebe sie der Staatsanwaltschaft."
„Tun sie das", war meine Antwort. „Alles, was ich zu sagen hatte, steht dort drin. Mir fällt nichts mehr dazu ein."
„Trotzdem alles Gute", meinte er zu mir. Er reichte mir seine Hand, und ich durfte gehen. Diesen Typen sah ich nie wieder.
Zurück in der Zelle grübelte ich mir die „Birne" kaputt. Auf diese Andeutungen konnte ich mir keinen Reim machen.

Jetzt wartete ich auf meinen Gerichtstermin. Draußen begann der Frühling, für mich die schönste Jahreszeit. Nun wieder in Einzelhaft, erfreute ich mich an den kleinsten Nebensächlichkeiten. Ein Sperling saß draußen auf dem Fenstersims und trällerte sich die kleine Lunge aus dem Schnabel. Jeden Tag, über Wochen, zwitscherte er mir was vor. Was habe ich diesen kleinen Vogel beneidet! Dieser kleine Vogel war frei, ich nicht.
Am Wochenende, wenn die Zeit überhaupt nicht vergehen wollte und die Sonne draußen schien, empfand ich das Eingesperrtsein als besonders schlimm. Die Brotkrumen, die ich meinem kleinen Freund auf den Fenstersims legte, pickte er mit Begeisterung auf. Stundenlang stand ich unter dem Zellenfenster und zirpte und pfiff mit ihm um die Wette.
Die Schließer hatten wohl schon geglaubt, jetzt hätten sie mich, endlich drehte ich durch. Doch diesen Gefallen tat ich ihnen nicht.
Eines Tages kam der kleine Vogel nicht mehr. Es gab kein Zwitschern, kein Flattern der kleinen Flügel, nichts mehr. Tagelang stand ich unter meinem Fenster und versuchte ihn mit meinen Rufen zu locken. Mein kleiner Freund blieb verschwunden. Einfach so. Mein Gott, war ich traurig. Zum Schluss redete ich mir ein, dass er eine Familie gegründet und deshalb keine Zeit mehr für Besuche habe. In solchen Momenten spürte ich die Einsamkeit überdeutlich. Für

mich ist es heute noch der Inbegriff der Freiheit, wenn ich einen Vogel sehe. Jetzt durfte ich mich nicht fallen lassen. Irgendetwas musste ich gegen depressionsartige Anfälle tun. Stunden über Stunden lief ich die Zelle auf und ab: sechs Schritte bis zur Tür, Drehung, sechs Schritte bis zum Fenster, wieder Drehung und das gleiche wieder von vorn. Das ging tagelang bzw. wochenlang so. Ich trieb auch Sport: Liegestütze bis zur totalen Erschöpfung und Kniebeugen, bis mir schwindelig wurde.
Zwischendurch telefonierte ich mit dem Zellentrakt. Das ging so: Ich setzte mich quer auf das Toilettenbecken und pumpte durch schnelles Auf- und Absetzen das Wasser aus dem Traps. War kein Wasser mehr im Traps, legte ich mir eine Decke über den Kopf und sprach durch die Abflussrohre mit irgendeinem aus dem Block. Das ging nur, wenn draußen auf dem Flur Bewegung herrschte. Es durfte nicht zu ruhig sein, weil es sonst die Schließer mitbekommen hätten. Auf Klopfzeichen hatte ich keinen Bock mehr. Die linke Tour von damals reichte mir. So vertrödelte ich den Tag.
Leider hatte ich auch dabei wieder Pech. Beim Spionieren durch das Guckloch sah der Schließer nur mein Hinterteil, während sich mein Kopf im Becken befand. Er betätigte von außen die Spülung. Wusch, schon bekam ich die volle Ladung Wasser ab. Ehe ich stand, befand er sich schon in der Zelle.
„Was haben Sie da gemacht?“
„Ich wasche mir gerade meinen Kopf“, gab ich zur Antwort.
„Wollen Sie mich verarschen?“, brüllte er mich an.
„Würde ich mir nie erlauben, das wissen Sie doch“, knurrte ich zurück.
„Dich erwische ich noch, warte nur ab“, drohte er und schloss die Zellentür.
Als ich meinte, es noch einmal versuchen zu müssen, linkte er mich noch einmal. Er ließ mich in aller Ruhe den Traps auspumpen und sperrte von außen das Wasser ab. Mit einem Ohr hing ich in der Kloschüssel, mit dem anderen versuchte ich die Geräusche auf dem Flur zu deuten. Die Tür wurde ganz langsam aufgeschlossen. Ich drückte auf die Spülung, um den Traps wieder zu füllen. Doch

es kam kein Wasser. Das war wirklich blöd. Ich glotzte ins leere Becken. Er grinste mich an.
„Na, wolltest du diesmal baden?"
„Gut, dass Sie kommen", meinte ich. „Mein Klo ist nicht in Ordnung."
„Tatsächlich, hier ist ja kein Wasser drin. Das tut mir wirklich leid", meinte er und verschwand.
Nach kurzer Zeit kam er wieder und ich durfte ihn in den Keller begleiten. Es bedeutete sieben Tage Haft im Keller. Diese Bestrafung war wirklich überzogen. Im Normalfall gab es dafür drei Tage Matratzenentzug, aber für mich galten hier andere Regeln. Wo bei anderen nur der Finger gehoben wurde, zogen sie bei mir sämtliche Register. Ein böser Blick von mir reichte den Schließern schon aus, um mich zu bestrafen. Eine Lobby hatte ich hier wirklich nicht.
Nach sieben Tagen Dunkelhaft, auf meinen Gemütszustand dabei möchte ich hier wirklich nicht eingehen, verfrachteten sie mich in die Zelle Nr. 7 im Erdgeschoss. Dort war die Zeit vor 70 Jahren stehen geblieben. Es war die Zelle für die Hoffnungslosen, die Renitenten. Ich wiederhole nur die Äußerung eines Schließers. Zelle Nr. 7 war eine fast stockdunkle und sehr feuchte Zelle. Die Schlafstelle bestand aus einer Holzpritsche. Vorne gab es eine Sitzfläche von ungefähr 50 cm, danach ging es schräg nach oben Richtung Fenster, das von außen mit einer Metallblende verschlossen war. Es roch feucht und faulig darin. Das Wasserrohr über dem Klo tröpfelte ständig. Alle paar Sekunden machte es plopp, plopp. Am Tage ging es noch, doch nachts ging mir das mächtig auf den Zeiger. Auf dieser Holzliege oder -schräge, keine Ahnung, was das war, konnte ich nicht schlafen. Die Liegefläche war sehr schmal, drehte ich mich einmal um, lag ich schon wieder auf dem Boden. Schräg hinlegen, also nach oben, ging auch nicht, da, sobald ich eingeschlafen war, die Beine einknickten, und ich nach unten rutschte. Ich lag dann wieder auf dem Fußboden. Auf diesem feuchten und kalten Boden konnte ich aber auch nicht schlafen, da ich ja keine Matratze hatte. Mit dieser Zelle hatten sie sich wirklich etwas einfallen lassen.
So zwei- bis dreimal am Tag ging die Tür auf:

„Rauskommen und links den Gang runter", schrie ein Schließer. Da man mir zwar den Gips von den Füßen abgenommen hatte, aber keinerlei Nachbehandlung oder Therapie erfolgte, waren meine Beine sehr stark angeschwollen und schmerzten. Die Feuchtigkeit und Kälte in dieser Zelle machten mir sehr zu schaffen, das Laufen fiel mir sehr schwer.
Kopfschmerzen hatte ich inzwischen ohne Unterlass. Zu allem Überfluss bekam ich auch noch häufig Magenschmerzen, die nachts am schlimmsten waren. Nach meiner Haftentlassung wurden Magengeschwüre diagnostiziert. Hier im Gefängnis fanden trotz meiner vielen Anmahnungen keine Untersuchungen statt.
Jedes Mal, wenn der Befehl kam, watschelte ich wie eine Ente den Gang entlang. Plötzlich stand ein anderer Schließer da.
„Nein, nicht Nummer sieben, Nummer acht soll kommen. Los, schnell zurück." Ein Schlag ins Kreuz, damit es schneller ging, Zellentür zu. Dabei hatte ich mich schon auf ein wenig Abwechslung gefreut. Doch hinter allem steckte System. Die Helligkeit auf dem Flur tat den Augen weh. Dann herrschte wieder diese Dunkelheit in der Zelle. Ich konnte nichts sehen, ähnlich wie in einer Dunkelkammer. Das ständige Tröpfeln des Wassers, die Verarschung mit dem Aus- und Einschließen und kaum Schlaf machten einen wirklich mürbe. Mir reichte es wirklich. Meine kleine Seele kochte. Falls ich hier noch einmal rauskäme, in eine andere Zelle, nahm ich mir vor, wäre ich ganz brav. So allmählich bekam ich die „Leck-mich-am-Arsch"-Stimmung.
Die Benutzung der Toilette gestaltete sich auch abenteuerlich. Beim Sitzen rieselte ständig das Wasser aus dem kleinen Rohr die Pobacken runter. Toilettenpapier wurde streng eingeteilt.
Jeden Morgen gab es nicht mehr als zwei Blatt. An manchem Tag gab es gar kein Papier. Einteilen musste man schon sehr genau.
Wegen des Dämmerlichts in dieser Zelle bedurfte es höchster Konzentration, um einen Gegenstand erkennen zu können. Ich bekam so starke Kopfschmerzen, dass mein Allgemeinbefinden qualvoll wurde. Heute bin ich der Meinung, dass die Beschwerden durch eine Strahlendosis, wie hoch auch immer, verstärkt wurden. Diese

Zelle war von der Stasi so präpariert worden, um den Inhaftierten körperlichen Schaden zuzufügen. Unter Kopfschmerzattacken leide ich heute noch.
Die „Jungs“ wussten sehr genau, wie sie mich quälen konnten. Einfach aus Jux und Dollerei drehten sie das Wasser an, wenn ich gerade auf dem Klo mein „Geschäft“ machte. Ein Sitzbad war inklusive. Die Palette an Möglichkeiten, mich zu ärgern, war riesengroß.
Irgendwann verbrachten sie mich in die Zelle Nr. 56. Sie war ein Neubau, hell und etwas größer als die, die ich bisher kennenlernen durfte. Nach langer Zeit fühlte ich mich geradezu wohl. Wenn nur nicht diese verdammte Langeweile gewesen wäre. Nichts, absolut nichts geschah. Ich hing allein rum und wartete auf meinen Gerichtstermin. In Gedanken spielte ich das Urteil durch. Was hatte der Vernehmer gesagt? Sechs bis acht Jahre? Das glaubte ich nicht. Und wenn doch? Mit 23 bzw. 25 Jahren würde ich erst wieder rauskommen. Der Gedanke daran ließ mich erschaudern.
„Mit welchem Recht“, so dachte ich immer wieder, „stehlen diese Unmenschen dir deine Jugend?“
Diese Gedanken bestärkten mich in meiner Einstellung, dass mein Verhalten und meine Handlungsweise richtig seien. In diesem Staat hatte ich nichts zu suchen. Was ich bisher hier in dieser Haftanstalt erlebte hatte, hätte ich nie für möglich gehalten. Doch es geschah mit mir. Draußen wurde es so langsam Sommer, durch die Glasbausteine sah man die Sonnenstrahlen und erahnte den blauen Himmel. Was machten meine Leute jetzt draußen? Dachte überhaupt noch einer an mich?
Wie sehr draußen an mich gedacht wurde, erfuhr ich erst viel später. Unermüdlich kämpfte meine Mutter um Hafterleichterungen für mich und riskierte dabei Kopf und Kragen. Durch ihre Tätigkeit im Regierungskrankenhaus, aus dem sie nach meiner Verhaftung sofort fristlos entlassen worden war, kannte sie sehr viele Menschen in einflussreichen Positionen. Diese Beziehungen nutzte sie jetzt aus. Sie schrieb Eingaben über Eingaben. So auch eine an den Leiter der Haftanstalt Berlin-Pankow:

„Beim letzten Besuch bei meinem Sohn stellte ich fest, dass er sich in einem erschütternden Gesundheitszustand befindet. Hiermit bitte ich um eine dringende ärztliche Untersuchung meines Sohnes, der seit dem 6.2.64 in Untersuchungshaft ist ... . Seine gebrochenen Mittelfüße wurden ebenfalls mangelhaft behandelt, er hat Sehstörungen und Haarausfall. Dies ist eine Folge des Vitaminmangels, fehlender Sonne ...“

Meine Mutter brachte es mit ihren drastischen Schilderungen und ihrer Hartnäckigkeit tatsächlich so weit, dass ich ärztlich untersucht wurde. Ärztliche Bescheinigungen füllten die Schreibtische der Verantwortlichen. Es fehlte nicht sehr viel, und ich hätte einen „Jagdschein“ bekommen. Jagdschein war die saloppe Formulierung für die Einweisung in die Psychiatrie. Zum Glück erkannten die mich behandelnden Ärzte sehr schnell, dass hier keine Geisteskrankheit vorlag.

Beim Studieren meiner Stasiakten stellte ich zu meinem Erstaunen fest, dass Staatsanwaltschaft und Stasi sich in sehr vielen Dingen gar nicht grün waren. Der Staatssicherheitsdienst fühlte sich als ein Staat im Staat. Ihm kam nie in den Sinn, dass sein Handeln nicht rechtens sein könnte. Sein „Rechtsbewusstsein“ ließ keine Kritik zu. Als „Schild und Schwert“ der Partei war dem Staatssicherheitsdienst jedes Mittel recht, Untersuchungen, egal wie, zu führen. Gesetze gab es für die Stasi nicht. Ein erteilter Auftrag wurde um jeden Preis erfüllt. So schrieb ein Staatsanwalt folgenden Brief:

Entsprechend dem Rückgabebeschluß Bl. 166 d. A. werden die Akten zurückgereicht. Die Ermittlungen sind von MfS geführt und meines Erachtens ist auch diese Stelle für die Nachermittlungen zuständig. Die Genossen von MfS sollten darauf hingewiesen werden, bei Verfahren gegen Jugendliche auch die Bestimmungen der JGVO zu beachten. Gleichzeitig bitte ich mit anzugeben, in welcher Haftanstalt sich Richter befindet. Es wäre kein Fehler, bei Abgabe an eine nachgeordnete Dienststelle anzuführen, in welcher UHA der Betreffende einsitzt.

Es ist kaum zu glauben. Ein Staatsanwalt hatte keine Kenntnis da-

von, in welchem Gefängnis sich sein „Schützling“ befand. Ähnliche An- bzw. Nachfragen fand ich in meinen Unterlagen noch häufig. Es wurde von draußen wirklich sehr viel für mich unternommen, nur ich merkte drinnen nichts davon. Es wunderte mich schon ein wenig, dass es ein paar medizinische Befragungen gab, nur kannte ich den Hintergrund nicht. Mir sollte es recht sein, denn es brachte in meinen eintönigen Alltag ein wenig Abwechslung hinein.
An meine Kumpels in Westberlin dachte ich auch sehr häufig. Ob sie noch an mich dachten, oder war ich in ihrem neuen Leben schon in Vergessenheit geraten? Solche oder ähnliche Gedanken gingen mir durch den Kopf. Es gab Momente der Verzweiflung, die keiner beschreiben kann. Am anderen Tag war ich wieder voller Optimismus. Das Stimmungsbarometer ging wie eine Fieberkurve rauf und runter.
Die Zähigkeit, mit der meine Mutter um mich kämpfte, forderte ihren Tribut. Ihr Gesundheitszustand verlangte eine Ruhepause, und so fuhr sie zur Kur. Dabei lernte sie eine Dame kennen, die im „Pankower Städtchen“ wohnte. Dort lebten damals nur hohe Partei- und Staatsfunktionäre sowie deren Angehörige. Die beiden Frauen schlossen Freundschaft miteinander, und meine Mutter klagte der Frau ihr Leid.
„Wenn ich wieder in Berlin bin, werde ich mich schlau machen,“ versprach die Dame meiner Mutter.

Ende Juli bekam ich wieder Besuch von meinen Eltern. Sie wollten mich auf den bevorstehenden Gerichtstermin einstimmen.
„Sag nur, dass es dir leid täte“, legten sie immer wieder nahe.
Doch das konnte ich nicht. Meine „Bockigkeit“ wurde von Tag zu Tag größer. In mir hatte sich ein Trotzverhalten entwickelt, das jeder Vernunft spottete. Dummheit nennt man so etwas wohl.

27. Juli 1964
Unverhoffte Entlassung

Am Montag, dem 27. Juli 1964 wurde meine Zellentür aufgeschlossen:
„Mitkommen!“, sagte der Schließer. Das waren seine einzigen Worte. In der Nachbarzelle lagen meine Privatklamotten, die ich anziehen sollte. Da ich mich über nichts mehr wunderte, tat ich wie geheißen, ohne weiter nachzudenken. Wieder in einer anderen Zelle wurde mir mitgeteilt, dass ich nach Hause gehen könne. Ich begriff gar nichts.
„Wie bitte? Könnten Sie das noch einmal wiederholen?“
„Aber sicher doch“, meinte der Mann in Zivil. „Sie werden jetzt nach Hause gehen, sofort. Nun verstanden?“
Wie sollte ich das verstehen? Mein erster Gedanke war, dass sie wieder ein Spielchen mit mir trieben. Doch jetzt sollte ich auch eine Erklärung unterschreiben.
„Was soll ich?“, fragte ich voller Misstrauen.
„Schreiben Sie, was ich ihnen diktiere“:

Erklärung!

Ich bin darüber belehrt worden, dass ich über die Belange, die ich während meiner Haftzeit in Erfahrung brachte, mit dritten Personen nicht zu sprechen habe. Das bezieht sich auf die Personen, mit denen ich zusammen in Untersuchungshaft war, und ich wurde darauf hingewiesen, dass es verboten ist, die Angehörigen von diesen Personen aufzusuchen und Einzelheiten über die Inhaftierung der Personen mitzuteilen.

Diese Erklärung unterschrieb ich sofort bedenkenlos. Erst nach meiner Haftentlassung grübelte ich lange Zeit über dieses Schriftstück nach. An seinen Wortlaut konnte ich mich nicht mehr erinnern. In dem Augenblick, als ich von meiner Haftentlassung erfuhr, machte es in meinem Kopf klick, und ich hatte einen ziemlichen Aussetzer. Immer wieder versuchte ich, mir diese Situation ins Gedächtnis zu rufen. Meine Angst war groß, in diesem Moment ein Schriftstück unterschrieben zu haben, das mich zu irgendetwas verpflichtete. Es hätte eine Verpflichtungserklärung sein können, für diese Leute zu arbeiten oder Ähnliches. Die Angst verfolgte mich jahrelang. Erst beim Lesen der Stasiakten hielt ich dieses Schriftstück wieder in meinen Händen und konnte aufatmen.

Damals stand ich zehn Minuten später auf der Straße. Es war herrlicher Sonnenschein, ein traumhaft schöner Tag. Gleich neben dem Gefängnis befand sich eine Kneipe. Mein erster Gedanke war, hier müsse ich rein. Beim Wirt bestellte ich ein Bier und eine Currywurst mit Kartoffelsalat. Als er mir das Bier brachte, meinte er:

„Curry kommt gleich."

„Macht nichts," erwiderte ich, „ich habe alle Zeit der Welt." Nachdem ich das erste Bier getrunken und ein zweites bestellt hatte, kam er mit der Wurst. Lange schaute ich auf den Teller und konnte es nicht glauben. Vor einer halben Stunde hockte ich noch in der Zelle, nun saß ich in dieser Kneipe und wurde bedient.

„Du siehst ja ziemlich blass um die Nase aus," meinte der Wirt. „Kommst du von nebenan?"

„Ja", gab ich zur Antwort, „eben rausgekommen."

„Diese Lage geht auf Kosten des Hauses, herzlich willkommen", sprach er zu mir. „Lass es dir schmecken."

Seit langer Zeit redete jemand höflich und nett mit mir, ich kam aus dem Staunen nicht mehr heraus. Das Essen schaffte ich nicht, denn mein Magen war zu, und das zweite Bier ging auch nur bis zur Hälfte durch meinen Hals. Es zeigte schon eine kleine Wirkung. Mich tausendmal bedankend verließ ich leicht beschwipst diesen netten Wirt und lief die Straßen entlang in Richtung unserer Wohnung.

Später habe ich erfahren, dass in dieser Kneipe sehr viele Stasimitarbeiter nach Feierabend ihr Bier tranken und sehr viel Zeit verbrachten. Sehr viele, die aus dem Knast kamen gingen sofort dort rein. Ehemalige Gefangene und die Mitarbeiter vom MfS. Ironie des Schicksal.

Es war ein Fußweg von etwa zwei Stunden. Natürlich hätte ich mit der Straßenbahn fahren können, nur wollte ich das nicht. Es machte mir überhaupt nichts aus. Dieses Gefühl, sich frei bewegen zu können, war unbeschreiblich. Die Straßen waren voller fröhlicher Menschen. Jede Menge hübscher Mädchen und Frauen - leicht bekleidet. Es war eine Augenweide. Leben, endlich leben, das wollte ich. Aber was hatten die noch mit mir vor? Musste ich wieder ins Gefängnis? Auf diese Fragen hatte ich keine Antwort. Egal, was auch immer geschehen würde, jetzt war ich erst einmal draußen.

Kurz vor meinem Elternhaus erkannten mich Nachbarn auf der Straße.
„Kalle, mein Gott, bist du es wirklich?"
Im Nu standen etwa zehn Menschen um mich herum, klopften mir auf die Schulter, umarmten mich und freuten sich aufrichtig. Einige Frauen hatten Tränen in den Augen. Sie wollten mich gar nicht gehen lassen. Diese Begrüßung verwunderte mich sehr. Wie ein Lauffeuer verbreitete sich die Nachricht, Kalle sei wieder da. Nur meine Eltern wussten noch von nichts. Bis zu meiner Haustür begleiteten mich unsere Nachbarn. Hier blieb ich erst einmal stehen. Ich traute mich gar nicht ins Haus. Doch nachdem ich allen Mut zusammengesammelt hatte, ging ich durch die Tordurchfahrt auf den Hof. Dort sah ich meinen Vater in der Garage, wie immer an unserem Auto bastelnd. Von hinten schlich ich mich an ihn ran und klopfte auf seine Schulter:
„Hallo Papa, da bin ich wieder."
„Wo kommst du denn her? Wie geht denn das?"
„Keine Ahnung", meinte ich, „plötzlich haben die mich laufen lassen".
Es herrschte reine Freude. Ungläubig schaute er mich immer wieder an und drückte mich an sich. Er ließ mich gar nicht mehr los.
„Na, das müssen wir deiner Mutter ganz schonend beibringen", meinte er, und gemeinsam gingen wir zur Wohnung.
Wir klingelten, und dann sah sie mich. Darauf kann ich gar nicht näher eingehen. Tränen über Tränen flossen. Überglücklich saßen wir im Wohnzimmer, lachten, weinten, hielten uns im Arm und erzählten. Dabei kamen wir zuerst gar nicht zur Ruhe. Laufend klingelte es an der Wohnungstür, Menschen, die wir nur flüchtig kann-

ten, gaben Blumen und kleine Geschenke ab. Obst wurde an der Wohnungstür abgelegt, ohne dass geklingelt wurde. Es war einfach überwältigend. Solch eine Begrüßung hatte ich nicht erwartet. Dass unser Fluchtunternehmen so bekannt geworden war, hatte ich nicht gedacht.
Meine Mutter informierte gleich die gesamte Familie. Oma, Opa, Tante, Onkel, alle kamen noch am selben Abend, um die Heimkehr des verlorenen Sohnes zu feiern. Am selben Tag steckte ich meiner Freundin Karin die Nachricht in ihren Briefkasten:
„Hallo Karin, ich bin wieder da."
Jetzt saß ich mit der versammelten Familie zusammen, es wurde gefeiert und gegessen. Sämtliche Tanten und Omas knutschten mich ab, so dass es ein harter Abend für mich wurde. Gegen Mitternacht ging der letzte Besucher, nicht ohne mir heimlich Geld in die Taschen gesteckt zu haben. Es war eine willkommene Sache für mich. So brauchte ich meine Eltern nicht anzupumpen.
Jetzt endlich kam Karin wie ein Wirbelwind. Die Freude war riesengroß. Wir liefen, wie damals am Abend vor der Flucht, die Straßen lang und erzählten beide nur. Dabei erfuhr ich, dass meine Freundin während meiner Haftzeit eine feste Bindung eingegangen war. Diese Nachricht traf mich nicht wirklich. Nach meinem Fluchtunternehmen hatte ich auch keinen Anspruch auf eine Weiterführung unserer Beziehung. Seit dieser Nacht haben Karin und ich eine wunderbare und tiefe Freundschaft aufgebaut. Diese Verbindung hält bis heute. Mein Schuldgefühl ihr gegenüber ist aber bis heute noch geblieben.

Am nächsten Tag rief meine Mutter die Richterin, die für meinen Gerichtstermin zuständig war, an und teilte meine Ankunft mit. Die Richterin wusste von meiner Entlassung gar nichts, es herrschte Verwirrung ohne Ende.
Nun rief meine Mutter die Dame an, die sie während der Kur kennengelernt hatte.
„Sei doch zufrieden, Ilse, wenn dein Sohn wieder zu Hause ist," meinte sie nur. „Mehr kann ich nicht tun. Rufe aber bitte nie wieder an." Das war`s.

Mit gemischten Gefühlen nahm ich das alles zur Kenntnis, konnte es jedoch nicht einordnen. Meine Angst, wieder ins Gefängnis zu müssen, wuchs von Tag zu Tag mehr.

Anfang August hatte ich endlich meinen Gerichtstermin. Hier wurde ich zu acht Monaten verurteilt, auf drei Jahre zur Bewährung, mit der Auflage, meine unterbrochene Lehre wieder neu zu beginnen.
Für mich alles unbegreiflich. Erst war ich so übel zugerichtet worden, hatte man mich gequält, und dann solch ein Urteil.
„Überglücklich" nahm ich dieses Urteil sofort an. Am nächsten Tag fuhren meine Eltern mit mir in den Urlaub nach Ahlbeck an die Ostsee. Dort konnte ich meine verwundete Seele wieder pflegen. Ich kam wieder in den normale Alltag zurück.
Nur stellte ich bei mir doch einige Veränderungen fest. Meine Unbekümmertheit von früher hatte ich verloren. Auf Fragen nach dem

Nach sechs Monaten Stasihaft: Karl-Heinz Richter erholt sich im August 1964 an der Ostsee

Gefängnisaufenthalt gab ich keine Antworten. Mein Vater versuchte ganz zaghaft, mit mir darüber zu reden. Selbstverständlich spürte er auch meine Veränderungen und wollte mir durch Gespräche helfen, aber es funktionierte nicht. Es ging einfach nicht. Ich konnte ihm nicht mitteilen, was ich erlebt hatte und wie ich behandelt worden war. Ich schwieg aus Sorge, er würde seelischen Schaden davontragen, er könnte das, was ich ihm berichten würde, nicht verkraften.
Meine Mutter unternahm erst gar keinen Versuch, mit mir darüber zu sprechen, sie wollte nichts davon wissen.
Mein Onkel Paul war der Einzige, mit dem ich ins Gespräch kam. Er verstand es hervorragend, in mein Innerstes hineinzuschauen. Die Russen hatten ihn gleich nach dem Krieg auf der Straße verhaftet und ins ehemalige KZ Sachsenhausen verbracht. Ohne Anklage, ohne Urteil, einfach so, für zwei Jahre. Als mein Onkel entlassen wurde, war er blind. Nun war mein Schicksal glücklicherweise nicht so hart, doch konnte Onkel Paul mich verstehen. Mit ihm saß ich Stunden zusammen und öffnete mich. Ich ließ es zu, dass er in meine Seele schaute. Ohne dass ich es bemerkte, baute er mich auf. Bis zu seinem Tod war Onkel Paul mein Seelenklempner.

Die schlimmste Veränderung, die ich an mir feststellte, war, dass ich keine Beziehung eingehen konnte. Ich ließ niemanden an mich ran und stieß sehr viele Menschen vor den Kopf. So hart, wie ich zu mir selbst war, verhielt ich mich auch anderen Menschen gegenüber. Zu niemandem hatte ich mehr Vertrauen, nur zu meinen Eltern. Wie viele Mädchenherzen ich in dieser Zeit zerbrach, weiß ich nicht. Es waren zu viele. Es gab Zeiträume, da wollte ich nur zerstören. Beinahe hätte ich mich selbst zerstört. Es dauerte viele Jahre, bis ich mich wieder selbst mochte, und damit auch mein Umfeld.
Selbst nach vielen Jahren, beim Recherchieren und beim Aufarbeiten der Stasiakten, fand ich keinen Hinweis, weshalb die ganze Sache für mich so relativ glimpflich abgelaufen war. Mit glimpflich meine ich diese doch verhältnismäßig kurze Haftzeit. Über die Behandlung im Knast, das wussten die Stasileute sehr genau, würde ich den Leuten in „Freiheit“ nichts erzählen. Keiner hätte es ge-

glaubt. Außerdem hatten sie mir jegliche Argumentationsgrundlage genommen. Nach außen gaben sie sich sehr human.
„Seht her, selbst solch einem Staatsverbrecher wie dem Richter geben wir Pardon. Obwohl er es nicht verdient hat, verzeihen wir ihm."
Das war ein geschickter Schachzug der Leute von der Staatssicherheit. Denn sie wollten auf diese Weise zugleich den Eindruck erwecken, dass der Richter nicht „sauber" sei. Es wäre immerhin möglich gewesen, dass sie mich zum Spitzel umgekrempelt hätten. Und es gab in meinem Umfeld tatsächlich Leute, die dies bewusst zu jeder sich bietenden Gelegenheit andeuteten.
Ich befand mich auch nach meiner Freilassung in einer verteufelten Situation. Dazu kam, dass meine Beliebtheit bei den Mädels, die zu jener Zeit sehr groß war, auf den heftigen Neid und Verdruss einiger sogenannter neuer Freunde stieß. Diese Umstände führten zu einer Verunsicherung mir gegenüber, was dazu führte, dass sich keiner an mich heranwagte, der eine neue Möglichkeit zum Flüchten suchte. Falls sich doch einer mit mir darüber unterhalten wollte, zog ich dies sofort ins Lächerliche und alberte nur rum. Ich ließ mich nicht für ihre „Spielchen" benutzen.
Zum Glück reagierte ich so. Denn wie ich später den Akten entnehmen konnte, hatte die Staatssicherheit tatsächlich mindestens zwei junge Männer und eine junge Frau auf mich angesetzt.
Über Jahre hatte ich auch die Befürchtung, dass meine Mutter in ihrer Verzweiflung einen „Pakt mit dem Teufel" eingegangen war, um mich zu retten. Diese Ungewissheit nagte an meinem Selbstbewusstsein und ließ mir keine Ruhe. Meine Mutter direkt darauf anzusprechen, wagte ich nicht. Heute habe ich die Bestätigung, sie hatte sich nicht verkauft. Eine große Last fiel von meinem Herzen. Der Umstand, dass sie damals im Regierungskrankenhaus tätig war und daher sehr viele Menschen in einflussreichen Positionen kannte, verhalf mir zu dem Wunder einer relativ milden Strafe. Erst nachdem ich diese Gewissheit hatte, konnte ich mit meiner Mutter über das Geschehen reden. So hatten wir die Möglichkeit, alles aufzuarbeiten. Jetzt erst war dieses Kapitel für mich abgeschlossen. Ich konnte meinen Frieden finden.

Nach der Haftentlassung brauchte ich einige Zeit, die körperlichen und seelischen Verletzungen zu heilen. So musste mir der linke Fuß unter Vollnarkose in einem Krankenhaus gerichtet werden. Insgesamt verbrachte 18 Monate in Krankenhäusern. Ich hatte immer noch ständig Kopfschmerzen, Herzrasen und Alpträume. Lange Zeit musste ich mich bei darauf spezialisierten Ärzten behandeln lassen, bis sich endlich ein Heilungserfolg einstellte. Die Wunden der Haft saßen doch tiefer, als ich es mir eingestehen wollte.
Den Wunsch, diesen Staat DDR zu verlassen, unterdrückte ich nie. Nur wollte ich meinen Eltern nicht noch einmal solch einen Ärger bereiten. Das wäre wirklich nicht fair gewesen.
Meine Lehre schloss ich erfolgreich ab, die vom Gericht erteilte Auflage hatte ich damit erfüllt.
Im November 1967 starb mein Vater plötzlich an einem Herzinfarkt in meinen Armen. Dieses Ereignis warf mich um. In meinem Zorn rief ich vom Schornstein unseres Wohnhauses; ihr verdammten Kommunisten habt meinen Vater umgebracht. Dies gefiel der Stasi nun gar nicht und man holte mich wieder ab. Nun ging es mir wie meinen beiden Kumpels, die allein mit ihren Müttern lebten und sie nicht einsam zurücklassen wollten.
Auf die Frage: Ob sich mein so gefahrvoller Entschluss zur Flucht überhaupt gelohnt hat, kann ich nur antworten:
„Ja." – „Ja, ich würde es immer wieder tun, denn ich bin mir treu geblieben."

Mauern

Ohne Rücksicht, ohne Mitleid, ohne Schamgefühl
haben sie große, hohe Mauern errichtet und mich eingehüllt.

Und hier sitze ich nun ohne Hoffnung.
Ich denke nur an das eine,
wie dieses Schicksal den Verstand mir verzehrt.

So viel hatte ich draußen zu tun.
Warum gab ich nicht acht,
als sie diese Mauern errichteten,
das Schicksal war sichtbar, es war nicht weit entfernt?

Ich habe die Mauern nicht gehört,
kein Geräusch,
nichts bemerkt.

Unmerklich haben sie mich aus meiner Welt gesperrt.

Konstantinos P. Kavafis (1896)

Teil 2

In diesem Teil werde ich darstellen, wie es sich als Gegner in diesem System lebte und wie ständige Verfolgung einen Menschen formt oder zerstört. Nur der, der sich nicht zu ernst nimmt, über sich selbst lachen kann, kann schlimme Dinge in seinem Leben einigermaßen unbeschadet überstehen. Deshalb versuche ich einiges auch mit ein wenig Humor zu erzählen, um die Traurigkeit nicht so herüberzubringen, die doch noch in meiner zerschundenen Seele vorhanden ist.

Wie heißt es doch: „Der Clown, der Clown,
der lässt sich nicht in die
Seele schau`n."

Nach diesem Motto lebe ich seit Jahrzehnten.

Wenn die Seele weint,
für dich die Sonne nicht mehr scheint,
dann stelle dir vor, es gibt immer einen,
der dich vermisst und liebt,
dieser Glaube dir wieder die Sonnenstrahlen ins Herz gibt,
nur dann bekommst du die Kraft, immer noch
ein Humanist zu sein.
Geht diese Fähigkeit dir verloren,
so bist du bedauernswert,
vegetierst ohne Sinn und Werte.
Möge diese Fähigkeit mir nie abhanden kommen!

Neuanfang nach der Haftentlassung

Lange Zeit brauchte ich, um meine gesundheitlichen Probleme in den Griff zu bekommen. Schwer war es auch zwischen Freund und Feind unterscheiden zu können. Zu viele wollten mit mir gut Freund sein. Doch wer meinte es ehrlich und wer war vom Staatssicherheitsdienst als „IM“ (Inoffizieller Mitarbeiter) auf mich angesetzt? Es stand keinem auf der Stirn geschrieben. Also ließ ich für mich keine Freundschaften zu.
Für mich war es nur wichtig, das Leben zu genießen. Genießen konnte man das Leben in der damaligen Zeit wirklich gut. Es wurde gefeiert, bis der Arzt kam. Es gab genug Clubs, in denen Lifemusik gespielt wurde. Die politisch Verantwortlichen ließen das zu, um speziell der Jugend das Gefühl zu geben, eine Art von Freiheit zu erleben. Ich war immer mittendrin, ließ die Puppen tanzen. Doch es war nie eine Ernsthaftigkeit in meinen Beziehungen zu den Mädels, ich wollte nur genießen.

1964 meine Eltern

Kalle an der Ostsee

In den sechziger Jahren gab es in der Bundesrepublik durch Oswald Kolle die sogenannte sexuelle Aufklärung. Die verklemmte bürgerliche Gesellschaft wurde bloßgestellt. Was gab es da für Widerstand. Solch einer sexuellen Aufklärung bedurfte es in der DDR nicht. Hier wurde freie Sexualität praktiziert. Ich habe in meiner Drangzeit keine Verklemmtheit festgestellt. Es wurde geliebt und gefeiert. In privaten Partys ging die Post ab. Für mich heute noch als Erinnerung die schönste Zeit meiner Jugend.
Mein Vater tat alles, um mir das Leben schön zu machen. Auf dem Hof, in einer Garage, hatte er eine kleine Werkstatt. Hier wurden Motorräder „frisiert", Motoren wurden schneller gemacht. Selbstverständlich hatte ich auch ein Motorrad: Eine 350er Jawa, ein Kultmotorrad zur damaligen Zeit, der Traum vieler Motorradliebhaber. Sehr sportlich und ziemlich schnell. Diese Jawa baute mein Vater als Rennmaschine um, mit

Kalle in den 60iger Jahren

kleinem Rennlenker, großem Büffeltank, Rennverkleidung, toller Farbe, einfach schön.
Eine Lederkombi, Rennstiefel und ein toller Helm gehörten dazu. Damit konnte man sehr viele Menschen beeindrucken.
Diese Selbstdarstellung passte genau zu mir. Egal, wo ich auftauchte, man schaute hin. Mädchenmangel gab es für mich nicht. Jeden Sonntag wurden auf der Autobahn Richtung Prenzlau, am Obersee, illegale Motorradrennen gefahren. Hier auf diesem Autobahnparkplatz trafen sich am Sonntagvormittag die Motorradfans aus der Umgebung.
Es gab kaum jemanden, der mit seiner Maschine schneller war als ich. Diese Rennen wurden von der Autobahnpolizei immer mit großem Argwohn beobachtet. Sehr oft verfolgten uns die Polizisten mit ihren Motorrädern, doch sie hatten keine Chance uns einzuholen. Die wildesten Verfolgungsjagden gab es damals. Ständig gab es Auflagen, die „Mühlen" wieder zu dem normalen Verkehrsstandard umzurüsten, es nervte nur. Nach dem Motto "Easy ride, after us the deluge, who can even harm us, we are young and pride" genossen wir das Leben.
Wir schlossen uns zu einer Gruppe von acht bis zehn zusammen und machten die Straßen unsicher.
Gemeinsam fuhren wir an den Wochenenden zum Beispiel nach Ahlbeck an die Ostsee. Mit hochgezogenen Motorengeräuschen fuhren wir als Kolonne in diesen Badeort ein und haben damit bestimmt sehr viele Urlauber erschreckt. Als Berliner warst du damals etwas Besonderes. Die Berliner Jugendlichen waren immer etwas anders. Sehr viele hatten Angst vor uns. Doch die Einheimischen begrüßten uns immer sehr lautstark. Wir waren willkommen.
An der Seebrücke stellten wir unsere Maschinen ab und gingen erstmal an den Strand, zogen unsere Klamotten aus und gingen nackt baden. Wir zogen eine Show ab, sodass die Aufregung an diesem Ort sehr groß war. Dies blieb der Exekutive natürlich nicht verborgen. Es dauerte auch nie lange und die Polizei erwartete uns schon.
Aus heutiger Sicht begreife ich es immer noch nicht, wie die Dorfpolizisten sich von uns haben vorführen lassen.

Nachdem wir alle unsere Sachen wieder anhatten, musste jeder sich ausweisen, die Papiere der Motorräder wurden genau in Augenschein genommen. Da nun kein einziges Motorrad den Vorschriften entsprach, gab es immer großen Ärger. Nach langem Palaver nahmen wir den Polizisten einfach die Papiere aus den Händen, setzten uns auf unsere Mühlen und fuhren los. Eine unglaubliche Provokation, wir wollten zeigen, wir haben keine Angst vor euch. Ohne Folgen blieb dies selbstverständlich nicht. Sie errichteten Straßensperren, um unserer habhaft zu werden. Irgendwann bekamen sie uns auch. In Wolgast mussten wir kurzfristig einsitzen, die Motorräder wurden konfisziert.
Mit der Auflage, die Motorräder wieder in den Urzustand zu bringen, fuhren wir wieder nach Berlin. Jetzt verfiel unsere Gruppe immer mehr, es machte keinem so richtigen Spaß mehr und ich wurde etwas ruhiger.
Nach dem Tod meines Vaters hatte ich niemanden mehr, der sich um mein Motorrad kümmerte, und somit hörte ich mit diesem Spiel auf.
1968 lernte ich meine Frau Dagmar kennen. Von da an wurde alles anders. Wir versuchten uns eine heile kleine Welt aufzubauen, gemeinsam mit unserer Tochter.
Die finanziellen Möglichkeiten waren zu stark eingeschränkt, um ein

1968 in Ost-Berlin, meine Frau Dagmar und ich

„gutes Leben" führen zu können. Der Verdienst war bescheiden. Beide hatten wir Arbeit, doch es fehlte viel. So ging ich auf Großbaustellen innerhalb der „DDR" auf Montage. Sämtliche Großbaustellen habe ich kennengelernt. Der Verdienst war gut, ein bescheidener Wohlstand begann für uns.
In Bitterfeld hatte ich einen Arbeitsunfall, die Behandlung wurde in Berlin durchgeführt.
Während der Genesungszeit in Berlin fasste ich den Entschluss, nicht mehr auf Montage zu gehen und mir in Berlin einen neuen Job zu suchen. Das war einfach. Arbeit gab es genug. Es bestand in der „DDR" die Pflicht, arbeiten zu gehen. Wer das nicht tat, bekam mit der Exekutive Probleme. Jeder Bürger hatte ein Sozialversicherungsbuch, in dem sofort zu erkennen war, ob man Arbeit hatte oder nicht.
Jede Krankheit oder Krankschreibung durch einen Arzt wurde hier vermerkt, für jeden einsehbar. Stand man unter Beobachtung, kam zum Beispiel der Abschnittsbevollmächtigte der Volkspolizei (ähnlich wie heute in Berlin der Kontaktbereichsbeamte, der für einen bestimmten Wohnbereich der Verbindungsmann zwischen Bürger und Polizei war) und sah bei der Kontrolle sofort, ob du Arbeit hattest. Warst du arbeitslos, bekamst du die Auflage, innerhalb eines bestimmten Zeitraumes Arbeit aufzunehmen. Danach gab es richtig Ärger. Wegen „aso-

1970 Hochzeit

zialen Verhaltens“ konnte jeder ohne Arbeit vom Gericht zu Haft im Arbeitslager verurteilt werden. Diese Arbeitslager waren wie ein normales Gefängnis, nur noch schlimmer. Man sperrte dich mit Kriminellen und wirklich asozialem Pack zusammen.
Nach dem Mauerbau 1961 erließ das Justizministerium der DDR die „Verordnung über Aufenthaltsbeschränkung“. Diese Verordnung ermöglichte den Gerichten, über jeden Bürger eine Aufenthaltsbebeschränkung und eine Arbeitsplatzbindung auszusprechen. Auch ohne nachgewiesene Straftat konnten auf Verlangen der örtlichen Staatsmacht die Kreisgerichte „Arbeitserziehung“ anordnen. Diese Arbeitserziehung traf im Besonderen die politisch Andersdenkenden. Studenten, Schüler, Lehrlinge, jeden konnte es treffen.
Als 1976 diese Lager geschlossen wurden, konnte nach § 249 StGB der DDR jeder Bürger wegen „Asozialen Verhaltens“ in normale Haftanstalten eingesperrt werden. 1988 betraf das noch 7541 Menschen. Diese Arbeitslager bestanden von 1962 bis 1976.
Bis zu zehntausend Menschen saßen gleichzeitig in diesen Lagern ein. Für junge Menschen, die nicht in das sozialistische System passten, hatte man selbstverständlich auch Passendes parat. Heranwachsende ab 14 Jahren, die politisch oder sozial auffällig wurden, konnten auch in Jugendwerkhöfe eingewiesen werden, und wurden es auch. Hier gab es zahlreiche Übergriffe gegen Persönlichkeitsrechte von Kindern und Jugendlichen. In solchen Lagern zerbrach man bewusst die Seelen der Kinder und Jugendlichen. 1964 wurde ein „Spezialheim der Jugendhilfe der DDR“ eingerichtet. Dieses Spezialheim unterstand direkt der Volksbildungsministerin Margot Honecker, der Ehefrau von Erich Honecker. Hier hielt man die Jugendlichen wie in Gefängnissen. Eigentlich noch viel schlimmer. Es gab Prügelstrafen, Sprechverbot, Isolierungsarrest, Stacheldrahtverschläge, Zwangssport, bewacht mit Hunden, unbeschreiblicher Psychoterror mit militärischem Drill. Hier sollte jede Individualität gebrochen werden. Bis zur Entlassung waren die Insassen der Willkür der „Erzieher“ ausgesetzt.

Margot Honecker, geb. Feist, geboren am 17. April 1927 in Halle (Saale), war von 1963 bis 1989 Ministerin für Volksbildung der DDR. Diese „Dame“ war in weiten Teilen der Bevölkerung unbeliebt. Man nannte sie „Miss Bildung“ oder gab ihr wegen ihrer violett getönten Haare den Spitznamen „lila Drache“. Am 2. November 1989 hat der Ministerrat der DDR ihrer Bitte entsprochen, sie von der Funktion als Ministerin für Volksbildung zu entbinden.
Nach dem DDR-Zusammenbruch gab es unzählige Strafanträge gegen Margot Honecker mit dem Vorwurf, sie habe Kinder zu Zwangsadoptionen freigegeben.
Margot Honecker soll tatsächlich für tausendfache Zwangadoptionen von Kindern zuständig und verantwortlich gewesen sein. Sie hatte dabei tausende Helfer, die heute noch in Positionen tätig sind, in denen sie nichts zu suchen haben.
Wie moralisch verkommen muss man sein, wenn man diese Verbrechen bis heute noch gutheißt und deckt!

In diesen Jugendwerkhöfen versuchte die Exekutive, den dort Festgehaltenen das Arbeiten beizubringen. Natürlich gab es in der DDR eine hohe Kriminalität, die heute gerne verniedlicht wird. In den Medien gab es nie eine Kriminalstatistik. Es wurde eine heile Welt vorgegaukelt. Kriminalität gab es nur im Kapitalismus und dort gab es selbstverständlich auch eine hohe Arbeitslosigkeit. In unserem Arbeiter- und Bauernstaat sollte jeder Arbeit und Wohlstand finden können. Um diesen Standard halten zu können, machten die Verantwortlichen sich zum Affen. Auf dem Land hatte fast jede Milchkuh einen Melker. Auf jedem Traktor, der die Felder beackerte, saß ein Beifahrer. So konnte jederzeit gesagt werden: Schaut euch um, wir tun alles für die Menschen. Der Sozialismus siegt.

Der normale Verdienst ist eher bescheiden gewesen. Es reichte, um über die Runden zu kommen. Hungern musste nun wirklich niemand. Obdachlosigkeit gab es meines Wissens auch nicht. Kein Staat dieser Welt hatte einen solch hohen Wohnungsmietausfall, wie es ihn in der DDR gab. Die Wohnungsmieten waren so ge-

ring, dass jeder sie hätte bezahlen können. Völlig unökonomisch, nicht erklärbar. Nur um die Fürsorge des sozialistischen Staates vorzugaukeln, hat dieses Sozialsystem nicht wirklich funktionieren können. Alles wurde vom Staat subventioniert, wirklich alles. Das kann sich kein System dieser Welt leisten, wie denn auch.
Durch die Mangelwirtschaft sämtlicher Dinge des täglichen Bedarfs wurde die Fantasie aller Menschen angeregt, die mit dem Wenigen nicht zufrieden waren. Wenn es eine Statistik von den Staaten dieser Welt geben würde, die anzeigt, wie hoch der Pro-Kopf-Anteil an Wirtschaftskriminalität ist, läge die ehemalige DDR ganz weit vorn. Ich weiß, wovon ich schreibe, denn ich habe mich an dieser Beschaffungskriminalität auch beteiligt.
Irgendein führender Politiker sagte einmal:
„Aus unseren Betrieben ist noch viel mehr herauszuholen." Toll, daran hielten sich sehr viele und klauten an Materialien und Waren des täglichen Bedarfs, was nicht niet- und nagelfest war.
Da es üblich war, dass beide Eheleute arbeiten gingen, kamen ansonsten alle einigermaßen über die Runden.
Es gab jedoch Berufszweige, die deine Kreativität forderten. Hier konnte jeder, der ein wenig risikobereit war, eine Menge Geld verdienen. Dazu gehörte auch die Tätigkeit in der DDR-Gastronomie. Ich betone ausdrücklich: DDR-Gastronomie. Nirgendwo auf dieser Welt habe ich etwas Ähnliches erlebt. Ein nicht geringer Teil der Angehörigen dieser Zunft lebte hier seinen Frust total aus. In keinem Land habe ich erfahren müssen, dass ein Gast als Störenfried angesehen und auch so behandelt wurde. Hier konnten sehr viele zeigen, was sie für Arschlöcher waren. Sie zeigten dir sehr deutlich, dass es nur ihrer guten Laune zu verdanken sei, wenn man dich bediente.
Sonderwünsche würde man generell nicht erfüllen, schließlich gab es ja eine Karte, auf der jeder ablesen könnte, was es gab oder eben nicht.
Dabei wurde betrogen ohne Ende. Hochprozentiges wurde verwässert, Etiketten wurden vertauscht. Der Gast hatte kaum Möglichkeiten, dagegen etwas zu tun. Dieser Betrug wurde natürlich nicht von

„oben“ angeordnet. Im Gegenteil, bei Aufdeckung solcher Straftaten wurde von der Justiz erbarmungslos verurteilt. Hier schlug auch die Staatssicherheit zu. Die Möglichkeit, Menschen aus der Gastronomie als Mitarbeiter zu gewinnen, war groß.
So versprach man Kellnern, die nach ihrem Dienst angetrunken mit dem PKW erwischt wurden, dass man auch ein Auge zudrücken könnte für ein gewisses Entgegenkommen.
Schon hatte der Erwischte ein Problem. Lass ich mich auf solch ein Spiel ein? Wie weit geht dieses Entgegenkommen? Die Schwachen, die ohne Rückgrat, unterschrieben natürlich ohne Bedenken solch eine Vereinbarung und bespitzelten Kollegen oder Gäste.
Einmal in die Fänge der Stasi geraten, war es schwierig, da wieder herauszukommen. Mit den bisher gelieferten Berichten an den Führungsoffizier hatten sie schon wieder etwas in den Händen, dich zu erpressen. Auszusteigen gelang nur denen, die sehr stark im Willen waren. Manchmal verlief solch eine Vereinbarung auch im Sande. Der „IM“ lieferte Berichte ab, die total harmlos waren, mit denen die Stasi nichts anfangen konnte. Das Interesse für diesen Spitzel ließ nach und er wurde in Ruhe gelassen. Bei den meisten Angeworbenen entwickelte sich jedoch ein „Jagdinstinkt“ und es machte ihnen wohl sogar große Freude, wen auch immer zu bespitzeln. Es gibt wirklich sehr viele Beispiele für die Bereitschaft dazu.
Die Hotelanlagen in Rostock und Warnemünde, „Warnow“ und „Neptun“, sind Hochburgen der Stasi gewesen. Ein ziemlich hoher Anteil der dort Beschäftigten waren inoffizielle oder sogar hauptamtliche Mitarbeiter der Staatssicherheit. Diese Häuser sind meiner Meinung nach noch Jahre nach dem Zusammenbruch der DDR „Enklaven“ der ehemaligen DDR gewesen.
Der damalige Direktor war bis vor Kurzem noch in seinem Job tätig, bereut seine ehemalige Tätigkeit nicht.
Im Jahre 1971 wurde das „Neptun“-Hotel als neues Wahrzeichen am Warnemünder Strand eröffnet. Luxus pur, jedenfalls für DDR-Bürger. Das Neptunhotel ist als „Hotel der Spione“ in die Annalen eingegangen.

Jahrelang noch waren stasibelastete Mitarbeiter unangefochten tätig. Bei Nachfragen bekommt man heute noch zu hören:
„Die sind immer noch da. Hier im Norden haben die immer noch das Sagen". Die Befragten haben Angst, dass Kinder oder Enkelkinder ihre Arbeit verlieren könnten. Die alten Strukturen seien in Rostock und Umgebung immer noch vorhanden.
Beim Schreiben dieser Zeilen koche ich vor Wut. Den DDR-Bewohnern wurde eine heile Welt vorgegaukelt und hinter den Kulissen wurde mit den unsaubersten Mitteln gekämpft, Schicksal gespielt.
In diesem Hotel fanden „Sexparties" und Waffenschiebereien statt. Man sagt heute, dass man den damaligen Ministerpräsidenten von Schleswig-Holstein, Uwe Barschel, heimlich beim Sex gefilmt habe und er damit erpresst wurde. Man geht heute auch davon aus, dass sein Tod mit den Gesprächen und Geschäften, die in diesem Hotel stattfanden, zu tun haben solle.
Über die Besuche von Barschel und Engholm in Rostock und Umgebung gibt es umfangreiche Aktenvorgänge der Stasi. Der damalige Hoteldirektor Klaus Wenzel hatte von der Eröffnung 1971 bis 2007 die Fäden fest in der Hand. Ohne Skrupel durchlebte er in seinem „Hotel der Spione" die Welt von George Orwells Roman „1984" nach dem Motto „Big Brother is watching you". Totalüberwachung. Beim Betreten dieses Hotels legte jeder seine Intimsphäre ab.
Als diese Informationen ausgewertet wurden, fand man durch Zufall auch den Namen Thomas Klippstein alias IM „Benjamin". Dieser Informant hatte als Empfangssekretär des Hotels „Neptun" Gäste ausspioniert und alles an die Stasi weitergeleitet. Als seine Tätigkeit aufgedeckt wurde, war er schon zwei Jahre Direktor des Hotels „Adlon" in Berlin. Hier stiegen auch hochrangige Staatsgäste ab. Wieder hatte er es durch seine alten Verbindungen geschafft, in einem sehr sensiblen Bereich Fuß zu fassen.
Erst als die Zeitung „Die Welt" Auszüge aus den Stasiunterlagen veröffentlichte, wurde Klippstein auf eigenen Wunsch, wie es hieß, durch den Präsidenten der Kempinski-Gruppe von seinen Aufgaben im Hotel entbunden. Für mich ein Beispiel, dass diese Leute

heute wieder Fuß gefasst haben, ohne Skrupel Menschen manipulieren und immer noch Schicksal spielen.
Persönlich kenne ich einige Leute, die auf die Anwerbung als IM trotzig antworteten, dass sie diesem Staat zwar treu dienen würden, nur nicht als Spitzel. Diese Tätigkeit entsprach nicht ihrer Überzeugung. Erfahrungsgemäß hatte man nach der Ablehnung auch keine Nachteile zu befürchten.
Dieses eben angeführte Beispiel war natürlich nicht die Regel. Im Allgemeinen wurde der normale Bürger nicht so intensiv beobachtet, das wäre auch nicht möglich gewesen.
Nun gab es noch andere Berufszweige, die mit der Stasi eng zusammengearbeitet haben. Meine speziellen Freunde zum Beispiel, die Taxifahrer.
Taxis gab es in der DDR wirklich zu wenige. Egal in welcher Stadt, es gab kaum welche. Ein nicht geringer Teil dieser Taxikutscher hatte in irgendeiner Form mit der „Firma“, so wurde die Stasi im Volksmund genannt, zu tun. Es war hier so einfach an Geld zu kommen wie fast nirgendwo.
Ein Gast, der sich aus dem kapitalistischen Ausland befördern ließ, bezahlte seine Tour z. B. mit Westgeld.
Die Versuchung war hier selbstverständlich sehr groß, dieses Geld für sich zu behalten. Westgeld zu besitzen, war für jeden DDR-Bürger ein Luxus ohnegleichen. Mit Westgeld konnte man in der DDR fast alles bekommen. Devisenvergehen war jedoch ein schlimmes Verbrechen.
Jetzt hatte man einen Taxifahrer bei dieser Unterschlagung von Devisen erwischt und vor die Alternative gestellt: „Entweder du bist für uns als IM tätig oder wir entziehen dir deine Lizenz und du wanderst ins Gefängnis.“ Der Entschluss, für die Firma zu arbeiten, fiel vielen nicht schwer. Flächendeckend konnte somit die Firma mit Informationen versorgt werden.
Ich kann hier nicht alle Berufszweige aufzählen, in denen die Anzahl der Informanten sehr groß war und in denen betrogen worden ist.
Es gab aber eine Zunft, die die Lizenz zum Gelddrucken hatte:

Tankwarte bei der Firma VEB Minol. Was hier ablief, spottet jeder Beschreibung.
Ich weiß, wovon ich schreibe, ich habe bei dieser Firma als Tankwart selbst gearbeitet. Was hier betrogen und geklaut wurde, ist nicht vorstellbar. Wirtschaftskriminalität pur. Aus heutiger Sicht haben sehr viele Mitarbeiter der Firma Minol einen hohen Anteil dazu beigetragen, dass dieses DDR-System wirtschaftlich so zusammengebrochen ist.
Ich möchte dieses kriminelle Verhalten hier nicht als politisch motivierte Straftaten darstellen, wirklich nicht, doch möchte ich die Verrohung, die Einstellung der Menschen in diesem System versuchen zu erklären.
Sehr viele fanden in diesem System nicht ihre Heimat. Der innere Bezug zu diesem Staat war nicht vorhanden. Eine moralische Abartigkeit. Deshalb die Bereitschaft kriminell zu handeln, selbst mit dem Bewusstsein, bei Aufdeckung dieser Straftaten sehr hart bestraft zu werden.
Ein Kumpel brachte mich, nachdem ich nicht mehr auf Montage ging, in dieser Firma unter. Jetzt bekam ich erst mit, wie anders man in diesem System auch leben konnte.
Wenn der normale DDR-Arbeiter im Monat etwa 600 Mark zur Verfügung hatte, so hatte ich durch Manipulationen etwa 2500 bis 3000 Mark im Monat.
Natürlich nicht auf der Bank, dies wäre nachvollziehbar gewesen, sondern immer cash, irgendwo versteckt. Heute, beim Schreiben, bekomme ich noch Schüttelfrost wegen dieser Dreistigkeit. Es fehlte an nichts. Super eingerichtet, die besten Klamotten, einen Lada, damals DER Wagen in der DDR, unglaublich. Auf solch einen PKW musste der normale DDR-Bürger etwa 15 Jahre warten.
Meine Mutter hatte eine traumhafte Beziehung zum Autohaus in Berlin Rummelsburg. Eine Jugendfreundin von ihr war die Chefsekretärin in diesem Autohaus und die wurde von meiner Mutter angerufen.
„Rosi, mein Kalle möchte gerne einen Lada, kannst du da etwas machen?“ Rosi machte.

14 Tage später rief Rosi meine Mutter an mit der Information, Kalle könnte nächsten Dienstag sein Auto abholen.
Unglaublich, schon hatte ich diesen so heiß begehrten PKW. Einen Lada, Farbe Weiß, der Traum sehr vieler Menschen. Beziehungen konnten einem das Leben in der DDR schon sehr angenehm machen. Wir genossen es in vollen Zügen. Wenn man die politische Situation verdrängte, sich mit den Gegebenheiten abfand, lebte es sich schon sehr unbeschwert.
Nur habe ich mich nicht mit dem Status quo abgefunden. Diese ständige Bevormundung, diese nicht vorhandene Reisefreiheit machten mir sehr zu schaffen. Ständig geriet ich an Grenzen, die mir ein Weiterleben in der DDR nicht möglich machten.
Dass man als DDR-Bürger Mensch zweiter Klasse war, bekam jeder sehr deutlich zu spüren, wenn er ein sozialistisches Bruderland besuchte. Als Urlauber in Polen oder einem anderen Land wurde dir sehr schnell klar, die wollen dein Geld nicht. Die DDR-Mark war nicht frei konvertierbar. Auf dem Weltmark hatte sie keine Bedeutung. Ob in Gaststätten oder auf Märkten, man bekam dafür nichts. Dieses Minderwertigkeitsgefühl traf mich bis ins Herz. Als Mensch zweiter Klasse angesehen zu werden machte mich fast krank.
Wieder zuhause angekommen, trugen solche für mich negativen Erlebnisse nicht dazu bei, diesen Staat zu akzeptieren oder zu tolerieren.
Nach intensiven Gesprächen mit meiner Frau entschlossen wir uns, diesen Staat auf legalem Weg zu verlassen. 1974 stellten wir einen Ausreiseantrag. Der wurde von den staatlichen Organen gar nicht erst angenommen. Doch mit diesem Antrag hatten wir den Machtapparat wieder auf uns aufmerksam gemacht. Die Exekutive schlug zurück.
Meine Frau Dagmar arbeitete zu dieser Zeit als Tankwart bei der Firma Minol; diesen Job hatte ich ihr natürlich besorgt. Eines Tages bekamen wir von der Volkspolizei eine Karte per Post zugeschickt, auf der lapidar stand, sie möge doch am Montag, dem soundsovielten, zwecks Klärung eines Sachverhalt mal vorbeischauen.
Morgens um neun Uhr fuhr ich meine Frau zur Polizeiinspektion Se-

nefelder Platz. Ich sprach ihr noch Mut zu, sagte: „Hab keine Angst, was kann man dir denn schon tun?" Ich selbst fuhr zur Arbeit.
Nach Feierabend fuhr ich in unsere Wohnung, doch keiner war da. Jetzt klingelten in meinem Kopf alle Alarmsirenen. Sofort fuhr ich mit dem Auto zu dieser Polizeiinspektion, klingelte am Tor sehr heftig. Meine Nerven lagen blank. Ich hatte so eine Vorahnung. Die Tür wurde von einem Polizisten geöffnet, der mich sehr unfreundlich anmachte. So nett, wie man in solch einer Situation nur sein kann, fragte ich, ob meine Frau sich noch in diesem Gebäude befinde. Sehr barsch sagte er zu mir:
„Na, vielleicht ist sie nach der Vernehmung tanzen gegangen." Mir stockte der Atem. Jetzt wusste ich, meine Dagmar war noch hier.
„Das kann nicht sein", sagte ich zu ihm.
„Ich möchte eine Vermisstenanzeige aufgeben, lassen Sie mich rein." Mit einer Arroganz, wie sie solche Typen an den Tag legen, meinte er noch, ich solle doch morgen zur Staatsanwaltschaft gehen, und schloss die Tür. Aufgeregt setzte ich mich in mein Auto und besuchte alle in Frage kommenden Bekannten und Freunde, um sicherzugehen. Doch Dagmar war nirgendwo. Wie denn auch.
Die Nacht war kurz, kein Auge machte ich zu. Mir wurde auf einmal klar, sie wollten mich bestrafen, sie wollten mir sagen:
„Schau mal, was wir alles können, und du hast keine Möglichkeit, etwas daran zu ändern."
Mit sehr viel Wut im Bauch fuhr ich am nächsten Tag zur Staatsanwaltschaft in Berlin Mitte, in der Nähe vom Alexanderplatz.
An der Anmeldung trug ich mein Anliegen vor, doch der Beamte dort konnte oder wollte mir nicht helfen. Mein Zorn steigerte sich ins Unermessliche. Ohne mich um die Formalitäten zu kümmern, ging ich in die erste Etage und dort befand sich ein sehr langer Flur. Rechts und links verschlossene Türen. Solch eine Tür machte ich spontan auf und rief in den Raum:
„Ich möchte eine Vermisstenanzeige machen, man hat gestern meine Frau entführt! Doch keiner nimmt diese Anzeige entgegen." Ich habe heute keine Ahnung mehr, in wie vielen Räumen ich war. Jetzt reichte es mir. Auf dem Flur stehend brüllte ich meinen Zorn raus.

Es befanden sich natürlich noch andere Personen vor Ort, normale Personen, die hier irgendetwas zu klären hatten. Peinlich, peinlich. Endlich ging im Mittelbereich des Flures eine Tür auf, und man bat mich doch einzutreten. Dies tat ich auch. Hier machte man mich erstmal zur Sau, jedoch ließ ich mich nicht einschüchtern.
„Ich habe den begründeten Verdacht, dass meine Frau gestern entführt worden ist", sagte ich sehr aufgeregt dem Staatsanwalt. Mit aufgerissenen Augen starrte der mich an. Er dachte wohl, vor ihm steht ein Bekloppter.
„Wie können Sie solche Unterstellungen hier herausbrüllen? In unserem Staat werden keine Menschen entführt! Seien Sie sehr vorsichtig mit solchen Behauptungen, sonst lasse ich Sie wegen staatsfeindlicher Hetze verhaften! In unserem Staat verschwindet keiner so einfach", antwortete er mit erhobener Stimme.
„Wie soll ich dann das Verschwinden meiner Frau verstehen, nachdem ich sie gestern zur Klärung eines Sachverhaltes bei der Volkspolizei abgeliefert habe?" Ich zitterte am ganzen Körper, in meinem Kopf drehte sich alles. Musste höllisch aufpassen nicht zu überziehen, sie hatten die Macht.
Sorgfältig wählte ich ab nun meine Worte.
„Weshalb bekomme ich keine Information über den Verbleib meiner Frau?", fragte ich.
„Wieso nicht, sie ist meine Frau und ich habe ein Recht zu erfahren, was passiert ist! Können Sie sich nicht vorstellen, in welcher Sorge ich bin?" So und ähnlich lief es eine geraume Zeit ab.
Irgendwann sagte der Staatsanwalt zu mir:
„Jetzt hören Sie mir mal ganz ruhig zu und beruhigen Sie sich. Gegen Ihre Frau ist Haftbefehl erlassen worden wegen des begründeten Verdachts, Mitglied einer kriminellen Vereinigung zu sein. Sie hat in einer Gruppe kriminelle Delikte begangen, zum Nachteil sozialistischen Eigentums."
Diese Information ließ mich erstmal verstummen. Ich war fassungslos. Man versuchte, meine Frau zu kriminalisieren, sie zogen alle Register. Damit hatte ich nicht gerechnet.
Jetzt wusste ich Bescheid. „Möchten Sie ein Glas Wasser, Sie sind

sehr blass, Herr Richter", sagte er in gespielter Fürsorge zu mir. Dankend lehnte ich ab und verließ dieses mir nicht unbekannte Gebäude, in dem ich nach meinem Fluchtversuch 1964 ja selbst verurteilt worden war. Mein Gott, diese Schweine schreckten vor nichts zurück, unbändige Wut spürte ich nur noch. Was konnte ich jetzt tun? „Nur nichts verkehrt machen, Kalle", dachte ich immer wieder, „überleg genau die nächsten Schritte, mach jetzt nichts, was diese Lage verschlimmern könnte."
Der nächste Schritt war der Besuch einer Anwaltskanzlei, um meiner Frau zu helfen. In Ostberlin gab es in der Friedrichstraße Ecke Oranienburger Straße eine Anwaltskanzlei, die solche Fälle übernahm. Da meine Frau nun kriminalisiert worden war, brauchte ich solch einen Anwalt. Dieser Mann, Herr Zschieda oder so ähnlich, war für diese Fälle ein Spezialist. Ein Supertyp. Lange graue Haare, sonnengebräunt, Kettenraucher, ein Playboytyp. Wir mochten uns sofort.
„Ich versuche erstmal zu erfahren, was gegen Ihre Frau vorliegt, und werde Sie über alles informieren. Bleiben Sie ruhig, tun Sie nichts Unüberlegtes, damit schaden Sie nur Ihrer Frau." Ich hatte wirklich totales Vertrauen zu diesem Anwalt und wurde auch nicht enttäuscht. Einmal in der Woche bekam er von mir eine Stange „HB" als Dankeschön. Ab jetzt wurde ich etwas ruhiger. Ich konnte nichts mehr tun, nur abwarten. Die Mühlen der Justiz mahlen bekanntlich langsam, in diesem Fall auch. Wie fragwürdig diese Anklage war, zeigte sich schon darin, dass in diesem Ermittlungsverfahren noch nicht einmal eine Hausdurchsuchung in unserer gemeinsamen Wohnung stattfand. Nicht einmal wurde ich vorgeladen, um zu dieser Sache befragt zu werden. Für diese Ermittlungen doch sehr ungewöhnlich. Es war ein Spiel. Sie hatten nichts in der Hand, es war eine Demonstration der Macht, nichts weiter.

Es dauerte nicht lange und ich provozierte schon wieder. Bei einem Besuch meiner Frau in der U-Haftanstalt Keibelstraße eskalierte es nach wenigen Minuten. Wir saßen uns gegenüber, getrennt durch eine Glasscheibe, in der Löcher waren, um sich verständigen zu können. Meine Frau sah erbärmlich aus, weinte unentwegt, es zerriss mir das Herz. Auf meine Fragen, ob es genug zu essen gab usw., unterbrach uns immer die anwesende Justizbeamtin. Es dauerte nicht lange und ich verlor die Beherrschung. Ich schrie sie an, sie möge doch endlich ihr dusseliges Maul halten. Nun reagierte sie sofort. Die Sprecherlaubnis wurde sofort abgebrochen, meine Frau führte man raus.

Das sind Momente, wo man sich selbst schlagen könnte. Nach einiger Zeit ging die Tür auf und zwei Beamte in Uniform forderten mich auf, diesen Raum zu verlassen. Dieser Aufforderung folgte ich sofort mit der Bitte, mich zum Anstaltsleiter zu bringen.

Mit großer Überraschung nahm ich zur Kenntnis, dass meinem Wunsch entsprochen wurde. Nach nur wenigen Minuten saß ich im Büro des Anstaltsleiters der U-Haftanstalt Berlin Keibelstraße. Höflich und sehr zuvorkommend bat er mich Platz zu nehmen und wollte wissen, was ich für ein Problem hätte. Ruhig und sachlich erklärte ich ihm meine Sorgen. Ich wies darauf hin, dass meine Frau gesundheitliche Probleme und ich deshalb Angst um sie hätte.

Er hörte sich alles an, machte Notizen und versprach mir, sich dieser Sache anzunehmen. Nach diesem Gespräch stand er auf, gab mir die Hand zum Abschied und ich konnte gehen. Nun verstand ich die Welt nicht mehr. Zuhause angekommen nahm ich mir vor, ab jetzt etwas ruhiger zu werden. Mein Umfeld meinte, dass die Besuchserlaubnisse wohl ab jetzt nicht mehr genehmigt würden.

Genau das Gegenteil trat ein. Wenige Tage nach diesem Vorfall bekam ich erneut die Erlaubnis, meine Frau zu sehen und zu sprechen. Nicht einmal wurden wir unterbrochen. Sie erzählte mir, dass sie am gleichen Tag, als ich diesen Ärger machte, in einem Gefangenentransporter zum Krankenhaus gefahren wurde und man sie dort von Kopf bis Fuß gründlich untersuchte. Nach dieser Untersuchung bekam sie besseres Essen, Liegeerlaubnis und wurde sehr zuvorkommend behandelt. Als Einzige in ihrer Zelle durfte meine Frau sogar ein Bild von unserer Tochter haben.

Lange Zeit später erfuhr ich erst, durch welche Hölle meine Frau gehen musste.
Nachdem ich meine Frau verabschiedet hatte, wurde sie in einen Vernehmerraum gebracht und stundenlang verhört. Mit Nachdruck versuchte man, ein Geständnis von ihr zu bekommen.
Man wollte ihr unbedingt Devisenvergehen und andere Manipulationen anhängen. Darauf standen hohe Haftstrafen. Doch meine Dagmar gab nichts zu, unterschrieb kein Geständnis. Sie hatte auch nichts zuzugeben, hielt selbst den größten Anschuldigen stand.
Selbstverständlich dauerten die Ermittlungen mir viel zu lang, ich musste etwas unternehmen, ohne dies mit meinem Anwalt vorher abzuklären.
Ich schrieb eine Eingabe an den Generalstaatsanwalt von Großberlin. Ohne übliche Anrede, giftete einfach los:

„Betreff: Strafsache Dagmar Richter ..., Aktenzeichen....
Meine Frau befindet sich seit dem ... in U-Haft. Nach 14 Tagen erhielt ich erst den schriftlichen Bescheid, dass gegen meine Frau ein Ermittlungsverfahren eingeleitet worden ist. Mit Bedauern muss ich weiter feststellen, dass mir die Post von meiner Frau nur nach unverantwortlicher Verzögerung zugestellt wird. Ich finde, diese schleppende Beförderung der Post steht im Widerspruch zu dem, was in einer sozialistischen Gesellschaftsordnung als normal und selbstverständlich angesehen werden müsste, nämlich das Zusammenfügen bzw. Zusammenhalten einer Familie. Wenn durch die brutale Inhaftierung, denn nach meinem Ermessen wird meine Frau widerrechtlich und ohne Grund festgehalten, schon Erwachsene zu leiden haben, sollte man wenigstens an die Kinder denken. Ich finde es außerdem bedenklich, dass während der Sprecherlaubnis man sich nicht erkundigen darf, ob die Inhaftierte genug zu Essen bekommt, sich in Einzelhaft oder in einer Gemeinschaftszelle befindet.
Solche Methoden hätte ich eher gegenüber jemandem erwartet, der unserer Gesellschaftsform negativ gegenübersteht.

Ich glaube, dass Sie mir in dieser Angelegenheit helfen können, Klarheit zu verschaffen.
Außerdem bin ich immer noch der Meinung, dass die negativen Punkte meiner Ausführungen nur deshalb entstanden sind, weil unqualifizierte Menschen Posten bekleiden, deren hoher Verantwortungsgrad diesen Leuten überhaupt nicht bewusst ist.

Hochachtungsvoll...

Diese Eingabe schlug wie eine Bombe ein. Ich selbst bekam darauf keine Antwort, wurde auch nicht vorgeladen. Das tat dann mein Anwalt. Er war außer sich über meine Impertinenz. Er war wirklich wütend, wollte sein Mandat niederlegen. Nach sehr vielen Gesprächen machte er aber weiter. Ich musste allerdings versprechen so etwas nicht mehr zu tun. Hoch und heilig versprach ich dies, hatte dabei aber meine Finger gekreuzt.

Am Abend ihrer Verhaftung wurde meine Frau im Zellenkeller von zwei Wachleuten vergewaltigt. Sie zogen alle Register. Total traumatisiert brachte man sie am nächsten Tag in die U-Haftanstalt Keibelstraße. Bei der Einlieferung musste sie sich einer entwürdigenden Leibesuntersuchung unterziehen. Sie musste sich nackt ausziehen und mit einer Taschenlampe untersuchte man sämtliche Körperöffnungen, zum Beispiel den Intimbereich nach Filzläusen usw. Danach ging es in den Verwahrraum, gemeint ist die Zelle.
Vier Wochen saß sie in einer Zweimannzelle mit einem jungen Mädchen zusammen, die schon mehrfach wegen Diebstahl eingesessen hatte. Sie gab meiner Frau wichtige Tipps, wie man sich unter solchen Bedingungen durchschlägt. Die Vernehmungen liefen fast täglich ab, doch gab es kein Geständnis, sehr zum Ärger der Vernehmer. Anschließend wurde meine Frau in die Zelle 123 gebracht. Hier wurden 18 Frauen verwahrt. Die Bedingungen: grauenhaft. Kriminelle, Asoziale, die schlimmsten Typen. Gleich neben der Tür links ein Toilettenbecken, frei, ohne Abgrenzung. Jeder konnte zuschauen,

ohne Intimsphäre. Ein Handwaschbecken mit kaltem Wasser, unbeschreiblich.
Doppelstockbetten, die Luft zum Schneiden. Einmal in der Woche ging es zum Duschen. Wenn die Frauen ihre Periode bekamen, wurden am Tag nur drei Damenbinden verteilt. Kein Toilettenpapier, nur Zeitungspapier.
Als Untersuchungshaftanstalt II (UHA II) diente das Gefängnis im Innern des Ostberliner Polizeipräsidium in der Keibelstrasse. Dieses Gefängnis wurde nach amerikanischer Bauart errichtet. Um einen bis zum Glasdach reichenden Innenschacht liefen in sechs Etagen Gänge, von denen man die Zellen betreten konnte. Hier gab es überwiegend Ein – Zweimann Zellen. In jeder Etage gab es aber auch Zellen, in denen bis zu 18 Gefangene festgehalten werden konnten. Im sechsten Stock wurden die Frauen, streng von den Männern festgehalten.
Einmal am Tag hatten die Frauen auf dem Dach des Gebäudes Frischluftzufuhr, also Rundgang.
Die Wachleute bekamen natürlich sehr schnell mit, dass meine Frau sich von den hier Inhaftierten abgrenzte. Sie wussten genau, dass sie keine Kriminelle war. Dagmar wurde Verwahrraumälteste. Nicht weil sie die Älteste war, sondern mit diesem Gesindel nichts zu tun hatte.
Jeden Morgen musste sie Meldung machen. Die Tür wurde geöffnet, und Dagmar sagte:
„Verwahrraum 123, belegt mit 18 Inhaftierten, meldet Verhaftete Richter. Zwei Verhaftete sind krank und drei haben ihre Periode. Guten Morgen, Frau Obermeister." Diesen Spruch kann meine Frau noch heute perfekt aufsagen.
Bei schlechten Nachrichten, die einige Frauen erhielten, gab es hysterische Anfälle oder auch einige Suizidversuche. Lesbischer Angriffe musste sie sich ständig erwehren, kein Ort, um friedlich leben zu können.
Mit einer Leidensgenossin schloss Dagmar eine „Notfreundschaft". Diese erzählte auch von einer Vergewaltigung am Tag der Verhaftung. Gemeinsam vertrauten sie sich einer Justizbeamtin an, die

dies erst nicht glauben wollte, sich jedoch nach einiger Zeit um diese „Angelegenheit“ kümmerte. Einige Zeit später wurden Bilder gezeigt, auf denen diese Täter zu erkennen waren. Offiziell wurde gegen diese Männer wohl keine Anklage erhoben, angeblich, so sagte diese Justizbeamtin zu meiner Frau, würden die wohl bestraft, aber wie?

Man gab meiner Frau nur den guten Rat, mir diese Sache nicht mitzuteilen, auch später nicht, da sie wohl Angst hatten, ich würde daraus eine große Sache machen.

„Wenn Sie das Ihrem Mann erzählen, und der es an die große Glocke hängt, besteht die Gefahr, Ihren Mann verhaften zu müssen wegen Verleumdung, und das wollen Sie doch nicht, oder?“

Meine Frau schwieg wirklich sehr lange.

Einmal in der Woche konnte ich die benutzte Wäsche gegen saubere austauschen. Immerhin ein gewisser Luxus.

Doch davon, was man meiner Frau angetan hatte, hatte ich keine Ahnung, wie auch. Ich versuchte einfach mit allen mir zur Verfügung stehen Mitteln, meiner Frau zu helfen.

Eines Tages hatte ich Post im Briefkasten, für meine Frau bestimmt. In der DDR musste jeder sehr lange angemeldet sein, um seinen Führerschein machen zu können. Wenn ich mich recht erinnere, so zwei bis drei Jahre. Jetzt teilte man meiner Frau mit, sie könne zu einem bestimmten Termin mit dem Lehrgang beginnen. Toll, dachte ich. Dagmar sitzt im Knast und jetzt wird diese Anmeldung hinfällig. Ein guter Bekannter von mir war Fahrschullehrer in der Milastraße. Den fragte ich, was ich in diesem Fall tun könnte. Der riet mir, zum Direktor der Fahrschule zu gehen und um Aufschub zu bitten.

Jetzt geschah ein Husarenstück à la Hauptmann von Köpenick, nur von mir inszeniert.

Diese jetzt geschriebene Geschichte ist verbürgt, wie alles andere auch.

Direktorenposten erhielten nur sogenannte linientreue Parteigenossen/innen. Untereinander trauten die sich auch nicht. Keiner wusste, wer eventuell für den Staatsicherheitsdienst tätig war.

Selbstverständlich offenbarte sich da keiner. Mein Kumpel nannte mir den Namen des Direktors der Fahrschule und auch gleich den von seiner Sekretärin im Vorzimmer. Frech wie Oskar betrat ich das Vorzimmer des Direktors und sagte zu der Sekretärin:
„Ist der Alte hinten in seinem Büro?“ Sie glaubte einen Hörfehler zu haben.
„Was ist los, wer sind Sie überhaupt?“
„Ich komme von der Firma und muss Günther sprechen“, gab ich rotzfrech zur Antwort. Die Bezeichnung „Firma“ war allen ein Begriff. Etwas unsicher klopfte sie an die Tür, öffnete diese auch und da war ich schon drin, drehte mich zu dieser Sekretärin um und forderte sie auf, die Tür zu schließen. Mit ausgesteckter Hand ging ich zum Schreibtisch und sagte zu dem Direktor:
„Hallo Günther, schön, dass du für mich Zeit hast.“ Unter Genossen war es üblich, sich zu duzen. Ohne ihm eine Chance zu geben, darüber nachzudenken, erklärte ich meinen Wunsch.
„Also, Günther, hier ist die Anmeldung meiner Frau für die Führerscheinprüfung, doch die kann sie leider nicht wahrnehmen, da sie sich gerade im Ausland befindet.“
„Wo ist sie denn?“, fragte er sehr vorsichtig.
„Meine Frau ist in einem nicht sozialistischen Land, mehr darf ich dir wirklich nicht sagen, und wann sie wieder zurückkommt, weiß ich auch nicht, das muss dir genügen.“ Groß starrte er mich an, fast ehrfürchtig. In seinen Augen musste ich eine große Nummer bei der Stasi sein, was anderes gab es für ihn nicht. Selbstverständlich war er sehr hilfsbereit.
„Du rufst mich einfach an, wenn deine Frau wieder da ist, und dann kann sie sofort mit der Fahrschule beginnen, ist das in Ordnung?“
Na, und wie das in Ordnung war.
Genau so lief diese Nummer ab. Mit ihren eigenen Mitteln konnte man sie packen. Es funktionierte.

Sechs Monate nach der Verhaftung meiner Frau kam es zu einem öffentlichen Gerichtstermin. Dies war schon sehr ungewöhnlich. Sie wollten Dagmar zur Schau stellen, sie demütigen. Mit Handschellen

gefesselt führte man Dagmar in den Prozessraum, menschengefüllt.
Der Staatsanwalt hatte einen angeblichen Kronzeugen, der gegen meine Frau aussagen sollte, schwer belastende kriminelle Dinge getan zu haben. Durch meinen Anwalt kannte ich seinen Namen, wusste seine Adresse. Kurz vor dem angesetzten Termin suchte ich diesen Herrn auf und versuchte sein Gewissen zu erreichen.

Nach der Haftentlassung meiner Frau rief ich meinen Günther an und Dagmar machte ihren Führerschein. Meine Kumpels waren fassungslos über soviel Dreistigkeit. Von wegen, in diesem System konnte man nichts bewegen, es brauchte nur ein wenig Mut dazu. Ich hatte ihn wohl.
Nun reichte es mir wirklich. Jetzt wurde wieder ein Ausreiseantrag gestellt. Diesmal sehr massiv formuliert.

„Da ich mit den politischen Maßnahmen der DDR nicht zufrieden bin und eine bürgerliche Demokratie einer sozialistischen Demokratie vorziehe, stelle ich, stellvertretend auch für meine Frau und meine Tochter, diesen Ausreiseantrag. So bin ich z. B. mit den Reisebeschränkungen nur für sozialistische Staaten nicht einverstanden. Ich bin der Meinung, dass im 20. Jahrhundert jeder Bürger das Recht haben sollte, seinen Wohnsitz frei wählen zu können. Da ich dies nicht tun darf, empfinde ich dies als grobe Bevormundung und Beschränkung meiner persönlichen Freiheit. Als erwachsener Mensch glaube ich, selbst entscheiden zu können, welche Gesellschaftsform für mich die bessere ist.
Ich möchte weiterhin zur Kenntnis geben, dass ich 1964 wegen Vergehen nach §5, §1 verurteilt worden bin.
Seit dieser Zeit habe ich nur das eine Ziel vor Augen, aus der DDR auszusiedeln, nur diesmal auf legalem Wege.
Außerdem bin ich in der DDR noch niemals zur Wahl gegangen, da nach meiner Meinung die Vertreter der Nationalen Front nicht meine Interessen und die meiner Frau und Tochter vertreten.

Meiner Frau wurde im Juli 1974 ihr Personalausweis nach sechs Monaten U-Haft nicht ausgehändigt. Diese U-Haft musste sie wegen der mangelhaft geführten Untersuchung der Untersuchungsorgane absitzen. Das Urteil der am 07.01.1975 erfolgten Berufungsverhandlung (es erfolgte eine Verurteilung von 500 M, keine Verurteilung auf Bewährung) zeigt dies deutlich. Meine Frau hat also durch die Maßnahmen der staatlichen Organe genug gelitten und legt keinen Wert mehr auf ein Weiterleben in der DDR.
Ich bitte, doch diesen Antrag mit Wohlwollen zu bearbeiten, da ich nicht glauben kann, dass die DDR auf Menschen unserer Gesinnung angewiesen ist. Die staatlichen Organe müssten doch eher zufrieden sein, solche Leute abschieben zu können."

Unterschrift

Zur Bekräftigung unseres Antrages besuchten wir noch die ständige Vertretung der Bundesregierung in der Hannoverschen Straße in Berlin.
Dieses Gebäude war von der Volkspolizei sehr stark bewacht. Der Zugang für DDR-Bewohner verboten. Meine Frau und ich stürmten auf den Haupteingang zu, die „Vopos" waren total überrascht, wir klingelten an der Tür, uns wurde umgehend geöffnet und schon waren wir drin. Hier teilten wir den bundesdeutschen Beamten mit, dass wir einen Ausreiseantrag gestellt hatten, und baten um ihre Unterstützung. Etwa zwei Stunden sprachen wir mit den verdutzten Beamten.
„Wissen Sie überhaupt, wie gefährlich Ihre Anwesenheit für Sie ist?", fragte man uns. Natürlich wussten wir das.
„Es kann Ihnen passieren, dass Sie beim Verlassen unseres Hauses verhaftet werden", teilten sie uns mit. Auch das wussten wir.
„Wir hoffen, dass man das nicht tut, da Sie ja jetzt von unserem Vorhaben wissen", sagte ich tapfer.
Sie versprachen sich für uns einzusetzen, wir bedankten uns und gingen auf die Straße. Unsere Herzen schlugen vor Aufregung bis

zum Hals. Auf der Straße, vor der ständigen Vertretung, warteten schon die Vopos auf uns. Schnell wurden wir von mehreren umringt und sehr barsch befragt, was wir denn hier zu suchen hätten.
„Wir haben denen da drin mitgeteilt, dass wir einen Ausreiseantrag gestellt haben, da wir nicht länger gewillt sind in diesem Arbeiter- und Bauern-Paradies zu leben."
„Wissen Sie nicht, dass das Betreten dieses Hauses für Bürger der DDR strengstens verboten ist?", fragte mich ein Vopo sehr aufgeregt.
„Natürlich weiß ich das, doch Sie geben uns ja keine andere Möglichkeit, auf unser Elend aufmerksam zu machen."
Sie notierten unsere Personalien und nach telefonischer Rücksprache ließen sie uns laufen.
„Sie können gehen", sagte ein sehr unfreundlich aussehender Vopo, noch dazu mit sächsischem Akzent, zu uns.
Das ließen wir uns nicht zweimal sagen. Schnell ins Auto gesetzt und ab ging die Post nach Hause. Jetzt begann das große Warten. Was haben sie mit uns vor? Wie geht es mit uns weiter? Solche Gefühle, begleitet von wirklicher Angst, kann nur der verstehen, der so etwas selbst erlebt hat. Der Willkür ausgesetzt zu sein, ohne die Möglichkeit zu haben, was dagegen tun zu können, ist ein erbärmlicher Zustand. Zerrt an den Nerven. Du wirst fast paranoid. Du glaubst, unter ständiger Beobachtung zu sein, siehst Gespenster. Über einen langen Zeitraum hinweg genossen wir jeden Abend als Geschenk. Aus den in Ostberlin bestehenden Feinkostläden, dort gab es Lebensmittel, die es sonst nicht gab, Feinschmeckersachen für gehobenen Geldbeutel, kauften wir nur das Beste. Festlich deckten wir wirklich jeden Abend den Tisch, genossen unser Zusammensein. Wir nutzen unsere Zeit, als ob jeder Tag unser letzter wäre, doch immer unter Anspannung.
Wenn es am Abend an der Wohnungstür klingelte, schauten wir uns noch einmal sehr intensiv in die Augen, ehe ich zur Tür ging. Dort stand ein Bekannter, Kumpel oder Nachbar. Ein Riesenstein fiel einem vom Herzen, wenn keiner von der Exekutive vor der Tür stand. Nichts Vergleichbares habe ich später in meinem Leben ertragen

müssen, nichts für schwache Nerven. Doch so etwas schweißt zusammen. Nichts, wirklich nichts, konnte uns von unserem Weg drängen, wir waren fest entschlossen.

Ausreise (Exit)

Im Sommer 1975 war plötzlich alles vorbei. Plötzlich gab es die ersehnte Ausreise. Ich wurde zum Rat des Stadtbezirkes Berlin-Friedrichshain, Abteilung innere Angelegenheit bestellt und dort teilte man mir mit, dass die ständige Ausreise aus der DDR und die Entlassung aus der DDR-Staatsbürgerschaft genehmigt wurde. Mit großen Augen starrte ich diese Frau an, die mir diese so lang ersehnte Information gab, an. Es gab einen großen Stapel von Papierkram und die Ansage, wir hätten zehn Tage Zeit unsere Angelegenheiten zu klären. Wie auf „Wolke sieben" verließ ich dieses Gebäude. Doch die Ungewissheit blieb bis zum Schluss.

Am 13. August 1975 konnten wir die DDR, mit vier Koffern verlassen. Egal, ich wäre auch nackend nach Westberlin gegangen. Nur weg von hier. In der Begründung der Ausreise schrieb man" Richter hat eine grundgefestigte negative Einstellung unserem System gegenüber und beeinflusst damit sein gesamtes Umfeld. Außerdem sei Richter nie in der DDR zur Wahl gegangen, da er der Meinung ist, die Vertreter der Nationalen Front vertreten nicht seine Interessen. Für Richter werde eine lebenslange Einreisesperre in die DDR veranlasst.

1975 warten auf die Ausreise

In Westberlin angekommen, mussten wir uns im Auffanglager Marienfelde melden. Hier bekamen wir ein winziges, kleines Zimmer zugewiesen und wurden verpflegt. Bekamen Fahrscheine, damit wir unsere Formalitäten erledigen konnten. Hier lernte ich zum ersten Mal, was „Bürokratie“ heißt. In dieser Form kannte ich es nicht. Doch ich möchte hier nicht meckern. Ich, und ich glaube meiner Frau ging es nicht anders, war einfach nur glücklich. Schwer war es am Anfang nur, jetzt bei Null anzufangen. Wir hatten wirklich alles im Überfluss, und nun diese Enge, alles neu, die Ungewissheit, wie geht es weiter. Meine Frau hatte damit wirklich zu tun und sie wurde von Tag zu Tag immer trauriger. Der Verlust unserer Freunde und Familie machten ihr den Neuanfang sehr schwer.

Auszuwandern, sein bisheriges Leben hinter sich lassen zu müssen, ist unglaublich schwer. Dir fehlt dein gewohntes Milieu. Alles ist neu, jeder, den du neu kennenlernst, hat sein zu Hause, sein Umfeld, nur du nicht. Verdammt hart.

Es gaben am Anfang auch von mir Zweifel, das Richtige getan zu haben, doch ein Zurück gab es nicht. Hier musste ich durch. Meine Gedanken liefen auf Hochtouren. Wie kommen wir aus dieser Situation heraus? 1975 gab es in Westberlin Arbeit ohne Ende. Die Zeitungen waren mit Annoncen voll. Täglich studierte ich die Zeitungen, doch der Bürokratismus bremste mich. Bevor nicht alle Formalitäten erledigt sind, gab es keine Arbeit. Nach wenigen Tagen flogen wir aus dem Auffanglager Marienfelde herraus. Wir hatten einen kleinen Pudel mit dem Namen „Trixi“ mitgebracht. Der durfte ins Lager nicht hinein. Doch konnte ich meinen lieben Kameraden doch nicht einfach weggeben. Für meinen Hund hätte ich auf der Parkbank geschlafen. Weggeben kam überhaupt nicht infrage. In Berlin-Grunewald, Winklerstraße, ein DRK-Heim, nahm uns auf.

Heute noch bin ich dem DRK zu großem Dank verpflichtet. Sie haben human reagiert. Durch ständiges Zeitungslesen bekamen wir eine Wohnung in Berlin-Reinickendorf. Eine Traumwohnung. Nur hatten wir keine Möbel. Egal, wir zogen ein.

Die Hausbewohner sahen unser Elend und organisierten eine Möbelsammlung. Alles sehr einfach, doch als Übergang sehr willkommen. Kurze Zeit später bekam ich Arbeit als Fernfahrer. Ich durfte zwar nicht in die DDR einreisen, doch die Transitwege durfte ich benutzen. Der Verdienst war zu dieser Zeit sehr gut.

Am Sonntagmittag verließ ich die Wohnung und fuhr nach Italien, Reggio di Calabria, von dort nach Canelli, in Norditalien, jetzt nach Mailand zum internationalen Zollhof und dann nach Berlin. Eine Monstertour, immer allein. Freitag Abend war ich in Berlin, hatte kurz frei und ab ging die Post. Meine Frau litt unter dieser Trennung enorm, nur hatte ich dafür keinen Blick. Sie verfiel zusehends. Nach Besuchen bei einer Physiotherapeuten öffnete sich nach Monaten erst meine Frau, und ich erfuhr von dieser Vergewaltigung im Gefängnis. Jetzt erst wusste ich, weshalb meine Frau sich immer mehr zurückgezogen hatte, verfiel selbst fast in Depressionen. Ich musste handeln. Dies konnte ich nicht so einfach geschehen lassen. In meiner unbändigen Wut besorgte ich mir einen Pass der Bundesrepublik, mit falschem Namen. Damit fuhr ich nach Ostberlin, nahm Kontakt zu Menschen auf, von denen ich wusste, sie würden gerne die DDR verlassen. Da ich niemandem traute, schloss ich mich auch keiner Schleuserorganisation an, die waren von Stasileuten unterwandert. Also fuhr ich über Bahnhof-Friedrichstraße nach Ostberlin ein, nahm Kontakt auf und machte einen genauen Treffpunkt aus, um diese Person aus der DDR zu holen. Ein unglaublich gefährliches Unternehmen. Ich hatte dabei eine genaue Zielgruppe, die Elite. Ich wollte sie bestrafen, in dem ich ihre Besten aus ihrem Land holte. Dies gelang mir auch 21- mal.

Hier schildere ich, wie dies ging.
Mit der S-Bahn fuhr ich über Bahnhof-Friedrichstraße nach Ost-Berlin ein. Mein Pass war original, nur mit meinem Bild, aber falschem Namen. Spannung pur. Mit klopfendem Herzen wartete ich die Passformalitäten ab, streng verglich der Grenzoffizier die Angaben, schaute einen sehr intensiv an und ließ dich einreisen. Mein Herz klopfte dabei natürlich sehr.
„Ich wünsche ihnen einen angenehmen Aufenthalt in der Hauptstadt der DDR", meinte er nur.
„Na, wenn du wüsstest", dachte ich jedes Mal. Danach nahm ich mir ein Taxi und fuhr zu meinem Treffpunkt. Hier machte ich einen genauen Termin aus, um meinen „Touristen" zu übernehmen.

Diese Menschen, die ich rausholte, hatten selbstverständlich mein vollstes Vertrauen.
Hier verließ ich mich nur auf meine Menschenkenntnisse. Doch wer kann schon in die Herzen schauen? Nach diesen Treffen, schaute ich mir noch meine alte Heimat an, immer bedacht, von niemandem erkannt zu werden. Eine wirklich heikle Sache. Sämtliche Kontakte liefen so ab. Nicht über Telefon oder Briefe, es konnte eigentlich nichts schieflaufen.
Nachdem ich wieder in Westberlin angekommen war, verhielt ich mich meiner Frau über ganz normal. Ich konnte und wollte ihr natürlich über diese Fluchtsache nichts sagen.

Mittlerweile fuhr ich einen Autotransporter einer Berliner Spedition. Abends verabschiedete ich mich von meiner Frau, wie immer sehr herzlich, begab mich zur Spedition und bekam meine Tour. Diese Reise ging nach Bremerhaven. Hier lud ich amerikanische Straßenkreuzer auf, um sie nach Berlin zu bringen. Jetzt benutzte ich die Fernverkehrsstraße 5, Hamburg – Berlin. Ein Umweg, doch für meine Zwecke sehr geeignet. Diese Fernverkehrsstraße konnte nicht so genau von der DDR-Exekutive kontrolliert werden wie die Transitautobahnen. Hier auf dieser Strecke, ca. 4 Kilometer vor dem Grenzübergang Staaken, hielt ich nur für etwa dreißig Sekunden an einem vereinbarten Treffpunkt und nahm die Person auf. Er stieg in das Fahrerhaus, legte sich in meine Schlafkoje, die ich vorher präpariert hatte. Die Matratze hatte ich vorher rausgenommen und die Stelle nur mit einer Decke ausgelegt. Statt einer Matratze, lag in meiner Schlafkoje nur ein dünnes Tuch, nach vorn mit einem dünnen Holzbrett angekantet, optisch so, als wenn eine Schlafmatratze vorhanden wäre. Am Kopfende befand sich eine Reisetasche, deren Boden herausgeschnitten war. Hier, in dieser Tasche befand sich der Kopf meines Touristen.
Morgens, immer so gegen fünf Uhr, kam ich am Kontrollpunkt an, fuhr an die Rampe, stellte den Motor ab und stieg aus dem LKW. Die Grenzsoldaten kontrollierten die Papiere, gingen mit mir um mein Fahrzeug. Danach schauten sie von der Rampe noch in mein

Fahrerhaus. Betreten durften sie, dank des ausgehandelten Transitabkommen, das Fahrzeug nicht. Nur bei begründetem Verdacht durften sie dies. Nachdem nichts Auffälliges entdeckt worden war, bekam ich die Papiere wieder und durfte nach Westberlin weiterfahren. Jetzt fuhr ich die Heerstraße Richtung Funkturm, Berliner Innenstadt. Auf diesem großen Parkplatz angekommen, holte ich erst meine Person aus dem Versteck, gab ihm ein wenig Wechselgeld, damit er zu seinen Leuten fahren konnte, die schon sehnsüchtig auf ihn warteten. Aus Sicherheitsgründen ließ ich niemals meine Fracht von einer anderen Person von diesem Parkplatz abholen. Ich wollte ja meinen Transporter nicht auffliegen lassen.
Jetzt erst lud ich in Westberlin meine Ware ab, stellte den LKW auf den Speditionshof und fuhr nach Hause. Zuhause spielte ich den normalen Ehemann mit seinem Geheimnis.
Nachdem die erste Schleusung geklappt hat, glaubt man unantastbar zu sein. Du kannst nicht einschlafen, so muss man sich fühlen, wenn Drogen konsumiert worden sind. Einfach unglaublich. Über einen langen Zeitraum tat ich dies.
Falls ich diese Tour hier glücklich überstehe, höre ich auf mit diesem Mist. Nie wieder bringe ich für Kumpels, Freunde oder sogar total fremde Menschen Angehörige aus dieser verdammten DDR über diese schwer bewachte Grenze in die Freiheit.
Immer wieder nahm ich mir dies vor. Besonders dann, wenn ich mit meinem 18-Meter-Fernzug in den Grenzbereich fuhr und eine „Heiße Ladung“ dabei hatte. Diesmal versuchte ich die Braut eines guten Bekannten herauszuschleusen. Nur, in diesem Fall lag eine mir bis heute unbekannte Person und zitterte wie „Espenlaub“. Ständig sprach ich während der Fahrt mit ihr, um ihr die Angst zu nehmen.
Den Reißverschluss der Reisetasche musste ich voll aufziehen, damit sie mir nicht weg blieb, sie genügend Luft bekam.
Diesmal nahm ich meinen Touristen auf einem Transitparkplatz auf. Die Aufnahme meines Passagiers ging, wie immer bisher, ohne Probleme ab. Ein kurzer Stopp, rein in die Fahrerkabine und schon ging die Fahrt weiter. Während ich auf der Autobahn fuhr, erklärte ich

den weiteren Ablauf. Sie rutschte nach hinten in meine Koje und verhielt sich wie eben beschrieben.
„Wenn du genau das tust, was ich dir sage“, sprach ich beruhigend auf sie ein, „wird uns nichts passieren“.
„Ich werde alles genau tun, was du mir sagt, du bist der Boss“, sagte sie mit zittriger Stimme. „Meine Güte“, so meine Gedanken , „der hat man aber genaue Verhaltensweisen eingebläut.“ Dies konnte mir nur recht sein. Nichts ist schlimmer, als eine hysterische Frau in solch einer Situation.
Kurz vor dem beginnenden Grenzbereich sah ich plötzlich auf der Autobahn die Polizeileuchten auf den Funkwagen. Zwei Funkwagen standen dort und sperrten die Autobahn. „Mein Gott“ dachte ich, „jetzt ist alles vorbei, wir sind bei der Übernahme beobachtet worden.“ Mein Herz schlug bis zum Hals, der Mund wurde trocken. Ich steckte mir eine Zigarette an, um mich zu beruhigen und sagte schnell zu meinem Passagier, „ab jetzt Funkstille, sage kein Wort mehr und bewege dich nicht, sonst sind wir aufgeflogen.“
Auf der Autobahn standen zwei Autobahnpolizisten und zeigten mit ihren Leuchtstäben an, dass ich halten soll. Dies tat ich auch, kurbelte die Scheibe herunter und fragte,“ Was ist denn los?“
Ein Polizist sagte sehr höflich zu mir: „Ein Kollege von Ihnen hat einen Motorschaden und blockiert die rechte Autobahnseite, den müssen sie abschleppen. „Was ist los“ fragte ich erstaunt, „wie soll das denn gehen?“
„Steigen Sie erst mal aus und folgen mir“, so seine Aufforderung. Ich betätigte die Handbremse, stellte die Warnblinkleuchte an, verließ den LKW und folgte ihm. Tatsächlich am Rand stand ein Fernzug aus meiner Firma, der offensichtlich von selbst nicht mehr weiterkam.
„Bis zur Grenze sind es nur noch wenige Kilometer, wir begleiten sie bis dorthin“, sagte der Polizist zu mir.
„Na, solch eine Nummer habe ich aber bis jetzt auch noch nicht abgezogen“, gab ich zu verstehen.
Der Fernzug meines Kollegen hatte eine Länge von 18 Meter, genau wie meiner, nun kam die Abschleppstange von 5 Meter hinzu, eine ordentliche Fuhre.

Nachdem ich mich mit dem Pechvogel abgesprochen hatte, begann mein Manöver. Langsam setzte ich mich vor den Pannen-LKW, kuppelte die Abschleppstange an und fuhr mit Polizeischutz Richtung Grenze. Langsam beruhigte ich mich, denn jetzt konnte mir eigentlich nichts mehr passieren. Ein Funkwagen vorn, einer hinten mit voller Beleuchtung, einzigartig. Bei den vielen Fluchtunternehmen, die durchgeführt wurden, ist dies wohl das Einzige, das von der Polizei eskortiert wurde.
Langsam fuhr ich zum ersten Schlagbaum, hielt an gab dem Grenzposten aus der herunter gelassenen Fensterscheibe meine Papiere. Ein Polizist stieg aus dem ersten Wagen und erklärte dem Grenzsoldaten die Situation. Ein kurzer Blick auf die Papiere, schon bekam ich die Anweisung, die Rampe zwei anzufahren. Jetzt befand ich mich im Grenzbereich, eine hochexplosive Atmosphäre für jeden, der, wie ich, keinen „sauberen Hintern" hatte. „Adrenalin pur, spürst du jetzt", pflegte ich immer zu sagen. Wenn jetzt etwas schief geht, gibt es kein Entrinnen. Zehn Jahre Knast sind mir dann sicher. Mit Leuten, die wie ich als Fluchhelfer oder Menschenhändler betitelt wurden, gab es kein Pardon. Mit aller Härte wurden diese Menschen bestraft.
An der Rampe angekommen, schaltete ich den Motor ab, stellte das Radio leiser und wartete. Damit mein Kollege auch gleich mit abgefertigt werden konnte, fuhr ich etwas weiter vor als sonst üblich. Es war morgens 3.30 Uhr, nicht allzuviel los. Nach einigen Minuten kam ein Grenzer, der mir vom Aussehen bekannt war und verlangte die Papiere.
„Was ist denn das für eine Zigeunerfuhre", so sein Kommentar.
Nun, morgens um diese Zeit ist keiner so richtig gut drauf, weshalb sollte es ihm anders gehen? Also, meine Nerven lagen etwas blank. Zum Scherzen war mir nicht zumute, zum Schwatzen auch nicht. Jetzt musste ich ihm die Situation erklären.
„Eure Polizisten haben mich zu dieser Nummer vergattert", gab ich ihm zu verstehen.
„Die haben uns bis zum Kontrollbereich begleitet."
„Davon weiß ich nichts", gab er mir zu verstehen.

„Dann rufe doch einmal den Posten am ersten Schlagbaum an, der wird dir das bestätigen“, maulte ich ihn an. Nachdem die Papiere durch einen schmalen Schlitz gesteckt wurden, um sie zu überprüfen, kam ein Zöllner, der mit mir den Fernzug umlief. Dies war immer ein spannender Moment. Jetzt war meine Fahrerkabine vorne leer, mein Passagier ohne meine beruhigende Stimme. Das machte mir wirklich Sorgen. Von der Rampe aus schielte er in meine Schlafkoje, ich sollte den Vorhang zur Seite schieben, damit er sehen konnte, ob sich ein blinder Passagier in meiner Koje befindet. Hoch brisant. Wenn das Mädel sich jetzt bewegt hätte, nein, daran will ich nicht denken.
Man hatte auf ihre Untersuchungsmethoden keinen Einfluss. Machtest du jetzt einen nervösen Eindruck auf diesen Zöllner, wirktest ängstlich, schon hatten sie dich.
Beim Rundgang um den Fernzug versuchte ich immer ganz locker zu sein, verwickelte den Mann in ein Gespräch. Was überhaupt nicht schwierig war. Diese Männer sah man fast alle 36 Stunden. Immer beim Ein- bzw. Ausreisen. Zwischen einigen dieser Bewacher entwickelte sich ein fast kumpelhafter Umgang.
„Na, nun hast du es ja bald geschafft“, meinte er zu mir.
„Wann ist denn deine nächste Tour?“
„Heute Abend 22 Uhr sehen wir uns wieder“, gab ich freundlich zur Antwort. „Aber erst muss ich diesen Ballast loswerden, der wie ein Geschwür an mir hängt“, meinte ich. Diese Zweideutigkeit bekam er selbstverständlich nicht mit.
„Ich stelle den Fernzug auf den Hof, gehe schlafen und dann wieder das alte Spiel, der Rubel muss doch rollen.“
So oder ähnlich verliefen die Gespräche, immer unverfänglich. Endlich gab er mir die Ladepapiere. Ich stieg ein und wartete nur noch auf die Personalpapiere und die Erlaubnis weiterfahren zu können. Nach etwa zwanzig Minuten erlaubte ich mir nachzufragen.
„Hallo, habt ihr mich vergessen?“ Ein Offizier kam an den Wagen und fragte:
„Haben sie eine längere Pause auf der Transitstrecke gemacht?“
„Nee“, gab ich zur Antwort. „Nur auf einem Parkplatz habe ich eine

kleine Pinkelpause von zwei bis drei Minuten gemacht, mehr nicht".
„Länger hat das nicht gedauert?", fragte er misstraurig.
„Ihr könnt doch meine Tachoscheibe ansehen." Mein Griff ging zur Tachoscheibe, um diese herauszunehmen und zu zeigen.
„Wie lange der unfreiwillige Aufenthalt gedauert hat, weiß ich nicht, habe nicht zur Uhr geschaut, eure Polizisten können das bestätigen", so meine Erklärung.
„In Ordnung", meinte der Offizier, gab mir die Papiere, „schönen Tag noch" und ich konnte weiterfahren.
Langsam, wie vorgeschrieben, fuhr ich aus diesem Grenzbereich Richtung Westberlin. Mein Passagier verhielt sich total ruhig, sagte kein Wort. Auf dem Rasthof Dreilinden, in Westberlin, hielt ich an, um ihr zu sagen:
„Hallo, wir haben es geschafft." Keine Reaktion. Nun nahm ich die Reisetasche, die über ihren Kopf gestülpt war, ab und sah zu meinem Erstaunen, sie schlief. Vor diesem Fluchtunternehmen nahm sie Tabletten zur Beruhigung ein, wahrscheinlich einige zu viel.
Fassungslos schaute ich auf diese schlafende Frau. Was wäre denn passiert, wenn sie zu schnarchen angefangen hätte? Ich bekam große Lust, ihr eine in die Fresse zu schlagen, tat dies natürlich nicht, doch der Drang dies zu tun war wirklich groß. Ich riskiere „Kopf und Kragen", und sie pennt.
Mein Kollege kam nun zu mir nach vorn, um sich zu bedanken. Nachdem wir den weiteren Ablauf klärten, das hieß, die Firma anrufen, um ihn von hier abzuholen, denn durch die Straßen von Westberlin konnte ich ihn nicht schleppen, verabschiedeten wir uns und er ging zu seinem Wagen zurück. Während des Gespräches durfte ich meinen Kollegen ja nicht in meine Fahrerkabine lassen, er durfte von dieser Schleusung nichts erfahren.
Sanft, ganz vorsichtig, versuchte ich meinen Passagier zu wecken.
„Hallo", ich kannte ihren Namen nicht, wir hatten nur einen Treffpunktnamen ausgemacht.
„Was ist los mit dir?" Nach einigen Versuchen gelang es mit endlich, sie in die Realität zurückzubringen.
„Wir haben es geschafft, du bist in Westberlin", sagte ich zu ihr. Total

benommen, wie sie war, hob ich sie aus ihrem Versteck, setzte sie auf den Beifahrersitz, steckte mir eine Zigarette an und sagte zu ihr: „Jetzt müsste eigentlich dein Kumpel hier erscheinen, um dich abzuholen, ich habe ihn schon angerufen." In dieser Wartezeit hatten wir genug Zeit, uns zu unterhalten, deshalb erfuhr ich von ihren Tabletten. Ihr Freund kam ungefähr nach dreißig Minuten, sagte:
„Prima, alles gut gelaufen", schnappte sich seine Braut und verschwand. Ausgemacht war allerdings, für diese Überführung eine gewisse Summe Bargeld zu bekommen, nichts, aber auch gar nichts bekam ich dafür. Meine Wut stieg ins Grenzenlose. Da riskierst du deinen Arsch und noch nicht einmal ein Dankeschön bekommst du dafür. Später erfuhr ich, dass die beiden sich in die Bundesrepublik absetzten, habe nie wieder von den beiden etwas gehört.
Eine rechtliche Grundlage, meinen festen Preis einzuklagen gab es nicht, damit wäre ich ja aufgeflogen. Also musste ich diese Aktion unter „Ulk" verbuchen, schwor, ohne Vorkasse dieses nicht mehr zu tun. Von den einundzwanzig Menschen, die ich rüberholte, tat ich es für sieben ohne Geld, dies war so abgemacht, einer verschaukelte mich, die anderen kamen unserer Vereinbarung nach.
Solche Fluchtunternehmungen wurden von einigen Menschen durchgeführt, die, um ihre Verwandten und Liebsten aus dem Kommunistischen Machtbereich zu holen, alles riskierten oder diese Fluchtüberführungen in professionelle Hände gaben. Diese Fluchtschleusergruppen hatten nur den einzigen Nachteil, sie waren von Stasispitzeln unterlaufen. Jeder, der sich mit der Materie Flucht beschäftigte, wusste dies. Deshalb ist es mir heute noch nicht klar, weshalb diese Gruppen, zum Teil sehr erfolgreich, Menschen aus dem DDR-Machtbereich ausschleusen konnten. Ich tat dies allein, aus Gründen, diesen Staat zu schädigen, der mir und meiner Frau so viel Unheil angetan hatte. Heute werden Fluchthelfer sehr gerne als Kriminelle abgestuft. Einige waren dies bestimmt auch, doch gab es auch andere Motivationen.
Die Gefahr, erwischt zu werden, war groß, die Verurteilung für solch ein Delikt, fiel sehr hoch aus. In meinem Bekanntenkreis gibt es einige, die zu zehn oder fünfzehn Jahren verurteilt worden sind.

Meine Frau wusste von meinen Unternehmungen nichts, sie hätte es mit Sicherheit nicht geduldet. Geld musste ich nehmen, damit, falls ich doch gefasst werden sollte, meine kleine Familie überleben konnte.
Mit einem Kollegen, der wie ich aus der DDR nach seiner Haftzeit ausgewiesen wurde, wie ich die Transitstrecke benutzen durfte, schloss ich Freundschaft. Der wollte Familienmitglieder rausholen. Nach langen Gesprächen ließ ich Idiot mich darauf ein, mit ihm gemeinsam seine Leute zu holen. Meine letzte Fahrt lag mir noch in den Knochen. Zumal ich neuerdings das Gefühl hatte, dass ich bei meinen normalen Touren durch die Transitstrecke stärker kontrolliert wurde. Die Abwicklung dauerte, so mein Empfinden, immer etwas länger als vorher. Die Grenzsoldaten an der Rampe, so glaubte ich, unterhielten sich nicht mehr so freundlich wie sonst mit mir. Für solche Kleinigkeiten hatte ich einen „Riecher".
„Mir werden diese Aktionen langsam zu heiß, ich habe keine Lust noch einmal in diesen Gefängnissen einzusitzen", meinte ich zu ihm.
„Nur noch einmal", bettelte er. Hier wird eine Familie rausgeholt, an einen Abend, dann ist Schluss.
„Micha, ich habe dabei kein gutes Gefühl mehr", versuchte ich meine Unruhe zu erklären.
„Ich habe bisher mehr als einmal mein Glück herausgefordert, irgendwann ist Schluss."
„Bitte, noch einmal, ich habe schon meine Zusage gemacht. Diesmal machen wir es zusammen und dann hören wir damit auf."
„O.K., Micha, nur weil du mein Freund bist, noch dieses eine Mal, und dann nie wieder", gab ich zur Antwort.
„Danke Kalle, ich danke dir wirklich", sagte er zu mir und wir schmiedeten den letzten Plan.
Im Oktober 1979 fuhren wir mit zwei Fernzügen vom Firmenhof nach Brüssel. Von Brüssel, hier wurden unsere LKWs beladen mit PKWs. Nun ging es nach Wolfsburg. Jetzt ging es zum Bremerhaven, luden amerikanische Straßenkreuzer auf, die nach Berlin gebracht wurden.
Unterwegs auf der Transitstrecke hatten wir noch ein Rendezvous

mit dieser Familie. Ausgemacht war, ich übernehme die Frau mit dem Sohn, Micha Vater und Tochter.
An der Autobahnraststätte Helmstedt hielten wir an, gingen ins Restaurant und ich haute mir den Bauch voll.
„Wie kannst du nur soviel Essen," staunte mein Freund Micha.
„Ich bekomme keinen Bissen runter". Die Anspannung war ihm deutlich anzusehen.
„Hör zu, Micha, du musst dich dazu zwingen etwas zu essen, sonst spielen deine Nerven verrückt".
„Wenn dein Blutzuckerspiegel runter rutscht, bist du nicht voll belastbar und bekommst einen „Flattermann", der dich verrät", versuchte ich ihm einzureden. Doch nichts half. Kein Bissen ging durch seinen Hals. Nur Kaffee und Zigaretten. Seine Augen waren sehr gerötet, die Hände zitterten. So hatte ich Micha noch nie erlebt.
„Ich glaube, wir lassen heute diese Überführung", versuchte ich einzuwenden.
„Micha, mein Freund, du bist heute nicht gut drauf, wir fahren einfach durch, ohne anzuhalten, dann kann heute nichts passieren, O.K?", sprach ich eindringlich auf ihn ein, doch nichts half.
„Ich kann meine Zusage jetzt nicht mehr zurücknehmen, sie warten schon am vereinbarten Treffpunkt, wir ziehen es jetzt durch", sagte er jetzt sehr bestimmend. Unser vereinbarter Termin, drei Uhr morgens, auf einem Parkplatz.
Nachdem ich mit dem Essen fertig war, sagte ich zu Micha:
„O.K., du fährst zuerst, ich komme 15 Minuten später. Treffpunkt: Dreilinden in Westberlin."
Micha stand auf, sagte noch zu mir, ohne mir in die Augen zu schauen: „Bis gleich", drehte sich um und ging. Ich steckte mir noch eine Zigarette an, die wievielte wohl, dachte:
„Wenn ich aufgeraucht habe, geht's los". Doch ich blieb sitzen. Obwohl ich schon mehr als zwanzig Mal solche Aktionen durchgeführt hatte, immer unter Anspannung stand, fühlte ich noch niemals solch eine Unruhe in mir wie heute. Meine Zigarette hatte ich schon längst aufgeraucht, die nächste angezündet, ich blieb sitzen, dachte über

diesen Auftrag sehr intensiv nach. Was mich stutzig machte, war, dass mein Kumpel mir bei der Verabschiedung nicht in die Augen sah. Augenkontakt, für mich bis heute noch sehr wichtig, gerade unter solchen Umständen muss man so etwas tun. Beim Augenkontakt kann ich erfahren, wie es meinem Gegenüber geht, es ist wie ein Blick in die Seele. Weshalb schaute Micha mich nicht an? Hatte er etwas zu verbergen? Oder war es wirklich nur Angst, die er nicht so verdecken konnte wie ich? Keine Ahnung, noch niemals war ich so verunsichert wie in dieser Situation. Irgendetwas stimmt heute nicht, so meine Gedanken, hier ist etwas faul. Irgendwann stand ich auf, begab mich zu meinem Fernzug, setzte mich ans Steuer und fuhr los. Die Grenzformalitäten gingen, wie immer, ohne Probleme ab, ich setzte meine Fahrt fort.
Irgendwie hatte ich das Gefühl, seitdem ich aus dem Grenzgelände raus war, dass ich observiert werde. Ein VW-Transporter mit einer Doppelkabine, hinten eine Ladefläche mit Hamburger Kennzeichen, so glaubte ich, hatte mich im Visier. Auf einem Parkplatz, weit vor unserem vereinbarten Treffpunkt, hielt ich an, um eine Pinkelpause vor zutäuschen. Tatsächlich, dieser Kleintransporter, den ich schon im Visier hatte, fuhr mir nach. Ich stieg aus, ging in die Büsche und beobachtete den Wagen und die Insassen. Einer verließ den Wagen und begab sich in meine Richtung, zwei Andere gingen in Richtung LKW und beobachteten diesen nur. Nach dem meine Pinkelpause beendet war, ging ich zum Wagen, tat, als wenn ich eine Sicherheitskontrolle um den Fernzug machte, stieg wieder ein, steckte mir eine Zigarette an, goss mir aus meiner Thermoskanne Kaffee ein, trank langsam und beobachtete die Situation auf dem Parkplatz. Es war mir klar, diese Aktion ist verraten worden, sie warten nur auf mich. Wie konnte das geschehen? Welche Laus konnte der Verräter sein? Was ist mit Micha? Hat er es auch mitbekommen, dass dies hier eine Falle ist? So aufgeregt, wie der war, hat er garantiert nichts mitbekommen. Eine Möglichkeit, ihn zu warnen, hatte ich nicht, Funk oder Handy gab es zu dieser Zeit noch nicht. Außer, ich kann ihn überholen und durch Zeichen warnen. Genau, so meine Gedanken, schnell hinterher.

Ich startete den LKW, fuhr nun sehr schnell vom Parkplatz, in dem Glauben, meinen Freund Micha, irgendwie auf der Autobahn noch zu erreichen. Mein Blick in den Rückspiegel bestätigte meine Vermutung. Nun, nachts sind alle Katzen grau, so sagt man, doch diesen Kleintransporter erkannte ich wieder. Obwohl die mit allen Tricks arbeiteten. Sie fuhren dicht auf einen auf, schalteten auf Parkbeleuchtung, und schon waren sie im Rückspiegel nicht mehr zu sehen. Bei einer Geschwindigkeit von ca. 110 km/h, 80 km/h waren nur erlaubt, hatten sie einen Abstand von etwa 1 bis 2 Meter. Eine nicht ungefährliche Situation für meine „Begleiter". In meinem Kopf ging es hin und her. Los, mache eine Vollbremsung und du bist die Verfolger los. Immer wieder kamen mir diese Gedanken, nur, wenn ich das getan hätte, wäre eine Katastrophe entstanden. Menschenleben wollte ich nicht gefährden, um keinen Preis. Also fuhr ich weiter, auch durch Baustellen, die mit 40 km/h ausgeschildert waren, mit etwa 100 km/h. Immer in der Hoffnung, meinen Freund Micha, vor der Übernahme der Passagiere, zu erreichen. Endlich sah ich das Schild, noch 500 Meter zu unserem vereinbarten Parkplatz.
Ausgemacht war, nachdem ich auf diesem Parkplatz angehalten hatte, auszusteigen, die für mich unbekannten Personen an mich ranträten und fragten, ob Tante Frieda kerngesund wäre. Für mich eine bekannte Parole. Diesmal wollte ich die Passagiere in den letzten PKW in den Kofferraum verfrachten. Die Amischlitten waren sehr groß, genügend Platz also. Die Aufnahme der Personen war immer einer der gefährlichsten Momente bei der Schleusung. Auf dem Parkplatz standen etwa sieben LKWs, um ihre kleine Pause zu machen, oder ein bis zwei Stunden zu schlafen. Langsam fuhr ich auf diesem Parkplatz rauf und hielt Ausschau und hielt Ausschau nach dem LKW von meinem Freund.
Sämtliche Fernzüge, die sich auf diesem Parkplatz aufhielten, hatten Standlicht an, wie vorgeschrieben.
Im Schritttempo fuhr ich an allen vorbei, sah, dass der LKW von meinem Freund hier nicht mehr war. Meine Verfolger taten das Gleiche, stoppten jedoch ihren Wagen. Als ich dies durch meinen Rückspiegel sah, gab ich wieder Gas und verließ den Parkplatz.

Mit hoher Geschwindigkeit fuhr ich Richtung Grenze, immer hoffend, meinen Freund zu erreichen. Genau in dem Augenblick, als ich los fuhr, startete auch ein LKW vom Parkplatz und scherte so aus, dass der Kleintransporter behindert wurde und sich nicht sofort wieder an mich heften konnte, sie mussten mich ziehen lassen. Auf den nächsten Parkplatz fuhr ich, jetzt schön langsam wie vorgeschrieben, rauf, um sicherzugehen, Micha nicht zu verpassen. Durch einen vor mir fahrenden LKW verzögerte sich die Ausfahrt, und in dieser Zeit müssen meine Verfolger an diesem Parkplatz wohl vorbeigefahren sein. Jetzt wurde mir so langsam klar, meinen Freund nicht mehr einholen zu können, „das schaffst du nicht mehr, werde ruhig", so sprach ich mir selbst Trost zu.
An der Grenze angekommen, musste ich mich hinten einordnen. Vor mir eine LKW-Schlange von ungefähr vierzig Fahrzeugen.
Du glaubst, wahnsinnig zu werden. Heute hatte ich das Gefühl, es geht einfach nicht weiter. Irgendwann war ich an der Reihe, dem ersten Posten gab ich wie immer die Papiere, wartete auf die Anweisung, welche Rampe ich anzusteuern hatte. Rampe eins, sagte der Grenzer zu mir.
„Was?", fragte ich zurück, „die ist ja am äußersten linken Ende."
„Hören Sie auf zu diskutieren, folgen sie meinen Anweisungen, hier wird nicht diskutiert." blaffte er mich an.
Ich fuhr, wie befohlen, ganz links zur Rampe. Auf dem Weg zu dieser Rampe sah ich aus dem Augenwinkel, wie von Rampe vier ein Autotransporter nach seiner Abfertigung Richtung Westberlin fuhr. „Mein Gott", dachte ich, „das ist Micha, der Teufelskerl hat es geschafft, sie lassen ihn durch."
Meine Gedanken spielten verrückt. Was war ich froh, alle Aufregung war umsonst, von mir wich ein großer Druck. Nun musste ich mich auf diese verdammte Rampe konzentrieren, sie lag etwas abseits von den anderen. Nachdem ich dort eingeparkt hatte, wurde es auf einmal sehr lebendig. Grenzsoldaten stürmten heraus, so ungefähr zwanzig, genau weiß ich es nicht, hatte keine Zeit sie zu zählen. Sie umstellten meinen LKW mit Maschinenpistolen und Hunden. Vor dem Wagen wurde eine dicke Kette gezogen, so dass mir die

Möglichkeit genommen wurde weiterzufahren. Absolute Stille, nur ab und zu bellte einer von diesen Hunden. Von dieser Vorführung war ich natürlich sehr beeindruckt.
Ein Offizier der Grenztruppen, der auf der Rampe stand, kam zu meinem Fahrerhaus und sagte zu mir:
„Bleiben sie im Fahrzeug sitzen und verhalten sie sich ruhig!“, sehr energisch. Da ich kein Selbstmörder war, blieb ich sehr brav sitzen. Spannung pur. Ich hatte das Gefühl, man könnte mich riechen. Dieser Empfang hatte das gewisse Etwas. Durch gezielte Atemtechnik versuchte ich mich zu beruhigen.
„Du bist sauber, sie können dir nichts“, redete ich mir immer wieder zu.
Der Offizier öffnete von außen meine Fahrertür und sprach diesmal sehr freundlich zu mir:
„Bitte steigen Sie aus und folgen mir.“
Ich stieg aus meiner Fahrerkabine und folgte ihm, hinter mir zwei Grenzsoldaten mit Maschinenpistolen im Anschlag. Da ging mir doch etwas die „Muffe“.
„Ich setze Sie davon in Kenntnis, dass gegen Sie der Verdacht des Transitmissbrauch besteht und ihre Ladung kontrolliert wird“, so der Offizier.
„Na, denn mal los“ war meine Antwort.
„Wo befinden sich die Autoschlüssel ihrer Ladung“,fragte ein Soldat in einem Overall.
„Vorn, auf der Konsole, in einer kleinen Ledertasche“ gab ich sehr freimütig zu.
Wir waren damals verpflichtet, die Autos hinten auf dem Transporter bei der Durchfahrt der Transitstrecke zu verschließen. Dies hat man getan oder auch nicht, es war dein Risiko. Sämtlich PKWs hatte ich heute verschlossen, nur den letzten nicht. Da wollte ich ja meine Leute transportieren, und damit es schneller geht, hatte ich diese Heckklappe offen gelassen. Offene Autos bargen immer ein großes Risiko. Es kam schon vor, dass bei einer Pause auf einem Parkplatz sich blinde Passagiere einschmuggelten und dies an der Grenze entdeckt wurde.

Diese armen Fahrer hatten dann ein Problem. Ein Problem hatte ich jetzt auch.
„Sie werden beschuldigt“, so mein Offizier, „Bürger der DDR nach Westberlin auszuschleusen“. Meine einzige Reaktion war nur „Ihr habt sie doch nicht alle“, zu sagen.
„Weshalb sollte ich so etwas tun? Diese Fernfahrerei ist mein Lebensunterhalt, damit ernähre ich meine Familie, weshalb soll ich so etwas tun?“
„Durchsucht meinen Fernzug und wir werden sehen, wer danach Recht hat“, sagte ich rotzfrech.
Die Soldaten inspizierten sämtliche Autos, schickten Spürhunde rein, doch nichts. Meine Fahrerkabine wurde gründlich durchsucht, auch hier nichts. Wenn ich vorhatte, jemanden hinten im Auto zu transportieren, richtete ich vorher meine Koje in den Normalzustand zurück. So sehr sie auch suchten, sie fanden nichts. Ihre Laune wurde zusehends schlechter. Sie konnten diese Niederlage nicht begreifen.
Wegen dieser angespannten Situation hatte ich bisher keine Möglichkeit nachzudenken, wer mir dieses „Ei“ gelegt hatte.
„Sie können ja ihre Spielchen mit mir machen, dagegen kann ich nichts tun. Die Wahrheit ist, ich bin kein Idiot und würde nie und nimmer versuchen Ihre Leute herauszuholen. So etwas würde ich nicht tun. Solche Nerven habe ich nicht. Wie Sie aus Ihren Akten entnehmen können, haben Sie mich aus Ihrem Staat rausgeschmissen. Sie glauben gar nicht, wie froh ich darüber bin. Jetzt soll ich so blöd sein, meine erworbene Freiheit wieder aufs Spiel zu setzen?“ sagte ich in einer erhöhten lauten Stimme.
„Nun bleiben Sie mal schön sachlich und brüllen hier nicht rum, wenn hier einer brüllt, dann bin ich es. Haben Sie mich verstanden?“, konterte der Offizier. Irgendwie war die Sache festgefahren. Sie kamen nicht weiter. Als Nachschlag bemerkte ich noch:
„Wie würden sie sich denn verhalten, wenn man ihnen so etwas vorhalten würde, ich habe in Westberlin Frau und Kind, die auf mich warten. Wegen solch einem Mist riskiere ich doch nicht meine Freiheit und setze meine Familie der Gefahr aus, Sozialhilfeempfänger

zu werden.“ Ich wurde immer besser.
„Dies geht alles von meiner Freizeit ab, die sowieso eng bemessen ist, und da soll ich ruhig bleiben?“
„Ich betrachte dies als Schikane und werde mich bei den Westberliner Behörden beschweren“, so oder ähnlich lief diese Posse ab.
Mir fiel ein, dass ich so eine Situation schon einmal hatte. Damals lud ich im Bremerhaven englische Jeeps auf, um sie nach Berlin-Spandau zu den „Tommis“ zu transportieren. An der Grenze wollten die Grenzer unbedingt diese Fahrzeuge inspizieren, was ich nicht zuließ. Stundenlang hielten sie mich im Kontrollbereich fest, verweigerten die Weiterfahrt. Natürlich wäre es für die Grenzer ein Leichtes gewesen, die Fahrzeuge zu kontrollieren. Nur sagte das Transitabkommen eben aus, Untersuchung nur bei begründeten Verdacht. Damals brachte ich diese Grenzsoldaten schon zur Weißglut.
Mit meiner Hartnäckigkeit hatten sie damals wohl nicht gerechnet und ließen mich nach sechs Stunden weiterfahren. Diesen Vorfall meldete ich, als „gesetzestreuer Bürger“, sofort nach meiner Ankunft in Westberlin den Behörden und die trugen diesen Zwischenfall der Transitkommission vor. Dies brachte zwar auch nichts, nur hatten die DDR-Behörden auch keine Lust, sich ständig erinnern zu lassen, dass solche Schikanen nicht mehr zeitgemäß seien. Hier, so meine Argumente, geschah mit mir dasselbe.
„Was haben Sie denn nun mit mir vor, bin ich verhaftet?“, fragte ich meinen Offizier.
„Wie Sie wohl mitbekommen haben, liegt von meiner Seite kein Vergehen vor. Ich habe nichts getan was gegen ihre Gesetze verstieß, ich kann das alles nicht glauben“. Gegen mich lag nun wirklich nichts vor.
Leider wusste ich nichts von meinem Freund, doch das war mir im Moment fast egal. Ich hatte hier den Kopf voll, genug mit mir zu tun. Da man mir nichts vorzuwerfen hatte, sie hatten keine Beweise und mich in flagranti nicht erwischt, sehr zu ihrem Leidwesen, so konnte ich nach acht Stunden weiterfahren. Beim Einsteigen in meine Fahrerkabine bekam ich gar nicht mit, dass die Schlüsseltasche vorn auf meiner Ablage nicht lag. Diese Drecksäcke hatten

alle PKW`s abgeschlossen und hatten wohl „vergessen“ mir diese zurückzugeben. Beim Abladen der Autos brachte dies noch erhebliche Probleme mit sich.
Eine kleine Niedlichkeit mich zu ärgern. Ich wünsche diesen Jungs wirklich, sich köstlich amüsiert zu haben.
Langsam fuhr ich aus diesem Kontrollbereich, immer noch nicht glaubend, so aus dieser Nummer herausgekommen zu sein.
In Westberlin angekommen, erklärte ich den Beamten meine Nacht und fragte nach, ob mein Kumpel mit seinem Fernzug hier durchgefahren sei. Was ich jetzt zu hören bekam, haute mich fast vom Hocker.
„Ihr Kollege gab heute morgen zu Protokoll, dass Sie auf eine abgesperrte Rampe eingewiesen und auch gleich von den Soldaten umzingelt wurden. Mehr sah er nicht“, so der Beamte.
Jetzt klingelte es in meinem Kopf gewaltig. Micha konnte mich aus seiner Position mich gar nicht sehen, als er den Kontrollbereich verließ. Was ich jetzt dachte, wollte ich nicht glauben. Micha hat mich in diese Situation gebracht.
„Weshalb? Nein, dass kann nicht sein, du irrst dich“, so meine ersten Gedanken.
„Kann ich von hier mal meine Firma anrufen? Die machen sich schon bestimmt Sorgen wegen meines Fernbleibens“. Natürlich konnte ich.
Mein Disponent gab mir am Telefon die Auskunft:
„Micha hat schon seinen Wagen auf dem Hof abgestellt und uns von deinen Schwierigkeiten erzählt. Komme bitte sofort zur Firma, der Wagen wird später abgeladen“. Etwas verwirrt fuhr ich zu meiner Firma. Hier wurde ich schon sehnsüchtig erwartet. Mein Chef nahm mich gleich in die Mangel, „Mensch Kalle, was ist denn da gelaufen? Hast du etwa mit so einer Fluchtgeschichte zu tun? Bist du dir im klaren, dass so etwas für mein Unternehmen ganz schlimm ausgehen kann?“ Natürlich wusste ich das, doch im Moment hatte ich andere Sorgen.
„Ich muss jetzt erstmal meine Frau anrufen und ihr mitteilen, dass ich wieder da bin.“

„Das brauchst du nicht, dies haben wir schon getan", so die knappe Antwort.
„Vielen Dank", so meine Antwort, „dann werde ich erstmal nach Hause fahren und werde sie beruhigen."
„Du bleibst jetzt erstmal hier und wirst mir einiges zu erklären haben", so mein Chef.
„Dafür habe ich jetzt keine Zeit, können wir später machen, habe einige wichtige Dinge zu klären", und schon war ich auf dem Weg zu meinem PKW, der auf dem Hof stand.
„Wenn du jetzt gehst, bist du gefeuert", schrie er mir noch hinterher. Doch das war mir egal. Ich musste erst in Erfahrung bringen, was in dieser Nacht abgelaufen ist. Das Einzige, was mir klar war, Micha ist mit seiner Ladung ohne Probleme angekommen. Weshalb diese Aktion mit mir? Auf seine Erklärung bin ich nun wirklich gespannt, so meine Gedanken. Von einer Telefonzelle rief ich Micha an.
„Was, du bist hier?", so seine Reaktion.
„Höre genau zu, mein Freund, in zehn Minuten, bin ich in der Kneipe, neben deinem Haus. Dort erwarte ich dich." Mehr sagte ich nicht und legte auf. Aus dieser Geschichte konnte ich mir noch keinen Reim machen. Zu viele Fragen, auf die ich keine Antworten hatte, nur Vermutungen. Das, was ich vermutete, wollte ich nicht glauben.
Nach etwa zehn Minuten erreichte ich diese Kneipe. Mit sehr viel Wut im Bauch stürmte ich da rein, ging sofort zum Tresen, bestellte einen halben Liter Bier und einen doppelten Cognac. Den Cognac kippte ich in einem Zug runter, bestellte sofort noch einen, der sofort nachgeschenkt wurde und drehte mich jetzt um. Micha saß ziemlich hinten, in einer Ecke, gleich neben der WC-Tür. Mit großen Augen sah er mich an, als ob ich ein Gespenst sei. Langsam ging ich zu seiner Ecke, versuchte ruhig zu bleiben. Nachdem ich mich gesetzt und, mir eine Zigarette angesteckt hatte, tief inhalierte, schaute ich tief in seine Augen.
„Nun bin ich wirklich gespannt, was du mir jetzt zu erzählen hast, mein Freund", sagte ich nur. Er sah mich nur an und sagte nichts. Ich begann wieder zu sprechen.

„Mit meinem Erscheinen bist du wohl etwas überfordert, oder wie soll ich dein jämmerliches Erscheinungsbild deuten? Jetzt weiß ich auch, weshalb du so nervös warst. Es ist doch nicht so einfach, einen Freund zu verraten, oder? Ein wenig Mensch steckt doch in jedem von uns, auch in dir. Nur du hast die Hemmschwelle überschritten. Was hast du für diesen Verrat erhalten? Geld? Nein, das glaube ich nicht, erzähle es mir. Ich höre dir genau zu."
Meine Anwesenheit irritierte Micha stark, er bekam keinen Ton heraus. Nun versuchte ich es ihm leichter zu machen.
„Micha, nur du und ich wussten von heute Nacht, niemand sonst. Du hast diesen Treffpunkt zur Übernahme bestimmt, ebenso den Zeitraum festgelegt, der mir übrigens viel zu früh war, nur dachte ich nicht, dass ich von einer Ratte gelinkt werde. Ich stimmte nur zu, weil ich dir vertraute. Mein Gott, da haut mich mein, wie ich bis vor kurzem noch glaubte, bester Freund in die Pfanne. Micha, für dich wäre ich durchs Feuer gegangen. Alles, aber auch alles hätte ich für dich getan und nun so etwas." Immer noch saß er mir stumm gegenüber, sagte kein Wort. Plötzlich stand er auf, ging zum Tresen, bestellte irgendetwas, kam zurück und setzte sich.
„Dich haben Sie schon lange im Visier gehabt", so seine ersten Worte. „Nur, sie konnten dir nie etwas anhaben. Du hattest immer so ein verdammtes Glück, immer den richtigen Riecher, wie heute Nacht. Was habe ich dich immer um deine „Arschruhe" bewundert. Nichts schien dich umzuhauen. Bei einer meiner letzten Fahrten wurde ich erwischt. Nachdem sie meine Lieferung entdeckt hatten, stellten sie mir ein Ultimatum. Sie lassen mich frei und ich werde für sie als „IM" tätig. Sie wollten dich. Ich wusste, und die Stasi auch, dass du mir diesen Wunsch nicht abschlagen würdest. Aus Angst, noch einmal ins Gefängnis zu müssen, ging ich auf diesen Deal ein."
Die Bedienung kam an unserem Tisch und stellte eine Flasche Cognac auf den Tisch, die Micha bestellt hatte. Micha nahm die Flasche und schenkte sein Glas ziemlich voll ein, beugte sich über den Tisch und wollte mein Glas ebenso voll gießen. Ich nahm ihm die Flasche aus der Hand und sagte:
„Aus einer Judashand nehme ich nichts." Stellte die Flasche auf den

Tisch und bestellte mir ein neues Getränk. Als die Bedienung meine Bestellung brachte, meinte sie nur:
„Ihr benehmt euch wie ein zänkisches Liebespaar."
„Prima, so etwas höre ich heute sehr gern, weiter so", gab ich etwas angefressen zurück. Sie drehte sich pikiert um und ließ uns endlich allein.
„Hast du gar nicht an diese Familie gedacht, die jetzt total auseinandergerissen ist? Weshalb eine Familie? Hätten Einzelpersonen nicht genügt?"
„Nein", gab er zur Antwort.
„Nur diese Familiengeschichte machte es so glaubwürdig. Ich wusste, dass du nicht nein sagen könntest, die Stasileute dachten auch so. Ich hatte gar nicht vor, Passagiere einzuladen, diese Nummer war nur für dich bestimmt. Nur, wie bist du aus dieser Geschichte so rausgekommen?"
„Du warst mir in der Gaststätte in Helmstedt zu nervös. Als du mir zum Abschied nicht in die Augen schauen konntest, wurde ich sehr misstrauisch. Dann bemerkte ich meine Beschatter". Ich erzählte ihm meine letzte Nacht.
„Jetzt wurde mir auch alles klar. Sie ließen dich genau in dem Augenblick wieder aus dem Kontrollpunkt fahren, als ich hineinfuhr. Nur wussten sie zu diesem Zeitpunkt nicht, dass ich meine Ladung nicht bei hatte. Mein Katz und Mausspiel mit meinen Verfolgern hatte sie verwirrt. In der Annahme, ich hätte meine Sendung dabei, ließen sie dich laufen, um mich zu verhaften."
Teuflisch, was die drauf hatten. Je mehr ich darüber sprach, desto intensiver spürte ich, was für ein „Massel" ich letzte Nacht hatte.
Ohne Flüchtlinge hatten die DDR-Behörden gegen mich keine Handhabe, also mussten sie mich zähneknirschend laufen lassen.
Diese Schmach würden sie mit Sicherheit nicht vergessen. Dies war mir klar.
„Nur, was mache ich jetzt mit dieser Ratte, meinem ehemaligen Freund?", dachte ich ständig. Zu gerne hätte ich ihn jetzt nach „Strich und Faden" verprügelt, nur hier unter Zeugen wollte ich

solch eine Dummheit nicht machen. Polizei konnte ich nun gar nicht gebrauchen. Lange überlegte ich meine Worte.
„Ich gebe dir eine Woche Zeit, aus Berlin zu verschwinden, ansonsten zeige ich dich an. Im Gegensatz zu dir gebe ich dir diese Chance, obwohl du es nicht verdient hast," sagte ich zu meinem ehemaligen Freund.
„Ich möchte wirklich wissen, wie du diese Sache deinen Stasikumpeln erklären wirst, da möchte ich gerne „Mäuschen" sein."
Als ich am Tresen vorbeikam, sagte ich zur Bedienung.
„Die Lage vom Tisch geht auf seine Rechnung."
Ich verließ dieses Lokal. Meinen ehemaligen Freund sah ich nie wieder. Er setzte sich in die Bundesrepublik ab. Jahre später erfuhr ich, dass er sich das Leben genommen hat. Konsequent, Respekt.
Jetzt erst fuhr ich zu meiner Frau. Dort angekommen, empfing sie mich gleich mit den vorwurfsvollen Worten:
„Du hast ja Getrunken."
Ich stank wie eine Hafenkneipe. In wenigen Sätzen schilderte ich die letzte Nacht, jedoch nicht die Wahrheit über meine Fluchtaktion. Erleichtert nahm sie mich in die Arme und sagte sehr fürsorglich:
„Jetzt bleibst du zuhause, suchst dir neue Arbeit in Berlin und fährst nicht mehr raus. Diese Ängste um dich halt ich langsam nicht mehr aus. Nie bist du da, und wenn, dann bist du nur abwesend, irgendwo mit deinen Gedanken, nur nicht hier. Schluss damit!"
„Ich werde jetzt den Laden schließen und wir fahren nach Hause."
Meine Frau betrieb einen Hundesalon in Berlin Tegel. So machten wir es auch.
Zuhause angekommen, wartete schon die nächste Überraschung. Per Telegramm erhielt ich die Kündigung von meinem Chef, mit dem Hinweis, Hausverbot.
„Mach dir nichts draus" versuchte meine Frau mir gut zuzureden. „Dies hatten wir sowieso vor. Ich lass dir jetzt Wasser in die Badewanne, damit du entspannen kannst."
„Gute Idee", dachte ich. „Ein Entspannungsbad kann nicht schaden". Kaum lag ich in meinem Schaumbad, klingelte es an der Wohnungstür. Meine Frau öffnete die Tür, ich hörte in der Badewanne

liegend Stimmen und dachte mir nichts dabei. Plötzlich stand sie im Badezimmer und sagte etwas verstört zu mir:
„Du, da stehen zwei Männer vom Staatsschutz an der Tür und möchten dich sprechen. Was ist denn heute bloß hier los?"
„Lass sie rein, ich ziehe mir nur etwas an". Ich raus aus der Badewanne, zog mir den Bademantel über und ging ins Wohnzimmer. Dort saßen zwei Herren, standen, als ich hereinkam, auf, und zeigten irgendwelche Dokumente, die wie Ausweise aussahen.
„Entschuldigen Sie bitte die Störung, Herr Richter, wir sind zu ihrem eigenen Schutz hier. Wir haben Kenntnis darüber, dass Sie in eine Fluchtgeschichte verwickelt sind. Ihr Chef hat Anzeige erstattet, dass sie unberechtigterweise seine Firmenautos dazu benutzt haben. Ihr Kollege hat zu Protokoll gegeben, dass Sie wegen Ausschleusung von DDR-Bürgern an der Grenze festgehalten worden sind, und nun sind sie aber hier. Wir möchten Sie bitten, uns zu unserer Dienststelle zu begleiten, um Ihre Aussage aufzunehmen."
Bei mir klingelte es auf einmal im Kopf sehr gewaltig. Den Begriff „Dienststelle" kannte ich noch zu genau aus meiner DDR-Zeit. Ich war auf einmal hellwach.
„Ich habe nicht die Absicht, Sie zu begleiten", sagte ich zu diesen Männern, wir können einen Termin ausmachen und ich werde Sie in Ihrer Dienststelle besuchen, so geht das und nicht anders", konterte ich rotzfrech. In meinem Gehirn arbeitete es wie in einem Uhrwerk.
In diesem Augenblick klingelte es wieder an der Wohnungstür und meine Tochter kam aus der Schule. Sie brachte noch zwei Freundinnen mit, dies war nicht ungewöhnlich. Nun war die Wohnung voll. Irritiert schauten sich die beiden an, standen auf und sagten:
„Wir melden uns noch einmal, Herr Richter", gingen zur Tür und weg waren sie.
Ich wollte nicht glauben, was eben hier abging. Der Terminus Dienststelle hatte mich wachgemacht. Diese Herren waren nicht vom Staatsschutz, es waren Stasileute, die mich gerne in ihre Dienststelle gebracht hätten.
Meine Frau saß da und verstand nur Bahnhof.

„Weshalb warst du zu diesen Männern denn so unfreundlich? Die wollten dir doch nur helfen“.
„Ja, es tut mir jetzt auch leid, morgen fahre ich dorthin“, sagte ich nur, um die Situation wieder auf einen normalen Punkt zu bringen. Ich wollte, dass Ruhe einkehrt. Ich zog meine Sachen an und meine Frau griff zum Telefon und versuchte die Freundin von Micha anzurufen. Sie hatte ja von Michas Verrat keine Ahnung.
„Komisch, Renate ist gar nicht da. Um diese Zeit ist sie doch immer zu erreichen. Ich versuche es später noch einmal“.
„Was bin ich froh, dass du mir dieser Geschichte nichts zu tun hast, jetzt suchst du dir einen Job in Berlin und kommst wie alle anderen Männer abends nach Hause“.
Prima, dachte ich. Dieses Zigeunerleben auf dem LKW war schon sehr anstrengend, doch mir gefiel es. Jetzt soll ich von morgens um sieben bis Nachmittag um vier durch die Stadt kutschieren und abends auf der Couch mir das miese Fernsehprogramm einziehen. Mir werden die Adrenalinschübe fehlen, so etwas brauchte ich einfach. Etwas Vergleichbares konnte ich mir hier zu Hause nun wirklich nicht vorstellen. Nun warten wir erstmal ab, es wird sich schon etwas Neues finden und ging erst einmal ins Bett.
Was mache ich denn nun mit Micha? Ihn anzuzeigen hatte ich nicht drauf, so etwas konnte ich nicht tun. Mit diesen Gedanken schlief ich ein.
Am nächsten Morgen, meine Frau war schon in ihrem Hundesalon, setzte ich mich ins Auto und fuhr zum Westberliner Staatsschutz. Die waren über meinen Besuch ziemlich überrascht. Ich erzählte ihnen von meinem Besuch gestern und die verdrehten nur die Augen.
„Wir haben niemand zu Ihnen geschickt Herr Richter, das waren die mit der anderen „Feldpostnummer“, sagte einer zu mir. Jetzt ging hier die Fragerei auch noch los, doch ich hatte kein Interesse, ihnen etwas zu sagen, zumal auch in dieser Abteilung mit großer Wahrscheinlichkeit Stasispitzel tätig waren.
Zum Schluss gab mir einer der Herren noch einen guten Rat:
„Fahren Sie nie wieder über die Transitstrecke. Die warten nur darauf Sie zu bekommen. Die werden auch versuchen, Sie zu kidnappen,

nach dem Vorfall in ihrer Wohnung ist dies zu vermuten. An Ihrer Stelle würde ich Westberlin verlassen, gehen Sie ins Ausland, dort sind Sie sicherer als hier. Sie wären nicht der Erste, den sie holen."

Für diesen gut gemeinten Rat bedankte ich mich brav und fuhr nach Hause und grübelte über meine Zukunft nach.

Das, was der Mann vom Staatsschutz mir sagte ging mir nicht mehr aus dem Kopf. In meiner Naivität hatte ich nie über Konsequenzen nachgedacht, falls meine Fluchtgeschichte einmal auffliegt. Dass sie, ich meine den Staatssicherheitsdienst, Menschen verschleppen, hatte ich mir in meinem Fall nicht vorstellen können. Man glaubt ja immer, dass einem selbst so etwas nicht passieren kann. Ich war der Meinung, eine kleine Nummer zu sein. Ein großer Irrtum. Ab jetzt achtete ich viel mehr auf mein Umfeld. Jeder Fremde war auf einmal eine Bedrohung für mich. Ein nicht zu beschreibender Zustand.

Nach drei Tagen bekam ich von meiner Firma meine Arbeitsunterlagen zugeschickt. Nur weil ich gegen die fristlose Kündigung keinen Widerspruch einlegte, verweigerte das Arbeitsamt mir für drei Monate die Bezüge mit der Begründung „Eigenverschulden".

Mann, war ich sauer. Jetzt hätte ich vor dem Arbeitsgericht klagen müssen, was ich nicht tat. In diesem Fall wollte ich keine Wellen schlagen.

Mein Alltag lief nun etwas anders ab, als ich es mir vorgestellt hatte. Meine Frau fuhr jeden Morgen zu ihrem Hundesalon. Bevor ich die Wohnung verließ, schaute ich, hinter der Gardine stehend, erst sehr intensiv aus dem Fenster, ob ich etwas Verdächtiges sah. Natürlich sah ich nichts, was auch? Ab und zu half ich meiner Frau in ihrem Laden, doch es war nicht so die Befriedigung, die ich suchte. Neben dem Geschäft meiner Frau befand sich ein Wollladen.

Mit der Inhaberin hatte sich meine Frau angefreundet. Ständig schwatzten die Frauen und tauschten ihre Stimmungen aus. Ihr Mann saß zur Zeit wie ich zu Hause rum und wartete auf seinen neuen Einsatz. Als Bauleiter trieb er sich auf allen Kontinenten herum. Der nächste sollte in Afrika sein.

Flucht nach Nigeria

Mit diesem Mann saß ich in einer Kneipe zusammen und wir begannen, nach der wer weiß wievielten Lage uns immer besser zu verstehen, obwohl er mir am Anfang unserer Sauferei gar nicht so sympathisch war. „Ich brauche für meinen nächsten Einsatz in Nigeria einen Elektromonteur, bekomme aber keinen", lallte er mich an. „Kannst du das verstehen?" „Nee, kann ich nicht", lallte ich zurück. „Du brauchst nicht weiterzu suchen, vor dir sitzt einer."
„Wie, du bist ein gelernter Elektromonteur? Hast du auch einen Facharbeiterbrief?"
„Selbstverständlich habe ich diesen, nur ist der noch in Ostberlin. Meine Mutter versucht gerade meine Papiere, die ich durch meine Ausreise zurückgelassen hatte, mir nach Westberlin zu bringen. Wegen meiner Vorgeschichte in Ostberlin, meiner Inhaftierung und der daraus entstandenen Probleme wurde meine Mutter so krank, dass sie Invalidenrentnerin wurde, schon mit jungen Jahren.
Als Rentnerin durfte sie im Jahr, so glaube ich, für 30 Tage in ein nichtsozialistisches Land reisen, wahrscheinlich mit dem Hintergedanken, dass die Rentner im Westen bleiben würden. Rentner hatten in der DDR keinen hohen Stellenwert, sie waren ein Kostenfaktor, mehr nicht. Aus diesem Grund konnte auch meine Mutter hin - und herfahren. Für mich sehr günstig, zum Ersten konnten wir uns sehen, und zweitens brachte sie mir wichtige Unterlagen.
Also, die Besorgung der Unterlagen könnte noch einige Zeit dauern.
„Du bist mein Mann", meinte er, plötzlich schien er gar nicht mehr so betrunken zu sein.
„Würdest du mit mir nach Nigeria fliegen? so ungefähr in 10 Tagen?"
„Für wie lange soll das denn sein?" so meine bescheidene Anfrage.
„Vier bis sechs Monate, du verdienst gutes Geld und lernst Afrika kennen, andere Menschen bezahlen sehr viel Geld, um andere Länder kennen zu lernen, und du bekommst noch Geld dafür, also besser geht es nun wirklich nicht. Komm, gib mir deine Hand, schlag ein, die Sache ist perfekt." Genauso lief es ab.

Hätte ich gewusste, auf was ich mich ab jetzt eingelassen hatte, wer weiß, ob ich es gemacht, gewagt hätte. Der Gedanke nach Afrika gehen zu können, war für mich zu faszinierend, ein Kindheitstraum von mir wurde erfüllt.
„Los, jetzt gehen wir zu unseren Frauen und werden ihnen von unserem Deal berichten. Na, die werden sich aber freuen, meine Güte, ist das eine tolle Sache“, sagte Werner, mein neuer Freund immer wieder. Ob die Freude so groß sein wird, daran hatte ich langsam meine Zweifel.
Freudestrahlend gingen wir zu unseren Frauen und berichteten von unserer Kneipenentscheidung.
Wie von mir schon erwartet, die Freude hielt sich in Grenzen. Zumal es wohl kaum etwas Schlimmeres gibt, als zwei stark angetrunkenen Kerlen zuhören zu müssen. Das war hier nicht anders. Meine Frau sagte nach einiger Zeit nur: „Schlafe erst einmal deinen Rausch aus und dann sehen wir weiter.“ Nach dem Motto; Morgen sieht die Welt ganz anders aus. Doch sie irrte sich gewaltig.
Zum Abschied umarmten Werner und ich uns so innig, als wenn wir uns schon aus der Schulzeit kennen würden, peinlicher kann man sich wirklich nicht benehmen. Die Frauen fassten sich nur an den Kopf.
Am nächsten Tag fuhr ich meine Frau, wie so oft, zum Hundesalon, um ihr zu helfen. Es dauerte nicht lange und mein neuer Freund Werner kam freudestrahlend in unseren Laden und teilte uns mit: „Ich habe gerade mit meiner Firma in Hamburg telefoniert und habe denen zugesagt, dass wir morgen zum Einstellungsgespräch hinfliegen werden, ist das nicht prima?“, so Werner. Diese Information überraschte mich nun sehr.
„Was, so schnell?“, konterte ich. So langsam wurde mir dieses Kneipengespräch doch unheimlich.
Ich stand mit dem Rücken zu meiner Frau, traute mich gar nicht umzudrehen. Als ich dies nun doch tat, mutig wie ich war, sagte sie zu mir „Du Idiot, willst doch nicht wirklich da mitfliegen?“ „natürlich will ich mitfliegen“, antwortete ich tapfer. „Das ist doch nur für einige Zeit, bekomme gutes Geld und wenn ich wieder zurückkomme,

hat sich die Situation wieder beruhigt“, versuchte ich mutig meinen Standpunkt zu verteidigen. Na, ich konnte erzählen, was ich wollte, kein Argument zog so richtig. Werner erkannte die Situation sofort, bei ihm war es jedes Mal genauso, und er zog sich vornehm zurück, ließ mich mit meiner Frau allein. Den ganzen Tag versuchte ich meiner Frau die Vorzüge dieses Unternehmens schmackhaft zu machen. Schleimte rum, machte mich zum Affen, doch hier stieß ich an meine Grenzen. Männer können sich wirklich in Situationen bringen, die jegliche Peinlichkeitsgrenzen überschreiten.

Ich war einer von diesen Typen. Nichts half. Da ich jedoch von meinem Tun überzeugt war, flog ich am nächsten Tag mit Werner nach Hamburg. Natürlich hatte meine Frau mich nicht zum Flughafen begleitet, ich musste mir ein Taxi nehmen.

Hier führte ich ein Einstellungsgespräch, unterschrieb meinen Arbeitsvertrag, die Firma besorgte mir ein Einreisevisum, das war es. Plötzlich war ich Elektromonteur, was ich nie gelernt hatte.

Meine Kenntnisse waren so, als wenn eine Kuh Polka tanzen sollte. Die Bedenken schob ich zur Seite, dachte, wenn die mitbekommen, dass ich null Ahnung habe, können die dich ja wieder nach Hause schicken. Auf jeden Fall war ich erst einmal in Afrika.

In Berlin angekommen, besorgte ich mir Impfungen gegen Gelbfieber und Cholera bekam ein großes Paket Tabletten mit Resochin.

Die Tabletten waren so groß wie ein Kleinbus, gingen kaum durch den Hals. Sollten mich vor Malaria schützen, was sie aber später nicht taten.

Meine Frau konnte nicht glauben, dass ich nach Afrika gehen wollte. „Bevor du fliegst, solltest du dich erstmal auf deinen Gesundheitszustand untersuchen lassen. Du kannst nicht normal sein. So wie du verhält sich kein normaler Mann“, so ihre Meinung. Diese Äußerung echauffierte mich sehr.

Wegen meiner egozentrischen Einstellung, ließ ich keine Kritik an mich heran. Dachte wirklich, dies tue ich auch für meine Familie, nicht nur für mich.

Nach wenigen Tagen hieß es Abschied nehmen. Novemberwetter in Berlin, neblig und trüb. So sah es auch in uns aus.

Abschiednehmen hat immer etwas mit Melancholie zu tun, das Herz ist schwer, die bevorstehende Trennung wurde mir nun auch bewusst, es flossen sehr viel Tränen. Meine Frau musste ich immer wieder trösten, hielt sie im Arm und drückte sie, wie lange nicht mehr, hätte ich sie damals bloß nicht losgelassen.
„Komm mir bloß gesund wieder, pass auf dich auf, wir brauchen dich doch“, sagte sie immer und immer wieder. „Unkraut vergeht nicht“ antwortete ich in meiner Dusseligkeit, weil mir nichts anderes einfiel. „Sobald ich angekommen bin, schreibe ich ausführlich“, blah, blah, blah, usw.
Als der Aufruf kam, sich zum Flugzeug zu begeben, spürte ich wirklich eine Erleichterung. Nur weg aus dieser Situation. Hätte ich auch nur die kleinste Ahnung von dem gehabt, was mich erwartet, keine zehn Pferde hätten mich in dieses Flugzeug gebracht.
Unser Flug ging von Berlin nach Hamburg. Hier nahmen wir von unserer Firma sechs große und schwere Alukoffer in Empfang, Materialien für die Baustelle. Es wurden noch gut gemeinte Ratschläge mit auf den Weg gegeben, Hände geschüttelt und weiter ging es von Hamburg nach London. Hier stellten sich schon die ersten Probleme ein. Werner konnte nicht sehr gut englisch, was mich schon wunderte. Ich beherrschte die Sprache gar nicht.
Als ehemaliger DDR-Schüler wurde mir zwar acht Jahre die russische Sprache beigebracht, man hat es jedenfalls versucht, doch damit konnte ich hier beim besten Willen nichts anfangen. Mit großen Schwierigkeiten erreichten wir Terminal drei, Abflug Richtung Nigeria.
Nigeria ist mit rund 80 Millionen das bevölkerungsreichste Land Afrikas und nimmt damit den neunten Platz auf der Liste der bevölkerungsreichsten Länder der Erde ein.
Nigeria ist auch die führende Wirtschaftsmacht Schwarzafrikas. Umfangreiche Erdölvorkommen, Nigeria ist OPEC-Mitglied, hat ein drastisches Wirtschaftswachstum ausgelöst.
Am 1. Oktober 1979 kehrte Nigeria nach 13-jähriger Militärherrschaft wieder zu einer demokratischen Regierungsform zurück.

Nur, nach langer Militärdiktatur lief hier noch nicht alles rund. Alte Strukturen waren noch am Ruder, in den Provinzen war die neue Zeit noch nicht angekommen. Doch das wusste ich nicht, hatte mich vorher auch nicht informiert. Wir flogen mit der Nigeria-Airline. Die Stewardessen, einheimische, hübsche Mädels, die uns barfuß bedienten, keine Ahnung aus welchem Grund die ihre Schuhe nicht anhatten. Auf jeden Fall schon merkwürdig.
Hier im Flugzeug klärte Werner mich erstmal auf.
„Wir brauchen uns keine Sorgen zu machen, am Flughafen werden wir abgeholt, es ist für alles gesorgt", laberte er mich voll. Im guten Glauben, was soll schon passieren, leerten wir eine Unzahl von kleinen Whiskyflaschen mit Cola.
Nach einigen Stunden, wir waren bester Laune, sagte der Pilot an: „In fünfzehn Minuten landen wir in Kano", einem Flughafen im Norden von Nigeria. Endlich landen, der Flug war doch sehr unruhig. Jeder war froh, es hinter sich gebracht zu haben.
Als wir aus der DC 10 ausstiegen, stellten wir fest, Kano ist ja nur ein Feldflughafen, nur ein Gebäude, sonst nichts.
Auf dem Flugfeld stehend, erkannte ich erst die gewaltigen Ausmaße dieses Flugzeuges. Mann, war das ein Riesenvogel, gigantisch. Man sagte damals zu der DC 10 auch Todesflieger. Es gab eine Zeit, da stürzten einige dieser Flieger sehr oft vom Himmel, nun, wir hatten Glück.
Jetzt mussten wir in dieses einzige Gebäude. Passkontrolle und der internationale Impfausweis wurden kontrolliert. Lächelnd zeigte ich dem schwarzen Mann

1980 meine Frau Dagmar wartet auf gute Nachrichten aus Afrika

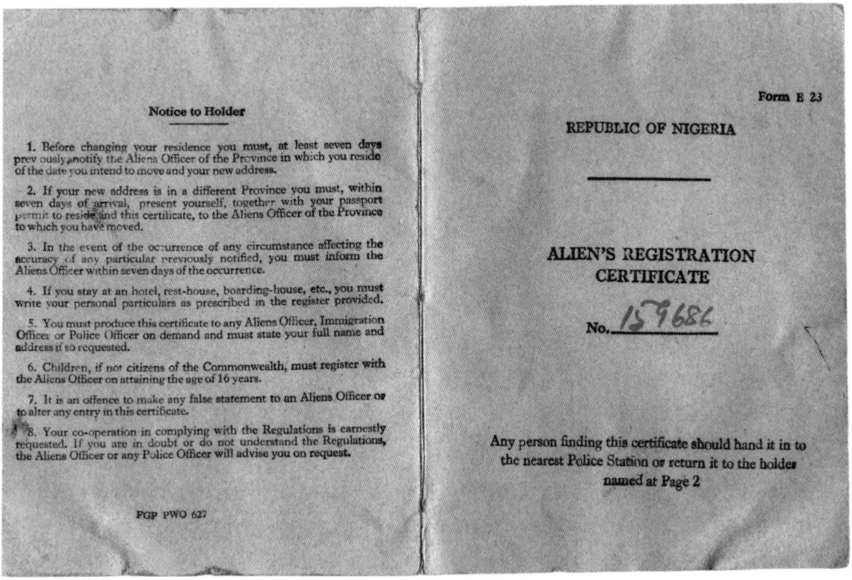

Notice to Holder

1. Before changing your residence you must, at least seven days previously, notify the Aliens Officer of the Province in which you reside of the date you intend to move and your new address.

2. If your new address is in a different Province you must, within seven days of arrival, present yourself, together with your passport permit to reside and this certificate, to the Aliens Officer of the Province to which you have moved.

3. In the event of the occurrence of any circumstance affecting the accuracy of any particular previously notified, you must inform the Aliens Officer within seven days of the occurrence.

4. If you stay at an hotel, rest-house, boarding-house, etc., you must write your personal particulars as prescribed in the register provided.

5. You must produce this certificate to any Aliens Officer, Immigration Officer or Police Officer on demand and must state your full name and address if so requested.

6. Children, if not citizens of the Commonwealth, must register with the Aliens Officer on attaining the age of 16 years.

7. It is an offence to make any false statement to an Aliens Officer or to alter any entry in this certificate.

8. Your co-operation in complying with the Regulations is earnestly requested. If you are in doubt or do not understand the Regulations, the Aliens Officer or any Police Officer will advise you on request.

FGP PWO 627

Form E 23

REPUBLIC OF NIGERIA

ALIEN'S REGISTRATION CERTIFICATE

No. 159686

Any person finding this certificate should hand it in to the nearest Police Station or return it to the holder named at Page 2

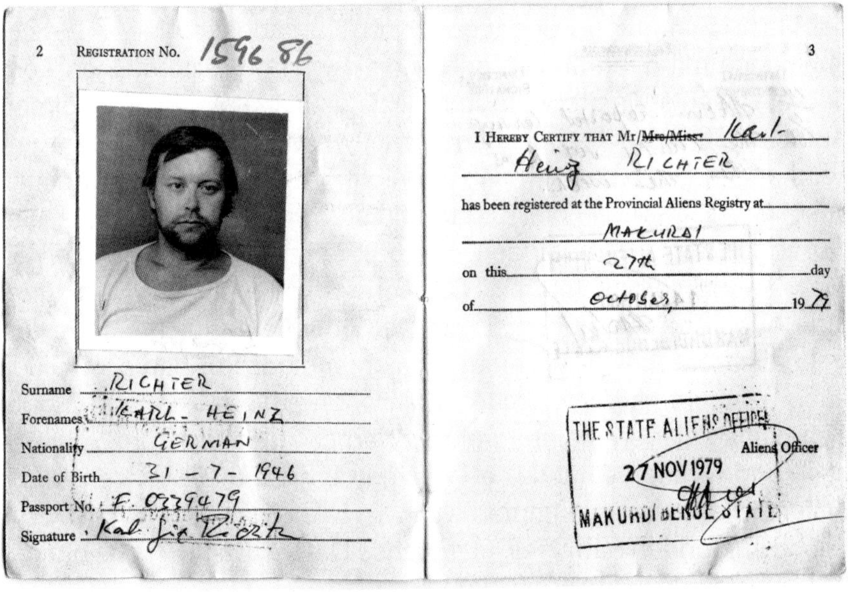

2 REGISTRATION NO. 159686

Surname RICHTER

Forenames KARL-HEINZ

Nationality GERMAN

Date of Birth 31-7-1946

Passport No. F. 0339479

Signature Karl Heinz Richter

3

I HEREBY CERTIFY THAT Mr/~~Mrs/Miss~~ Karl-Heinz RICHTER

has been registered at the Provincial Aliens Registry at MAKURDI

on this 27th day

of October, 1979

THE STATE ALIENS OFFICER
27 NOV 1979
MAKURDI BENUE STATE

Aliens Officer

Mein provisorischer Ausweis der von der nigerianischen Behörde ausgestellt wurde.

in Uniform meine Dokumente. Während der Überprüfung merkte ich, dass mit meinen Papieren wohl irgendetwas nicht in Ordnung war.
Pausenlos wurde auf mich eingesprochen, auf meinen Impfausweis gezeigt und wieder palavert. Was immer er mir auch sagte, ich verstand kein Wort. Der Ton wurde barscher, plötzlich führten sie mich ab. Hände auf dem Rücken, nach vorne gebeugt, eine Körperstellung, die ich noch nie mochte. „Mensch Werner, tu endlich was!" rief ich ihm zu.
„Mach dir keine Sorgen, ich hol dich da gleich wieder raus", rief er mir noch zu und weg war ich.
Nach kurzer Zeit befand ich mich in einer wirklich miesen afrikanischen Arrestzelle wieder. Eine Situation, die ich schon aus meiner DDR-Knastzeit kannte, doch dieses hier verschlug mir doch ein wenig die Sprache. Diese Zelle war total leer. Nichts, aber auch gar nichts befand sich hier drinnen. Wir sind morgens um drei Uhr in Kano gelandet, zur Nachtzeit. Draußen dunkel, in der Zelle ebenso. Meine Stimmung war auf dem Nullpunkt abgekommen. Ständig schlug ich mit den Fäusten gegen die Tür und brüllte meinen Zorn heraus. Nach etwa drei Stunden wurde die Tür einen Spalt geöffnet. Auf dem Gang war es genauso dunkel wie in meiner Zelle, die dunkelhäutigen Uniformierten sah ich nicht. In meiner Überheblichkeit stieß ich mit dem Fuß die Tür auf und stürmte aus dieser Zelle. Hier wurde ich schon empfangen. Sie drehten mir die Hände auf den Rücken und verpassten mir Handschellen. Die müssen verdammt gute Augen gehabt haben, ich sah so gut wie gar nichts. Sehr unfreundlich brachten die Soldaten mich in ein Büro, das zum Glück auch beleuchtet war, wo man mich schon erwartet hatte. Auf dem Schreibtisch lagen meine Papiere, Werner stand vor dem Schreibtisch und versuchte mit seinen wenigen Englischkenntnissen mir zu helfen. Irgendwann erkannten wir mein Dilemma.
Meine Impfungen hatten ein zu frisches Datum. Mein Erscheinungsbild gefiel ihnen wohl auch nicht.
Ich trug amerikanische Fallschirmspringerstiefel, eine Jeans, die unten hochgekrempelt war und einen kurzen Blouson, der wie eine

Armeejacke aussah. Darunter ein weißes T-Shirt. Nach endlosem Palaver wurden mir die Handschellen abgenommen. Werner griff in seine Brieftasche und übergab dem Offizier erst 200 DM. Die Gesichtszüge des Mannes am Schreibtisch fingen an sich zu entspannen, wirkten jedoch noch nicht freundlich.

Nachdem 500 DM auf dem Tisch lagen, gab es keine Probleme mehr. Fast kameradschaftlich geleitete man uns zu unserem Gepäck, das in der Zwischenzeit von Soldaten bewacht wurde.

Sechs schwere Alukoffer, jeder hatte noch zwei Koffer und große Reisetaschen. Ein ziemlich großer Berg Gepäck. Nachdem die Soldaten abgezogen wurden, mussten wir auf unser Gepäck selbst aufpassen. Ein fast unmögliches Unterfangen. Eine Unzahl von Einheimischen versuchte mit Nachdruck ihre Dienste anzubieten. Jeder wollte angeblich unsere Koffer tragen, nur, dies ließ ich nicht zu. Ein heilloses Durcheinander, immer wieder musste ich Leute von unserem Kofferberg wegschubsen und anbrüllen. Wir befanden uns wirklich in einer Bredouille. Nun platzte mir der Kragen. Ziemlich sauer suchte ich aus meiner Reisetasche mein dort deponiertes Bowiemesser. Demonstrativ schnallte ich den Ledergürtel um, am Gürtel hing das Messer, und zog eine finstere Mine auf. Dies half tatsächlich. In respektvollen Abstand blieben sie nun unseren Gepäckstücken fern.

„Wir sollten eigentlich von hier abgeholt werden“, sagte Werner zu mir. „Ich gehe mal raus und suche unsere Leute. Du bleibst bei den Sachen und lässt keinen von den Jungs hier ran. Die klauen wie die Raben“, sagte dies zu mir und ging Richtung Ausgang.

„Mensch Werner, mach keinen Scheiß und lass mich hier mit den Wilden nicht allein, die machen Hackfleisch aus mir. Die sind auf unser Zeug ganz scharf“, sagte ich in meiner Verzweiflung zu ihm.

„Du musst denen nur Angst einjagen, hast das ja schon sehr schön gemacht. Nur weiter so, lass dich nicht einschüchtern“, sprach er und ging aus dem Gebäude, um nach unserem Empfangskomitee zu schauen. Nun bin ich bestimmt kein Feigling, konnte mich meiner Haut schon wehren, doch dies hier war etwas völlig anderes.

In meiner Jugend trieb ich jahrelang Schwerstathletik, doch jetzt

hatte ich das Gefühl, dass mir das hier nicht viel helfen wird. Zum Glück wirkte meine Taktik. Sie standen im Kreis um mich herum, wagten jedoch nicht, mich oder unser Gepäck anzufassen.
In der Aufregung zündete ich mir eine Zigarette nach der anderen an. Auf mein amerikanisches Sturmfeuerzeug starrten sie alle, als wenn es für sie ein bestimmtes Symbol wäre. Ihr Respekt wurde immer größer, ich konnte mir dies jedoch nicht erklären. Später erfuhr ich den Grund.
Sie dachten, dass wir zu einer Söldnergruppe gehören. Es gab hier in der Vergangenheit sehr viele Unruhen, die man immer versuchte mit militärischer Gewalt zu klären. Bis vor kurzem war hier ja auch eine Militärdiktatur an der Macht und deshalb hatten diese Leute hier solche Gedanken. Endlich kam Werner zurück.
„Diese Idioten", rief er zornig, „unser Abholkommando ist wieder abgehauen. Nach dem sie zwei Stunden auf uns gewartet hatten, dachten sie wohl, wir sind mit diesem Flieger nicht mitgekommen. Ich habe uns eine neue Fahrgelegenheit organisiert. Wir bringen unser Gepäck zum Auto und dann nichts wie weg hier."
Werner schleppte immer zwei Koffer nach draußen, ich wachte weiter wie ein Wachhund auf den Rest. Die letzten Stücke teilten wir uns.
Draußen angekommen, sah ich zum ersten mal in meinem Leben afrikanisches Treiben. Die Hitze schlug förmlich ins Gesicht, raubte mir fast den Atem. Zum Glück trug ich eine Sonnenbrille. Ohne, so glaube ich, wäre ich wie eine Blindschleiche gelaufen. Nun sah ich unser Transportmittel. Einen Peugeot Kombi, mit Dachträger, der seine besten Jahre schon lange hinter sich hatte. Das Gewicht unseres Gepäcks drückte die Hinterfederung nach unten, schon über dem Limit. Für dieses Fahrzeug wohl nichts Neues.
Werner hatte mit dem Fahrer einen festen Preis ausgemacht, um uns nach Makurdi zu chauffieren.
„Los, steig ein, und dann nichts wie weg hier", maulte Werner mich ziemlich genervt an.
„Moment, ich muss erst einmal pinkeln, habe Wasserstand bis zur siebten Rippe", rief ich schon fast verzweifelt.
„Dann stell dich neben den Wagen und dann aber los".

Wir befanden uns, wie ich heute glaube, auf einem Marktplatz. Rings um uns standen wer weiß wie viele Leute, alle starten uns an. Hier sollte ich pinkeln?

„Mensch, nun mach schon. Wir haben wirklich schon genug Zeit verloren, mach jetzt bloß nicht auf genieren. Das wird hier so gemacht." Etwas verschämt schlug ich neben dem Wagen mein Wasser ab und verschwand danach gleich im Fahrzeug. Mit aufheulendem Motor bewegten wir uns vorwärts. Endlich ging es los. In Europa bin ich als Fernfahrer bestimmt viel herum- gekommen, habe aufregende Fahrten und schlechte Straßen gesehen und befahren, doch was hier passierte, was hier ablief, schlug alles bisher Erlebte.

„Sag dem Fahrer, er soll irgendwo anhalten, wo es Getränke gibt, ich habe Durst wie eine japanische Bergziege. Die ganze Zeit gab es nichts zu trinken, jetzt wird es Zeit. Oder sind wir bald da?" Na, diese Frage war überflüssig.

„Mann, hast du keine Vorstellung wie lange wir jetzt unterwegs sind?" fragte Werner mich gereizt.

„Keine Ahnung, wie lang sind wir eigentlich unterwegs?"

„Ungefähr 850 km. Alles auf Sandpisten und Dschungelpfaden, du wirst dich noch wundern."

Nun war ich etwas sprachlos. Davon hatte er mir in Berlin nichts erzählt. In mir kam langsam der Verdacht hoch, dass er mir sehr viel nicht erzählt hatte. Mit äußerster Anspannung verfolgte ich die Fahrkünste unseres afrikanischen Fahrers. Überholt wurde prinzipiell nur an unübersichtlichen Stellen, am liebsten in Kurven. Eine andere Alternative gab es für ihn nicht. Das Radio dudelte unentwegt in einer Lautstärke, die ein normales Gespräch nicht zuließ. Afrikanische Folklore, für mich gewöhnungsbedürftig. Die Autohupe tönte ununterbrochen, sein Lieblingsspielzeug. Mit dem linken Arm versuchte er, so mein Eindruck, ständig auf sich aufmerksam zu machen. Die Unebenheiten der Piste spürte ich schmerzlich. Dieser Wagen schien keine Stoßdämpfer zu haben, zumindest erfüllten sie nicht mehr ihre Aufgaben. Unentwegt wippte und schaukelte dieses Vehikel hin und her. Diese Fahrt, ein einziger Alptraum.

Als ich einen Verkaufsstand am Rande der Afrikanroute sah, gab ich dem Taxidriver mit Nachdruck zu verstehen, dass er jetzt anhalten soll.
Dieser Einkaufsladen bestand aus einem Tisch, auf dem die Artikel lose rumlagen. Schnell kauften wir ein Paket mit Wasserflaschen, Cola, eine Whiskyflasche und Kekse ein. Zum Glück hatte Werner noch von seinem ersten Trip nigerianische Naira bei sich, so dass wir ohne Probleme bezahlen konnten.
„Fang jetzt bloß nicht zu saufen an, wir sind noch etliche Stunden unterwegs“, giftete Werner von vorn.
„Solch eine Idiotentour kann ich nur im Suff ertragen. Hier hinten werde ich noch seekrank“, versuchte ich mich zu rechtfertigen, öffnete die Jim Beam Flasche und nahm einen Zug daraus, für den ich bei den asiatischen Trinkerfestspielen zumindest einen Ehrenpokal bekommen hätte.
Unser Driver sah dies durch den Rückspiegel, der so eingestellt war, dass er mich nur sah; was hinter ihm geschah, war ihm egal. Er konnte nicht fassen, was er da sah.
Die Wirkung ließ nicht lange auf sich warten. Die Ängste, die ich wegen seines Fahrstils bisher hatte, waren wie weggeblasen. Plötzlich hatte ich an seiner Fahrweise nichts mehr auszusetzen. Immer, wenn Werner versuchte, mit seinen wenigen Englisch-Kenntnissen dem Fahrer zu erklären, er möge doch nicht so halsbrecherisch fahren, fuhr ich ihm ins Wort.
„Nun lass doch einmal den Mann in Ruhe, er fährt doch ausgezeichnet. Der Mann gefällt mir, bin selten so gut chauffiert worden“, faselte ich vom hinteren Sitz.
Werners Laune war auf dem Tiefpunkt angelangt.
„Meinetwegen kannst du dir die Birne dahinten voll kippen, aber halte wenigstens dein blödes Maul.“ Daran dachte ich nun gar nicht. Immer wieder wies ich auf die neuen Eindrücke, die ich gerade erfuhr, hin und drückte mein Entzücken aus. Negatives sah ich in meiner Beschwipstheit nicht. Im Moment war ich der glücklichste Mensch auf dieser Welt.
Afrika. Ich bin in Afrika. Was konnte es Schöneres geben? Am Ziel

meiner Träume. Schon als Kind ein großer Wunsch, diesen Kontinent zu bereisen, jetzt wurde mein Traum war.
Mitten in dieser Träumerei gab es einen fürchterlichen Knall. Der Wagen schlingerte hin und her, wir überschlugen uns. Ehe ich die Situation erfassen konnte, lagen wir abseits der Piste, im Busch.
„Was ist denn das für ein Mist? Werner, kannst du mir mal sagen, was hier los ist?“ rief ich von hinten. Woher sollte Werner auch wissen, was hier gerade passiert ist, deshalb war diese Frage von mir ausgesprochen blöd.
„Bist du O.K.“?, rief Werner mir zu.
„Keine Ahnung“, rief ich zurück.
„Ich kann mich nicht bewegen, die verdammten Koffer liegen auf mir drauf, hol mich hier raus, los mach schon!“
Der Wagen lag auf der Fahrerseite. Werner kroch durch die Windschutzscheibenseite, die Scheibe befand sich nicht mehr an seinem Platz, raus. Die Hecktür hatte sich durch den Überschlag halbgeöffnet, ließ sich jedoch nicht weiter aufmachen. Verzweifelt versuchte er an mich heranzukommen, doch es gelang ihm nicht.
Etwa zwanzig Einheimische standen um unseren Wagen, doch keiner half. In seiner Verzweiflung schrie Werner die Leute an, doch mit anzupacken, zu helfen. Niemand traute sich an den Wagen. Jetzt schlug er die Heckscheibe kaputt, um die Koffer und Taschen aus dem Wagen zu laden, um an mich heranzukommen. Endlich konnte ich mich bewegen, kroch aus der Heckklappe ins Freie. Werner hatte an der Stirn eine klaffende Wunde, die sehr stark blutete. In der Aufregung hatte er dies noch gar nicht bemerkt. Mit einem T-Shirt verband ich seinen Kopf, er sah aus wie ein Pirat. Ich hatte, außer einigen Prellungen, so glaubte ich, nichts.
Nun versuchten wir gemeinsam unseren Fahrer herauszuholen. Doch der bewegte sich nicht. Reagierte auf Zuruf nicht. Ich kroch von der Heckseite ins Auto und zog ihn nach draußen. Er war ohne Bewusstsein, atmete glücklicherweise. Ich legte ihn auf die stabile Seitenlage und kümmerte mich um Werner. Die Einheimischen halfen immer noch nicht, schauten nur zu.
„Was machen wir denn jetzt? Wir brauchen dringend Hilfe, gibt es

hier überhaupt so etwas wie einen Krankenwagen?“, fragte ich Werner in meiner Naivität.
„Keine Ahnung, so etwas habe ich hier auch noch nicht erlebt“, sagte Werner. Wir versuchten verzweifelt, den Gaffern zu erklären, dass ihr Landsmann dringend Hilfe brauchte, doch von denen kam keine Reaktion. Ich goss unserem Fahrer aus den Wasserflaschen ständig Wasser ins Gesicht, mit einem feuchten Tuch kühlte ich seinen Nacken. Allmählich kam er zu sich. Benommen setzte er sich neben das Auto und sah sein kaputtes Auto. Seine ganze Existenz war im Eimer, er war so geschockt, dass er kein Wort sprach.
„Und“, fragte ich Werner,“ wie geht es nun weiter?“ Er zuckte nur die Schultern, hatte auch keine Lösung parat.
Die Sonne knallte erbarmungslos auf uns. Es war Mittagszeit. 45 Grad im Schatten, nur Schatten gab es hier nicht. Nirgendwo ein Baum, endlose Savanne. Langsam bekam ich Kopfschmerzen. Nur wusste ich nicht wovon, was eigentlich auch egal war, ob vom Saufen oder durch diesen Unfall. Wir sortierten unser Gepäck auf einen Punkt, denn dies wurde mit großem Interesse begutachtet. Ich bekam wieder die Aufgabe zugeteilt, darauf aufzupassen, und Werner versuchte durch Handzeichen auf uns aufmerksam zu machen, in der Hoffnung, per Anhalter mitgenommen zu werden. Nun sah Werner nicht gerade sehr vertrauenswürdig mit seinem Verband, der blutdurchtränkt war, aus. Ich hätte, glaube ich, auch nicht angehalten.
Nach Stunden hielten zwei englische Jeeps an. Vier Engländer stiegen aus und fragten, ob sie helfen können. Die schickt der liebe Gott, dachte ich. Quatsch, das geht doch gar nicht. Ich bin praktizierender Atheist, doch vielleicht ist Werner ein Gläubiger und zahlt immer pünktlich seine Kirchensteuer? Welcher Konfession gehört er überhaupt an? An Werners Bibelfestigkeit hatte ich so meine Zweifel, doch vielleicht irre ich mich hier. Da muss ich mal nachfragen. Irgendwann.
Freudig ging ich ihnen entgegen. Sie schüttelten die Hände und schlugen lachend auf meine Schulter, dass es mir das Wasser in die Augen trieb.

Falls ich in diesem Leben noch einmal das Glück haben sollte, einen Arzt vorgestellt zu werden, ging es mir durch den Kopf, muss er sich unbedingt meine Schulter ansehen. Die tat verdammt weh. Bei der Gelegenheit sollte er auch mal einen Blick auf mein linkes Knie werfen und den linken kleinen Finger ebenfalls. Der Finger stand von den anderen Fingern in etwa 45 Grad nach außen. Ist ja komisch, dachte ich, tut gar nicht weh, sieht nur blöd aus. Es dauerte nicht lange, da tat dieser Finger gewaltig weh. Unaufhörlich sprachen die Männer auf mich ein, nur ich Idiot verstand sie nicht wirklich.
Werner versuchte, mit seinen miesen Englischkenntnissen unser Problem zu erklären, doch dies war gar nicht notwendig. Die Engländer waren ja nicht blöd. Einer von den Tommis sprach zum Glück sehr gut deutsch. Er war als Soldat einige Zeit in Berlin stationiert.
„Dieses Malheur ist typisch für euch deutsche Großschnauzen. In fremden Ländern den großen Max machen und sich noch nicht einmal verständigen können." Er hatte ja so recht.
„Wie könnt ihr nur so blöd sein, ohne Fremdenführer und Sprachkenntnissen durch dieses wilde Land zu reisen?" Was sollte ich zu meiner Verteidigung ihm sagen? Ich gab ihm Recht.
„Mein Name ist Roger, wo wollt ihr denn hin?"
„Nach Makurdi, mehr weiß ich auch nicht, frag Werner, der ist hier schon einmal gewesen."
„Hi Werner. Wollt ihr, dass wir euch mitnehmen? Unser Camp ist nur ca. 60 km von Makurdi entfernt. Für uns wirklich kein Problem." Na, und ob wir wollten.
In Windeseile verteilten wir unser Gepäck in die Jeeps. Vergeblich suchte ich nach meiner Whiskyflasche.
„Verflucht noch mal, wer hat mir meinen Whisky geklaut? Der kann sich doch nicht in Luft aufgelöst haben, Werner, nun schau doch auch einmal. Ich fass es nicht."
Werner hatte wirklich keine Lust mir zu helfen, der hatte mit sich genug zu tun. Über den Verlust meines kleinen Lustigmacher war ich richtig stinkesauer.
„Was geschieht mit unserem Fahrer?", warf ich mal so ein.
„Um den kümmern sich die Einheimischen, wenn wir los gefahren

sind. Solange wir dabei sind, wird ihm nicht geholfen“, sagte Roger zu mir.
„Was ist los?“ war meine Reaktion.
„Komm, steig ein, ich erkläre dir das später“, meinte er nur.
Wir stiegen ein und ab ging die Post.
„Ich werde dir mal einige Verhaltensweisen während der Fahrt beibringen, die du in Nigeria unbedingt einhalten solltest. Zu deinem Schutz.“ Darauf war ich richtig gespannt, hörte aufmerksam zu.
Roger saß auf dem Beifahrersitz, sein Kumpel hieß Gordon, der den Wagen fuhr. Ein Mann von etwa zwei Meter, ein Ire. Die feinen Unterschiede zwischen Engländer, Schotten, Iren und Walisern lernte ich erst sehr viel später kennen. Bis zu diesem Augenblick waren es für mich alles Engländer. Doch das änderte sich sehr schnell.
Also Gordon hatte eine Nase im Gesicht, solch einen Zinken hatte ich bisher noch nicht gesehen. Groß wie eine Kartoffel und auch so verschrumpelt. Sehr viele Narben, die er sich durch diverse Faustkämpfe eingehandelt hatte. Schien ein geselliger Typ zu sein, ging es mir durch den Kopf. Er war mir auf Anhieb sympathisch.
Während der Fahrt schilderte ich Roger unser Tohuwabohu am Flughafen und wie es zum Unfall kam. Wobei ich den Auslöser des Unfalls gar nicht mitbekommen hatte. War jetzt auch egal.
Roger erklärte mir jetzt den Grund, weshalb sie dem verletzten Fahrer nicht geholfen hatten.
„Wenn du einem verletzten Einheimischen hilfst, und der stirbt, kannst du für seine Familie aufkommen. In diesem Territorium lebt eine Vielzahl von Stämmen, die ihre eigenen Gesetze haben. Deshalb bei einem Unfall immer Gas geben und abhauen. Das mag für dich jetzt sehr grausam erscheinen, doch es ist die einzige Möglichkeit zu überleben. Hier wurden schon Menschen in Autoreifen gesteckt und bei lebendigem Leibe verbrannt.“
Jetzt wurde mir richtig schlecht. Wo bin ich nur gelandet, ging es mir durch den Kopf. Von solchen Niedlichkeiten hatte mir Werner nichts erzählt.
Gleich nach unserer Ankunft, so nahm ich mir vor, müssen wir beide, unter Männern, ein ernstes Gespräch führen.

„Wir müssen jetzt von der A2“, gemeint war diese Piste, die mal asphaltiert war oder nur aus Schotter bestand, „runter und quer durch den Busch fahren, damit uns nicht noch nachträglich die Polizei abfängt. Ihr habt unwahrscheinliches Glück gehabt, dass die Polizei oder das Militär nicht bei euch vorbeigekommen sind. Es kann sein, dass sie noch nachträglich Straßensperren aufstellen. Nun, wir werden sehen. Die Fahrt, quer durch den Busch, durch sehr viele kleine Dörfer, ist allerdings sehr gefährlich. Hier wimmelt es nur so von highway-men.“
„Was sind denn das für Typen?“
„Das sind bewaffnete Straßenräuber. Zu denen musst du ganz nett sein, sonst ist es aus mit dir. Versuche, falls du mal mit denen Kontakt bekommst, nie den Helden zu spielen.“
„Gibt es auch etwas Positives, was du mir berichten kannst?“, fragte ich ihn.
„Wie du siehst, geht es mir gut. Lebe schon fünf verdammte Jahre hier, und bin noch am Leben. Ist das nicht positiv genug?“
Gegen diesen Fatalismus konnte ich keine Einwände vorbringen. Die Verknüpfung von Ursache und Wirkung ist für einen Fatalisten nicht entscheidend. Seiner Meinung nach findet ein Ereignis nicht auf Grund eines Naturgesetzes statt, sondern durch die Bestimmung einer höheren Macht. Der Fatalismus ist im Islam sehr verbreitet. Dem islamischen Glauben zufolge ist der Wille Allahs allbestimmend, unabänderlich und oft undurchschaubar. Übrigens: Islam heißt Ergebung.
Für mich stand fest: Bist du erst einmal angekommen, kündigst du auf der Stelle und fliegst wieder nach Hause. Genau, mein Entschluss stand fest. Streckenweise fuhr Roger wie unser erster Fahrer. Mit Höchstgeschwindigkeit ging es durch kleine Ortschaften, erst auf der Piste verlangsamte er das Tempo.
„Woher sprichst du so gut deutsch?“, fragte ich Roger, um ein normales Gespräch zu führen. Von seinen Schauergeschichten hatte ich die Schnauze voll. Zumal für mich, wie ich glaubte, die Sache hier erledigt sein würde. Hier bleibst du keinen Tag länger als nötig.

„Deine Sprache habe ich in Deutschland gelernt. Bin einige Jahre in Deutschland gewesen und habe die Zeit genutzt, die Sprache zu lernen. Das musst du hier auch tun, sonst hast du nur Probleme. Ich begreife wirklich nicht, dass du dich hierher traust, ohne ein Wort englisch zu sprechen. Von deiner Firma ist das unverantwortlich, von dir übrigens, auch."
Er hatte ja soo recht. Nur, was sollte ich jetzt tun? Hier musste ich durch.
„Sobald wie möglich müssen wir wieder auf die Hauptstraße, die A3, muss hier irgendwo sein. In etwa 20 Minuten wird es dunkel, dann ist es auf diesen Pfaden lebensgefährlich. Auf der stark befahrenen Hauptstrasse sind wir sicherer. Nach einiger Zeit erreichten wir die A3. Hier pulsierte der Verkehr wie auf dem Ku´damm in Berlin. Massenweise LKW`s. Alte Schrottlastkraftwagen, Busse und PKW`s ohne Ende." Nach etlichen Versuchen gelang es Roger, sich in den fließenden Verkehr einzuordnen. Der zweite Jeep hing an uns wie eine Klette.
Plötzlich, für mich total unerwartet, wurde es dunkel, fast übergangslos. Ich kam aus dem Staunen nicht heraus. Nur die Scheinwerfer von den Fahrzeugen, beleuchteten die Straße.
Rechts und links totale Finsternis. Die Anwesenheit meiner neuen Freunde dämpfte zwar meine aufsteigende Unruhe, beseitigte sie jedoch nicht.
„An der nächsten Tankstelle machen wir einen Stopp und tanken nach, können es uns nicht erlauben, ohne Sprit liegenzubleiben", meinte Roger. Nach einiger Zeit fuhr er von der befestigten Straße runter zu einer Hütte, die von Petroleumlampen und offenen Fackeln beleuchtet wurde.
Roger und Gordon stiegen aus dem Jeep und palaverten mit einigen jungen Burschen. Langsam stieg auch ich aus, um mir die Beine zu vertreten, schaute mich um. Dicht hinter uns stand der zweite Jeep.
Neben der Hütte befand sich ein langgezogener, rechteckiger Tank, der im Dunklen kaum zu sehen war.
„Kalle, bleibe im Wagen sitzen, einer muss immer im Fahrzeug

bleiben, sonst klauen die uns die Klamotten!" Toll, dachte ich, jetzt kann ich mir noch nicht mal die Füße vertreten. Vom langen Sitzen waren die Knochen sehr steif.
Ich setzte mich ins Auto und verfolgte unsere Betankung. Mit einer Handpumpe wurden immer fünf Liter Kraftstoff aus dem Tank in einen Glasbehälter gepumpt, ein Hebel betätigt und das Benzin floss in unseren Tank. Damit der Tankwart sich nicht verzählt, legte er nach jeder Entleerung einen kleinen Stein neben seine Pumpe und schon ging es weiter.
Diese Prozedur nahm sehr viel Zeit in Anspruch. Besonders eilig hatte er es auch nicht. Mit großem Respekt bewunderte ich seinen Mut, oder, wie ich dachte, seine Dusseligkeit. Er rauchte während der Betankung seelenruhig eine Zigarette nach der anderen. Die Schlauchverbindung zum Füllglas war etwas undicht. Bei jeder Pumpbewegung schoss das Benzin aus der Schraubverbindung seitlich weg auf seinen großen Tank. Mir standen die Haare zu Berge. In diesem Jeep hielten mich keine zehn Pferde. Ich stieg aus und beobachtete den Tankvorgang aus respektvoller Entfernung.
Roger kam zu mir und sagte nur:
„Setz dich ans Steuer und starte den Motor, falls es brenzlig wird, fährst du nur ein wenig vor, damit wir schnell einsteigen können und dann mit Vollgas weg von hier. Du hast doch nicht etwa Angst?", machte er sich noch lustig.
„Weshalb sollte ich Angst haben, Roger. Dazu besteht doch nun wirklich kein Grund", gab ich ihm zu verstehen.
Nachdem unser Tank und noch zwei 20 l Kanister vollgefüllt waren, fuhr ich etwas vor, damit der zweite Jeep rankam. Noch einmal das gleiche Prozedere. Insgesamt dauerte diese Aktion etwa eine Stunde. Es war so gegen acht Uhr abends.
„Wie lange brauchen wir noch zu eurem Camp?", fragte ich.
„Wenn alles glatt geht, noch etwa sechs Stunden, wie gesagt, wenn alles glatt geht."
Im sicheren Abstand zu dieser Tankstelle machten wir eine Pause. Tranken Wasser, aßen einige Kekse, rauchten. Hier erst verarztete Roger meinen abstehenden kleinen Finger. Mit einem Verband presste

er die Finger zusammen, um der Hand einen gewissen Halt zu geben. Nun gibt es in der medizinischen Literatur Beispiele, dass Menschen, die schon klinisch tot waren, ein helles Licht sahen. Einige sahen helle Lichtgestalten oder Engel, glaubt mir, ich sah alles in diesem Augenblick. Man tat das weh. Zum ersten Mal flossen in Afrika meine Tränen vor Schmerzen.
Werner ging es gar nicht gut. Klagte über starke Kopfschmerzen, musste sich schon zweimal übergeben. Die Jungs diskutierten ausgiebig über das weitere Vorgehen.
„Nicht all zu weit von hier befindet sich ein englisches Camp mit einem kleinen Hospital, dort könnt ihr euch verarzten lassen. Nur weiß ich nicht genau, wo es sich befindet. Bin nur einmal dort gewesen. Jetzt im Dunkeln dorthin zu fahren, wird verdammt schwierig werden. Ich frag mal den Tankwart, der wird es bestimmt wissen“, meinte Roger. Nach etwa zehn Minuten kam Roger zurück.
„Er meint, es wäre nur etwa eine halbe Stunde von hier entfernt. Nach etwa 20 km müssen wir von der Hauptstraße runter und in Richtung Osten fahren. Nach seiner Meinung können wir es nicht verfehlen.“
„Na, prima, dann nichts wie los“, rief ich voller Freude.

„Es gibt nur ein Problem“, sagte Roger, „ich traue diesem Kerl nicht. Er könnte uns in irgendeine Ecke locken, die für uns unangenehm werden könnte. Wäre nicht das erste Mal, dass hier so etwas passiert. Bin am Überlegen, ob wir dieses Risiko eingehen.“ Die vier Männer sprachen sich ab und kamen zu dem Ergebnis, dass wir nach Makurdi durchfahren. Wir hatten genügend Benzin im Tank, Reserve auch, auf ging die Fahrt.

in der Buschbar

Ohne größere Zwischenfälle erreichten wir nach acht Stunden Fahrt das englische Camp.
Morgens, gegen sieben Uhr, fuhren wir durch den Checkpoint. Hier wurden wir wirklich sehr herzlich aufgenommen und gleich einem Arzt vorgestellt. Danach legten wir uns ins Bett und ich schlief etwa zehn Stunden durch. Zum Abend lud man uns mit Selbstverständlichkeit zum Dinner ein. Nun ist das englische Essen für unseren Magen doch sehr gewöhnungsbedürftig. Ich schlug mir den Bauch voll und anschließend ging es zur Buschbar. Hier konnte ich erfahren und miterleben, wie die Jungs von der Insel trinken. Wir wurden von allen aufgenommen, als wenn wir zur Familie gehörten.
Nach dieser Party war die Nacht kurz, nun fuhren sie uns nach Makurdi. Hier herrschte helle Aufregung wegen der Verspätung.
Nachdem alles geklärt war, bezogen wir in unserem Camp Quartier. Ich zog in einen Bungalow ein, der etwa 100 m2 hatte. Wirklich komfortabel. Bekam einen Hausboy, der meine Hütte am Tage sauberhielt, meine Wäsche wusch und alles, was ich benötigte, besorgte. In diesem Camp gab es alles, was man sich vorstellen konnte. Einen großen Swimmingpool, eine Tennisanlage, eine Kantine, die uns drei Mahlzeiten am Tag bescherte und eine Buschbar. Hier konnten wir einige Tage unsere Seele baumeln lassen, was mir sehr gut tat. Nun bin ich nicht hierhergebracht worden, um die Beine baumeln zu lassen, zumal dies ein Militärobjekt war. Hier baute man einen Militärflughafen. Streng geheim eigentlich, doch überall wusste man von diesem Projekt.
Ich wurde eingeteilt, eine Gruppe einheimischer Arbeiter zu leiten. Die wussten, was zu tun war,

Frischfleisch für die Küche

ich brauchte mich, und ich konnte ja auch nicht anders, um die Arbeitsgänge gar nicht kümmern.
Durch meine ersten Erfahrungen, die ich sammelte, hatte ich eine negative Einstellung den Menschen gegenüber. Sehr schnell musste ich dies korrigieren. Selten habe ich so liebevolle, reizende Menschen kennengelernt. Ihre Art, ihr Schicksal hinzunehmen, faszinierte mich. Armut pur. Trotzdem waren sie immer gut gelaunt, lachten einen offen an, wurden echte Kameraden.
Rings um den Airport mussten Kabelgräben gebuddelt werden, damit die Blitzableiter verlegt werden konnten, Ringanker genannt.
Mit einem Traktor fuhr ich durch den Busch, hinter mir eine riesige Trommel, von der der Blitzableiter abrollte. Diese Tätigkeit machte wirklich Spaß. Meine Jungs liefen hinterher und verlegten den Blitzableiter. Sie mussten in den Graben, oftmals barfuß oder nur mit leichtem Schuhwerk. Nun gab es hier sehr viele Schlangen. Nicht allzu groß, doch sehr giftig. Davor hatten sie großen Respekt.
Einer der Männer hatte einen Holzknüppel in der Hand und schlug damit gegen die ausgeschachteten Kabelgräben, um die Schlangen aufzuscheuchen. Hatten sie eine Schlange entdeckt, riefen sie aufgeregt:
„Master Kelly, Snaks, Snaks." Nun wurde der Traktor angehalten, ich stieg ab, sprang in den Graben und schlug der Schlange mit meinem Buschmesser den Kopf ab. Buddelte ein Loch, in dem der Kopf vergraben wurde. Dies musste ich am Tag mehrere Male machen. Jedesmal gab es danach ein großes Gejohle, sie tanzten, ich wurde gefeiert. Ein makaberes Schauspiel.
Um die Mittagszeit machten die Männer ein kleines Feuer, setzten

unser Traktor

neugierige Beobachter

einen großen Topf darauf und kochten Jam. Eine große Wurzel, die man nach dem Kochen zu einem Brei verrührt. Abartig große Mengen konnten sie davon essen. Selbstverständlich habe ich auch davon gegessen, nur mein Geschmack war es nicht, was ich aber nicht sagte. Ich hatte einen großen „Coolman“ dabei, mit Wasser gefüllt.

Zustand der Straßen

Die Männer tranken aus Pfützen, stehenden Gewässern, dass es mich schüttelte. Hätte ich auch nur einen Schluck daraus getrunken, wäre es mir mit Sicherheit nicht bekommen.

Einer der Männer war mir von Anfang an sehr zugetan. Fiedelis, ein Mann, Mitte dreißig, sehr freundlich, ohne aufdringlich zu sein. Wir verstanden uns auf Anhieb. Nur gab es ein Problem. Die Sprache. Nun lernte ich sehr schnell etwas Englisch, doch es gab kaum Schwierigkeiten.

eine Brücke in Nigeria

Ich habe wirklich keine Ahnung, wie ich erklären soll, dass wir uns verständigten. Wir saßen zusammen und palaverten stundenlang. Es muss eine Art Seelenverwandtschaft gewesen sein.
Zum Feierabend fuhr ich ihn oft zu seinem Kral, wo er seine kleine Familie hatte. Seine Frau und zwei Kinder. Eine Hütte, kaum etwas drin, doch die benutzten sie auch nur zum Schlafen. Dieser kleine Ort bestand nur aus sechs Hütten, eine kleine Gemeinschaft. Hier fühlte ich mich sehr wohl. Diese Freundlichkeit ist mir bis heute im Gedächtnis geblieben. Oft nahm ich einen Umweg und kaufte einige Lebensmittel ein, die ich seiner Frau vor die Hütte legte. Sie schaute mich nur an, und der Blick aus ihren Augen war mehr wert als tausend Dankesworte.
Fiedelis wurde mein bester Kamerad. Da unsere Tätigkeit immer außerhalb des Camps war, waren wir immer auf uns selbst gestellt. Morgens früh raus, abends zurück. Mir gefiel es. Wenn wir keine Lust hatten, etwas zu tun, dann taten wir auch nichts.
Irgendwann wurde mein Freund immer unruhiger.
„Kelly", sagte er eines Tages zu mir, „es wird hier bald etwas passieren. Es wurden Fremde gesehen, die den Flugplatz beobachten. Vor diesen Männern haben wir hier alle Angst."
„Ja und, was hat das zu bedeuten?", fragte ich.
„Die haben nicht weit von hier ihr Lager, haben Jeeps und sind bewaffnet."
„Ach du Scheiße", dachte ich, „hier wird sich doch nichts zusammenbrauen?"

im Gebirge

Im Camp angekommen, gab ich diese Information unserem Boss weiter. „Ach Quatsch, das sind Hirngespinste der Ein-

heimischen. Hier gab es schon so viele Aufstände, dass die immer übertreiben."
Diese Antwort befriedigte mich nicht. Am nächsten Tag fragte ich meinen Freund, ob er mir nicht mal das Camp der Fremden zeigen könne. Sämtliche Überredungskünste musste ich anwenden, bis er mit mir dort hinfuhr.
Wir stellten das Auto ab und gingen zu Fuß etwa noch einen Kilometer, schlichen die letzten Meter auf dem Bauch, bis ich das Camp sah. Hier sah ich Armeezelte mit Tarnnetzen, mehrere Jeeps und etwa 100 Männer in Uniformen. Sie fühlten sich so sicher und bewegten sich auch so, dass ringsherum keine Wachposten aufgestellt waren, jedenfalls sah ich keine. Was ich hier sah, konnte ich nicht einordnen, bekam nur eine Scheißangst. Eigentlich wollten wir sofort wieder zurück, doch meine Angst lähmte mich. Etwa eine Stunde lagen wir nur da, und ich traute mich nicht mich zu bewegen. Irgendwann trollten wir uns zurück. Bevor wir zum Auto gingen, beobachteten wir den Standort noch einmal eine Stunde, ob hier jemand auf uns wartet, und fuhren zu unserem Camp. Hier erzählte ich noch einmal mein Erlebnis, doch keiner hörte zu.
„O.K., ich bin kein Militär, die hier werden schon wissen, was zu tun ist", sagte ich mir zur Beruhigung.
Nach einiger Zeit kam die Order heraus, dass niemand mehr allein mit dem Auto das Camp verlassen darf, mindesten zwei Autos und immer zu zweit. Auf Nachfragen gab es lapidare Antworten.
Eines Abends kamen wir auf die Idee, direkt nach Makurdi zu fahren, dort findet eine Riesenparty statt. Afrikanische Folklore. Mit vier Autos fuhren wir dorthin. Wir wollten aus unserem normalen Campdasein mal raus. Dort, wo die Party stattfand, waren tausende Menschen. Bombenstimmung, wir stürzten uns da mit rein. Tranken sehr viel und unsere Stimmung wurde immer ausgelassener. Hier trafen wir auch einige Einheimische, die auf unserem Flughafen arbeiteten. Chico war der Vorarbeiter und der schloss sich uns an. Er war auch der Übersetzer für uns, denn einige der Afrikaner konnten auch kein Englisch und er beherrschte mehrere afrikanische Dialekte.
Irgendwann kippte die Stimmung. Eine Gruppe beschimpfte uns

als Sklaventreiber und Söldner, da wir für das nigerianische Militär arbeiteten, und so weiter. Die Stimmung heizte sich immer mehr auf, so dass ich zu meinen Kameraden sagte, es wäre wohl besser wieder ins Camp zu fahren.
Nun dauerte es eine Weile, meine Leute zu überzeugen. Nachdem schon Handgreiflichkeiten, Übergriffe stattgefunden hatten, erkannten auch sie die brenzlige Situation.
„Holt die Autos und nichts wie weg hier!", rief ich laut. Meine Kameraden taten dies auch, ich wurde in der Zwischenzeit von einem Mob eingekesselt.
Chico, und noch einige, die für uns arbeiteten, versuchten verzweifelt mir zu helfen. In diesem Durcheinander verloren meine Kumpels den Kontakt zu mir, stiegen in die Autos und fuhren los. Jeder dachte, Kalle ist im anderen Fahrzeug, nur ich stand auf einem kleinen Hügel und kämpfte um mein Leben.
Als Konvoi fuhren sie mit hoher Geschwindigkeit aus der Stadt, hielten außerhalb an, um sich zu ordnen. Jetzt erst stellten sie fest, dass ich nicht dabei war. Ratlosigkeit machte sich breit. Keiner traute sich, noch einmal in diesen Hexenkessel zurückzufahren. Einige Minuten später hielten zwei Jeeps an. Es waren meine Kumpels Roger und Gorden. Die fragten, was für ein Problem sie hätten. Als sie hörten, dass ich allein dort zurück gelassen wurde, flippten sie total aus. Beschimpften meine Leute als Feiglinge und Kameradenschweine. Sie setzten sich in ihre Jeeps und machten sofort kehrt, sie wollten mich rausholen. Mit aufgeblendeten Scheinwerfen und hohem Tempo fuhren sie wieder zu der Stelle, wo sie mich vermuteten. Ich stand immer noch auf diesem kleinen Hügel und verteidigte mich. In der linken Hand ein Holzknüppel, in der rechten Hand mein Messer. Plötzlich sah ich aus der Ferne diese Scheinwerfer und lautes Gehupe. „Gott sei Dank", ging es mir durch den Kopf, sie haben bemerkt, dass ich nicht bei ihnen bin. Sie holen mich hier raus.
Meine Retter fuhren mit hohem Tempo in diese Menschengruppe, wer nicht rechtzeitig zur Seite springen konnte, hatte ein Problem. Ich bereitete mich auf meine Rettung vor. Kurz vor diesem Hügel, auf dem ich stand, blieben sie seitlich von mir kurz stehen, Roger rief mir zu:

„Komm endlich hier her, wir haben keine Zeit für irgendwelche Spielchen!“ Todesmutig rannte ich zu seinem Jeep, sprang mit einem Hechtsprung durch die geöffnete Tür, die Beine waren noch draußen, da fuhr Gordon schon los. In diesem Augenblick spürte ich einen stechenden Schmerz in der linken Wade. Roger zog mich ins Auto. Die Tür schloss sich durch die Geschwindigkeit von allein, und ab ging die wilde Fahrt.
Außerhalb der Stadt warteten meine Kameraden im Konvoi. Hier hielten meine Retter kurz an, riefen ihnen zu, dass wir uns im Camp treffen, und gaben wieder Gas.
Im Camp angekommen, gab es am Eingangstor Probleme. Die Wachleute wollten die Engländer nicht so einfach passieren lassen. Wir waren schließlich ein deutsches Camp und da gab es selbstverständlich auch Regeln, die eingehalten werden mussten.
Ich stieg aus dem Jeep, um den Wachmännern die Situation zu erklären, dabei sahen sie meine Verwundung an der Wade. Ich blutete wie ein Schwein. Beim Einstieg in den Jeep hatte mir noch jemand zum Abschied sein Messer in die Wade gesteckt. Wegen der großen Aufregung hatte ich das gar nicht so mitbekommen. Jetzt, als ich es sah, tat es auf einmal richtig weh.
Wir konnten passieren und fuhren gleich bis zu unserer Buschbar. Mister Martin stand wie immer hinter der Bar und war hocherfreut, auch mal andere Gäste zu sehen. Sofort wurden Getränke geordert, mit lautem Gejohle. Meine Retter setzten mich auf einen Tisch und schauten sich meine Verletzung an, die wirklich stark blutete. „Das muss genäht werden“, kam es von der einen Seite. „Nein“, von der anderen Seite, „dann kann es nicht ausbluten.“
Keiner von uns hatte so richtig medizinische Kenntnisse, woher auch. „Auf jeden Fall muss Kalle zur Beruhigung einen Schluck aus der Flasche trinken, das hilft immer“, wurde mir geraten. Dies tat ich auch, vorsorglich schüttete man auch auf meine Wunde Whisky, bevor jemand mir einen Druckverband anlegte. Whisky auf eine offene Wunde ist nicht so lecker, also man hört dabei die Engel singen. Nach einiger Zeit kamen auch meine deutschen Kumpel mit hängenden Köpfen. Sie schämten sich. Die Engländer konnten

mein Freund Fidelis

solch ein Verhalten nicht verstehen, ich auch nicht. Für meine Kameraden würde ich durchs Feuer gehen.
Am nächsten Tag transportierte man mich in ein Schweizer Hospital, etwa 40 Kilometer von uns entfernt. Da ich so nach Alkohol roch, gaben sie mir keine örtlich Betäubung, sondern klammerten mir die Wunde zu, mit einem Wundablauf.
Nach etwa vierzehn Tagen konnte ich das Bein wieder voll belasten.
Dieses Erlebnis, dieser Aufruhr, war gezielt gesteuert worden von Leuten, die gegen uns Stimmung machen wollten. Heute kann ich dies verstehen. Zur damaligen Zeit hat man die Einheimischen nicht gut behandelt. Moderne Fronarbeit. Die Armut der Bevölkerung hat man schamlos ausgenutzt. Jeden Morgen sammelten sich vor dem Eingang hunderte von Einheimischen, in der Hoffnung, Arbeit zu bekommen. Für mich, vom ersten Tag an, eine sehr deprimierende Situation.
Hoffnungsvolle Augen schauten dich an, bitte nimm mich, bettelten sie dich an.
Diese verzweifelte Suche nach irgendeiner Arbeit, für mich in dieser Form unbekannt. Es wurden Leute ausgesucht, die benötigt wurden, die überglücklich in die Autos sprangen oder hinten auf die Ladeflächen. Der Rest musste traurig zurück- bleiben. Ich konnte diese Auswahl nicht durchführen, für diese Tätigkeit war ich zu weich. Hier konnte ich sehr deutlich die tiefen Abgründe der menschlichen Seelen sehen. Es gab wirklich viele, die sich an der Verzweiflung der Armen ergötzten. Widerlich anzusehen. Die Menschen sind leider so, wie sie sind.
Die Freundschaft zu Fidelis war für mich ein Quell der Hoffnung in dieser Umgebung. Täglich waren wir zusammen und waren nur

glücklich, uns gefunden zu haben. Doch das Schicksal schlug erbarmungslos ohne Vorankündigung zu.
Wir fuhren wie so oft aus dem Camp heraus, um unserer Arbeit nachzugehen, dort angekommen stiegen wir aus unserem Wagen. Genau in diesem Moment wurde Fidelis von einer kleinen Schlange gebissen. Dieser Biss traf wohl eine Blutader, die dieses Gift sehr schnell in seinem Körper transportierte.
„Kelly“ rief er mir zu, „ich habe ein Problem, bitte hilf mir!“ Ich schaute mir diese winzige Bissstelle an und war erst gar nicht so beunruhigt, doch Fidelis schon.
„Bitte bring mich schnell zum Hospital!“ rief er voller Panik. Doch dort kamen wir nie an. Innerhalb weniger Minuten verlor mein Freund das Bewusstsein, sein Kopf schwoll an, er bekam keine Luft mehr. Verzweifelt versuchte ich alles zu tun um, ihn zu helfen. Nichts half. Mein Freund starb in meinen Armen. Alles hätte ich ertragen können, nur dies nicht. Meine Verzweiflung war grenzenlos. In meiner Traurigkeit schrie ich meinen Schmerz heraus, weinte hemmungslos. Keiner konnte mich beruhigen. Hier liegt mein toter Freund und die Welt dreht sich weiter, wie grausam kann das Leben sein, dachte ich in diesem Moment.
Nach einiger Zeit konnte ich mich sammeln, wurde ruhiger. Die Sonne brannte erbarmungslos, 48 Grad heiß, Fidelis musste schnell beerdigt werden. Wir legten ihn nach hinten auf die Ladefläche und ich fuhr ihn nach Hause. Kurz vor seinem Kral sagte ich zu den beiden anderen Männern:
„Ab hier sind es nur noch etwa 3 Kilometer bis zum Camp, dorthin könnt ihr laufen. Ich bringe Fidelis allein zu seiner Familie.“ Was ich auch tat. Langsam fuhr ich bis

das Grab von meinem Freund Fidelis

zu seiner Hütte vor. Seine Frau stand an einem Bottich und stampfte Jam. Als ich aus dem Wagen stieg und mich jedoch nicht bewegte, sah sie mich lange an. An meinem Gesichtsausdruck muss sie wohl erkannt haben, dass etwas nicht in Ordnung war. Sie kam zum Wagen, schaute auf die Ladefläche und sah ihren Mann dort liegen. Lange schaute sie ihren Mann an, dann rief sie etwas zu ihren Leuten, die nun auch zum Auto kamen. Immer noch stand ich an der Fahrertür, unfähig mich zu bewegen. Man trug meinen Freund in den Schatten vor seine Hütte, und alle betrauerten ihn. Eine Art der Trauer, die ich heute noch bewundere.

Nicht weit weg vom Kral hoben sie eine Grube aus und Fidelis lag in seiner letzten Ruhestätte. Seine beiden Kinder weinten wie ich. Die Mutter der Kinder weinte nicht. Sie hatte sich wohl so im Griff, dass sie jedenfalls in meinem Beisein nicht weinte. Irgendwann fuhr ich wortlos zurück ins Camp, verkroch mich in mein Haus und trauerte allein. Diesen Schmerz spüre ich heute noch, mein Freund ist immer noch in meinem Herzen. Wie sagt man: Das Leben geht weiter. Hier selbstverständlich auch.

Für mich war nichts mehr, wie es einmal war. Ich tat meine Arbeit, nach Feierabend fuhr ich zum englischen Camp, zu diesen Männern hatte ich großes Vertrauen, wir mochten uns sehr, sie verstanden auch meine Niedergeschlagenheit. Oft blieb ich über Nacht, oft fuhr ich auch nachts noch zu meinem Camp.

Eines Nachts sah ich schon von weitem helle Lichter. Auf der Landstraßse standen alte Benzinfässer, die am oberen Teil lichterloh brannten. Dunkle Gestalten versperrten die Weiterfahrt. Männer in Uniformen und Zivilisten umringten das Auto. Ich musste aussteigen. Jeder von diesen Gestalten hatte eine Waffe in der Hand.

Mit ausgestreckten Armen, die Hände an der Regenrinne vom Dach gekrallt, die Beine weit ausgespreizt, stand ich da und war etwas aufgeregt. Einer hielt mir die Pistole gegen den Kopf und verlangte Geld. Es ging diesen Typen um nichts anderes, als dich auszurauben.

Hier gab es keinen politischen Hintergrund, es waren Gangster, wie es sie überall auf dieser Welt gab und immer geben wird. Nur verloren bei solchen Aktionen auch einige Menschen ihr Leben. Sie gingen sehr leichtsinnig mit ihren Waffen um. Fast spielerisch hielt der eine, mal der andere dir eine Waffe an den Kopf. Dabei wurde ich untersucht. Meine Kakihose hatte diverse Taschen, in denen immer jeweils fünf Naira steckten, um bei Kontrollen irgendjemand zu bestechen.

Bei der Untersuchung fand man auch meine driver´s license und den gate pass, der mich auswies für die nigerianische Armee zu arbeiten. Nun wurde es kritisch. Ich stand immer noch mit erhobenen Armen an meinem Auto und versuchte diesen Typen zu erklären, dass sie mächtigen Ärger bekommen würden, falls sie mich nicht sofort weiterfahren lassen. Sie diskutierten sehr laut und heftig. Es gab einige, die mich am liebsten erschießen wollten, um keine Spuren zu hinterlassen. Sie wussten schon, dass es eine Militäraktion geben würde, falls ich nicht ins Camp zurückkehren würde. Andere waren wohl der Meinung, mich wieder fahren zu lassen, um eben solche Suchaktionen vom Militär nicht zu provozieren. Dieses Palaver dauerte und ich musste den starken Mann spielen. Nach einiger Zeit nahm ich meine Arme wieder runter, drehte mich zu ihnen um, schaute sie an und versuchte sie zu überzeugen, dass es für uns alle das Beste wäre, wenn sie mich weiterfahren lassen.

Mit Nachdruck sagte ich diesen Typen, falls ich nicht bis morgens sechs Uhr mich zurückgemeldet habe, würden sie einen Suchtrupp rausschicken.

„Glaubt mir", sagte ich etwas lauter werdend, „nicht das Militär wird das Problem sein, sondern meine Kameraden. Sie werden nicht aufhören zu suchen, bis sie mich gefunden haben. Sie werden eine Strafaktion durchziehen, ohne Gnade. Also, nehmt mein Geld und lasst mich weiterfahren. Ich werde diesen Vorfall auch nicht melden, seid nicht dumm." Ich quasselte mir das Maul fusselig.

Nur keine Angst, keine Schwäche zeigen, sonst bist du verloren, ging es mir durch den Kopf. Sie überlegten und palaverten, weil sie nicht wussten, wie sie aus dieser Nummer rauskommen, ohne ihr Gesicht zu verlieren. Ich ging noch weiter.

„Wenn ihr einen Job sucht, dann könnt ihr euch morgens am Gate melden und ich besorge euch einen." Nach einiger Zeit ließen sie

mich weiterfahren. Meine Papiere hatte ich einem dieser Typen einfach aus der Hand genommen. Mein Geld war ich los. Ich fuhr Richtung Camp.
Nach etwa einem Kilometer bog ich von der Straße ab in den Busch. Licht aus und abwarten. Ich traute dem Frieden nicht. In der Dunkelheit weiterzufahren war für mich zu riskant. Jetzt erst fiel die Anspannung, ich begann zu zittern, ein kleiner Schwächeanfall.
Dieser Überfall war für mich wie ein Schlüsselerlebnis. Ab jetzt, so nahm ich es mir vor, gehe ich keine Risiken mehr ein.
Nachdem die Sonne aufgegangen war, fuhr ich aus meinem Versteck Richtung Camp. Hier warteten sie schon auf mich. In knappen Worten schilderte ich meine letzte Nacht und ging anschließend meiner gewohnten Arbeit nach.
Am Abend ging ich zu den Wachmännern und besorgte mir Waffen für meine Selbstverteidigung. Zwei Pistolen Marke „..." mit sechs Magazinen. Anschließend ging es zum Schießstand, wo ich mir erklären ließ, wie man mit diesen Waffen überhaupt umgeht. Unternahm Schießübungen, damit ich mir in meiner Blödheit nicht noch selbst etwas antue.
Meine Fahrten zum englischen Camp unternahm ich nur noch bei Tageslicht, nachts trieben mich keine zehn Pferde mehr raus. Die Unsicherheit hier bestätigte meinen Entschluss, dieses Land zu verlassen. Eines Tages fuhr ich zu unserem Sicherheitsbüro und erklärte diesem Offizier, er möge mir doch meinen deutschen Pass aushändigen, damit ich meinen Rückflug nach Deutschland ordern kann. Dieser Mann war nicht bereit, mir meinen Pass auszuhändigen.
Er saß hinter seinem Schreibtisch und kam sich wohl sehr wichtig vor. Der Panzerschrank, in dem die Pässe aufbewahrt wurden, stand offen. Schön geordnet sah ich die Pässe, kam jedoch nicht ran. Mein Unmut steigerte sich, langsam verlor ich meine Beherrschung. Nach einiger Zeit reichte es mir. Nur mit meinem Pass konnte ich dieses Land verlassen und dieser eingebildete Typ wollte mir dieses Dokument, nur weil er einen schlechten Tag hatte, nicht aushändigen. Das ging gar nicht, dachte ich in meinem Zorn. Sehr schnell sprang ich hinter seinem Schreibtisch, griff in diesen Pan-

zerschrank, nahm mir meinen Pass und rannte aus seinem Büro zu meinem Wagen, der vor der Tür stand und fuhr wie ein Wahnsinniger zum Camp. Mit dieser Aktion hatte er bestimmt nicht gerechnet, konnte es wohl auch nicht glauben, was hier gerade ablief. Ehe dieser Typ reagierte, war ich schon in einiger Entfernung.
Im Camp erzählte ich meinen Leuten von diesem Vorfall und sagte: „Jetzt werde ich mich nach Lagos durchschlagen und nach Hause fliegen, hier bleibe ich nicht“.
Doch so einfach wie ich es mir vorstellte, ging es wieder einmal nicht. Dieser Typ hatte einen Riesenwirbel veranstaltet, um meinen Pass wiederzubekommen. Vor dem Schlagbaum zum Camp standen Militärfahrzeuge und kontrollierten jeden, der rein und raus fuhr. Nun hatte ich ein etwas größeres Problem. Ich konnte das Camp nicht mehr verlassen. Das war blöd für mich. Zum Glück durften die, die vor dem Camp standen, hier nicht rein, ich durfte nicht raus. Irgendwann, so dachte ich, werden sie diese Blockade von selbst aufgeben. Tatsächlich löste sich das Problem von selbst, nur anders als erwartet.

Eines Morgens, ich arbeitete jetzt hier auf dem Militärflughafen, fuhr ich meinen Wagen zum Tower. Oben war ein Kollege, den ich abholen

Krach, knall bum (oben)

Die zerbrochene Scheibe meines Bungalows. (rechts)

wollte. Die letzten Arbeiten wurden getan, in einigen Tagen sollte der Flughafen dem Militär übergeben werden. Als ich aus dem Fahrzeug stieg, hörte ich einige Detonationen. Da ich nie beim Militär gedient hatte, kannte ich diese Art von Geräuschen nicht. Mein Kumpel auf dem Tower stand am Fenster oben und hatte den besten Rundblick. In Panik rief er zu mir runter:

„Kalle, wir werden bombardiert, überall ist der Teufel los, ich komme runter!"

Zwischen dem communication center und der fire station war ein Zwischenraum von etwa fünfzig Meter, dort ging ich hin, um zu schauen, was er meinte. In respektvollem Abstand ging eine Granate hoch, die mich durch die Druckwelle auf dem Hosenboden warf. Nun glaubte ich meinem Kumpel. Die einheimischen Arbeiter lagen alle auf dem Bauch, suchten Deckung und riefen mir zu, auch in Deckung zu gehen. Ich rannte zu meinem Wagen, startete diesen und wartete auf meinen Kumpel, der sich auch völlig außer Atem auf dem Beifahrersitz warf und mir zurief:

„Los Kalle, gib Gas, nichts wie weg hier!" Das war so einfach gesagt, wo sollte ich hinfahren?

„Wo sind denn die beiden anderen Kameraden, die ich heute Morgen hier mit hergefahren habe?" fragte ich.

„Die sind hinter dem Runway, aber da wird gerade gekämpft. Das habe ich von oben sehen können."

„Na, dann werden wir sie da rausholen, die können wir doch nicht ihrem Schicksal überlassen", schrie ich meinem Kumpel an.

„Bist du verrückt? Das schaffen wir nie", schrie er total panisch zurück.

„Ich werde nicht ohne die Beiden von hier wegfahren. Steige aus, ich hole sie."

Er sprang aus dem Wagen, ich fuhr Richtung Runway, musste über einen große Rasenfläche fahren und mich erst einmal orientieren. Überall Rauch und Feuer. Explosionen ohne Ende. Wo sie sich befanden, konnte ich nur erahnen. Im Zickzack fuhr ich aufs Geradewohl los. Plötzlich sah ich, wie ein Kamerad mit seinem weißen T-Shirt in der Hand auf sich aufmerksam machte. Mit hoher Geschwindigkeit fuhr ich in seine Richtung, immer im Zickzack, um nicht getroffen zu werden. Dort angekommen sprangen beide sofort ins Auto und ab ging die wilde Fahrt zurück. Wir schafften es wirklich. Hinter der fire station hielt ich erstmal an, weil ich nicht wusste, wo ich eigentlich hinfahren sollte.

„Wir werden zum Quartier fahren, dort wird man uns bestimmt Informationen geben, wie es weiter- geht", machte ich als Vorschlag. Dies taten wir auch. Unterwegs nahmen wir noch unseren ängstlichen Kumpel mit, der total verstört irgendwo am Weg stand. Niemand machte ihm Vorwürfe, es wurde darüber nicht gesprochen.

Im Quartier angekommen, herrschte totales Chaos. Keiner hatte eine Ahnung, was hier gerade ablief.

„Jeder geht zu seinem Haus", wurde uns geraten, „holt nur eure Papiere und das Nötigste an Gepäck." Wir werden bestimmt im Konvoi von hier aufbrechen. Nur, wohin? Verdammt noch einmal, wo sollten wir hin? An meinem Haus angekommen, musste ich feststellen, dass ein Granatsplitter durch meine Fensterscheibe geflogen war und einen großen Brandfleck auf meinem Teppich hinterlassen hatte.

Nun gab es in dieser Situation bestimmt Schlimmeres, doch es passte irgendwie zum Gesamtbild. Schnell hatte ich meine wenigen Habseligkeiten eingepackt, Papiere, Geld einige Sachen zum Anziehen. Als Treffpunkt war die Buschbar ausgemacht. Dies war O.K. Zu unserem Barkeeper, Mister Martin, sagte ich, dass er mir doch eine Flasche Whisky geben möge und ein Glas. Damit setzte ich mich an den Swimmingpool, zog meine Sachen aus und ging ins Wasser. Am Poolrand stellte ich die Flasche und mein Glas. Jedesmal wenn es eine größere Explosion gab, tauchte ich ins Wasser, blieb einige Zeit unter Wasser und beim Auftauchen sah ich immer mein Glas.

Jetzt nahm ich einen großen Schluck, füllte nach und wartete auf den nächsten Knall. Zu diesem Zeitpunkt dachte ich, dass es das beste Mittel wäre, meine Angst, die ich nun wirklich hatte, zu bekämpfen. Um mich herum helle Aufregung. Irgendwann ging ich aus dem Pool und setzte mich an die Bar.

Einen Evakuierungsplan gab es offensichtlich hier nicht, die Verantwortlichen in unserem Camp waren orientierungslos, mit solch einem

Ereignis hatte wohl keiner gerechnet. Die Situation glich einem Hühnerstall, in den gerade ein Fuchs eingebrochen war. Was da draußen los war, wusste zum jetzigen Zeitpunkt immer noch keiner. Das Militär hatte sich wohl auch aufgelöst, ich sah von denen keinen Einzigen. Ich ging zum Eingang, doch der wurde nicht mehr bewacht. Die sonst draußen auf mich warteten, hatten die Flucht ergriffen. Also, mein Problem hatte sich von allein geklärt. Immerhin etwas.
Vor dem Camp sammelten sich hunderte Einheimische, die voller Angst zu uns ins Camp wollten, um hier Schutz zu suchen. In ihrer Verzweiflung glaubten sie, wir könnten sie beschützen. Dass wir selbst Schutz bräuchten, daran dachten diese ängstlichen Menschen nicht. Es dauerte nicht lange und sie stürmten unser Camp. Noch nie habe ich in meinem Leben so viele panischen Menschen gesehen. Überall versuchten sie sich zu verstecken. In meinem Haus waren etwa vierzig Mütter mit ihren Kindern. Ein Zustand, der dich verzweifeln lässt, zumal ich keine Lösung parat hatte. Um sie zu beruhigen, sagte ich, dass sie alle hier bleiben könnten. Was sollte ich auch sagen?
Mister Martin brachte mir noch seinen zwölfjährigen Bruder und seine Schwester, die vierzehn Jahre alt war. Ihm versprach ich hoch und heilig, sie nicht im Stich zu lassen. Ein Versprechen, dass man unter solchen Umständen nur sehr schwer halten kann.
Meine Essenvorräte gingen sehr schnell zur Neige, die groß aufgerissenen Kinderaugen schauten mich erwartungsvoll an. Diese Augen verfolgen mich noch heute. Weshalb muss ich immer in solche Situationen geraten? Warum ziehe ich immer Unglück an? Gerade ich, der so viele Fehler hat, nie den Anspruch des Perfekten besessen hat. Wäre ich gläubig, so könnte ich sagen, jemand will mich prüfen. Doch zu meiner Schande muss ich sagen, ich bin nicht gläubig.
Die Zuneigung der Kinder, das Vertrauen, halfen mir in dieser wirklich schweren Zeit. In ruhigen Momenten, und die hatte ich in dieser schweren Zeit kaum, entwickelte ich extreme Hassgefühle gegen die Machthaber in meiner alten Heimat. Nur, weil ich nicht bereit war in einem System zu leben, welches meinen Wertvorstellungen nicht entsprach, musste ich hier um mein Leben bangen. An dem

Entschluss, dieses Land verlassen zu haben, zweifelte ich nie; hier in diesen Schlamassel geraten zu sein, dafür machte ich sie schon verantwortlich. Doch half es mir in der jetzigen Situation nicht weiter. Hier musste ich allein aus dem Dreck. Wir stellten einen Konvoi von sieben Fahrzeugen zusammen, um uns in Sicherheit zu bringen. Bei der Aufteilung der Leute in die jeweiligen Autos gab es schon wieder große Probleme. Mir wollten sie verbieten, Einheimische aus dem Camp zu transportieren. Mister Martin hatte ich jedoch versprochen, mich um seine Geschwister zu kümmern und mein Versprechen wollte ich auf jeden Fall einlösen.

Der Konvoi fuhr ohne mich los. Chico, unser Vorarbeiter, die Geschwister und ich verließen das Camp ohne Schutz. Wir fuhren in Richtung Berge, da wollte ich die beiden zu ihrer Familie bringen. Chico kannte den Weg, allein hätte ich nicht dorthin gefunden. Nach etwa zwei Tagen mühseliger Fahrt kamen wir dort an. In der Zwischenzeit hatte es zu regnen angefangen, die Straßen waren aufgeweicht, wie oft wir im Schlamm stecken blieben, uns rausbuddeln mussten, ich weiß es nicht. Diese Tour ging an meine physischen Grenzen.

In dem kleinen Bergdorf blieb ich zwei Tage. Ich wollte nur weg von hier, wurde unruhig. Mein Ziel war Lagos. Nun bekam ich auch noch gesundheitliche Probleme. Fieberschübe schüttelten mich. Chico war sehr besorgt, wegen meines Gesundheitszustandes. Irgendwann übernahm er das Steuer und fuhr mit mir in die Richtung, aus der wir eigentlich hergekommen waren. Ich bringe dich ins Krankenhaus, ins Schweizer Camp. Dort angekommen, durfte ich eine Nacht verbringen, bekam ausreichend Tabletten, um meinen Malariaanfall zu bekämpfen, und weiter ging es.

Eine Ochsentour. Wir fuhren anschließend wieder Richtung Makurdi, zu dem Kral von Fidelis. Hier versteckten sie mich etwa zwei Wochen. Nachdem ich wieder zu Kräften gekommen war, hatte sich die Lage wieder etwas beruhigt.

Chico wollte zu seinem Kral zurück und ich fuhr Richtung Makurdi. Doch durch Makurdi gab es kein Durchkommen. Also fuhr ich wieder Richtung Cameroon.

Umgeben von Buschwerk auf einer kleinen Buschstraße. Hier hatten wir die Geschwister von Mister Martin, unserem Barmann aus unserem Camp, abgeliefert, in Sicherheit gebracht. Wir waren wieder dicht an der Grenze zu Cameroon.
Von hier wollte ich in die nächste Ortschaft, nach Yola. Auf der Karte hatte ich gesehen, dass wir uns, wenn ich den Fluss Benue lang fuhr, wieder Richtung Makurdi uns bewegten. Aus irgendwelchen Gründen zog es mich wieder dort- hin. Ich glaubte, dass dort, wo alles begann es auch enden wird. Aber erst einmal müssen wir von Makurdi weg. In einem kleinen Ort ohne Namen, hielt ich an, um aus dem kleinen Laden Nachschub an Proviant einzubunkern. Zwei Autos standen dort und acht Männer starrten mich mit großen Augen an. Es waren Deutsche aus unserem Camp, die auf ihrer Flucht den Convoi verloren hatten, eigentlich nach Cameroon wollten, doch Angst hatten weiterzufahren. Sie glaubten, dass die Rebellen diesen Weg unter ihrer Kontrolle hatten. Aus allen Richtungen hörten wir immer wieder Feuerstöße aus Maschinenpistolen. Hier sollte man sich nicht allzu lange aufhalten. Die Freude auf dieses Wiedersehen war schon groß, nur mir gefiel das ganze nicht. Mit vier Autos auf der Flucht zu sein barg natürlich große Risiken entdeckt zu werden.
Wir einigten uns schließlich doch zusammen zu bleiben.
Nachdem wir den kleinen „Tante-Emma-Laden“ fast leer gekauft und alles bezahlt hatten, machten wir uns auf den von mir vorgeschlagenen Weg. Drei Tage waren wir zusammen auf der Flucht.
Wir kamen nur sehr langsam voran. Vereinzelt begegneten wir verängstigten Einheimischen, die sich schnell versteckten, wenn sie uns sahen. Pure Angst überall.
Ich lenkte unser Auto von einer Seite zur anderen, um diesen elenden Wasserlöchern auszuweichen. Wegen der starken Regenfälle war die Piste aufgeweicht und kaum passierbar.
Ständig fuhr sich eines unserer Autos fest. Mit unglaublicher Kraftanstrengung holten wir diesen Wagen aus dem Schlammloch, um einige Meter den anderen wieder fit zu machen. Wir waren wirklich an unseren physischen Kräfte angelangt.

Immer wieder mussten wir uns gegenseitig motivieren. Nun kamen wir an eine Kreuzung. Vier Buschwege gingen von hier ab. Hier machten wir erstmal Rast, um zu beraten, in welche Richtung wir weiter fahren wollten. Keiner von uns hatte eine Ahnung, welche Richtung für uns sicher wäre.
Zur Beruhigung rauchten wir unglaubliche Mengen an Zigaretten und diskutierten. Ich war der Meinung, wenn wir in Richtung Süden fahren würden, hätten wir eine Chance die Rebellen loszuwerden. Meine Kameraden waren anderer Meinung.
Die Zeit entglitt uns wie Sand zwischen den Fingern. Wir konnten uns nicht einigen. Langsam wurde ich immer ungeduldiger.
„Ihr könnt ja machen was ihr wollt“, sagte ich zu meinen Kameraden, „ich fahre Richtung Süden. Es geht hier schließlich um unser Leben. Ich habe keine Lust, mich hier abknallen zu lassen, und mein Gefühl sagt mir hier und jetzt die richtige Entscheidung zu fällen. Wer mit mir mitfahren möchte, soll es jetzt sagen, dann trennen wir uns hier einfach und jeder versucht sein Glück auf eigene Faust. Ich hatte bisher immer eine gute Nase für gefährliche Situationen und konnte die auch immer gut abschätzen und habe euch doch gut bisher durchgebracht. Also, was ist nun? Wer kommt mit mir?“
Fragend sahen sich meine Kameraden an und zwei Kameraden sagten zu mir:
“Hi Kalle, wir vertrauen dir und kommen mit dir.“
Die anderen setzten sich in ihre Fahrzeuge und fuhren Richtung Westen.
Lange starrten wir unseren Kameraden hinterher. Niemand sagte ein Wort, ich glaube, jeder von uns hatte einen Kloß im Hals.
„O.K“. sagte ich zu meinen Kameraden, „dann wollen wir mal.“ Wir setzten uns ins Auto, ich machte mir es am Steuer bequem und startete den Motor und wollte losfahren. Da sah ich etwa vierzig Meter von uns entfernt ein junges Mädchen mit einem kleinen Jungen stehen. Sie schaute uns mit großen Augen verängstigt an. Der kleine Junge hielt sich an ihrem Kleid fest und schaute zum Boden. Sie stand da wie eine Heilige. Etwa fünfzehn Jahre alt.

Der Junge, ihr Bruder, etwa sieben Jahre. Noch nie hat mich etwas tiefer berührt, als diese Beiden. Was machen die hier?
Wo wollen die hin? So meine Gedanken. Sie sind doch völlig hilflos, ohne Schutz. Wenn sie in die Hände der Rebellen geraten, werden sie es nicht überleben. Mein Gott, was soll ich tun?
Einfach weiterfahren kam für mich nicht in Frage. Peter, einer meiner Kameraden, fragte mich schon etwas genervt:
„Was hast du denn jetzt vor?"
Ich frage, wo sie hinwollten, und stieg aus.
Langsam ging ich auf sie zu, um sie nicht zu ängstigen. Der kleine Junge hielt sich voller Angst mit beiden Armen an seine Schwester fest und schaute weg.
Mit Händen und Füßen versuchte ich mit ihr zu kommunizieren.
Ihr Englisch war kaum zu verstehen und ihren Dialekt konnte keiner von uns. Wir verloren sehr viel Zeit, die wir eigentlich nicht hatten.
Nach längerer Zeit vertraute sie mir wohl und stieg mit ihrem Bruder zu uns ins Auto. Dabei hatte sie einen kleinen Stoffbeutel, in dem Jam waren, die sie irgendwo vom Markt hatte.
Jam, eine Grundnahrung, für viele die einzige Nahrung am Tag.
Mit dem Arm zeigte sie den Weg, Richtung Osten. Diese Richtung hätte ich nie eingeschlagen.
„Du wirst dieser Schwarzen doch nicht trauen?" fragten mich meine Kameraden.
„Mensch Kalle, bist du bekloppt? Wer weiß, wer die geschickt hat. Das ist bestimmt eine Falle. Ihre Freunde legen uns um und haben noch ein Auto dazu. Lass uns endlich abhauen, lass sie stehen. Kalle, komm endlich zu dir."
„Ich traue ihr", gab ich zur Antwort.
„Vielleicht hat sie der Himmel geschickt und zeigt uns den richtigen Weg." Ich ließ mich auf keine Diskussionen ein und fuhr los. Wir hatten im Wagen genug Proviant und Wasser, die wir den beiden auch gaben. Fischbüchsen und Weißbrote wurden verteilt. Mit großen Augen verfolgte, ich welche großen Mengen in so einem kleinen Körper rein gingen.
Mit der Zeit verlor der kleine Junge seine Angst, seine Schwester

schaute mich immer mit großen Augen an. Meinen Kameraden würdigte sie keines Blickes. Sie muss mir unglaublich vertraut haben.
Die Piste hatte sich in der Zwischenzeit etwas gebessert, und nach einiger Zeit konnten wir ohne große Probleme gut durchfahren.
Nach etwa zwei Stunden gab mir das Mädchen Zeichen anzuhalten. Dies tat ich auch, öffnete meine Tür, stieg aus und das Geschwisterpaar kam mir hinterher. Wieder versuchten wir mit Händen und Füßen uns irgendwie zu verständigen. Langsam begriff ich, dass sie hier aussteigen wollten.
Hier irgendwo scheint ihr Dorf zu sein, wir sollten aber nicht mitkommen. Nun ja, dachte ich, sie scheint ihre Gründe dafür zu haben.
Zum Abschied gab mir der kleine Bruder sogar die Hand, lächelte mich ganz zögerlich an.
Die beiden gingen in den Busch, Richtung ihres Dorfes und der Kleine drehte sich noch mehrmals um und winkte uns zu.
„Na endlich", maulten meine beiden Kameraden. „Nun schnell weiter, wir haben schon genug Zeit verloren wegen deiner Freundin."
Jetzt standen wir aber vor einem großen Dilemma. Ist sie mit uns in diese Richtung nur gefahren, um in ihr Dorf zu kommen?
Sollten wir jetzt weiterfahren oder umkehren? Wegen der großen Verständigungsschwierigkeiten hatten wir keine Ahnung, welchen Weg wir einschlagen sollten. Wir einigten uns einfach weiterzufahren.
Nach ca. drei Stunden kamen wir nicht mehr weiter. Der Buschweg hörte einfach auf. Irgendwo endet immer eine Straße, ein Weg.
Hier fühlten wir uns am Ende der Welt angekommen. Unsere Stimmung war auf dem Nullpunkt angelangt. Ein Gefühl der totalen Hilflosigkeit übermannte mich. Hatte ich falsch entschieden und meine Kameraden doch Recht?
Mit groß aufgerissenen Augen schauten meine Kumpels mich an und wollten, dass ich sie aus dieser gefährlichen Situation herausbringe.
„Mensch, Kalle, jetzt sind wir im Arsch, mach was, irgend etwas, aber mach etwas!" sagten sie fast leise zu mir.
„Wir dürfen jetzt nicht die Nerven verlieren", sagte ich zu den Jungs.
„Erst wenn wir panisch werden sind wir im Arsch, ist das klar?" antwortete ich so ruhig ich konnte.

„Als Erstes müssen wir uns jetzt langsam ein Nachtquartier einrichten“, sagte ich zu meinen Kameraden.“ Es wird jetzt verdammt schnell dunkel und in der Nacht können wir nicht fahren.“
Mit eingeschaltetem Licht zu fahren ist viel zu gefährlich.
Mühselig fuhr ich unser Auto in die Richtung, aus der wir gekommen waren, damit wir im Notfall durchstarten konnten.
Jeder von uns machte sich für die Nacht bereit. Einer hielt immer Wache, etwas vom Wagen entfernt und gut versteckt, damit die anderen wenigsten etwas schlafen konnten.
Schlafen kann man in solchen Situationen sehr schlecht. Meine Gedanken waren zuhause, bei meiner Familie. Ständig gingen meine Gedanken zu meiner Frau. Bevor diese Flucht hier begann, bekam ich schon wochenlang keine Post aus der Heimat. Ich hatte mit meiner Frau abgesprochen einmal pro Woche einen Brief zu schreiben, dies sollte sie auch tun, nur bekam ich nie Antwort auf meine Briefe.
Im Camp war eine Poststelle und jeder hatte ein Postfach. Meine Kameraden holten immer wieder die von jedem ersehnten Briefe aus diesen Postfächern und die Freude war jedem anzusehen.
Sie erzählten freudig das Erfahrene, zeigten Bilder der Familie, nur ich erhielt keine Nachricht. Meine Stimmung war auf dem Tiefpunkt.
Was könnte zuhaus nur los sein? Die dämlichen Sprüche einiger Kameraden taten das Übrige dazu, so langsam schlechte Gedanken zu bekommen.
Deine Frau wird sich schon einen anderen angelacht haben und ist glücklich, dass du nicht in Berlin bist. Ständig kreisten meine Gedanken und blieben genau an diesem Punkt stehen. Vorstellen konnte ich mir dies wirklich nicht, doch wer kann schon die Hand für seinen Partner ins Feuer legen?
So viele Beziehungen sind wegen der langen Trennungen in die Brüche gegangen, weshalb soll mir dies nicht auch passieren?
Nun befand ich mich in einer Situation die mir keine Möglichkeit gab, Informationen zu bekommen. Mein Seelenheil war stark angegriffen.
Richtig wütend wurde ich nach soviel Grübelei, doch eine Antwort fand ich nicht. Ich musste diese schlimmen Gedanken aus meinen Gedanken vertreiben, um nicht durchzudrehen.

Der Urwald schläft nie, ständig Geräusche, die aber irgendwann verstummen. Totale Stille, der Schmerz der Stille tritt jetzt ein. Deine Sinne zum Zerreißen gespannt.
Während meiner Wache hörte ich aus einiger Entfernung, es muss aus der Richtung des Dorfes gekommen sein, wo wir die beiden abgesetzt hatten, Feuerstöße aus Maschinenpistolen.
Diese Schussgeräusche erschreckten mich so sehr, dass ich glaubte, mein Herz springt mir aus dem Hals. Einige Minuten lang.
Meine Kameraden wurden davon wach und waren wie ich auch sehr aufgeregt.
„Ach du Scheiße", sagte Peter zu mir. „Jetzt ist unser Rückweg abgeschnitten, dort müssen wir ja wieder zurück."
Das gleiche dachte ich auch. Wir sprachen lange Zeit kein Wort miteinander. Jeder hatte so seine eigenen Gedanken und Ängste.
Angst hatte ich ungemein. Zumal ich keine Idee hatte, wie wir aus diesem Schlamassel herauskommen könnten.
Wir warteten auf den Sonnenaufgang. Wenn es Tag ist, sieht immer alles besser aus. So dachten wir.
Es wurde hell. Doch es wurde nicht besser. Immer wieder hörten wir aus dieser Richtung vereinzelte Feuerstöße und andere Geräusche, die wir nicht zuordnen konnten.
„Wir werden heute uns nicht von unserem Versteck fortbewegen", sagte ich zu den Jungs.
„Ich glaube hier sind wir einigermaßen sicher."
Aus dem Buschwerk hinter uns schlugen wir große Äste mit viel Blattwerk ab, um unser Auto zu tarnen. Da hier dieser Weg sowieso endete, endete er eben ein paar Meter früher. Nach dieser Tarnung ging ich den von uns gefahrenen Weg etwa einhundert Meter zurück, um nachzuschauen, ob wir Spuren hinterlassen hatten. Ich sah nichts, doch dies hatte wirklich nichts zu bedeuten. Ein Spurenleser hätte garantiert genug gefunden. Ich ging einfach davon aus, dass die Rebellen keinen dabei hatten. Proviant und Wasser hatten wir für etwa eine Woche bei, großen Hunger hatten wir allerdings nicht.
Um wach zu bleiben, mixten wir uns Nescaffeepulver mit Wasser

und Whisky zu einem Brei zusammen, mischten noch Zucker bei und schluckten das runter.
Das Zeug ging gar nicht so richtig durch den Hals, so ekelig schmeckte es. Die Wirkung war enorm. Du bist hellwach.
Du hörst die Vögel pinkeln so aufgedreht bist du. Ich glaubte sogar besser sehen zu können. So müssen sich vollgedröhnte Junkis fühlen.
Die Angst lässt nach, du läufst Gefahr, dich zu überschätzen. Wir hatten uns aber im Griff. Keiner wollte den Helden spielen.
Der Tag blieb ruhig und die Nacht ebenso.
„Ich glaube wir können es Wagen diesen verdammten Weg zurück zu fahren, findet ihr nicht auch?“ fragte ich meine Kumpels.
Wir räumten unseren Wagen von unserer Tarnung frei und fuhren los.
Nach etwa einer halben Stunde hielt ich an und übergab Peter das Steuer. Meinen Kumpels erklärte ich meinen Plan, den ich mir in der Zwischenzeit ausgedacht hatte. Ich ging als Vorhut, etwa 100 Meter, immer auf Sichtweite und falls alles O.K. war, fuhr Peter zu mir. Und immer so weiter. Man braucht dafür wirklich viel Zeit, doch hatte ich keine Lust, in eine Falle zu tappen.
Die Jungs hatten keine Einwände, nur vorgelaufen wäre von ihnen keiner.
Das ging einige Zeit gut, bis ich bei meinem Vorlauf auf die ersten Toten stieß.
Wie vom Blitz getroffen stand ich vor den ersten drei dahingemetzelten. Blutverschmierte Körper lagen am Wegrand, von einem großen Fliegenschwarm umgeben.
Ich musste in die Hocke gehen, weil mir richtig schwindelig wurde, stand kurz davor mich zu übergeben. Mein Mund und meine Kehle, völlig ausgetrocknet. Langsam griff ich nach meiner Trinkflasche, die an meinem Gürtel befestigt war, öffneten den Verschluss und trank etwas Wasser, spülte mir den Mund aus und trank weiter bis kein Wasser mehr drin war.
Wie in Trance schloss ich die Flasche, hängte sie wieder an meinem Gürtel und wartete. Ich war nicht in der Lage mich aufzurichten.
Der Schrecken lähmte mich. Tief einatmen, atme tief ein, sagte ich mir immer wieder und tat dies auch.

Nachdem ich mich etwas gefangen hatte, stand ich auf, ging einige Schritte und musste mich wieder hinhocken. Mir war so schwindlig, in meinem Kopf drehte sich alles.
Jetzt musste ich mich übergeben. Kotzte mir die Seele aus dem Leib. Wieder griff ich zur Wasserflasche, öffnete sie und wollte trinken, doch kein Tropfen war mehr drin. Meine Enttäuschung war grenzenlos.
Ich stand auf und ging zum Wagen zurück und erklärte meinen Jungs, was ich entdeckt hatte. Sie starrten mich nur an, sagten kein Wort.
Gierig trank ich mich erst einmal satt, füllte meine Wasserflasche, forderte meine Kameraden auf, ihre auch aufzufüllen und immer am Mann zu tragen.
Jetzt nahmen wir auch alle unsere Salztabletten, die wir nicht regelmäßig eingenommen hatten, um unseren Salzhaushalt auszugleichen.
„Wir werden auf gar keinen Fall weiterfahren, ohne geklärt zu haben, was da vorgefallen ist. Ich schlage vor, ihr beide bleibt beim Auto und ich gehe vorsichtig dorthin zurück. Wir können nicht mehr allzu weit vom Dorf sein. Vielleicht erfahre ich dort mehr. Falls ich in 24 Stunden nicht zurück bin, müsst ihr sehen, wir ihr hier raus kommt. Habt ihr mich verstanden?“
Nö, meine Kumpels verstanden nur Bahnhof.
Also noch einmal von vorne. Irgendwann hatten sie kapiert.
Bleibt beim Wagen, egal was ihr auch hört, der Wagen ist unsere Lebensversicherung. Ohne ihn kommen wir gar nicht weg. Fahrt ihn etwas vom Weg ab und tarnt ihn, ich mache mich jetzt auf den Weg.
Bevor ich losging, mixte ich mir noch einen von unserem Spezialtrunk, nahm noch einen großen Schluck aus der Whiskyflasche, um meine Scheißangst etwas zu verdrängen.
Uhrenvergleich: es ist jetzt 10 Uhr.
„Wir sehen uns wieder“, sagte ich noch zum Abschied und ging los.
Nachdem ich die erste „Fundstelle“ passiert hatte, ging ich vorsichtig weiter.
Nach etwa zwanzig Meter kniete ich mich hin und lauschte zwei bis

drei Minuten und ging wieder weiter. In einzelnen Abständen lagen Tote. Erschossen oder mit Macheten schrecklich zugerichtet.
Ich warf nur einen kurzen Blick rauf und ging weiter. Meine Sinne waren zum Zerreißen gespannt. Auf jedes Geräusch achtend, und der afrikanische Busch ist nie still, ging ich immer weiter.
So gegen 12 Uhr mittags, die Sonne brannte erbarmungslos heiß, hörte ich von vorn links Stimmen. Jetzt steckte ich meine Pistole, die ich immer in meiner Hand hatte, zurück in meinen Gürtel und entsicherte meine Maschinenpistole und schlich in diese Richtung, auf alles gefasst. Nach einigen Metern sah ich aus dem Buschwerk die Dächer von Hütten. Meter für Meter schlich ich mich weiter.
Jetzt sah ich das kleine Dorf, den Kral von meinem Geschwisterpaar.
Etwa zehn Leute gingen von einer Stelle zur anderen und überall lagen Tote. Frauen schlugen die Hände vors Gesicht und weinten.
Was für ein Anblick!
In meinem Versteck verblieb ich so eine halbe Stunde und beobachtete dieses.
Nachdem ich mir sicher war, dass es doch nur die Bewohner waren und keine Rebellen mehr dort waren, erhob ich mich aus meinem Versteck, schulterte meine Maschinenpistole und bewegte mich ganz vorsichtig mit vorgezeigten Händen in ihre Nähe.
Wie versteinert sahen sie mich an und gingen langsam zurück.
In der Mitte des Dorfes blieb ich stehen und sprach sie in Englisch an.
Immer wieder fragte ich, ob mich jemand verstehen könne.
Nach einiger Zeit kam ein junger Mann vorsichtig in meine Richtung und sprach mit mir. Ich erklärte ihm meine Situation, dass wir auf der Flucht wären und seine Hilfe bräuchten. Sehr langsam gewann ich sein Vertrauen und er schilderte mir, was hier passiert sei.
Im späten Abend wurde ihr Dorf überfallen und wer nicht schnell genug fliehen konnte, wurde getötet. Nun kamen die restlichen Dorfbewohner zu uns und alle sprachen wild durcheinander.
Ich sagte ihnen, weshalb wir hier überhaupt gelandet sind, und fragte nach dem Geschwisterpaar.
Wortlos drehte er sich um und ging hinter eine der Hütten. Dort

lagen beide, von Kugeln durchsiebt. Der kleine Junge hielt noch krampfhaft seine Hände an ihrem Rock gekrallt.
Jetzt musste ich mich setzen, meine Knie versagten. Jetzt hatte der Tod für mich ein Gesicht, zwei sogar.
Diese Sinnlosigkeit des Tötens bereitete mir körperliche Schmerzen. Das zaghafte Winken zum Abschied des kleinen Jungen ist mir bis heute im Gedächtnis geblieben.
Sehr lange saß ich auf dem Boden, schaute mir beide an und weinte hemmungslos.
Ich konnte hier nichts mehr tun und wollte auch wieder zu meinen Jungs zurück, die sich bestimmt große Sorgen um mich machten.
Bald verabschiedete ich mich von den Bewohnern und ging den Weg zurück, den ich gekommen war. Gegen 5 Uhr Nachmittags kam ich zu unserer Wartestelle zurück. Nach langem Suchen fand ich das Auto mit meinen Kumpels. Sie hatten ihn so gut getarnt, dass ich mehrmals daran vorbeigelaufen war und sie sich ruhig verhielten. Mann waren die glücklich mich zu sehen. Jetzt setzte die Dunkelheit wieder ein und wir verbrachten hier die Nacht.
Diese Nacht blieb ruhig. Nur vereinzelt, in weiter Ferne hörten wir Feuerstöße aus Maschinenpistolen. In solchen Nächten denkst du an zu Haus. An deine Familie. Was werden deine Liebsten gerade tun? Doch diese Gedanken verwarf ich wieder sehr schnell, da ich ja keine Post bekam und nicht wusste, ob sich überhaupt jemand um mich sorgt.
Du schaust in den Himmel, der sternenklar ist, bist dem Himmel so nah wie nie und fragst dich, wie man aus diesem Schlamassel rauskommt.
Irgendwann wirst du vom Schlaf übermannt.
Morgens machten wir uns ein kleines Frühstück. Bevor wir uns auf dem Weg machten, checkte ich unseren Wagen nochmal durch.
Wir hatten vier Zwanzig Liter Kanister Benzin an den Außenwänden der Ladeklappen festgebunden. Zwei links und zwei rechts. Ich nahm nun einen Kanister von der rechten Seite ab, um unseren Tank mit Benzin zu füllen. Beim Abnehmen des Kanisters bekam

ich einen Schreck. Dieser Kanister war vom Gewicht sehr leicht. Es befand sich kein Benzin mehr im Tank.
Eilig nahm ich den zweiten Kanister von der Bordwand ab und musste mit großem Schrecken feststellen, dass auch dieser leer war.
Wie von Sinnen ging ich zu den anderen Kanistern. Der Dritte leer, nur im Vierten war noch Benzin drin. Diese zwanzig Liter füllte ich sofort in den Fahrzeugtank, schaute auf die Benzinuhr, die nur 1/3 Füllung anzeigte. Jetzt hatten wir wirklich ein riesiges Problem.
Damit kamen wir nicht weit. Irgendwo auf unserer Irrfahrt sind die Benzinkanister von den ständig umherfliegenden Kugeln der Rebellen durchsiebt worden. Nur einer ist ganz geblieben.
Scherzhaft sagte ich zu meinen Kameraden:
„Jetzt gebt mir noch eure Sturmfeuerzeuge, damit ich aus der Watte den Rest von Benzin rausquetschen kann.“ Lachen konnte darüber keiner.
„Kann sich einer von euch an eine Tankstelle hier erinnern? Nun denkt doch mal scharf nach und glotz mich nicht nur so an. Hat irgend jemand eine Idee?“
Nöö, hatte keiner.
Wir machten uns auf den Weg. Wegen der schlechten Straßenverhältnisse fährst du nur im zweiten Gang. Dadurch verbraucht der Motor aber enorm Benzin.
Mutig schaltete ich in den dritten Gang. Wenn ich vom Gaspedal ging, hatte der Motor immer verdammte Fehlzündungen. Es knallte wie aus einer Pistole geschossen. Ein Ablassventil vom Motor arbeitete nicht mehr richtig.
Wir waren damit von allen hörbar unterwegs. Wir hätten auch laufend auf die Hupe drücken können, damit alle mitbekommen, hier sind Komplettidioten unterwegs. Blöder hätte es nicht laufen können für uns.
Also Weiterfahrt nur im zweiten Gang, da knallte der Motor nicht.
Falls ich wieder einmal wider Erwarten nach Deutschland kommen sollte, so meine freundlichen Gedanken, besuchst du das Herstellungswerk in Wolfsburg und scheißt dem Direktor auf seinem Schreibtisch mit den besten Grüßen aus Afrika. Ja genau, das werde ich tun, dachte ich.

Jetzt beim Schreiben fällt mir übrigens ein, ich habe es nicht getan. Ich hatte es total vergessen.
Wir fuhren den Weg zurück, am Dorf vorbei, in dem soviel Trauer und Verzweiflung herrschte, ohne anzuhalten. Nach einiger Zeit, kurz vor der Kreuzung lag auf der linken Wegseite ein Jeep auf der Seite.
Aus einiger Entfernung beobachteten wir dieses Fahrzeug, um festzustellen, ob Leute sich da noch rumtrieben. Es war alles ruhig und ich begab mich dorthin. Wirklich, kein Mensch zu sehen, weit und breit, menschenleer.
Meinen Kameraden gab ich durch ständiges Winken Bescheid, dass sie mir mit dem Wagen folgen sollten.
Nun wurde dieser Jeep untersucht. Keine Waffen, kein Proviant und auch keine Benzinkanister, es wäre auch zu schön gewesen.
Wegen eines Achsbruchs vorne links ist der Fahrer wohl von der Piste abgekommen und seitlich umgekippt.
Dadurch war aber der Benzintank sichtbar. Ich kloppte gegen den Tank und es hörte sich an, als ob sich in diesem Tank noch jede Menge Benzin befinden würde.
Wie kommt man aber daran? Den einzigen Benzinkanister, den wir noch hatten, holten wir. Dieser hatte einen großen Schraubverschluss oben. Mit einem großen Schraubendreher schlug ich zwei Löcher in den Tank vom umgekippten Auto, und das auslaufende Benzin fing ich mit dem Kanister auf. Sehr mühsam, doch es funktionierte. So konnten wir unseren Tank auffüllen und den Benzinkanister auch.
Die Fahrt ging weiter. Wir hatten durch diesen Zwischenstopp mehrere Stunden verbraucht und es wurde wieder Nacht.
Die Nacht verlief sehr ruhig und am nächsten Morgen machten uns auf den Weg, den wir schon vor mehreren Tagen hätten fahren sollten.
Nach zwei Tagen näherten wir uns einer Hauptstraße. Von weitem sah ich hier eine Tankstelle. Wir brauchten wieder Benzin. Nur konnten wir dort nicht so einfach ran fahren und Sprit kaufen. Wir hatten überhaupt keine Ahnung, was dort los war.
Wir fuhren zu einer Stelle, die von der Tankstelle nicht einzusehen war, etwa 300 m entfernt, und warteten auf die Nacht.
Mit dem Kanister machte ich mich in der stock dunklennacht auf

den Weg zur Tankstelle. Das Auto und meine Kameraden blieben aus Sicherheitsgründen zurück. Nach einigen Metern hockte ich mich immer wieder hin, um auf Geräusche zu achten. Der afrikanische Busch schläft nie, wie schon erwähnt.
Nach einiger Zeit hörte ich lautes Atmen. Ich wurde verfolgt.
Mein Herz schlug mir bis zum Hals.
Ich blieb stehen und starrte in die Richtung aus der ich gekommen war. Plötzlich sah ich zwei Gestalten an mir vorbeigehen. Ich stand abseits, die Pistole in der Hand. Auf einmal sagte eine der Gestalten:
„Mann, wie weit ist Kalle denn schon gelaufen!“ Es waren meine Kameraden. Nach einiger Zeit hatten sie Zweifel, dass es richtig war, mich allein laufen zu lassen und wollten mich unterstützen.
Das hätte wirklich in die Hose gehen können. Nun waren wir wieder vereint. Gemeinsam statteten wir in der dunklen Nacht der Tankstelle einen Besuch ab.
Vorsichtig inspizierten wir den Ort. Neben den Tanks war eine Unterkunft für die Beschäftigten und die schliefen. Auf dem vorderen Tank war ein Wachposten im Schneidersitz und schlief im Sitzen. Genau daneben standen etwa zwanzig Benzinkanister mit Benzin gefüllt zum Abtransport.
Neben der Unterkunft der Männer fein aufgestapelte Wasserflaschen. Welch ein Geschenk des Himmels.
Unter unglaublicher Anspannung schlichen wir uns dorthin, nur kein Geräusch verursachen, schnappten jeder zwei Kanister und machten uns wieder davon.
Nachdem wir etwa hundert Meter wieder im Busch waren, mussten wir eine Pause einlegen, wir waren fix und fertig, total ausgelaugt. Ich hätte in den Tiefschlaf fallen können.
Die Wasserflaschen hatte ich nicht vergessen. Unser Vorrat ging langsam zur Neige.
„Wir müssen noch einmal zurück“, sagte ich zu meinen Kumpels.
„Was, wieso?“
„Na, wir brauchen auch Wasser zum Trinken“ gab ich zur Antwort.
Nachdem wir wieder zu Atem gekommen waren, den gleichen Weg

zurück, schnappten uns die Wasserflaschen und schafften es zu unserem Zwischenlager.
Nach einiger Zeit gelangten wir nun zu unserem Fahrzeug, verstauten die Kanister, die Wasserflaschen, setzten uns rein und fuhren Richtung Hauptstraße.
Nach einiger Zeit stellten wir fest, dass hier reger Autoverkehr herrschte und wir in dunkler Nacht gar nicht auffielen.
Mutig fuhren wir an der uns schon bekannten Tankstelle vorbei. Ich wollte so weit wie möglich von hier weg sein, nachdem sie mitbekommen hatten, dass sie beklaut worden waren.
Bevor es hell wurde, fuhren wir von der Hauptstraße runter und hielten erst an, als wir vom Fluss Benue gestoppt wurden.
Hier machten wir Quartier. Versteckten den Wagen, langsam waren wir schon Profis darin, zogen unsere Klamotten aus und gingen nackt baden. Wir genossen diesen Augenblick so sehr.
Mit Seife reinigten wir unsere Körper, es war auch bitter nötig. Wir stanken wie die Paviane. Vom Geruch her hätten die uns in ihre Herde aufgenommen.
Jetzt legten wir uns erstmal schlafen, wir waren sehr erschöpft.
Bevor es dunkel wurde, machten wir den Wagen wieder startklar und fuhren wieder Richtung Hauptstaße wie letzte Nacht.
Benzin hatten wir genug an Bord, brauchten, so hoffte ich, keine Tankstellenaktion mehr starten.
Nach zwei Nächten kamen wir wieder in Makurdi an. Hier hatte sich in der Zwischenzeit die Lage fast normalisiert. Reges Treiben in der Nacht, von den Rebellen keine Spur. Natürlich waren sie noch präsent, nur hier im Moment nicht.
Makurdi war aufgeteilt in zwei Stadtteile. Dazwischen war eine alte Eisenbahnbrücke, sehr marode. Unter dieser Brücke ein ausgetrocknetes Flussbett.
Ab und zu fuhren hier Güterzüge und auch Personenzüge über diese Brücke.
Da der Zustand der Brücke nicht im besten Zustand war, mussten die Züge sehr langsam fahren. Ich würde mit einem Zug niemals über solch eine Brücke fahren. Mit unserem Auto aber schon.

Wir trauten uns zuerst nicht einfach mit unserem Auto nach Makurdi reinzufahren, da wir nicht genau wussten, was dort los ist.
An der Brücke lauerten wir einige Stunden und betrachteten das Treiben überall.
Ich glaube, sagte ich zu den Jungs, dass wir es wagen könnten, in die Stadt reinzufahren. Todesmutig fuhren wir von unserer Position sehr langsam auf die Brücke. Die Holzbohlen, die die Schienen trugen, ließen unseren Wagen immer hoch und runterschaukeln. Ich hatte wirklich Bedenken, ob unsere alte Mühle diese Tortur überhaupt überstehen wird.
Als wir so ziemlich auf der Mitte der Brücke waren, sahen wir von vorn ein helles Licht. Es kam uns immer näher. Zuerst hatte ich dieses Licht gar nicht als Bedrohung angesehen. Auf einmal doch. Uns kam ein Zug entgegen!
„Ach du Scheiße“, riefen mir die Jungs entgegen.
„Da kommt ein Zug, was machen wir denn jetzt?“
Nun, wir hätten unseren Wagen schnell verlassen und uns in Sicherheit bringen können. Doch unser Auto, die einzige Möglichkeit, mobil zu bleiben, hätten wir verloren. Unser gesamtes Hab und Gut befand sich hier drin.
Rückwärtsgang rein und wie wir gekommen waren, fuhr ich rückwärts zurück. Drehen konnten wir hier nicht, unmöglich.
Stockdunkel die Nacht, Scheinwerfer voll aufgeblendet, damit uns der Lockführer eventuell doch sah, schweißgebadet und nahe einem Nervenzusammenbruch.
Der Zugführer sah uns auch und seine Lokomotivpfeife ging ohne Pause.
Wie schon gesagt, ich musste sehr langsam fahren, damit uns die Achsen vom Auto nicht um die Ohren flogen.
Nach einer gefühlten Ewigkeit schrie einer der Jungs, runter Kalle, nach rechts abbiegen, wir sind von der Brücke.
Dies tat ich auch, fuhr noch einige Meter und blieb stehen. Nach einigen Sekunden fuhr der Zug auch sehr langsam an uns vorbei.
Der Lokführer schrie uns noch einiges zu, jedoch nichts Druckreifes.

Nach einiger Zeit setzten wir unsere Fahrt fort, diesmal ließen wir die Brücke links liegen und fuhren einen anderen Weg.
Vorsichtig fuhren wir zu der uns bekannten Buschbar und fragten, ob hier noch einige Europäer seien. Na und ob hier noch einige seien, sagte man uns.
Etwa zwanzig Männer hingen dort am Tresen rum und gaben sich mit alkoholischen Getränken die Kante. Wir gesellten uns zu diesem Haufen und waren froh Gleichgesinnte gefunden zu haben.
Jeder sprach von seinem Erlebten, froh, heil aus diesem Schlamassel gekommen zu sein. Ich hielt mich mit den alkoholischen Getränken sehr zurück, wollte die Kontrolle behalten.
Es dauerte auch nicht lange und wir wurden von Zuhältern angesprochen, die uns Frauen anboten.
Es war sehr einfach, hier eine Frau für sexuelle Dienste zu bekommen. Die Armut treibt Frauen dazu, ihren Körper für wenig Geld anzubieten. Das gibt es nicht nur in Afrika. Überall wo die Armut groß ist, gibt es so etwas.
Hier konnte sich jeder perverse Mistkerl austoben. Junge Mädchen, noch fast Kinder bot man für allerlei Dienste an. Erwachsene Frauen natürlich auch.
Mit großem Gejohle wurde dieses Angebot von sehr vielen angenommen.
Jetzt geschah etwas, was mich bis heute noch zutiefst beschämt. Die Männer gingen etwa zwanzig Meter von der Buschbar zu ihren Autos, schalteten die Scheinwerfer an und nun konnte man etwa zwanzig Frauen und junge Mädchen im Scheinwerferlicht begutachten.
Hinter den Frauen standen einige einheimische Männer, zogen ihnen die T-Shirts hoch, damit man ihre blanken Brüste sah, schaukelten die Brüste hin und her. Das Gejohle nahm kein Ende.
Ich war entsetzt. Hier spielten sich Europäer als Herrenmenschen auf. Erwachsene Männer, Eheleute, denn viele waren wie ich verheiratet, hatten zuhaus Familie, vielleicht sogar Töchter in dem Alter wie die jungen Mädels hier, die man so erniedrigt.
Ich möchte mich hier nicht als Moralapostel hinstellen, mit erhobenem Zeigefinger auf die Missstände dieser Welt zeigen, nein,

das steht mir nicht zu. Doch was hier ablief, ging eindeutig zu weit. Diese Arroganz dieser angeblich so hoch gebildeten Menschen kotzte mich einfach nur an.
Angewidert von den hier ablaufenden Dingen ging ich zu meinen Jungs, mit denen ich in der letzten Zeit ja nun eine aufregende Zeit verbracht hatte, und forderte sie auf, mit mir mitzukommen. Wie im Rausch jodelten sie mit der Meute mit, wollten ihre sexuellen Bedürfnisse befriedigen, hörten mir noch nicht einmal zu.
Angewidert drehte ich mich um, ging zu unserem Wagen, schmiss ihre Klamotten aus dem Wagen und fuhr los.
Hier an dieser Stelle traf ich Chico, unseren ehemaligen Vorarbeiter. Er begleitete mich einige Zeit. Durch dieses Chaos hatte er seine Arbeit verloren und hatte sowieso nichts vor. Die Freude, uns wiedergefunden zu haben, war grenzenlos. Zu zweit fuhren wir in die Dunkelheit, Richtung Camp, die Gefahren total außer Acht lassend. Was mich dort erwarten würde, wusste ich nicht. Irgendwann fuhr ich von der Piste runter, suchte uns eine Stelle zum Schlafen.
Als es hell wurde, konnte ich den Fughafen sehen, traute mich aber nicht dorthin zu fahren. Wir fuhren zum Dorf von Fidelis. Irgendwie hatte ich das Gefühl, dort sicher zu sein.
Mutig fuhr ich ins Dorf, stieg aus und wartete nur. Plötzlich sah ich die Frau von meinem Freund mit ihren Kindern. Was für eine Freude sie lebend zu sehen.
Chico und ich nahmen nun Abschied. Er wollte seinen Weg gehen, ich hatte vor hier einige Zeit zu bleiben. Die Familie meines Freundes hatte die unruhige Zeit unbeschadet überstanden.
Von hier fuhr ich immer wieder mit dem Wagen quer durch die Gegend.
Eines Tages fuhr ich ganz mutig in unser altes Camp. Hier hatten die Einheimischen sich nicht getraut sich niederzulassen. Langsam kehrte Normalität hier ein. Mein Haus stand noch da, leicht beschädigt, aber bewohnbar. Hier zog ich wieder ein. Durchstöberte das Gelände und machte an der alten Poststelle halt.
Die Tür war verschlossen, doch ein kräftiger Tritt gegen diese ermöglichte mir den Eintritt. Hier sah alles aus, als ob nichts passiert

wäre. In mein Postfach schaute ich rein, in der Hoffnung, Post für mich zu finden. Nichts, total leer das Fach.
In mir kam wieder eine unbändige Wut hoch. Was ist bloß zuhause los? Hinter dem Tresen waren einige Packkartons, oben offen, in dem sich Post, also Briefe und andere Unterlagen befanden. Hier stöberte ich einfach rum und fand mehrere Bündel Briefe, mit einem Gummi festgehalten, auf dem ich meinen Namen las.
Ich konnte es nicht glauben. Hier wurden die Briefe, die an mich adressiert waren, gesammelt, auf bewahrt. Auf der Kiste stand, dass diese Post ein Vierteljahr gesammelt und einem Wolfgang Richter nach Deutschland geschickt werden sollte.
Diese Idioten auf der Poststelle hatten aber sämtliche Briefe mit dem Namen Richter zwischengelagert. Jetzt wusste ich, weshalb keine Post bei mir ankam.
Ich freute mich wie ein Kleinkind bei der Weihnachtsbescherung.
Ich durchstöberte noch die anderen Kisten, doch es wurden alle Briefe genau sortiert.
Mit einem großen Paket, gefüllt mit Post aus der Heimat, ging ich nach draußen, lief zu meinem Haus und las meine Post.
Ein größeres Geschenk hätte man mir nicht geben können.

Das englische Camp besuchte ich nur so aus reiner Neugier. Hier waren nur noch das Stammpersonal, die meisten hatte man abgezogen.
Mit einer, für mich damals älteren Lady, sehr gepflegt, in ihrer Jugend muss sie wirklich sehr hübsch gewesen sein, schloss ich Freundschaft.
Sie und ihr Mann lebten schon seit Jahren hier. Ihr Mann war für einige Zeit auf die Insel geflogen, sie hatte keine Sehnsucht nach Europa.
Erzählungen aus der Vergangenheit interessierten mich schon immer.
Abends saßen wir auf der Terrasse, wie in einem alten Kolonialfilm, tranken Sherry oder Whisky.
Ein alter Plattenspieler dudelte Musik, sie rutschte in ihre Jugend zurück. Es war für mich zauberhaft ihr zuzuhören.
Die anderen Leute vom Camp hatten wahrscheinlich ihre Geschich-

ten schon zu oft gehört und blieben fern. Für mich ein Quell von Informationen. Sie hatten in der Kolonialzeit schon hier gelebt, hatten eine große Farm, sehr viele Angestellte und Bedienstete. Sie hatten eine gute Zeit. Diese gute Zeit ließ sie nicht los.
Ihre zwei Kinder kamen bei einem Unfall ums Leben. Der Tod ihrer Kinder hat ihr Leben total verändert.
Hier, wo meine Kinder begraben sind, ist mein Zuhause. Hier werde ich eines Tages auch begraben werden und ihnen wieder so nah sein. Während sie über Ihre Kinder mit mir sprach, schaute sie mich nur an. Ohne eine Träne in den Augen zu haben. Ich glaube, sie hatte keine mehr.
Ich musste mich sehr zusammennehmen um nicht loszuheulen.
Sie war aber auch sehr humorvoll. Der englische Humor liegt mir sehr. Dieser fast schwarze Humor, sehr tiefgreifend, ist genau mein Ding. Mit großer Begeisterung erzählte sie mir immer wieder, wie Neuankömmlinge von der alten Crew ins Boxhorn gejagt wurden. Neulinge mussten an der Bar erstmal für alle einen ausgeben. Das war Pflicht. Nach mehreren Drinks kam einer von ihren Kumpels in einer alten Kolonialuniform. Dieser Kumpel war nur etwa 140 cm groß. Ein Kleinwüchsiger. Sie hoben ihn auf die Bar und stellten ihn vor. Dies hier ist unser alter Captain, damals im Dienst 190 cm groß. „So Captain", feuerten sie ihn an, „Nun erzähl mal, was vor vielen Jahren passierte, als du zu einem Medizinmann du altes Arschloch gesagt hast!" Die verdutzten Gesichter der Neulinge kann man sich eigentlich nur vorstellen. Es blieb kein Auge vor Lachen trocken.
Wenn meine kleine Lady lachte, ging es mir immer gut. Dabei kam ihre Schönheit von damals wieder zum Vorschein.
Irgendwann verließ ich dieses Camp wieder. Was wird wohl aus dieser feinen Lady geworden sein? Habe nie wieder von ihr gehört, doch vergessen werde ich sie nie. Zu stark sind die gemeinsamen Stunden, die ich mit ihr verbringen durfte, in meinem Herzen festgesetzt.
Irgendwann schlich ich wieder um unseren alten Airport rum und bemerkte, dass ein Passagierflugzeug ständig landete, durchstartete und wieder abhob.
Als es wieder am Boden war, stieg die Besatzung aus und sie pala-

verten auf dem Rollfeld. Frech wie Oskar fuhr ich zu ihnen hin und sprach sie an:
„Wenn ihr mit euren Übungsflügen fertig seid, fliegt ihr wohin?"
„Nach Lagos" sagten sie so einfach.
„Könnt ihr mich nicht mitnehmen?" fragte ich.
„Dann musst du dich sofort entscheiden. Wir fliegen gleich los" war die Antwort.
Ich konnte es nicht glauben. Dachte, sie wollten mich auf den Arm nehmen. Nachdem ich nochmals vorsichtig nachgefragt hatte und sie mir die gleiche Antwort gegeben hatten, saß ich im Flieger.
Ich weiß gar nicht mehr, wie lange der Flug dauerte. Nachdem wir in Lagos gelandet waren, brachten sie mich in den Terminal und verabschiedeten sich, als ob es das Normalste auf dieser Welt gewesen wäre, mich mitzunehmen.
Lagos, eine Millionenmetropole. Sehr heiß und die Luftfeuchtigkeit kaum zu ertragen. Als ich den vollklimatisierten Terminal verließ, um mir ein Taxi zu besorgen, kehrte ich nach wenigen Schritten wieder zurück. Diese Luftfeuchtigkeit nahm mir fast den Atem. Jetzt war ich vorbereitet und schnappte mir ein Taxi.
„Bring mich bitte zum Kommunikationscenter", sagte ich zum Driver. Von hier konnte man zur damaligen Zeit nur telefonieren. Seit langer Zeit hatte ich ja keinen Kontakt mehr zu meiner Familie gehabt. Die machten sich bestimmt große Sorgen. Zu meiner Firma hatte ich auch schon lange keinen Kontakt.
Dort angekommen gab ich meine Telefonnummer an und musste mich gedulden.
Vor mir waren etwa 100 Menschen, die das gleiche vor hatten wie ich. Nach Hause telefonieren. Wie E.T.
Nach Stunden wurde ich aufgerufen. Schnell zwängte ich mich in eine kleine Telefonzelle und wartete auf ein Lebenszeichen am anderen Ende der Leitung. Ich hörte die Stimme meiner Schwiegermutter Edith.
„Hallo, wer ist denn da?"
„Hallo Edith", rief ich ins Rohr.
„Hier ist Kalle, kannst du mir mal Dagmar ran holen? Bitte schnell, ich habe wenig Zeit!"

„Ach Kalle, du? Ja wie geht es dir denn, hast ja schon lange nichts mehr von dir hören lassen. Dagmar ist schon stinkesauer auf dich.“
Ich glaubte es einfach nicht. Da reiß ich mir den Arsch auf um mit meiner Frau sprechen zu können, und nun habe ich den Alptraum am anderen Ende der Leitung dran.
„Edith“, rief ich ins Telefon, „bring mir sofort Dagmar ans Rohr, hast du verstanden?“
„Du könntest wirklich mal höflicher mit mir sprechen“, so giftete sie zurück, sich dieser besonderen Situation überhaupt nicht bewusst.
„Ja, ich hole Dagmar. Sie ist gerade unter der Dusche, ich hole sie.“
Tut, tut... Diese blöde Kuh hatte aufgelegt.
Stramm ging sie ins Bad, teilte meiner Frau mit, dass ich angerufen hatte und sie sprechen möchte.
„Der hat sich überhaupt nicht geändert und pflaumt mich immer noch an“, musste sie meiner Frau auch gleich mitteilen. Meine Frau war gerade beim Abtrocknen. Sie rannte ins Wohnzimmer und sah den aufgelegten Telefonhören. Sie flippte völlig aus.
Ich am anderen Ende der Leitung auch. Wutentbrannt ging ich zum Kontrakter, pfiff ihn zusammen, obwohl er wegen der Dusseligkeit meiner Schwiegermutter wirklich nichts konnte, und bat ihm noch einmal Kontakt herzustellen.
Nach Stunden gelang dies auch. Die Freude war groß. Als ich die Stimme meiner Dagmar hörte, hatte ich Probleme mich zu artikulieren. Ich hätte nur weinen können. Die Stimme meiner Frau, zwar am anderen Ende der Welt, doch diese Vertrautheit übermannte mich. Wir redeten und redeten, was hier bisher abging, davon sagte ich kaum etwas. So ganz nebenbei fragte sie was das für eine Firma sei, für die ich arbeitete. Wieso?, fragte ich zurück.
„Ich habe über Monate keine Informationen von denen bekommen. Wenn ich dort anrief sagten die zu mir, wir haben auch keine Infos. Seit vier Monaten haben die kein Geld überwiesen.“
Das haute mich um. Man war ich sauer.
„O.K.“, sagte ich zu meiner Frau, „darum werde ich mich sofort kümmern.“
Nachdem ich ihr versprochen hatte, sobald als möglich nach Hause

zu kommen, legte ich auf, ging zum Kontrakter, gab die Nummer meiner Firma in Hamburg an und wartete auf Kontakt. Irgendwann kam dieser auch zustande und ich gab meine Identität durch.
Mit großem Erstaunen gab die Dame am anderen Ende der Leitung ihr Erstaunen zum Ausdruck, mich zu hören. Über die unflätigen Ausdrücke möchte ich hier kein Zeugnis ablegen. Wutentbrannt legte ich auf. So, das Wichtigste hatte ich getan. Alle wussten, ich bin noch am Leben.
Nun suchte ich mir wieder ein Taxi und ließ mich in ein Hotel chauffieren. Dort angekommen, sah ich hinter dem Tresen ein großes Poster von einem Hamburger. Riesengroß, bunt, einfach lecker. Zum Barmann sagte ich:
„Davon kannst du mir mal zwei machen lassen, ich habe großen Hunger."
„Möchtest du wirklich zwei?" fragte er mich.
„Gib mir zwei davon", gab ich zur Antwort.
„O.K. dauert ein wenig, möchtest du noch etwas trinken?"
„Stell mir mal eine Flasche Whisky her, ein Glas und Cola!" Alles wurde hingestellt und ich ballerte mir schön einen hinter die Binde. Plötzlich wurde an der Bar das Licht runtergedimmt, ein Angestellter kam mit einem großen Tablett, überall feuersprühende Wunderkerzen und mittendrin mein Hamburger.
Das Ding war so groß wie auf dem Bild. Davon hätten fünf ausgewachsene Männer satt werden können.
Der Kellner grinste wie ein Schmalzkuchen, ich sah etwas dämlich aus der Wäsche. Jetzt erst begriff ich, weshalb er nachfragte.
Das Gelächter an der Bar kann sich jeder wohl vorstellen. Ich zahlte und ging wie ein Trottel in mein Hotelzimmer. In den nächsten Tagen flog ich über London nach Hamburg. Der erste Weg in Hamburg war zu meiner Firma.
Hier fielen sehr unschöne Worte wegen der wunderschönen Betreuung, doch mit einem Barscheck ging ich aus der Buchhaltung. Zurück zum Flughafen und ab nach Berlin. Das Wiedersehen, einfach nur schön. Nach Hamburg musste ich noch sehr oft, um im Tropenkrankenhaus meine Malaria zu kurieren. Habe heute noch damit zu tun.

Saudi-Arabien

In Berlin wurde mir es nach einiger Zeit zu langweilig. Hatte große Probleme mich hier anzupassen. Da ging beim Autofahren schon los. Ich hatte mir diesen verwegenen Fahrstil aus Afrika angenommen. Es wurde gehupt, gedrängelt, als wenn ich allein nur Vorfahrt hätte. Geschwindigkeitsbeschränkungen gab es für mich nicht. So sammelte ich mir so viele Punkte in Flensburg ein, dass ich kurz davorstand meinen deutschen Führerschein abgeben zu müssen.
Nun, ich hatte ja noch meine driver´s license aus Nigeria. Bei den folgenden Kontrollen der Polizei zeigte ich diesen mit meinem Nigeriapass vor. Allgemeine Verunsicherung der Exekutive. Ich trieb so manch einen Polizisten schier in die Verzweiflung. Sie verstanden diese Kombination nicht. Ein Deutscher, mit Berliner Dialekt weist sich mit solchen Papieren aus. Ich hatte meine wahre Freude dabei. Sie überprüften dies natürlich und stellten dabei fest, dass ich meinen ersten Wohnsitz wirklich in Nigeria hatte. Sie stießen an ihre Grenzen.
Mit meinen Kumpels hier in Westberlin wurde auch ordentlich gefeiert, viel getrunken. Mit dem Auto wurde selbstverständlich gefahren, keiner ließ sein Auto stehen. Aus heutiger Sicht wirklich verantwortungslos. Doch damals war es so.
Wenn vier Sturzbesoffene im Auto unterwegs waren und in eine Polizeikontrolle gerieten, wurde es brenzlig. Der Einweiser der Polizei zeigte mit seiner Polizeikelle auf die Stelle, wo man seinen Wagen hinstellen sollte. Wenn der Polizist nun zur Fahrertür kam und vom Fahrer die Papiere verlangte, musste er feststellen, dass auf dem Fahrersitz niemand saß. Der Platz war leer. Beim näheren Hinschauen in den Innenraum glaubte er einen Sehfehler zu haben. Auf der Rückbank lümmelten sich vier Betrunkene rum und forderten den verdutzt schauenden Polisten auf doch endlich weiterzufahren. Auf die Frage, wer denn der Fahrer sei, konnte keiner eine Antwort geben.

Das würde heute zum Glück nicht mehr gehen. Die Gesetze hat man diesbezüglich geändert.
Nun, nach etwa drei Monaten meldete sich meine Firma wieder und fragte, ob ich nicht nach Saudi-Arabien möchte. Sie hätten ein sehr lukratives Angebot und würden sich mit mir darüber gerne unterhalten wollen.
Abends saßen meine Frau und ich im Wohnzimmer vor dem Fernseher und sahen einen lustigen Film. Die Stimmung war wirklich sehr locker, entspannt.
Bis zu dem Augenblick, als ich vorsichtig meiner Frau die freudige Nachricht mitteilte, dass sich die Firma wieder gemeldet hat. Nach dieser Mitteilung verlor sich leider diese schöne Lockerheit.
„Du wirst es doch nicht wagen, wieder ins Ausland zu gehen? Wie bekloppt muss man sein, für diese Firma überhaupt noch zu arbeiten?"
„Nun", versuchte ich zu kontern, „sie haben immerhin alle offenstehenden Gehälter bezahlt und für die drei Monate, die ich in Berlin bin, gab es auch die volle Kohle. Also, was meckerst du da rum", gab ich zu Antwort.
Nun, meine Frau fand immer wieder etwas negativ, war von dieser Information wirklich nicht erfreut. Die harmonische Stimmung war weg. Nun wurde es schwierig ihr zu sagen, dass ich am kommenden Tag schon mein Ticket für den Flug nach Hamburg in der Tasche hatte. Jetzt wurde es heikel.
Nach Mitteilung dieser Information ging gar nichts mehr. Es fiel kein Wort mehr zwischen uns. Schweigend ging es ins Schlafzimmer. Mitten in der Nacht wurde ich unsanft aus meinen Träumen geweckt.
„Du schnarchst wie ein Walross, leg dich ins Wohnzimmer auf die Couch", teilte man mir sehr unfreundlich mit. Dies tat ich auch. Eine Diskussion anzufangen traute ich mich nicht.
Nun, der Morgen verlief auch nicht sehr harmonisch ab, es wurde kein Wort gesprochen.
Nachdem ich meine kleine Tasche gepackt hatte, fuhr ich zum Flughafen und ab ging es nach Hamburg.
Vom Flughafen wurde ich mit einem Firmenwagen abgeholt und

wurde ins Büro des Einsatzleiters gebracht. Der empfing mich sehr freundlich, fast zu freundlich.
„Hallo, Herr Richter, solche Mitarbeiter wie Sie es sind, brauchen wir für unsere Einsätze, sie sind unser Mann. Im Vertrauen“, er beugte sich zu mir dicht ran, berührte mit seinen Lippen fast mein Ohr, „Sie sind unser bester Mann!“
Solche Schleimereien sind mir einfach zuwider. Immer wieder musste ich mir anhören, was ich für ein toller Kerl sei. Dieser Typ war unerträglich.
„Aus diesem Grund, Herr Richter, habe ich hier einen Vertrag auf den Tisch liegen, dem Sie einfach nicht widerstehen können. Lesen sie ihn in Ruhe durch, werfen sie mal einen Blick auf ihr Gehalt!“
Dies tat ich auch und war wirklich beeindruckt. Soviel Kohle im Monat hatte ich noch nie bekommen.
Er erklärte mir den Einsatzort, die Vollmachten, die ich besaß, usw. Jetzt wurde ich größenwahnsinnig. Mit einer Impertinenz sagte ich zu diesem unangenehmen Leiter der Auslandsabteilung:
„Wenn Sie monatlich noch zweitausend Mark raufhauen, unterschreibe ich.“
Ohne mit der Wimper zu zucken, streckte er mir die Hand entgegen und sagte:
„Abgemacht.“ Nach der Änderung im Vertrag unterschrieb ich diesen. Heute noch ärgere ich mich, dass ich nicht das doppelte Gehalt gefordert habe.
Meinen Pass legte ich auf den Schreibtisch, damit die sich um mein Einreisevisum kümmern konnten und schon war ich wieder im Flieger Richtung Berlin.
Zuhause angekommen teilte ich meiner Frau mit, dass ich den Vertrag unterschrieben hätte und zeigte diesen. Als sie die Summe meines Monatsgehaltes sah, flog auch ihre letzte miese Laune weg. Es wurde wieder gesprochen. Dies zeigt wieder einmal sehr deutlich, irgendwie sind wir alle käuflich.
Eine Woche später teilte man mir meinen Abflugtermin mit.
Ich gab in unserer Wohnung, die sehr groß war, eine Abschiedsfeier. Eine große Feier. Etwa dreißig gute Bekannte und Freunde ließen

die Sau raus. Mit der Zeit wurde unsere Runde immer kleiner, der harte Kern blieb. In unserem Wohnhaus wohnten drei Etagen über uns unsere Freunde. Wirklich tolle Typen.
Wieso auch immer, wir kamen auf die Idee, in ihrer Wohnung noch einen Schlummertrunk zu nehmen, um dann die Feier zu beenden. Ich wollte mein Rotweinglas noch schnell leeren, bekam von hinten einen Schubs und bekleckerte mein Hemd dabei.
„O.K." sagte ich zu der Meute, „geht schon mal. Ich werde mich schnell säubern, dass Hemd wechseln und komme nach."
Nachdem alle aus der Wohnung waren, zog ich die Klamotten aus, ging in die Dusche, um mich zu säubern. Als ich nach dem Duschen vor der Dusche stand, um mich abzutrocknen, klingelte es an der Wohnungstür. Nur mit dem Badehandtuch ging ich zur Tür, ich dachte meine Frau ist dies und wollte noch etwas aus der Wohnung holen und öffnete die Wohnungstür. Die Tür wurde sehr unsanft aufgestoßen und an mir ging eine Bekannte, die mit ihrem Mann unsere Feier schon verlassen hatte, mit schnellen Schritten Richtung Wohnzimmer. Ich hinterher. Im Wohnzimmer drehte sie sich um und fragte:
„Was ist denn hier los? Gibt es hier nichts mehr zu trinken?"
Nun sah sie erst meinen Aufzug. Splitternackt, nur das Badehandtuch vor meinem Bauch. Was ist denn hier los? Diese Frage allein nervte mich schon.
Ich muss mal erwähnen, diese Frau war sehr betrunken.
„Die Party ist aus", sagte ich zu ihr, „du bekommst hier nichts mehr zu trinken und kannst gleich wieder gehen. Los, Moni, raus und fahr zu deinem Mann!" blaffte ich sie an.
Es dauerte einige Zeit, bis sie merkte, dass ich es ernst meinte.
„Kann ich wenigsten dein Bad benutzen?"
„Na klar, los geh rein und dann nichts wie weg!"
Sie ging ins Bad, ich ins Schlafzimmer, um mir meine Klamotten anzuziehen. Es dauerte etwas im Bad, sie kam und kam nicht raus. Zaghaft klopfte ich an die Tür und fragte:
„Ist alles in Ordnung? Was dauert es denn so lange?"
„Ich habe ein Problem", wurde mir geantwortet. „Was für ein Problem?" fragte ich zurück."

„Ich bekomme meinen Reißverschluss nicht zu.“
Zur Erklärung: Die Dame trug einen weißen Overall mit einem Reißverschluss vom Schritt bis zum Hals.
„Moni, ich öffne jetzt die Tür und werde dir helfen, ist dies O.K.?“
„Ja komm nur rein“, ihre Antwort. Nachdem ich die Tür geöffnet hatte, sah ich ihr Problem.
Sie konnte den Verschluss bis nach oben ziehen, doch in der Mitte war alles wieder offen. Ich versuchte zu helfen. Ich kniete mich vor Moni hin, zog diesen Verschluß von oben nach unten, fädelte diesen dort wieder ein und zog diesen langsam wieder nach oben. Dies gelang mir auch, doch das Problem wurde dadurch nicht gelöst. In der Mitte war alles wieder offen. Ungläubig starrte ich auf diesen blöden Verschluss. Egal, der zweite und dritte Versuch brachte auch nicht den erwünschten Erfolg. Nun wurde ich schon sehr ungeduldig. Meine Frau mit unserem Besuch über uns, ich kniete vor Moni im Bad und fummelte an ihren Klamotten rum. Mir lief vor Angst erwischt zu werden das Wasser nur so runter. Nichts, aber auch gar nichts hätte ich, wäre ich in dieser Situation erwischt worden, zur Entschuldigung sagen können. Keine Frau dieser Welt hätte geglaubt, was ich gesagt hätte.
„Ich starte jetzt den letzten Versuch“, sagte ich zu ihr, „und falls es dann immer noch nicht funktioniert, kannst du mit meinem Bademantel nach Hause fahren.“
Ich fummelte unten im Schritt rum und versuchte diesen Verschluss wieder einzufädeln, dabei klemmte ich wohl einige ihrer Schamhaare, damals trug Frau noch Pelz, in diesem Verschluss ein und beim Hochziehen empfand sie dies nicht als angenehm. Sie schrie auf zog den Körper zurück und ich kippte nach vorn mit meiner Nase in ihren Schritt. Jetzt reichte es. Ich stand auf, streifte Moni meinen Bademantel über und brachte sie mit leichter Gewalt zur Haustür, die ich sofort abschloss, und konnte jetzt, mit einiger Verspätung zu meinen Leuten. Meine lange Abwesenheit wurde kaum bemerkt. Selbstverständlich habe ich dies Abenteuer niemandem mitgeteilt.
Am nächsten Tag ging es zum Flughafen. Dort warteten schon einige meiner Freunde, um Abschied zu nehmen. Jetzt wurde allen

schwer ums Herz. Jede Umarmung tat weh, es flossen wieder Tränen, meine Frau konnte sich gar nicht beruhigen. Bei ihr war es eine Mischung aus Trauer und Wut.
Im Flugzeug nahm ich meinen Platz ein und musste erstmal zur Ruhe kommen.
Oben, über den Wolken ging es mir wieder gut. Meine Anspannung wuchs jedoch ins Unermessliche. Auf was habe ich mich da bloß wieder eingelassen?
Ich flog in ein anderes Land, eine fremde Kultur. Meine Neugier war groß, doch ein mulmiges Gefühl blieb.
Morgens gegen zwei Uhr kam ich in Riad, der Hauptstadt von Saudi-Arabien, an.
Das Königreich Saudi-Arabien ist eine absolute Monarchie in Vorderasien. Die Nichtbeachtung der Menschenrechte nach westlichem Vorbild ist zwar Anlass kontroverser Diskussionen, doch es ändert sich kaum etwas. In Saudi-Arabien ist das Rechtssystem an einer wahhabitisch-konservativen Auslegung des Islams auf der Grundlage der Scharia ausgerichtet.
Todesurteile werden zum einen für eine Reihe religiöser Vergehen ausgesprochen: Koranschändung, Gotteslästerung, Konversion zu anderen Glaubensrichtungen.
Alle Passagiere strömten aus dem Flugzeug in die Haupthalle und warteten auf das Gepäck. Nachdem ich meinen Koffer gefunden hatte, ging es durch die Paß-und Zollkontrolle. Alles ohne Probleme. In der Haupthalle sah ich sehr viele mit Schildern auf denen Namen standen. Fast jeder wurde von seinen Leuten abgeholt. Die Halle wurde immer leerer und irgendwann stand ich als einziger noch da. Keiner war da, um mich abzuholen. Jetzt wurde mir richtig mulmig in der Magengegend. Ich musste zur Kenntnis nehmen, dass hier wohl etwas schiefgelaufen sein muss. Keine Adresse von der Firmenaußenstelle, keine Telefonnummer, nichts hatte ich. Mit meinem Koffer ging ich zu einem Taxistand und sagte dem Driver, fahr mich mal bitte zu einem Hotel.
Dies tat er auch. Dort an der Rezeption gab ich meinen Pass ab, bekam meinen Schlüssel für meine Unterkunft und ging aufs Zimmer.

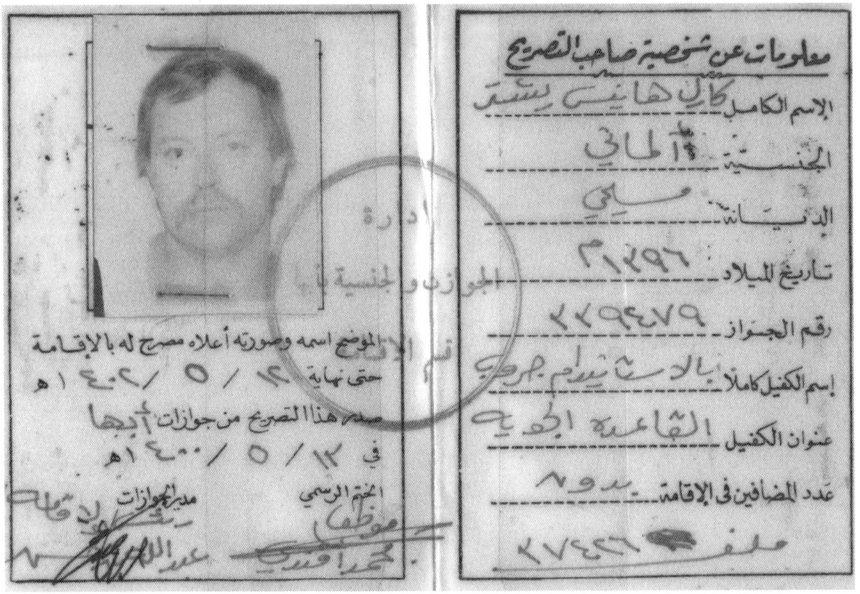

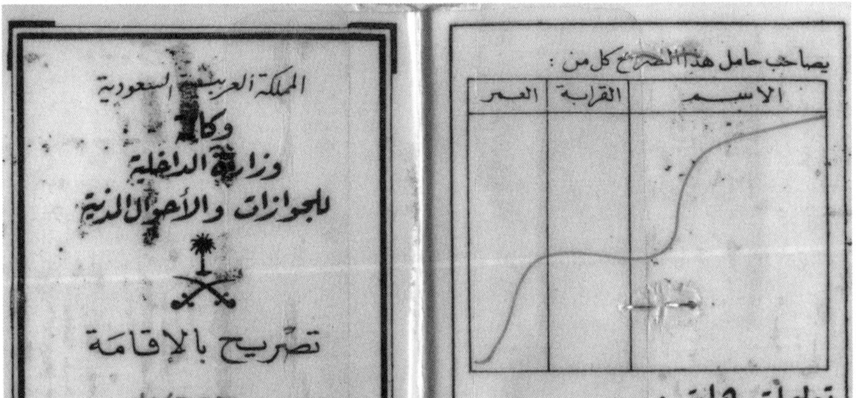

mein arabischer Paß

Im Normalfall hätte ich jetzt die kleine Bar geplündert. Doch Alkohol gab es hier nicht. Ziemlich angefressen legt ich mich ins Bett und schlief tief und fest.
Als ich irgendwann morgens wach wurde, geduscht hatte, ging ich zum Frühstücksbüfett. Ich kam aus dem Staunen nicht mehr raus. Solch eine Vielfalt, solch einen Überfluss hatte ich noch nie gesehen. Nun machte ich mir wirklich Gedanken, wie dies hier bezahlt werden sollte. Vierhundert DM hatte ich bei, man hatte mir ja gesagt, dass ich abgeholt werde und mir weiter keine Sorgen machen müsste. Nun machte ich mir richtige Sorgen.
Nach dem Frühstück ging ich auf die Suche, ein Telefon zu finden. Davon gab es genug. Ich rief meine Firma in Hamburg an und ließ mich mit dem schleimigen Typen verbinden. Der fragte mich überfreundlich, wie es mir denn gehe und ob alles in Ordnung sei. Nichts ist hier in Ordnung, blaffte ich zurück. In kurzen Sätzen erklärte ich ihm meine Situation.
„In welchem Hotel sind Sie denn abgestiegen?“, fragte er immer noch freundlich. Nachdem ich den Namen des Hotels nannte, war es erst still am Telefon und mit der Freundlichkeit war es auch vorbei.
„Mensch Richter, bist du bekloppt, hast du eine Ahnung was dort eine Nacht kostet?“ Nee, hatte ich nicht. Da fiel mir ein am Empfang bei meiner Ankunft nicht nach dem Preis gefragt zu haben. Der Typ am anderen Ende der Leitung war total außer sich. Dieser Wutausbruch machte ihn mir richtig sympathisch.
Irgendwann kam er wieder runter und sagte etwas kurz angebunden, dass ich heute noch von dort abgeholt werde. Ohne sich zu verabschieden, legte er auf.
Nun war ich wieder beruhigt. Die wussten wo ich nun bin, jetzt kann nichts mehr schiefgehen.
Ich ging nun aus dem Hotel, um ein wenig dir Umgebung anzusehen. Schließlich war ich zum ersten Mal in Arabien.
Was für ein Erlebnis!
Die Temperatur war morgens noch O.K., Luftfeuchtigkeit zu ertragen. Den Alltag der Menschen im Herzen Arabiens zu beobachten

beeindruckte mich sehr, konnte nicht genug davon bekommen.
Gegen Mittag, nun wurde es doch schon sehr heiß, ging ich zum Hotel zurück, um auf meine Auslösung der Hotelkosten zu warten. Nach einiger Zeit sprach mich ein Mann an, ob ich Herr Richter sei. Dies bestätigte ich.
„Na, dann hol mal deine Sachen aus deinem Zimmer und ich regel dies hier."
Dies tat er auch und war mächtig beeindruckt wegen der Hotelkosten. Er meinte nur, dass er während seiner fünf Jahre hier in Saudi-Arabien noch nie solch eine hohe Summe für eine Übernachtung gezahlt hätte.
Wir fuhren ins Gästehaus, dort wurden alle Europäer untergebracht. Streng vom Militär abgesichert. Im Büro erklärte er mir erst einmal gewisse Regeln.
Wie man sich in diesem Land zu verhalten hat usw.
Während dieser Aufklärung zog er aus einem Schreibtischfach eine Flasche Ballentines. Goss zwei Gläser halbvoll und stellte sie auf den Schreibtisch.
„Herzlich willkommen in Arabien", sagte er und wir stießen an.
Dies beeindruckte mich nun sehr.
„Hier kannst du auch Alkohol trinken", klärte er mich auf, „nur darfst du jetzt nicht mehr dieses Camp verlassen. Wenn man dich außerhalb dieser Anlage mit einer Fahne erwischt, bekommst du große Probleme", meinte er nur so nebenbei.
„Heut Abend zeige ich dir noch, dass es sich hier wirklich sehr angenehm leben lässt". Na, nun war ich sehr gespannt, was hier so abgeht. Wir palaverten noch einige Stunden, nebenbei erfuhr ich, dass es morgen mit dem Flieger Richtung Jemen ging.
Abends gingen wir ins Gemeinschaftshaus. Hier trafen sich so ziemlich alle, die hier kaserniert waren. Es gab gutes Essen und auch Alkohol. Die Besatzungen der Airlines, die in Riad übernachten mussten, kehrten hier auch ein. Hübsche Stewardessen und schwule Stewards. Na, hier ging aber die Post ab. Ich konnte nicht glauben, was ich hier erlebte. Nun, irgendwann geht auch die geilste Fete vorbei und ab ins Bett.

Morgens hatte ich das Gefühl, von einem LKW überfahren worden zu sein.
Als man mich zum Flughafen fuhr, hatte ich einen mächtigen hangover. Kurz vor dem Abflug übergab er mir noch einen Ausweis, der mich auswies für das Militär zu „arbeiten".
„Mit diesem Dokument", sagte er mir, „kommst du überall durch!" hängte mir dieses Teil um den Hals, gab mir einen freundschaftlichen Klaps, wünschte viel Glück und verschwand.
Nun war ich wieder allein. Im Flieger schlief ich noch ein wenig meinen Rausch aus. Kurz vor der Landung in Khamis-Mushayt wurde ich wach. Die Landung war sehr abenteuerlich. Steil, fast in einem Sturzflug in einer Linkskurve ging es runter. Solch eine Landung hatte ich noch nicht erlebt. Der Pilot muss hier all sein Können beweisen, um sicher landen zu können. Jetzt war ich wieder voll wach. Noch unter dem Eindruck dieses Erlebnisses wartete ich in der Ankunftshalle, um abgeholt zu werden. Außerhalb des Gebäudes sah ich zwei amerikanische Chevrolets, oben auf dem Dach mit Lichtbalken, die bunt abwechselnd leuchteten. Ich wunderte mich nur und schaute mich um. Zwei gut gewachsene Typen in Uniform sprachen mich an, ob ich Mister Richter sei. Dies bejahte ich, die zwei salutierten und führten mich zu den draußen stehenden Autos. Mir rutschte mein Herz in die Hosentasche. Was läuft hier ab, so meine Gedanken, dies kann nur ein Missverständnis sein, das wird sich schon aufklären.
Mit lautem Sirenengejaule Wihuuwihuu fuhren wir vom Flughafengelände auf einem breiten Freeway, Richtung Jemen. Ich war so aufgeregt,

Kalle raucht eine Wasserpfeife.

dass ich diese Fahrt nicht richtig genießen konnte. Durch die Windschutzscheibe konnte ich sehen, dass wir auf einen Militärkontrollpunkt zufuhren. Ohne zu bremsen, mit lautem Gejaule fuhren wir an den Kontrollposten vorbei ins Innere eines Militärgeländes. Ich dachte, was soll mir schon passieren? Die werden ihre Gründe haben, mich so zu behandeln. Diesen Grund erfuhr ich schon sehr schnell. Vor einem Officegebäude blieben die Autos stehen, meine Tür wurde geöffnet und zwei ranghohe Offiziere vom saudischen Militär salutierten erst, bevor ich mit Handschlag begrüßt wurde.
Freundlich sagte einer von den Offizieren zu mir:
„Welcome, Mister Richter, we are pleased to welcome the specialists for radar air conditioning. We are convinced that you can solve our problem."
Ich glaube, doch so genau weiß ich es nicht mehr, dass ich mich umdrehte in der Hoffnung, dass irgendjemand hinter mir stand. Dieser Begrüßungsspruch hängt mir heute noch im Ohr. Ich war allein, niemand war da, um mir zu helfen. Langsam begriff ich die Hinterlist meiner Leute.
Ich war am Arsch der Welt, wo keiner hin wollte. Man stellte mir einen Sicherheitsoffizier vor, der für mich hier alles regeln und übersetzen sollte.
Ein sehr sympathischer großgewachsener Mann, Mitte dreißig. Er zeigte mir, nachdem wir die üblichen Höflichkeiten hinter uns gelassen hatten, mein Quartier.
Ein Bungalow mit drei großen Zimmern, Küche und Bad. Sehr komfortabel. Danach zeigte er mir den Supermarkt, der so groß war wie ein Fußballplatz.
Hier kaufte ich Proviant ein und füllte meinen Kühlschrank. Morgen um sieben Uhr werde ich abgeholt und zur Baustelle gefahren, teilte mir der Offizier mit und verschwand. Ich hatte immer noch ein Scheißgefühl. Irgendwas ist hier nicht in Ordnung, so meine Gedanken.
Meine Klamotten ließ ich in meinen Koffern, packte nichts aus. Nach dem Duschen ging ich schlafen. Wie verabredet, morgens holte man mich ab und es ging zur Baustelle. Hier war eine Radarstation

im Gebirge. Damit wurde der gesamte Schiffs- u. Flugverkehr überwacht. Möchte hier nicht näher darauf eingehen. Die empfindlichen Geräte liefen nur einwandfrei, wenn die Klimaanlagen auch funktionierten. Dies schien hier nicht der Fall zu sein. Immer wieder fielen einzelne Geräte aus und somit hatten die Saudis ein Problem mit der Überwachung. Dieses Problem sollte ich nun beseitigen.
Ich hatte Zugang zu allen Unterlagen, musste Pläne studieren und wurde dabei immer vom Sicherheitsoffizier begleitet. Sämtliche Notizen, die ich mir machte, durfte ich abends nicht in meinen Bungalow mitnehmen. Sicherheitsstufe Rot, absolute Geheimhaltung. Irgendwie gefiel mir dies. Nach drei Tagen konnte ich dieses Problem lösen. Die Saudis waren aus dem Häuschen.
Die ständige Bewachung gefiel mir aber nicht. Abends war es hier stinklangweilig, also sagte ich, dass ich ins Camp möchte. Etwa hundert Kilometer entfernt war ein Militärflughafen und dort waren auch die europäischen Firmen untergebracht. Nachdem ich versprochen hatte bei einem Störfall sofort zu kommen, fuhr man mich in dieses Camp.
Hier kam ich im Gästehaus unter. Hier ging die Post ab. Dieses Camp wurde von einer holländischen Firma geführt. Sehr gepflegt, Swimmingpool, eine Bar. Endlich eine Bar mit alkoholischen Getränken. Der Schnaps ging nur durch den Hals, wenn er mit 7up, einem Brausegetränk, gemixt wurde. Die Welt war wieder in Ordnung.

Eine Hauptstraße in Arabien.

Hier bekam ich südkoreanische und Männer aus den Philippinen zugeteilt.
Diese armen Menschen werden wie moderne Sklaven gehalten. Sie haben einen Jahreskontrakt, ein festes Gehalt, Unterkunft und Verpfle-

gung. Das Essen, meist Hähnchen und Reis, und die Unterkunft in großen Baracken. Diese Menschen taten mir sehr leid. Ein Jahr lang keinen Urlaub, weit weg von der Familie.
Bei Krankheit, die asiatischen Arbeitskräfte wurden selbstverständlich medizinisch versorgt, hängte man diese Zeit der Krankheit hinten an ihren Zeitarbeitsvertrag ran. War jemand vier Wochen krank, verlängerte sich sein Arbeitsvertrag um diese Zeit, ohne Besoldung. Moderne Sklaverei im zwanzigsten Jahrhundert. Sämtliche europäischen Staaten, die in diesen Ländern tätig sind, wissen dies und tolerieren diese Methoden. Diese moralische Verwahrlosung gilt heute noch. Es hat sich nichts geändert. Im Gegenteil, die Ausbeutungsmethoden dieser billigen Arbeitskräfte, hat sich noch verschlimmert.
Mit Toni, einem Philippino, schloss ich sofort Freundschaft.

Am Tag wurde gearbeitet und abends wurde gesoffen. Die asiatischen Arbeiter durften jedoch nicht in unser Camp. Nach Feierabend wurden sie in ein Spezialcamp gefahren. Dort konnten sie sich frei bewegen und auch ihr Camp verlassen.

Mein arabisches Gästehaus. (oben)

Der Hof des Hauses. (rechts)

Nach einiger Zeit bekam ich ein von meiner Firma gemietetes Haus als Unterkunft zugewiesen, mitten im arabischen Viertel. Ich lebte frei mit den arabischen Nachbarn, ohne jeglichen Kontakt zu ihnen. Dieses Haus hatte zehn Zimmer, vier Bäder und zwei Küchen. Erdgeschoss und erste Etage. Auf dem Dach ein Dachgarten. Wirklich irre. Von diesem Dachgarten konnte ich abends in der Dunkelheit die umliegenden Häuser mit den Bewohnern beobachten. Viele arabische Familien hatten eine philippinische Hausangestellte, die rund um die Uhr für ihre Familie da sein musste. Wenn sie Glück hatten wurden die armen Frauen gut behandelt, viele jedoch nicht. Nur am Freitag hatten sie frei und konnten das Haus verlassen, hatten für wenige Stunden eine kleine Privatsphäre. Zu Fuß ging die Hausangestellte vom Nachbarhaus zum nächsten Markt, um Landsleute zu treffen. Dies war ein Fußmarsch von etwa zwei Stunden, sehr mühsam.
Irgendwann fing ich diese Frau unterwegs ab und nach langem Zögern stieg sie in mein Auto. Auf dem Weg zum Markt erzählte sie mir, wie sie und ihre Landsfrauen behandelt werden. Unglaubliche Tragödien. Sie hatte Glück, es wurde ihr keine physische Gewalt angetan. Doch eine Freiheitsberaubung fand statt. Ohne Genehmigung des Hausherrn dufte sie das Haus nicht verlassen. Heute noch werden asiatische Frauen als Hausmädchen eingestellt und als persönliches Eigentum der Auftraggeber betrachtet.
Vor dem Haus ein Müllcontainer, nach oben offen. Mein Müll wurde genauestens von den Nachbarn kontrolliert, durchwühlt. Man musste genau überlegen, was dort reinkam. Hätte man eine Schnapsflasche gefunden, wären die Probleme wohl sehr groß gewesen. Man stand wirklich unter totaler Kontrolle.
Freitags war frei, es durfte nicht gearbeitet werden. Mit Toni unternahm ich mit meinem Pick up sehr viele Unternehmungen. Von früh bis abends waren wir unterwegs.
Auf der Baustelle hatte ich mit den Koreanern sehr oft Probleme. Sie folgten meinen Anweisungen nicht und dadurch kamen wir mit unserem Zeitplan in Schwierigkeiten. Ständig musste ich sie antreiben. Mit dem Vorarbeiter der Koreaner hatte ich sogar eine Schlägerei. Nun hätte ich dies melden können und er hätte große Prob-

leme bekommen, doch jemanden zu denunzieren konnte ich nicht. Es brodelte. Toni sagte immer zu mir, dass ich höllisch aufpassen soll, da er diesem Mann nicht traute und auch Angst vor ihm hatte. Ich war auf der Hut.

Eines Tages, ich machte mir in meiner Küche gerade etwas zu essen, bekam ich Besuch. Ein kleiner Affe schaute mich ängstlich an. Da ich immer alle Türen offen ließ, kam er bis in die Küche. Was für ein Ereignis!

Vorsichtig lockte ich diesen kleinen Kerl, doch immer wieder trat er den Rückzug an. Ich ließ ihn erstmal in Ruhe. Legte Bananen und andere Obstsorten als Köder hin. Nach einer Woche war er so zutraulich, dass er sich auf Zuruf zeigte. Wo dieser kleine Kerl herkam, keine Ahnung. Nach Wochen war er so zutraulich, dass ich ihn berühren, streicheln konnte. Sein Lieblingsplatz war meine Schulter. Dort saß er und lauste mich ab. Selbst Autofahren mochte er. Auf meiner Schulter sitzend nahm ich diesen kleinen Kerl überall mit. Wenn ich mit Erwin, so nannte ich meinen Freund, ins Restaurant ging, ging es gut oder nicht. Manchmal wurden wir rausgeschmissen und manchmal nicht. Wir waren unzertrennlich und ich als Tierliebhaber liebte diesen kleinen Kerl über alles. Eines Tages hatte ich wieder einen kleinen Disput mit meinem koreanischen Mitarbeiter. Erwin saß auf meiner Schulter und kreischte laut, weil Kim, so hieß der Kerl, mich laut anschrie. Plötzlich, ohne Vorwarnung, packte er sich Erwin und schmiss ihn im hohen Bogen weit weg. Jetzt musste ich handeln. Ich schlug Kim grün und blau, so dass er ins Hospital musste. Erwin suchte danach ängstlich wieder bei

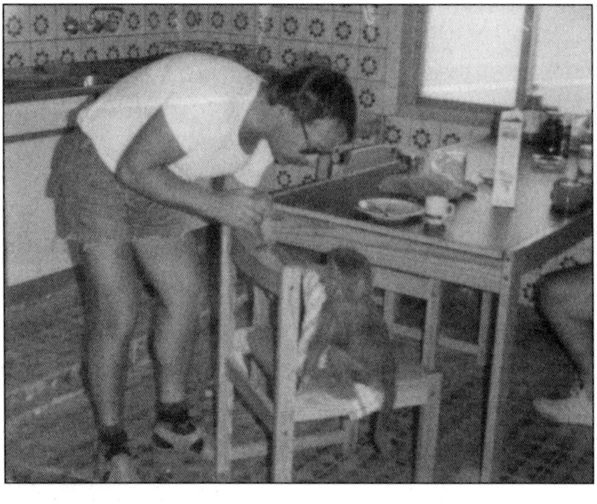

Mein kleiner Freund Erwin.

mir Schutz. Ich brachte Erwin ins Haus, denn überall konnte ich meinen Freund nicht mitnehmen. Wegen dieses Zwischenfalls musste ich zum Sicherheitsdienst, mich erklären. Nun zog ich alle Register. Nach diesem Gespräch wurde vereinbart, dass Kim nach seiner Genesung nach Hause geschickt wird. Meinen kleinen Freund ließ ich ab jetzt erstmal tagsüber im Haus.
Die Philippinos waren ab jetzt immer bei mir. Vier Männer schliefen in meinem Haus, Platz genug hatte ich ja.
Eines Tages kam ich nach getaner Arbeit mit meinen Jungs ins Haus und mein Erwin kam uns nicht wie sonst entgegen. Jeder suchte den kleinen Kerl. Er kam einfach nicht, war spurlos verschwunden. Toni meinte, dahinter können nur die Koreaner stecken. Quatsch, meinte ich noch. Die werden es nicht wagen in dieses Haus einzudringen, so skrupellos sind die nicht, so meine Meinung.
Wir wurden eines Besseren belehrt. Wir fanden meinen kleinen Freund im Hof an meiner Wäscheleine aufgehängt. Tot.
Jetzt drehte ich total durch. Wir stürmten zum Auto und wollten ins Camp der Koreaner fahren, doch Toni hielt mich zurück.
„Wenn wir jetzt dorthin fahren, dann kommen wir da nicht lebend raus. Es sind zu viele. Morgen, wenn sie mittags in ihrer Kantine essen, können wir uns in ihren Quartieren austoben", sagte er immer wieder zu mir. Er hatte recht. Jetzt dort hinzufahren wäre Selbstmord gewesen.
Im Hof meines Hauses wurde unter großer Anteilnahme der Männer mein Erwin beerdigt. Die Tränen flossen in Strömen und der Alkohol auch.
Am nächsten Tag fuhren wir gemeinsam ins Camp, um einen Schlachtplan auszuarbeiten. Wir besorgten uns Baseballschläger und fuhren gegen Mittag ins Camp der Koreaner. Wir waren sieben Männer. Die Quartierbaracken waren auf Stelzen aufgesetzt, damit das Ungeziefer nicht so leicht ins Haus kam.
Etwa 25 Meter lang war ein Gebäude, 10 Meter breit. Fast lautlos fuhren wir seitwärts ran, die Stelzen hauten wir mit dem Basie unten einfach weg, nach einiger Zeit neigte sich die Hütte zur Seite und fiel in sich zusammen. Dies machte einen höllischen Lärm, die

Meute in der Kantine konnte nicht glauben, was sie dort sah. Sie strömten auf den Vorplatz, palaverten und nun hatten sie uns entdeckt. Ich weiß nicht, wie viele aufgebrachte, wütende Koreaner auf uns zuliefen.
„Wir müssen abhauen“, rief Toni aufgeregt mir zu. Genau das dachte ich auch.
„Alle ins Auto!“, rief ich laut den Jungs zu. Nun versuchte ich meinen Wagen zu starten. Der Anlasser drehte und drehte, doch der Motor wollte nicht anspringen. Die Meute kam immer näher, sechs kurz vor einem Kollaps stehende Philippinos reden auf dich ein, also Leute, es gab Momente in meinem leben, da fühlte ich mich einfach wohler. Dies war wirklich sehr brenzlig. Brumm, machte der Motor auf einmal, er lief. Mit Vollgas Richtung Meute, enge Kurve, Vollbremsung in der Kurve und wieder Vollgas. Dadurch wurde sehr viel Sand aufgewirbelt und die Sicht für die Meute sehr beeinträchtigt.
Auf dem Rückweg vergruben wir die Baseballschläger und fuhren wieder zu unserer Baustelle, als wenn nichts geschehen sei.
Diese Aktion hatte natürlich sehr viel Aufsehen mit sich gebracht. Alle sprachen davon, wir nicht. Am nächsten Tag musste ich zum Sicherheitsbüro und wurde eingehend befragt. Plausibel konnte ich erklären, mit meinen Männern woanders gewesen zu sein. Meine Jungs hielten dicht, eine tolle Truppe. So richtig glaubte man mir zwar nicht und dass die Koreaner was auf die Mütze bekommen hatten, interessierte die Saudis auch nicht.
Es verlief, wie so vieles, im Sand.
Einmal in der Woche musste ich zur Radarstation in den Bergen, irgendetwas musste immer wieder neu eingestellt werde. Auf diese Touren nahm ich Toni mit.
Da dies ein sehr sensibler Sicherheitsbereich war, musste ich für ihn eine Sondergenehmigung beantragen, die ich auch bekam, ich hatte alle Berechtigungen sowieso. Ins Innere der Sicherheitszone durfte er allerdings nicht, musste draußen am Fahrzeug warten. Für die Wartezeit hatte ich Toni einen Arbeitsauftrag aufgedrückt. Auf dem Gelände befanden sich Häuser im Blockstiel aufgebaut. Viereckig, im Erdgeschoß zwei Wohneinheiten und in der ersten Etage

genauso. Die Wohnungen waren sehr geräumig, großzügig für die Offiziere und ihren Familien gebaut, sehr geschmackvoll eingerichtet. Oben auf dem Dach war die Klimaanlage amerikanischer Herkunft, die sehr anfällig war.
Toni allein oder wir beide zusammen hatten dort genug zu tun, diese Anlagen am laufen zu halten.
Toni war allein unterwegs zum Dach und im Treppenhaus lief gerade eine Frau nackt von einer Wohnung in die andere. Toni total geschockt, die Frau ebenso.
Wie von einer Tarantel gestochen rannte Toni aus dem Haus und setzte sich ins Auto, um auf mich zu warten.
Schon die sexuelle Belästigung von Frauen - ein sehr unscharf definierter Straftatbestand - kann ein Todesurteil begründen.
Mein Toni hatte einfach nur panische Angst. Wenn diese Frau in ihrer Angst irgend eine Falschaussage macht, hatte Toni ein großes Problem und ich auch.
Zum Glück hatte diese Frau nichts erzählt, wohl auch aus Angst, großen Ärger zu bekommen. Doch das wussten wir zu diesem Zeitpunkt noch nicht.
Als ich nach einiger Zeit wieder zum Auto zurückkam, saß Toni vor Angst zitternd auf dem Beifahrersitz und konnte mir vor Aufregung keine klare Aussage machen. Irgend wann begriff ich die Situation und versprach ihm, immer für ihn da zu sein. Ich musste Toni einfach beruhigen.
„Ich werde dich, solange ich kann beschützen," sagte ich immer und immer wieder zu ihm.
„Los, wir fahren jetzt wieder zum Camp zurück, dort wird sich alles klären." Ich schmiss meinen Radiorecorder an und ließ „Highway to Hell" von AC/DC mit voller Lautstärke aus den Boxen klingen.
Die Wachmänner am Kontrollpunkt schüttelten nur die Köpfe. Dieses Lied konnte ich damals rauf und runterdudeln.
Im Camp angekommen ging ich zu meinem Sicherheitsmann und erklärte, was geschehen war. Er riet mir mit niemanden darüber zu sprechen. Dies tat ich auch und diese Sache verlief wieder im Sand.
Wenn solche Dinge geschehen, erkennt man deutlich seine Macht-

losigkeit. Jeder ist der Willkür eines solchen Systems ausgeliefert. Darüber dachte ich sehr oft nach. Wir waren in diesem Land nur geduldet, dies zeigten sie dir sehr deutlich.
Wir hatten einen längeren Baustop wegen fehlender Materialien, also unternahmen wir sehr viele Ausflüge um dieses Land zu erkunden. In Dschezan, einer sehr alten arabischen Hafenstadt am Roten Meer, dicht zur Grenze zum Jemen, verbrachten wir sehr viel Zeit. Hier war die Zeit stehengeblieben.
Wie zu Aladins Zeiten.
Die Altstadt hunderte Jahre alt, ich konnte die Geschichte spüren. Wenn wir durch diese Altstadt gingen, wurden wir zwar sehr misstrauisch beäugt, doch die Einheimischen gingen im allgemeinen sehr freundlich mit uns um. Auf einem Berg mitten in der Stadt befand sich eine sehr gut erhaltene arabische Festung aus dem Mittelalter. Eines Tages fuhren wir, wie so oft, daran vorbei und kamen auf die verrückte Idee uns dieses Bauwerk mal anzuschauen. Eine kleine bepflasterte Straße gab uns die Richtung an. Wir fuhren an einen Kontrollpunkt ran, doch hier sahen wir keine Soldaten, also fuhren wir weiter. Ein zweiter Kontrollpunkt war ebenfalls nicht besetzt. Oben angekommen stiegen wir aus dem Auto und bewunderten die wundervolle Aussicht auf diese schöne Hafenstadt. Wir gingen in diese Festung rein und wollten sie erkunden. Nun stellten wir fest, dass wir uns in einem Hochsicherheitstrakt vom Militär befanden.

Es war auch eine Radarstation.
In einiger Entfernung sah ich Militärfahrzeuge und Soldaten. Zu Toni sagte ich nur, wir müssten abhauen.
„Wenn die uns hier erwischen, bekommen wir

Kamele an einer Oase in der Wüste.

großen Ärger!" Mein armer Toni bekam vor Angst schon wieder Schüttelfrost. Wir spurteten zu unserem Wagen zurück, starteten den Motor und fuhren mit hoher Geschwindigkeit die kleine schmale Straße zurück. Die oberen Wachposten hatten uns jetzt bemerkt und wurden aktiv. Über Funk versuchten sie die vor uns liegenden Kontrollpunkte zu erreichen, um uns abzufangen. Der erste Kontrollpunkt war wie vorher unbesetzt. Den zweiten hatten sie jedoch per Funk erreicht und denen mitgeteilt, dass unangemeldeter Besuch unterwegs sei.

Sie versuchten gerade den Schlagbaum runterzulassen, da kamen wir angebraust und fuhren mit hoher Geschwindigkeit an diesem Posten vorbei, kamen auf die Hauptstraße und weg waren wir. An einer Kreuzung drehte ich um und fuhr auf der anderen Straßenseite mit normaler Geschwindigkeit an diese Festungsanlage, Richtung Altstadt, vorbei. Jetzt konnten wir beobachten, dass einige Militärfahrzeuge in unsere erste Richtung fuhren. Sie jagten uns.

Dass ich wieder in ihre Richtung fuhr, war genau das Richtige, damit rechneten sie nicht. In der Altstadt angekommen fuhren wir den Wagen in eine Toreinfahrt, schlossen das Tor und gingen in unser Haus. Oben vom Dach konnten wir beobachten, dass sehr viele Militärfahrzeuge unterwegs waren uns zu fangen.

Die Wachposten der Kontrollpunkte müssen gerade Mittagsschläfchen gehalten haben oder sie waren gerade mit Beten beschäftigt. Ich weiß es nicht. Diese Panne hätte nicht passieren dürfen.

Nach zwei Tagen hatte sich die Situation beruhigt und wir machten uns auf den Weg zu unserem Camp, einige hundert Kilometer entfernt. Ich vermied die Highways, weil ich befürchtete, dass sie Straßensperren errichtet hatten. Wir fuhren Wüstenpisten entlang, einen großen Umweg nahmen wir in Kauf. Doch es nutzte nicht. Plötzlich war eine Straßensperre vor uns. Militär kontrollierte jedes Fahrzeug. Als wir an den Posten rankamen zeigte ich meinen Militärausweis. Der Posten wollte diesen Ausweis genauer begutachten und mir aus der Hand nehmen. Dies ließ ich nicht zu. Blaffte ihn an, ob er nicht lesen könne und nicht wisse wer vor ihm stehe. Ich machte einen ziemlich großen Max. Dieses Palaver lockte ei-

nen hochrangigen Offizier an. Der wollte von mir wissen, was wir hier in dieser Einöde tun usw.
Nach etwa einer Stunde konnten wir weiterfahren. Toni stand kurz vor einem Nervenzusammenbruch. Dies war übrigens die letzte gemeinsame Fahrt ins Blaue, er hatte keine Lust mehr, mit mir unterwegs zu sein.
Wir kamen irgendwann wieder in unserem Camp an, eine längere Erholungsphase war dringend notwendig.
Endlich traf auch das dringend benötigte Material ein. Zwei Fernzüge aus Österreich belieferten uns. Gut verpackt schmuckelten die Jungs Whiskey der Marke Ballentines. Der Abnehmer bezahlte für eine Flasche 80,00 DM.
Verkauft wurde dieses Zeug für 150,00 DM. Ein hoher Reingewinn, doch dies war sehr gefährlich. Ich wusste zwar von diesen Schiebereien, hatte damit aber nichts zu tun. Bis jetzt!
Eines Tages sollte ich zu einer anderen Baustelle fahren, um von dort dringend benötigtes Material zu holen. Eine Tour etwa 600 km. Ich fuhr gerne Auto, mir machte so eine weite Tour nichts aus. Ich hatte während so einer langen Fahrt einfach das Gefühl der Freiheit. Ich genoss diese Fahrten sehr. Aus meinem Radiorecorder dudelte sehr laute Musik. Ich hatte das Gefühl, mir kann keiner. Ein Holländer aus meinem Camp fragte mich, ob ich nicht eine große Alukiste mitnehmen könne. Ich sollte diese im anderen Camp einem Typen übergeben. Ich sagte zu. Sie schoben diese Kiste auf die hintere Ladefläche und ab ging die Fahrt.
Stundenlang fährt man den Highway lang, rechts und links nur Wüste. Da wird man schnell müde. Damit die übermüdeten Fahrer nicht von der Piste abkommen, sind in bestimmten Abständen quer über den Straßen Straßenhindernisse angebracht. Runde Erhöhungen, drei hintereinander. Diese Hindernisse werden durch Schilder angemahnt, damit die Fahrer die Möglichkeit haben, mit der Geschwindigkeit runterzugehen. Ein Schild muss ich wohl übersehen haben und bretterte mit hoher Geschwindigkeit darüber. Nun war ich wieder wach. Meine Kiste auf der Ladefläche hopste hin und her.
Bei einer Pinkelpause bemerkte ich einen Schnapsgeruch von der

Ladefläche. Ich kroch darauf, öffnete die Kiste und bekam einen Wutanfall. In dieser Werkzeugkiste waren 80 Whiskyflaschen gestapelt. Einige waren kaputt und nun stank mein Auto wie eine Hafenkneipe. Nun bin ich bestimmt kein sehr ängstlicher Typ, hier hatte ich auf einmal Fracksausen. Der Holländer benutzte mich als Schnapskurier ohne mein Wissen. Skrupelloser kann man nicht sein.

Wenn ich mit dieser Fuhre erwischt worden wäre, hätte ich die Höchststrafe bekommen.

Harte Strafen drohen bei der Einfuhr von natürlichen und künstlichen Drogen, auch bei geringen Mengen kann die Todesstrafe drohen. Der Verkauf oder Besitz von Alkohol und Drogen ist verboten. Ertappte muslimische Konsumenten oder Händler mit geringen Mengen werden öffentlich ausgepeitscht. Der Handel und Schmuggel mit Drogen, wozu auch Alkohol gehört, kann aber auch mit dem Tod durch das Schwert bestraft werden. Dies wusste ich. Trotz der hohen Temperaturen, etwa 45 Grad, wurde mir richtig kalt. Ich hatte Gänsehaut und fror.

Hier hätte mich das Deutsche Konsulat nicht raushauen können. Mir hätte auch keiner geglaubt. Ich hatte nun wirklich ein großes Problem am Hals. Nachdem ich mich wieder einigermaßen beruhigt hatte, fuhr ich vom Highway runter in die Wüste, so dass ich von der Straße nicht zu sehen war.

Jede einzelne Flasche nahm ich aus der Kiste, säuberte sie mit Sand und rieb diese mit einem Benzingetränkenten Lappen ab, damit dieser Schnapsgestank verschwand. Die Kiste stülpte ich Kopfüber, damit die Glasscherben raus fielen, rieb die Kiste auch mit meinem Lappen ein und ließ den Deckel offen. Es wurde nun sehr schnell dunkel. Innerhalb von zwanzig Minuten wird es stockdunkel.

In meinem Wagen übernachtete ich und am frühen Morgen stapelte ich die Flaschen in die Kiste, füllte die Zwischenräume mit Sand und machte mich auf den Weg.

Dass ich die Nacht dort draußen verbringen musste, war natürlich nicht eingeplant gewesen. Im Camp hatte man mich ja angemeldet,

doch ich war nicht da. Sie schickten einen Konvoi raus, um mich zu suchen. Finden konnten sie mich ja nicht, da ich ja von der Piste abgefahren war. Ein heilloses Durcheinander. Im Camp angekommen wurden sehr viele Fragen gestellt, wo ich war. Ich musste eine abenteuerliche Geschichte erzählen. Ich erklärte, dass ich wohl gerade einer Entführung entgangen bin und deshalb von der Piste runter musste. Dies wurde auch geglaubt, da es damals schon Entführungen gab.
Ein Holländer sprach mich an, ob ich etwas mitgebracht hätte, dies verneinte ich. Ich hatte keinen Bock, ihm diese Fracht auszuhändigen. Diesen Reingewinn sah ich als Schmerzensgeld an.
Nach einer Übernachtung fuhr ich die gleiche Strecke zurück, diesmal ohne Zwischenfall.
Als Erstes, so meine Gedanken, werde ich mir meinen „Freund", den Holländer, greifen. Meinen Wagen stellte ich vor meinem Haus ab und brachte meine Konterbande in mein Zimmer, deckte sie mit einer Plane ab, damit sie nicht gleich zu sehen war. Zwei Flaschen steckte ich in meine Tasche und fuhr zum Camp zurück. Hier suchte ich den Holländer auf. Als ich vor seiner Haustür stand, gerade anklopfen wollte, öffnete er die Tür, lächelte mich an, in der Hoffnung, eine gute Nachricht von mir zu erhalten, und streckte mir seine Hand entgegen. Doch statt meiner Hand bekam er sofort einen Faustschlag auf die Nase. Er machte einige Schritte nach hinten und fiel auf seinen Rücken, lag benommen auf dem Fußboden. Aus seiner Nase strömte das Blut nur so raus. Schnell ging ich ins Haus, schloss die Tür, damit keiner etwas mitbekommt, und wartete ab. Langsam begriff er die Situation, stand benommen auf und ging ins Bad. Ich hinterher, immer auf der Hut. Dieser Kerl war ca. 1,85 m groß und auch sehr kräftig. Ich mit meinen 1,70 m hätte im Normalfall wirklich keine guten Karten, einen regulären Faustkampf gut zu überstehen.
Am Handwaschbecken versuchte er kopfüber die Blutungen zu stillen. Ich gab ihm eine Rolle Toilettenpapier, damit er zusammengerollte Papierstücke in seine Nasenlöcher stopfen konnte. Er sprach kein Wort zu mir, nein, er fluchte wie ein Rohrspatz auf Holländisch. Da ich sehr wenig verstand fühlte ich mich nicht angesprochen. In

einem Abstand von zwei Metern stand ich hinter ihm, immer auf einen Angriff gefasst. Doch er war zu sehr mit sich beschäftigt. Er drehte sich zu mir um und sagte, dass er ins Wohnzimmer möchte. Ich ging vor, er setzte sich in seinen Sessel und ich hielt Abstand zu ihm. Angeschlagen, wie er war, musste ich mit einem Angriff rechnen. Doch er war zu angeschlagen.

Nun erzählte ich ihm mein Erlebnis und machte den Jungen zur Sau. Langsam begriff er wohl, dass ich sehr angefressen war. Kein Wort der Entschuldigung kam über seine Lippen, ich hatte das Gefühl, dass er meine Aufregung gar nicht begriff. Nun teilte ich ihm mit, dass die Ladung in meinem Besitz sei und ich nicht die Absicht hatte, sie ihm zurückzugeben.

„Ich werde dieses Zeug selbst verkaufen und die nächsten Lieferungen übernehme ich“, sagte ich.

„Wenn du das tust, wirst du sehr großen Ärger an den Hals bekommen. Denkst du ich bin allein in diesem Geschäft drin?“

„Dass du dies nicht allein machst, ist mir schon klar, nur ab jetzt seid ihr raus!“, teilte ich ihm mit.

„Dafür, dass ihr, wegen so einer Schnapsfuhre meine Freiheit oder sogar mein Leben aufs Spiel gesetzt habt, ist das, was ich mit euch mache, eine Kleinigkeit. Los komm, ich fahre dich mit deiner Nase zum Hospital. Dort sagen wir, dass du einen kleinen Unfall hattest.“

Gesagt, getan, fuhr ich mit ihm zum Arzt. Der Arzt dort war auch Holländer und mit mir gut befreundet. Er soff wie ein russischer Kosak. Dort angekommen, erzählten wir eine Geschichte, die er uns jedoch nicht abnahm.

Er durchschaute uns. Die zwei Flaschen Schnaps, die ich ja dabei hatte, gab ich ihm und damit war dieses Problem gelöst. Der Arzt stellte einen Nasenbeinbruch fest und verpasste dem Patienten eine Nasenschiene. Damit sah dieser große Kerl richtig putzig aus. Nachdem die Versorgung beendet war, verließ der Holländer das Hospital mit dem Hinweis an mich:

„Damit ist diese Geschichte noch nicht vorbei, Karl, es werden noch andere Leute mit dir reden wollen.“

Dies hörte der Arzt und stellte mich, nachdem wir allein waren, zur Rede.
Erst versuchte ich die Sache runterzuspielen und als ich an seinem Gesichtsausdruck feststellen musste, dass er mir kein Wort glaubte, sagte ich ihm die Wahrheit.
„Karl, da hast du dir wirklich ein großes Problem aufgeladen", meinte er nur.
„Wo hast du denn die Flaschen gelagert?", fragte er mich.
„In meinem Haus", antwortete ich.
„Das Zeug muss sofort da raus. Entweder holen die ihre Ware selbst, oder die schicken das Militär dorthin, und dann hast du den Kopf voll. Fahr sofort los und bring den Schnaps hier ins Hospital! Hier werden die nicht suchen."
Ich setzte mich sofort ins Auto und fuhr zum Haus. Mein Haus war leer, niemand war anwesend. Schnell brachte ich das Zeug aus dem Haus, verlud es auf die Ladefläche und fuhr über Umwegen zum Camp. Mit Herzklopfen durchfuhr ich den Kontrollpunkt, man konnte ja nie wissen, ob man doch kontrolliert wird, und hielt vor dem Hospital. Der Arzt hatte schon ein Versteck vorbereitet und dorthin verbrachten wir die heiße Ware. Er tat dies natürlich mit dem Hintergedanken, an der Quelle zu sein, sein Eigenbedarf war für lange Zeit gedeckt.
Jetzt begann eine wirklich spannende Zeit. Der abgestrafte Holländer und seine Hintermänner waren über diesen Zustand nicht erfreut, konnten mich jedoch nicht bei der Militärpolizei anzeigen, wollten aber ihre Ware zurückhaben. Zwei Tage blieb ich im Camp, musste dann zu meinem Haus, um mir frische Klamotten zu holen. Vor meinem Haus standen zwei mir nicht bekannte Autos, also fuhr ich weiter, stellte versteckt meinen Wagen ab, stieg aus und beobachtete mein Haus aus sicherer Entfernung. Nach etwa zwei Stunden verließen vier Männer, einen kannte ich aus dem Camp, mein Haus und fuhren los. Ich wartete einige Zeit ab, ging vorsichtig zu meinem Haus, kletterte über die Begrenzungsmauer in den Hof und wartete wieder einige Zeit. Leise schlich ich mich ins Haus. Es hätte ja noch jemand drin sein können, und musste nun

feststellen, dass alles auf den Kopf gestellt war. Sie hatten alles durchsucht. Sie wollten wohl ihren Schnaps zurück. Zum Glück hatte ich diese heiße Ware schon in Sicherheit gebracht. Schnell packte ich einige Sachen zusammen, brachte sie zu meinem Wagen und fuhr zum Camp zurück. Im Camp fühlte ich mich sicher. Hier konnten sie mir nichts antun. Eine wirklich aufregende Sache. Immer unter Spannung zu sein ist auch sehr nervend. Abends in der Bar lockerte sich die Stimmung. Nach einigen Drinks, wobei ich immer darauf achtete, nicht zu viel Alkohol, zu trinken um nicht leichtsinnig zu werden, ist man einfach lockerer.
Meine „Freunde" hatten mich immer unter Beobachtung. Sie taten es nicht heimlich, sondern sehr offensiv. Ich sollte wohl die Nerven verlieren, um entnervt aufzugeben. Diesen Gefallen tat ich ihnen aber nicht. Die Tage und Wochen zogen sich dahin und in kleinen Mengen verkaufte ich den so begehrten Whisky. Abnehmer hatte ich genug. Meine Glückssträhne dauerte wirklich lange an, bis zu einem Morgen, da veränderte sich alles schlagartig. Aus meinem Büro kommend wollte ich zu meinem Auto. Vor dem Gebäude parkten etwa zwanzig Autos, kreuz und quer. Die Autoschlüssel steckten immer im Zündschloss, damit man in einem Notfall die Autos bewegen kann. Mitten in diesem Fuhrpark stand ein groß gewachsener Militärangehöriger vom Airport und blaffte mich an. Ich sollte einige Fahrzeuge bewegen, damit er an sein Auto rankommt um losfahren zu können. Darauf hatte ich natürlich keinen Bock. Außerdem gefiel mir seine Tonart nicht. Mich für eine Situation verantwortlich zu machen, für die ich wirklich nichts konnte, wurmte mich sehr. Also schnauzte ich im feinsten Bronx-Slang zurück. Dies eskalierte verbal so, dass ich schon sehr ausfallend wurde. Während meiner Flucherei fuhr ich schon einige Autos zur Seite, um an meinen Wagen zu kommen. Nun hatte ich Platz geschaffen, um losfahren zu können. Blöderweise stand sein Auto genau neben meinem. Somit hatte er auch freie Fahrt. Ich startete mein Fahrzeug und beim Losfahren rief ich ihm noch aus dem runtergekurbelten Fenster auf Deutsch zu, dass er mich gefälligst mal am Arsch lecken könne. Nun, dies war sehr unklug von mir. Wie sich später rausstellte. war

diese Person der General vom Airport und hatte in Deutschland einige Jahre Militärwissenschaft studiert. Man muss schon ein sehr feines Näschen haben, den Araber zu treffen, der im Umfeld von hunderten Meilen perfekt deutsch spricht. Dieses Talent hat nicht jeder, ich schon. (Offensichtlich doch nicht!)
Diese Äußerung gefiel meinem neu gewonnen Freund überhaupt nicht und er wollte mich deshalb auch zur Rede stellen. Mit durchdrehenden Reifen fuhr ich los, er wutentbrannt hinterher. Jetzt wurde mir sehr schnell klar, ich hatte ein Problem. Was auch immer ich versuchte, um meinen Verfolger abzuschütteln, es gelang mir nicht. Der konnte im Gegensatz zu seinen Landsleuten wirklich gut Auto fahren. Nach einiger Zeit fuhr ich, meinen Freund im Nacken, an einer Werkhalle vorbei. Die war etwa 30 Meter lang und hatte an den Enden Pendeltüren, nicht sehr breit, doch so dachte ich, für mich ausreichend. Ohne die Geschwindigkeit zu drosseln, bretterte ich durch diese Pendeltür, mein Freund hinterher, fuhr durch diese Werkhalle und am anderen Ende wiederaus. Mein Freund versuchte dies auch, blieb beim Herausfahren jedoch an der Pendeltür stecken. Nun war ich ihn los. Hatte wirklich sehr lange gedauert. Mit geschwellter Brust, als Sieger fühlend, fuhr ich von der Baustelle ins Camp.
Hier hatte ich noch einige Sachen zu klären und wollte dann zur Bar, die um 18 Uhr öffnete. Mit einigen Leuten stand ich am Pool, palaverte über Gott und die Welt. Plötzlich wurde es sehr unruhig. In unsere Idylle stürmten sechs schwerbewaffnete Soldaten und stellten sich im Kreis um uns. Die Gespräche verstummten, jeder sah den anderen an, keiner wusste, was hier gerade abgeht. Ich schon, denn ich sah meinen neuen Freund. Freundlich, wirklich mit einem Grinsen über seinem Gesicht, stellte er sich vor mich hin und bat mich, ihn doch einmal zu begleiten. Sehr höflich zeigte er in Richtung seines Wagens, eines dicken Amischlittens und dieser Aufforderung folgte ich ohne ein Grinsen im Gesicht.
Meinen Kumpels rief ich noch zu, sie mögen den Manager informieren. Dies taten sie auch.
Im Büro des Generals angekommen grinste er nicht mehr so. Man

teilte mir mit, dass ich wegen Beleidigung eines arabischen Offiziers und wegen Sachbeschädigung angeklagt werde. Nach dieser kurzen Information wurde ich dem örtlichen Gefängnis überstellt. Nun hatte ich wirklich voll in die Kloschüssel gegriffen. Ein arabischer Knast ist nicht das, was man sich wünscht. Ein großer Raum mit etwa 80 Gefangenen aus allen Ländern.
Hier stank es erbärmlich und die Stimmung der Gefangenen fand ich auch nicht so toll. Die Gefängniswärter kümmerten sich um die Gefangenen überhaupt nicht. Die wollten ihre Ruhe haben und die Ruhe hier klärten die alle unter sich. Essen gab es nur, wenn es von draußen jemand brachte. Trinken, Zigaretten, Waschzeug oder Klamotten, alles wurde von draußen gebracht. Wer draußen niemanden hatte, hatte ein Problem.
Diese Probleme hatte ich nicht, dafür sehr viele andere. In solchen Gemeinschaftsunterkünften gibt es immer Gruppenbildungen, die der Meinung sind, über andere bestimmen zu können. Als ich diese Unterkunft betrat, wurde ich natürlich von allen begutachtet. Nichts, aber auch gar nichts hatte ich bei. Nur die Sachen, die ich am Leib trug. Zwei Australier und ein Engländer kamen zu mir und klärten mich auf. Sie gaben mir Zigaretten und eine Trinkflasche. Das Essen, das sie mir gaben, lehnte ich ab, da ich keinen Hunger hatte. Die drei hatten am Eingangstor ihren Schlafplatz. So konnte ich die erste Nacht so einigermaßen verbringen. Morgens nach der Morgentoilette ging die Pöbelei einiger Insassen schon los. Kleine Rempeleien, kleine Schubser, böse Blicke. Meine neuen Kumpels meinten darauf nicht zu reagieren zu müssen. Es dauerte nicht lange und ich schlug einem Typen, der sich mir in den Weg stellte und keine Anstalten machte, mich vorbeilassen zu wollen, mit der Faust auf die Nase. Einen Leberhaken setzte ich noch nach. Nun lag er auf dem Boden, blutete stark aus der Nase und rang nach Luft. Breitbeinig stellte ich mich vor ihm hin und forderte ihn auf aufzustehen und wie ein Mann zu kämpfen. Doch dazu war er nicht in der Lage. Provozierend drehte ich mich im Kreis und fragte, ob noch jemand ohne Fahrschein sei, dann soll er sich jetzt melden, ansonsten hat ab jetzt diese Gewalt ein Ende. Habt ihr mich verstanden?

Keiner sagte etwas. Ich ging zu meinen Kumpels und wir hockten uns zusammen.
„Das lassen die nicht auf sich sitzen, das gibt Krieg“, sagten sie zu mir. „Abwarten“, sagte ich nur.
Es wurde Mittagszeit, die Eingangstore öffneten sich und die Angehörigen der Gefangenen bekamen nun von draußen Essen, Trinken und mehr. Von meiner Firma kam einer und brachte mir Trinkflaschen, Chicken und Reis, Waschzeug und Zigaretten. Davon sehr viel. Er versprach mir, dass alles getan wird, um mich wieder rauszuholen. Nach einer Stunde mussten die Besucher wieder gehen. Meinen Kumpels gab ich ab, was sie brauchten, und ging mit einer Wasserflasche und zwei Schachteln Zigaretten zu dem von mir Gepeinigten hin und gab es ihm. Ich streckte meine Hand aus, alle sahen zu uns, und sagte mit ruhiger Stimme:
„Lass uns Brüder sein und uns nicht gegenseitig bekämpfen. Ich wünsche mir dies vom Herzen. Bitte sei mein Bruder“. Er schaute mich lange an, gab mir die Hand und wir umarmten uns. Lautes Pfeifen und Klatschen war die Folge. Von diesem Augenblick an gab es nicht mehr diese Aggressionen und Anfeindungen.
Da ich nun sehr gut von außen versorgt wurde, ich dies auch großzügig verteilte, schob ich eine sehr ruhige Kugel im Knast. Nach acht Wochen bekam ich einen Termin vor einem Militärgericht. Nun ging mir aber richtig die Muffe. Keine Ahnung, was die vorhatten. Ich wurde in einen Raum geführt, vorne ein langer Tisch mit fünf Uniformierten. Ich bekam einen Dolmetscher, es wurde arabisch gesprochen, und die Befragung begann. Nach einiger Zeit fragte mich einer von diesen Uniformierten im perfekten Englisch, ob ich etwas zu trinken haben möchte.
„Ich kann Ihnen leider keinen Alkohol anbieten, den würden sie ja wohl vorziehen, oder?“
„Nun“, gab ich zur Antwort, „wenn ich in meiner Heimat wäre, könnte ich mir vorstellen in dieser Situation Alkohol zu trinken, da ich aber hier bin, greife ich auf die hier üblichen Getränke zurück und bin deshalb aber nicht traurig oder unzufrieden.“
Man reichte mir Tee in kleinen Gläsern.

„Nehmen Sie sich reichlich Zucker zum Tee", sagte er freundlich zu mir, „Zucker belebt".
„Nein, vielen Dank", antwortete ich, „diesen Tee trinke ich so, um den Geschmack voll genießen zu können". Das Gespräch zog sich dahin und ich fragte mich, was hier ab geht. Was haben die vor? Ich konnte mir beim besten Willen nicht vorstellen, dass ein arabischer General es interessant findet, wie ich meinen Tee trinke. Plötzlich, ganz unvermittelt stellte er die Frage welche alkoholischen Vorlieben ich habe.
„Nun", gab ich zur Antwort, „Bier trinke ich sehr gern und wenn es richtig zur Sache geht auch mal einige Schnäpse, aber dies nur selten".
„Trinkst du gerne Whiskey?" kam überraschend die Frage. „Ihr trinkt doch alle gerne Whiskey?" schob er hinterher.
„Whiskey ist nicht mein Ding", antwortete ich.
„Nun", fragte er zurück, „ich habe gehört, dass Ballentines von euch gern getrunken wird und sehr viel Geld dafür bezahlt wird. Diese Gerüchte gehen so rum". Dabei beugte er sich etwas nach vorn und schaute tief in meine Augen. In meinem Kopf explodierte irgendwas. Ach du Scheiße, dachte ich. Die wollen dir den Schnapsschmuggel anhängen, irgendetwas wissen die.
„Nun", gab ich zur Antwort, „Gerüchte gibt es viele, die meisten stimmen aber nicht. Durch Gerüchte sind schon viele Unglücke passiert, Kriege entstanden, man sollte nicht allzu viel darauf geben. Für mich zählen nur Tatsachen und ich habe hier noch keine Flasche Ballentines gesehen oder wurde mir angeboten".
„Würdest du denn auch so viel Geld für eine Flasche bezahlen?"
„Dazu bin ich zu geizig, und wie gesagt, Whiskey ist nicht mein Getränk. Ich finde die Amerikaner und die Engländer können keine guten Getränke produzieren, da bleib ich in meiner Heimat den dort produzierten Getränken treu". Er hakte nach, ließ nicht locker.
„Würdest du uns informieren, wenn du von solchem Schmuggel und Verkauf etwas in Erfahrung bringen würdest?" Lange schaute ich ihn an und überlegte fieberhaft, wie ich aus diesem Schlamassel raus kommen könnte.

„Ich würde, wenn ich davon Kenntnis hätte, niemanden informieren, da ich in meinem Leben noch keinen denunziert habe und nicht die Absicht habe, dies zu tun. Sorry Sir, ich kann nicht anders. Ich versichere Ihnen von irgendwelchem Alkoholverkauf außerhalb des Camps nichts zu wissen."
Von diesem Tee, inzwischen hatte ich schon fünf Gläser getrunken, war ich wie im Rausch. Die Art, wie ich mich hier im Gerichtssaal aufführte, imponierte diesen General wohl sehr und dies sagte er mir auch.
„Deine ehrliche Art, du zeigst keine Angst, ohne überheblich zu sein, und deine Antworten haben mir gefallen, du gefällst mir," sagte er zu mir.
„Aus diesem Grund wirst du heute noch aus dem Gefängnis entlassen und musst eine Geldstrafe von 20 000 US-Dollar für die Sachbeschädigungen bezahlen. Bist du damit einverstanden?"
„Na klar", war ich. „Ich habe dieses Geld aber nicht dabei, wie soll dies ablaufen?" fragte ich.
„Nun", meinte er, „du kannst uns ja nicht weglaufen, bring es irgendwann vorbei".
„Wie", musste ich jetzt noch einmal nachfragen, „kann ich jetzt gehen?"
„Hau ab", sagte er nur und unterstrich dies mit einer Handbewegung. Ich stand auf, verbeugte mich ein wenig nach vorn und bedankte mich für die faire Gerichtsverhandlung.
„Hau endlich ab, ehe ich es mir anders überlege!" ‚rief er mir zu.
Im Nu war ich draußen. Draußen wartete irgendjemand von meiner Firma, nahm mich ins Auto und ab ging die Fahrt zum Camp. Mit großem Hallo wurde ich empfangen, alle wollten wissen, wie es in einem arabischen Knast zugeht. Alkohol trank ich gar nicht, schob Magenbeschwerden vor. Mir gingen die Fragen des Generals nicht aus dem Kopf. Im Camp muss es einen Informanten geben, der mich im Auge hatte.
Am nächsten Tag besuchte ich meinen Arzt im Hospital und übergab ihm die noch gelagerten Flaschen.
„Mach damit, was du willst, ich höre damit auf. Es ist mir zu gefähr-

lich! Bis jetzt hatte ich unwahrscheinliches Glück gehabt, man muss wissen, wann Schluss ist." Dankend nahm er dieses Geschenk an. Nicht eine Flasche nahm ich mir mit. In meinem Haus hatte ich sowieso nichts, damit war ich sauber.
Zwei Tage später fuhr ich zum Büro des Militärstaatsanwalt und übergab ihm die geforderten 20 000,00 US-Dollar Cash. Ohne Quittung steckte er das Geld ein, fragte nur kurz, woher ich die Kohle so schnell bekommen habe, und die Sache war erledigt. Das Geld hatte mir meine Firma vorgestreckt, mit dem Hintergedanken, mich so lange wie möglich vertraglich binden zu können.
Mit dem Schnapsschmuggel aufzuhören war das klügste, was ich jemals getan habe. Mein Haus wurde ständige in meiner Abwesenheit kontrolliert, auffällig waren auch die ständigen Autokontrollen. Irgendwann hörte dies auch auf und ich hatte das Gefühl, dass man das Interesse an meiner Person verloren hatte.
Wer einmal im arabischen Knast eingesessen hatte, möchte nie wieder dort rein, mir jedenfalls hatte es gereicht.
Acht Wochen später, ich kam gerade von einem Urlaub aus Frankreich, traf ich meinen holländischen Arzt auf dem Flughafen in Riad. Er kam gerade mit seinem Flieger aus Holland, ich aus Paris. Freudig umarmten wir uns und erzählten von unseren Urlaubserlebnissen, während wir auf unser Gepäck warteten. Ich hatte nur eine etwas größere Reisetasche, mein Freund drei große Koffer.
„Hier Karl", sagte er zu mir, „bring mir mal diesen Koffer durch den Zoll, du hast ja so wenig Gepäck". Ehe ich mich versah, stand ich mit diesem Koffer da. Richtung Zollabfertigung gehend, versuchte ich zu intervenieren, doch ohne Erfolg. In der Schlange stehend, unter den Augen der Zöllner konnte ich jetzt auch nicht mehr groß rummeckern. Dies hätte erst recht die Aufmerksamkeit auf uns gezogen, also wartete ich ab, was nun passiert. Ein Typ vor uns musste seinen Koffer öffnen und der Zöllner zog eine Gürtel heraus. An diesem Gürtel waren etliche Flaschen Underberg wie an einem Patronengürtel befestigt. Gespannt schauten alle in der Schlange Stehenden, um zu sehen, was jetzt passiert. Ich dachte nur, jetzt

hat dieser Typ aber ein großes Problem. Der Zollbeamte fragte nicht sehr freundlich nach dem Inhalt der Flaschen. Wobei ich mal hier bemerken möchte, niemals irgendwo auf dieser Welt einen freundlichen Zöllner erlebt zu haben. Sorry!!!
Der Typ versuchte dem Zöllner zu erklären, dass der Inhalt ein Haarwasser sei, das er unbedingt bräuchte, um gegen sein Haarausfall etwas unternehmen zu können. Der Zöllner schaute etwas blöd, verstand kein Wort und wusste nicht, wie er sich verhalten soll. Wir, die in der Schlange standen, konnten uns das Lachen kaum verkneifen. Es wurde langsam brenzlig, da kam der Typ auf eine kluge Idee. Er nahm eine Flasche vom Gürtel, entfernte am oberen Flaschenhals das Papier, drehte die Flasche auf und goss sich den Inhalt der Flasche auf seinem Kopf und schmierte sich mit den Händen das Zeug in seine Haare. Ich wusste langsam nicht mehr, wohin ich schauen sollte. Keiner wagte es zu lachen, damit wäre die Show vorbei gewesen. In der Zwischenzeit wurden die Koffer von meinem Arzt untersucht. Sie fanden sehr viele Medikamente, die er aus Holland mitbrachte, die er aber nicht einführen durfte ohne Genehmigung. Nun war die Aufregung groß. Mehrere Zöllner befragten sehr aufgeregt meinen Kumpel. Der Typ mit seiner exzellenten Showeinlage konnte einpacken und durfte gehen. Nun kam ich an die Reihe. Meine Reisetasche und der Koffer bekamen mit Kreide ein X aufgeschrieben und ich wurde durchgereicht. Schnell ging ich mit meinem Gepäck zum nächsten Schalter, um Richtung Süden zu buchen. Vier Tage später kam mein Holländer in unserem

Kalle am Roten Meer

Camp an, ohne seine Medikamente. Der einzige, der Medikamente ins Land schmuggelte, war, wie sollte es anders sein, ich. Die Belastbarkeit einer Freundschaft kam hier an seine Grenzen. Dies teilte ich dem Holländer auch so mit. Er sah das völlig anders.
Ich war nun wirklich schon ein durchgeknallter Typ, er übertraf alles. Aber so richtig konnte ich nicht böse auf ihn sein, wahrscheinlich, weil wir uns so ähnlich wahren.
Die schönste Zeit war die am Roten Meer. Vom Militär hatten wir ein großes Schlauchboot gekauft mit einem Außenbootsmotor. Dieser Motor hatte so viel PS, dass man beim Gasgeben aufpassen musste sich nicht zu überschlagen. Mein Freund war ein exzellenter Taucher und für mich ein sehr guter Lehrer. Mit viel Ausdauer erklärte er mir die Technik der Tauchkunst und wie man mit Harpunen umgeht. Ein Paradies unter Wasser habe ich erlebt. Wir harpunierten große Fische, die wir am Strand auf dem Grill zubereiteten. Romantik pur, absolute Einsamkeit. Man hatte das Gefühl, allein auf dieser Welt zu sein. Eines Abends, wir grillten unsere Fische und tranken dabei sehr viel Alkohol, kam der Holländer auf die Idee, mit unserem Boot aufs Meer zu fahren. Es war auch nachts noch sehr warm, kein Lüftchen ging.
„Komm Karl, wir fahren ein Stück die Küste lang und lassen uns die Luft um die Nase wehen!"
Dazu hatte ich nun gar keine Lust. Mir schien dieses Vorhaben auch viel zu gefährlich zu sein. Richtung Meer war es stockdunkel und Richtung Wüste sah es genauso aus. Nur unser kleines Camp war durch unser Lagerfeuer erleuchtet, hier fühlte ich mich sicher. Draußen auf dem dunklen Meer wollte ich nicht sein. Er stand auf, ging zum Boot, warf den Motor an rief mir noch zu:
„Karl, sei nicht feige und steig ein!"
„Lass den Unsinn" rief ich ihm noch zu, doch er gab Gas und fuhr in die Dunkelheit. Durch das Geräusch des Motors konnte ich seine Route etwa erahnen. Mal kam er sehr nah ans Ufer gefahren, dann war er wieder weit weg. Irgendwann verstummte der Motor. Stille.
Nach einiger Zeit ging ich zum Wasser und versuchte irgendetwas zu hören oder zu sehen. Nichts war zu hören. Erst dachte ich,

dass er sich einen Spaß machte, um mich irgendwie zu erschrecken, doch die Zeit verstrich und nichts passierte. Ich setzte mich ins Auto und gab mit den Scheinwerfen Lichtsignale, hupte in regelmäßigen Abständen, doch es kam kein Signal zurück. Nun wurde ich sehr unruhig. Schlafen konnte ich nicht, machte kein Auge zu. Der Morgen kam, sehr schnell wurde es hell, doch von meinem Freund keine Spur. Ich stellte mich aufs Autodach, um besser sehen zu können, dies half auch nicht, meinen Freund zu entdecken. Fassungslos war ich am Strand und wusste nicht, was ich tun sollte. Was tut man jetzt, ohne etwas verkehrt zu machen? Den ganzen Tag wartete ich ab. Ich hatte Angst wegzufahren und ihn im Stich zu lassen. Falls er, wie auch immer, hierher zurückkommt, musste ich doch für ihn da sein, so dachte ich. Die Nacht war die schlimmste Nacht meines Lebens. Nichts regte sich. Am kommenden Morgen ließ ich einige Wasserflaschen und etwas zu essen unter unserem Sonnenschutz zurück, schrieb auf ein Stück Papier, dass ich Hilfe hole, und fuhr los. Vom Meer bis zum Camp, woanders konnte ich keine Hilfe holen, brauchte ich etwa vier Stunden. Dort angekommen ging ich zu unserem Verbindungsoffizier und erzählte was passiert sei. Natürlich erzählte ich nicht, dass der Holländer nachts stark betrunken aufs Meer gefahren war. Der alarmierte die Flugstaffel und mit dem Helikopter suchten wir die Stellen ab, wo wir meinten, dass er dort sein könnte. Doch wir fanden erst nichts. Am nächsten Tag wurde das Schlauchboot gefunden, von meinem Freund keine Spur. Was mit ihm passierte, weiß ich bis heute nicht.

Nun begannen die Befragungen. Wie konnte so etwas passieren? Man kam zum Ergebnis, purer Leichtsinn, Selbstüberschätzung.

Nun hatte ich so langsam die Schnauze voll. Ich hatte das Gefühl, das Böse, das Unglück anzuziehen, und wollte einfach nur noch nach Hause. Beim nächsten Urlaub fliege ich nach Berlin und komme nicht mehr zurück. Dies tat ich auch so.

In Berlin angekommen meldete ich mich krank und nach einiger Zeit kam ich auch aus meinem Vertrag raus.

Fazit

Im Nachhinein bin ich sehr dankbar, dass ich von der Welt einiges gesehen habe und nicht wie ein Urlauber nur die schönen Seiten erlebt habe.
Ich habe in Afrika das Grauen erlebt. Musste mit ansehen, was Menschen sich gegenseitig antun. Bis heute hat sich nichts geändert, weil die große Weltpolitik Unterdrückung der Armen zulässt und sogar unterstützt. In Arabien sah ich, was ich nicht für möglich hielt, wie Menschen als Sklaven gehalten wurden. Bis heute hat sich nichts geändert. Heute noch werden Menschen als Leibeigene gehalten und dementsprechend behandelt. Politiker halten große Reden über Menschenrechte und Demokratie, Freiheit, Gleichheit und Brüderlichkeit. Alles nur Gerede ohne ernsten Hintergrund.
Wieviele Kriege wurden im Namen von Religionen oder Ideologien geführt und werden in der heutigen Zeit schon wieder durchgezogen.
Jetzt, in die Jahre gekommen, muss ich feststellen, dass sich wohl daran nichts ändern wird. Doch eins weiß ich genau. Ich würde immer wieder diesen von mir gewählten Weg gehen. Ich würde mich immer gegen Willkür und Diktaturen auflehnen.

Das Böse kann nur gedeihen und blühen, wenn die Anständigen schweigen. In jeder Diktatur haben leider immer zu viel geschwiegen. Auch heute schweigen wieder zu viele Menschen. Dass man das Schweigen auch brechen kann, zeigte doch deutlich die friedliche Revolution 1989 in der damaligen DDR. Die Mutigen erzwangen den Untergang dieser Diktatur und die „Schweiger“ wurden überstimmt und kamen in den Genuss der Freiheit und leben jetzt in einer Demokratie. Wie fühlen und denken diese „Schweiger“ heute? Empfinden sie Scham oder Dankbarkeit? Nein, das glaube ich nicht. Sie schmarotzen und pöbeln heute rum, weil sie nun über

ihr Leben selbst entscheiden können und mit dieser Freiheit nicht umgehen können, sie haben es nie gelernt und wollen es gar nicht. Die Jugend, die in Deutschland nach dieser Revolution geboren wurde, hat es einfacher. Man muss nur diesen jungen Menschen aus der Vergangenheit berichten, damit sie den feinen Unterschied zwischen Demokratie und Diktatur erkennen und dafür bereit sind, gegen Diktaturen anzugehen.
Ich muss heute leider immer wieder feststellen, dass Lehrer aus der DDR einfach in den Schuldienst übernommen wurden, ohne auf ihre Stasi- Vergangenheit überprüft worden zu sein. Viele wurden verbeamtet und verbreiten heute noch ihre Ideologie an ihre Schüler. Ich erlebe dies sehr oft, wenn ich Vorträge in deutschen Schulen halte. Diese Verblendeten schildern den Schülern in unseren Schulen immer noch die Vorzüge einer sozialistischen Schulbildung und verunsichern die jungen Schüler sehr.
Die Politik ist nicht gewillt dies zu ändern. Solange von „oben" nichts geschieht, wird sich diese Situation erst biologisch, das heißt wenn diese alte Generation weggestorben ist, von allein klären. Hoffnung macht mir die heranwachsende Generation.
Vor einigen Wochen war ich wieder unterwegs und hatte auf einem Flughafen einige Stunden Zeit verbringen müssen, da ich meine Maschine verpasst hatte. Im Wartebereich vertrödelte ich die Zeit. Mir gegenüber saßen zwei Familien mit ihren Kindern. Die Erwachsenen unterhielten sich nicht. Zaghaft nahm der etwa sieben Jahre alte Junge der anderen Familie zu dem Mädchen, auch etwa im gleichen Alter, Kontakt auf. Diese Kontaktaufnahme verfolgte ich mit großem Interesse. Diese kindliche Unschuld dieser beiden faszinierte mich. Verschämte Blicke beider, wobei, als sich ihre Blicke begegneten, das Mädchen immer schamvoll zur Seite schaute. Dann wieder eine erneute Annäherung. Ich konnte sehen, dass sie sich immer näher kamen. Es begannen vorsichtige Berührungen, sie suchten beide Körperkontakt, ganz zart. Nun saßen sie beide zusammen. Der Junge, ganz Gentleman, gab seiner kleinen Freundin aus seiner Tasche einen Snickers, schon etwas lädiert. Gemeinsam arbeiteten sie daran, die Schokolade vom Pa-

pier abzubekommen. Das Mädchen biss nun von diesem Stück ab und hatte um den Mund herum Schokolade. Nun machte der kleine Junge sie darauf aufmerksam und sie lachten darüber. Das Mädchen sagte zu ihm:
„Kannst du mir die Schokolade nicht abwischen?"
„Na wie denn?" fragte er. Jetzt kam eine Antwort, die mich umhaute. Sie sagte keck zu ihm:
„Na, du kannst es mir ja ablecken."
Ich glaubte einen Hörfehler zu haben. Ich saß etwa zwei Meter von diesem Schauplatz entfernt. Wie ein Voyeur, die Hand vor dem Gesicht, die Finger gespreizt, um doch etwas sehen zu können, schaute ich diesem Schauspiel zu. Das Mädchen streckte ihr Gesicht dem Jungen zu, in Erwartung dessen, was jetzt geschieht. Die Augen geschlossen. Der kleine Mann stand vor ihr und wusste nicht, was er jetzt zu tun hat. Die Eltern dieser Kinder schauten nun auch zu. Ihnen ist natürlich dieses Treiben nicht verborgen geblieben. Der kleine Junge starrte sie nur an.
„Du kannst mich auch küssen", sagte sie zu ihm. Der kleine Mann war total überfordert. Zaghaft beugte er seinen Kopf nach vorn und küsste seine kleine Freundin auf ihre Stirn. Na, damit war sie nun überhaupt nicht zufrieden. Sie hatte etwas anderes erwartet. Sie öffnete die Augen und fragte, wie die Schokolade von ihrem Mund verschwinden könne, wenn er sie auf die Stirn küsse. Eine berechtigte Frage.
Der Vater des Jungen gab ihm ein Tempotaschentuch, damit er so einigermaßen aus dieser Situation herauskam. Er wischte mit diesem Tuch die Schokolade weg und nun nahm er allen Mut zusammen und gab ihr den langersehnten Kuss auf den Mund.
Ich hatte bis dahin noch nie solch glückliche Augen eines Mädchens gesehen. Sie strahlte ihn an und er wuchs in seinem Stolz.
Diese kleine Geschichte lässt mich einfach nicht los. Was können wir Erwachsenen von Kindern alles lernen. Diese Unkompliziertheit, Kontakt und Vertrauen zu fremden Menschen aufzubauen, kann man nur von Kindern erlernen. Wir waren doch auch einmal Kinder und hatten diese Fähigkeiten auch einmal besessen, was ist daraus

geworden? Weshalb sind Erwachsene nicht in der Lage, diese verschwundenen Fähigkeiten wieder zu aktivieren?
Ich weiß es nicht und das macht mich traurig.

Viele Leser werden sich fragen, weshalb ich in meinen Erzählungen meine Tochter und meine Frau kaum erwähnte. Dies ist sehr schwierig zu erklären.
Zerstörte Seelen finden oftmals nicht zueinander. Unser Lebensweg verlief nicht gradlinig. Hinterließ bei allen Beteiligten tiefe Spuren und Verletzungen, die uns auseinanderbrachten.
Irgendwo haben wir uns verloren.
Ich schreibe dies ohne Zorn und Verbitterung, jedoch nicht frei von Emotionen. Meine Hoffnung ist, dass mein Enkel, falls er einmal irgendetwas von mir liest, erkennt, weshalb unsere Familie andere Wege ging.
Oft ist es im Leben nicht so, wie es scheint. Es gibt Menschen, die von Herzen unbändig lieben, es jedoch nie zeigen können. Diese Gabe scheint mir irgendwo verloren gegangen zu sein. Vielleicht gelingt es mir im nächsten Leben.

Ich wünsche allen eine schöne Zeit.

Über den Autor

Karl-Heinz Richter

- Geboren 1946 in Schwarzheide, Kreis Calau
- 1963 Mittlere Reife
- ab September 1963 Lehre als Büromaschinenmechaniker
- Januar 1964 gescheiterter Fluchtversuch in Berlin mit anschließender Inhaftierung
- nach der Haftentlassung Abschluss der Berufsausbildung, danach in verschiedenen Berufen tätig, u. a. als Monteur in den Rohrwerken Bitterfeld
- 1975 Ausreise nach Westberlin
- Tätigkeit als Fernfahrer
- 1979 Transitverbot durch die DDR wegen Fluchthilfe
- langjährige Auslandsaufenthalte
- lebt heute in Berlin